푸코
그의 사유, 그의 인격

푸코
그의 사유, 그의 인격

폴 벤느 지음   이상길 옮김

나의 스승 한스-게오르크 플라움과 루이 로베르께
감사의 마음을 담아

차례

일러두기

1 이 책은 폴 벤느, 『푸코, 사유와 인간』(이상길 옮김, 산책자, 2009)의
　개정판입니다. 기존 번역을 가다듬고 푸코 연보와 저작 목록
　등 부록을 보강하고 최신화했으며 「개정판 옮긴이 후기」를
　덧붙였습니다.
2 원서 주는 후주로, 옮긴이 주는 각주로 달아 주었습니다.
3 본문에서 옮긴이가 첨가한 내용은 대괄호로 묶어 표시했습니다.
　인용문에서 지은이가 첨가한 내용은 '─벤느'로 표시해 옮긴이
　첨언과 구분해 주었습니다.
4 원서에서 이탤릭체로 강조한 표현은 고딕체로 표시했습니다.
5 단행본, 잡지, 신문에는 겹낫표를, 논문, 기사, 단편 소설과 시, 미술
　작품에는 낫표를 사용했습니다.

들어가며

아니다, 푸코는 구조주의 사상가가 아니었다. 아니다, 그는 이른바 '68 사상'*에 속해 있지 않았다. 그는 상대주의자도, 역사주의자도 아니었다. 이데올로기의 편재를 간파한 이도 아니었다. 이 세기에 보기 드물게도, 또 스스로 고백했듯이, 그는 회의주의 사상가였다.[1] 그는 사실들, 자신이 쓴 책의 모든 페이지를 채우고 있는 수많은 역사적 사실의 진실†만을 믿었다. 그는 결코 일반론의 진실을 믿지 않았다. 왜냐하면 진실의 토대를 이

---

* 68 사상은 프랑스 우파 철학자 뤼크 페리와 알랭 르노가 1985년 발간한 책 『68 사상』*La pensée 68*에서 유래한 용어다. 이 책에서 페리와 르노는 1968년 5월 혁명과 연대기적으로 가깝고 그와 영향을 주고받았다고 여겨지는 프랑스의 대표적인 지적 사조들—푸코, 부르디외, 데리다, 라캉—을 68 사상의 꼬리표 아래 한데 묶는다. 이 사조들은 모두 휴머니즘과 민주주의의 가치를 부정하는 공통점을 지닌다는 것이다. 68 사상에 대한 페리와 르노의 비판은 그 개념화의 문제점과 연대기적 착오, 주체 철학으로 되돌아가야 한다는 주장 때문에 많은 비판과 논란을 불러일으켰다. 알랭 르노, 뤼크 페리, 『68 사상과 현대 프랑스 철학』, 구교찬 외 옮김, 인간사랑, 1995.

† 이 책에서는 프랑스어 verité를 우리말의 어감과 문맥에 따라 '진리', '진실', '참' 등으로 옮겼다. 대체로 '진리'는 '보편적이고 불변하는 법칙이나 사실', '진실'은 '거짓이 없는 사실', '참'은 '사실이나 이치에 어긋남이 없는 것'의 의미로 썼다. 서양 철학의 전통 안에서 진리는 일반적으로 대상과 인식 사이의 일치로 정의된다. 벤느는 푸코가 이러한 진리 개념에 대한 비판에 입각해 철학적 인간학과 일반론을 해체하면서도, 경험적이거나 과학적인 진술들의 객관성과 진실성은 인정한다는 점을 강조하고 있다.

루는 그 어떤 초험성transcendance fondatrice*도 받아들이지 않았기 때문이다. 그렇다고 해서 허무주의자였던 것은 아니다. 그는 인간 자유의 존재를 인정했다(우리는 인간 자유와 같은 단어를 그의 텍스트들에서 읽을 수 있다). 또한 '탈주술화' 원리의 성립이 가져온 모든 형이상학적, 종교적 토대의 상실이 확신, 희망, 분노, 저항심을 가질 자유의 용기마저 위축시킬 것이라고는 결코 생각하지 않았다(그 자신이 하나의 본보기였다. 그는 자기 방식으로 투쟁했으며, 새로운 지식인 유형의 전범이 되었다. 정치적인 측면에서 그는 개혁가였다). 그러나 그는 자신의 투쟁에 관해 이치를 따지고, 분노에 관해 논증하고, 이를 일반화하는 일이 옳지 않으며 불필요하다고 여겼다. "어떤 정치적 실천에 진리의 가치를 부여하는 데 사유를 이용하지 말 것", 그는 이렇게 썼다.[2]

그는 사람들의 생각과 달리 인간이나 인간 주체sujet humain의 적이 아니었다. 단지 이 주체가 하늘에서 절대적 진리를 내려오게 할 수도, 진리의 하늘에서 절대자처럼 행동할 수도 없다고 보았을 따름이다. 또 인간이 자기 시대의 진리와 실재에

---

* 이 책에서는 칸트의 비판 철학과 밀접히 관련된 두 용어, transcendant은 '초험적'으로, transcendantal은 '초월적'으로 각각 옮겼다. 전자는 '감각 경험을 벗어나 있는 것'이라는 의미다. 후자는 '모든 경험에 논리적, 기능적으로 선행하면서도 경험 인식을 가능하게 만드는 것'이라는 뜻을 가진다. 초험성은 자기 자신의 정당화에 다른 것을 필요로 하지 않으면서 스스로 다른 지식의 토대가 되는 초경험적인 존재를 의미한다. 신, 이성, 역사 등이 그 예가 될 것이다. 초월성이란 의식이 주관성 자체이기를 벗어나 대상을 지향하고 규정하며 그것을 인식할 수 있게 하는 활동 작용을 말한다. 이러한 의식은 그것에 의해 규정되는 대상 세계에 속하지 않으므로 그 세계를 초월해 있는 것이다.

취할 수 있는 태도는 대결 아니면 혁신밖에 없다고 여겼을 뿐이다. 그는 하이데거의 대척점에 놓인 몽테뉴처럼³ "우리는 존재Être에 아무런 전할 말이 없다"고 믿었다.⁴ 그럼에도 그의 회의주의가 그로 하여금 '아, 모든 것이 그저 의심스러울 뿐!'이라고 외치게 만든 것은 아니다. 부당하게 68세대로 일컬어지는 이 사상가는 경험주의자였으며, 야심 찬 이성Raison에 대립각을 세운 이해력entendement의 철학자였다.† 그는 인간 조건과 그것에 반작용할 자유, 그리고 인간 조건의 유한성에 관한 일반적인 개념화를 향해 은근하게 나아갔다. 사실 푸코주의는 일관성을 지니는 경험적 인간학anthropologie empirique이며, 역사적 비판 위에 기초해 있다는 점에 그 독창성이 있다.

이제 세부 내용으로 넘어가자. 하지만 논의를 명료히 하기 위해 먼저 우리의 두 가지 원칙을 말해 두자. 첫째, 권력이나 경제 등등을 넘어선 인간 역사의 궁극적인 쟁점은 진리다. 어떤 경제 체제가 스스로를 허위라고 자인하겠는가? 역사 속의 진실이라는 이 문제는 드레퓌스의 무죄나 가스실의 실재를 의심하는 것 따위와는 아무런, 전혀 아무런 관계가 없다. 둘째, 역사 지식을 통해 어떤 시대에 대한 분석을 끝까지 밀어붙이고자 한다면, 사회나 심성mentalité을 넘어서, 그 시대의 사람들을 그들도 모르게 어항 속의 물고기처럼 가두었던 일반적 진리들에

---

† 이해력Verstand은 일반적이며 고차적인 인식 능력으로서의 이성과 대비되는 동시에, 감성이나 직관적인 인식 능력과도 다른 추론적인 사고 능력을 가리킨다. 칸트에 따르면 이해력은 주관이 선천적으로 가지고 있는 형식, 즉 범주의 도움으로 감성의 대상을 사유하는 능력이다. 그에 비해 이성은 우주, 영혼, 신 등 초경험적 대상을 사유하는 능력이다.

다다라야 한다.

　회의주의자는 이중의 존재다. 사유하는 한 그는 어항 바깥에서 어항 안을 맴도는 금붕어들을 바라본다. 그러나 그 역시 살아가야 하기에, 그 자신 또한 한 마리 금붕어로 어항 속에서 다음번 선거에 어떤 후보를 지지할 것인지 결정한다(자기 선택에 대단한 진릿값을 부여하지 않으면서 말이다). 회의주의자는 어항 바깥에서 어항을 의심하는 한 명의 관찰자인 동시에 금붕어 가운데 한 마리다. 분열이 있지만 조금도 비극적일 것 없는 분열이다.

　이 작은 책의 주인공으로 등장하는 관찰자는 미셸 푸코라는 이름을 가졌다. 그 누구도, 그 어떤 것도 이 마르고 우아하며 단호했던 인물을 뒤로 물러서게 만들지 못했다. 그의 지적인 검술은 펜을 마치 칼처럼 솜씨 있게 다뤘다. 이 책의 제목을 원래 '사무라이와 금붕어'라고 붙이고자 했던 이유다.

1장
세계사 안의 모든 것은 특이하다
― '담론'

『광기의 역사』가 출간되었을 때, (나를 포함해) 그것을 가장 잘 평가했어야 할 프랑스 역사학자들은 그 책의 중요성을 단번에 알아보지 못했다. 나는 이렇게 생각했다. 푸코는 그저 사람들이 수 세기에 걸쳐 광기에 대해 가졌던 관념이 엄청나게 변화해 왔다는 사실을 보여 주었을 따름이라고. 그런데 이는 우리가 이미 알고 있었던 사실이기에 새로이 가르쳐 주는 바가 없다. 인간 현실은 근본적인 우발성을 드러낸다(이것이 잘 알려진 '문화적 자의성'arbitraire culturel이다). 아니, 최소한 그것은 다양하고 가변적이다. 역사적 불변항이나 본질, 자연적 대상물은 없다. 우리 조상들은 광기, 섹슈얼리티, 처벌, 또는 권력에 대해 [지금 시각에서 보자면] 낯선 관념을 가지고 있었다. 그런데 우리는 마치 이 오류의 시대가 지나갔고, 우리가 조상들보다 더 나으며, 그들이 잘못 짚었던 진실을 발견했다고 묵인하며 넘어가는 듯하다. 우리는 '이 그리스 텍스트는 그 시대의 개념화에 따라 사랑을 이야기한다'고 말한다. 그런데 사랑에 대한 우리의 근대적 관념은 그들의 것보다 더 나은 것인가? 만일 누군가 이 부질없고 구태의연한 질문을 제기한다면, 우리는 감히 그렇다고 우기지 못할 것이다. 그런데 우리가 그 이유를 철학적으로 진지하게 생각했던가? 푸코는 그렇게 했다.

　나는 푸코가 별 내색 없이 근대 사상의 거대한 논쟁에서 어떤 편을 들고 있다는 점을 이해하지 못했다. 진리는 그 대상에 일치adéquation하는가 혹은 그렇지 않은가, 상식이 전제하듯 진리는 언표 대상과 유사한가ressembler 아니면 그렇지 않은가? 사실 우리에게는 진리와 그 〔언표〕 대상이 유사성을 지닌다는 사실을 확인할 경로가 없다. 대조 검증할 다른 정보원이 없기 때문이다. 하지만 일단 이 문제는 지나치자. 프리드리히 니체, 윌리엄 제임스, 존 오스틴, 루트비히 비트겐슈타인, 이언 해킹 등과 마찬가지로 푸코에게도 지식은 실재의 충실한 거울이 될 수 없었다. 리처드 로티 못지않게 푸코는 이 거울, 지식에 대한 이 '반영적' 개념화를 믿지 않았다.[1] 그에 따르면 물질성을 가진 대상은 우리가 그것을 인식하는 형식적 틀로부터 분리될 수 없다. 이 틀을 푸코는 '담론'이라는, 잘못 선택된 단어로 불렀다. 모든 것이 여기서 비롯되었다.

실재에 상응하지 않는 것non-correspondance으로 개념화된 진리는 다른 사람들에게 제대로 이해되지 못했고, 푸코의 주장은 광인들이 미치지 않았으며 광기에 관한 이야기는 이데올로기라는 식으로 받아들여졌다.[2] 심지어 레몽 아롱 같은 이도 『광기의 역사』를 다르게 이해하지 못한 채 내게 단도직입적으로 이렇게 말했다. 광기는 너무도 현실적인 것이어서 이를 알려면 광인을 한 명 보기만 해도 충분하다고. 아롱은 옳았다. 푸코 자신도 광기 담론이 과거, 현재, 그리고 미래에 그려 낼 모습 그대로 광기가 나타나지 않는다고 해서 광기가 "아무것도 아니라는 의미는 아니"라고 공언했다.[3]

그렇다면 푸코는 담론이란 말로 무엇을 의미하려 했을까? 그것은 아주 간단한 무언가, 즉 날것의 역사적 구성물formation historique에 대한 가장 정확하고 촘촘한 묘사이며 그 궁극의 개

별적 차이에 대한 규명이다.[4] 이처럼 과거의 특이성singularité[*]
이 보여 주는 **궁극적 차이**differentia ultima에까지 이르는 일은 이
해를 위한 지적 노력을 요구한다. 사건을 평범하게 만들고 합
리화하는 너무 넓은 휘장들을 사건으로부터 벗겨 내야만 한
다. 그 결과는 우리가 앞으로 보게 될 것처럼 아주 멀리까지 나
아갈 것이다.

첫 책에서 푸코는 우리가 광기라고 부르는 담론(과거의 담
론은 그것을 비이성déraison이라고 말했다)을 규명하는 데서 출
발한다. 그 이후의 책들은 그가 이 구체적 경험으로부터 발전
시킨 회의주의 철학을 다른 주제를 통해 예증하는 것이었다.
하지만 그는 자신의 주의주장을 결코 온전히 드러내지 않았고
이 엄청난 작업을 주석가들에게 미뤄 놓았다.[5] 나는 여기서 내
절친한 친구이자 위대한 사상가였던 푸코의 사유를 설명해 보
고자 한다. 그러면서 『말과 글』Dits et écrits을 풍부하게 인용할
것인데, 그가 주저들보다 여기에서 더 자주 자기 주의주장의

    * 여기서는 singularité를 '특이성'으로 옮겼다. 흔히
'보편성'universalité과 대비되어 '개별성'으로 번역되어 왔고, 또
보편자가 개별자에 구현된 상태는 '특수성'particularité으로 개념화된다.
그런데 푸코의 경우 보편성을 상정하지 않은 상태에서 개별성을
파악하고자 하기 때문에, singularité는 '순수한 개별성' 혹은 '개별성
그 자체'라는 함의를 가진다. 구태여 '특이성'이라는 새로운 번역어를
쓰는 이유다. 이러한 '특이성'은 벤느가 역사학의 대상으로 종종 잘못
이해된다고 지적한 바 있는 '독특한 것'le singulier과도 엄연히 구분된다.
『역사를 어떻게 쓰는가』(이상길, 김현경 옮김, 새물결, 2004)에서
벤느가 말한 '독특한 것'은 역사적 개인이나 사실, 사건의 유일무이성,
일회적이며 일과적—過的인 성격에 방점을 둔다. 하지만 '특이성'에서
핵심은 어떤 대상이나 실체의 본질적 성격(개체성, 일시성 등)이
아니라, 그것에 대한 인식과 이해를 제한하는 시각/틀의 특수한 역사적
성격이다.

기초들을 일깨웠기 때문이다.

　이러한 작업을 감행하기에 앞서 하나의 예를 들어 보자. 여러 시대에 걸친 사랑 또는 섹슈얼리티의 역사를 쓴다고 했을 때, 우리는 섹스라는 잘 알려진 주제에 관해 기독교인들 혹은 이교도들〔고대 그리스인들〕이 관념과 실천에서 어떤 변이형들variations을 보였는지 기술하는 선까지 연구를 밀어붙이는 데서 만족할 수도 있을 것이다. 하지만 이렇게 상상해 보자. 거기까지 이르고 난 뒤에도 무언가 마음에 걸리고 더 밀고 나갈 수 있다는 생각이 든다. 예컨대 그리스나 중세 저자의 어떤 표현 방식, 이런저런 단어와 문체 등이 분석 이후에도 어떤 잔여물, 우리가 보지 못한 무언가를 함축하는 어떤 뉘앙스를 남긴다고 느껴지는 것이다. 그는 이 잉여물이 미숙한 표현이라거나 말장난이라거나 텍스트의 죽은 부분일 따름이라고 무시하는 대신, 그 안에 함축된 것을 명확히 밝히려 노력을 기울이고 실제로 그러기에 이른다.

　이제 우리는 진실을 깨닫는다. 변이형이 남김없이 밝혀지자〔사랑이나 섹스와 같은〕 영원한 주제는 사라지고, 그 자리에는 이어져 내려온 서로 다른 변이형만이 남는다. 그 변이형들에 우리는 고대의 '쾌락'plaisirs, 중세의 '육욕'chair, 근대의 '섹슈얼리티'sexualité라는 이름을 붙일 것이다. 여기에 사람들이 어떤 중핵에 관해 연속해서 가졌던 일반적 관념 세 가지가 있다. 이 중핵은 의심의 여지 없이 실제적이며 아마도 초역사적일 테지만 언제나 관념들 뒤에 있으며 접근 불가능하다. 접근 불가능, 아니 차라리 〔그러한 관념들에서〕 분리 불가능한 것, 우리는 그것을 필연적으로 하나의 담론으로 만들 것이다.[*]

　또 이런 가정을 해 보자. 과학의 '프로그램' 덕분에 우리는 동성애에 관해 진실하고 과학적인 무언가를 알게 되었다(푸코에게 과학은 그저 공허한 단어가 아니었다). 예컨대 동성애 성향이 유전자에 기원을 두고 있다는 사실(아무런 근거 없는 내 가정이다). 그렇다면 그다음에는? 그래서 뭐 어쩌란 말인가? 동성애는 무엇인가? 우리는 이 작거나 큰 진실의 조각을 가지고 무엇을 할 것인가? 푸코는 우리가 〔그것을 가지고서〕 개인의

---

 * 참고로 푸코는 1981년 루뱅 대학에서 가진 인터뷰에서 다음과 같이 말한 바 있다. "그리스-로마인은 섹슈얼리티 같은 개념notion을 가지고 있지 않았다. 기독교인도 마찬가지다. 당신은 그들이 개념을 가지고 있지 않았다는 사실이 그런 식으로 실재와 단절되어 있었다는 의미는 아니라고 말할 것이다. 하지만 나는 어쨌든 개념의 장이 매우 중요하다고 생각한다. 〔…〕 그리스-로마인에게는 성행위를 가리키는 단어가 있었고, 그것이 아프로디지아였다. 아프로디지아는 성행위인데, 그것이 반드시 두 개인 간의 관계, 〔성기의〕 삽입을 함축했는지 알기란 매우 어려운 일이다. 어쨌든 그것은 성적인 활동이었고, 다만 개인 안에서 고유한 유대 및 욕구와 더불어 영원히 현존할 섹슈얼리티 같은 것은 전혀 아니었다. 기독교인에게는 또 다른 것이 있었다. 바로 육욕chair과 음욕concupiscence이었는데, 이는 개인 내 영원불변하는 힘puissance의 현존을 가리켰다. 하지만 육욕은 딱히 섹슈얼리티 같은 것은 아니었다. 나는 〔『성의 역사』〕 첫 권에서 경솔하게 짰던 프로그램대로 연구하기보다는, 그리스인의 아프로디지아, 기독교인의 육욕, 근대인의 섹슈얼리티라는 이 상이한 경험이 무엇인지를 규명하고자 한다." M. Foucault, "Entretien de Michel Foucault avec Jean François et John de Wit 22 mai 1981", *Mal faire dire vrai: Fonction de l'aveu en justice*, Univerity of Chicago Press/Presses Universitaires de Louvain, 2012, pp. 253~254. 쾌락의 틀에서 중요한 것이 섹스 상대의 성별이나 행위 자체가 아니라 절제와 자기 지배의 기술이라면, 육욕의 틀에서는 원죄의 개념과 연결된 색욕 그리고 고백의 기술이 문제가 되고, 섹스의 틀에서는 객관화된 유기체로서의 신체 그리고 자기에 대한 과학적 인식이 중심에 놓인다. 이러한 세 시기는 서로 심층적인 관계를 맺지 않으며 불연속적으로 나타난다.

정체성이 아니라, 해부학이나 생리학에 관련될 뿐인 대단치 않은 세부 사실의 담론을 만들기를 바랐다. 우리가 침대나 병원에서 말할 법한 세부 사실 말이다.

우리는 진실로 하나의 진짜[아이러니를 위한 푸코의 강조—벤느] 성별sexe을 필요로 하는가? 근대 서양 사회는 이 질문에 줄기차고 집요한 긍정으로 답했고 그럼으로써 이 '진짜 성별'의 질문을 끈질기게 작동시켰다. 사람들이 유일하게 중요한 것은 신체라는 실재와 쾌락의 강도라고 생각하는 상황 속에서.[6]

고대의 사랑은 아프로디지아의 '쾌락' 담론을 만들었다. 거기에는 어떤 미심쩍은 것도 없다. 그것은 윤리적이고 시민적인 통제를 따랐다. 이 시대의 사랑의 몸짓들은 종교적, 윤리적 죄악이 없는 만큼이나 소심했다. 예컨대 밤에는 방탕한 자만이 어둠 속에서가 아니라 램프의 희미한 빛 아래서 섹스를 했다. 시민 도덕은 [섹스 상대의] 성별보다는 능동적 역할과 수동적 역할을 더 구별했다. 자기 절제maîtrise de soi의 이상으로 인해 돈 후안 같은 이는 여성처럼 유약하다고 여겨졌다. 여성 성기에 대한 구강 섹스는 (실제로 상당히 이루어졌는데도) 성별 위계를 전복하는 면이 있었기 때문에 강박적으로 비난받았다. 소년을 탐하는 남색가는 바람이 날 정도로 쾌락에 빠져든 모습 때문에 사람들의 비웃음을 샀다.

사랑보다 덜 사랑스러운 또 하나의 예를 들어 보자. 여러 시기에 걸친 형법이 그것이다. 앙시앵 레짐에서의 형벌이 끔찍했다고 말하는 것만으로는 충분치 않다. 그러한 잔혹성은 관습이 얼마나 거칠었는지를 보여 준다. 이 시기 절대왕권은 가

공할 만한 신체형으로 반역 주체에게 "온 힘을 다해 달려들었다". 모든 이의 눈앞에서 죄과의 엄중성을 따지고 반역자와 국왕 사이 힘의 불균형을 보이기 위해서였다. 신체형은 의례를 통해 복수하고 명예를 회복하는 방법이었다. 계몽주의 시대와 더불어 처벌은 예방과 교정을 위한 것이 된다. 감옥은 강제적인 훈육 기술이 되며, 법을 지키지 않은 시민에게 새로운 습관을 심어 주는 수단이 된다.[7] 여기에는 분명히 휴머니즘의 진보가 있다. 하지만 나아가 이 변화가 단순한 개선과는 다른 것이라는 점을 이해해야만 한다. 이것은 통째로 이루어진 완전한 변화다.

15세기 전 로마 제국의 원형 경기장에서는 유죄 판결을 받은 이에게 신화적으로 연출된 죽음이 마련되었다. 사람들은 죄수에게 장작불 위에서 자살한 헤라클레스의 의상을 입히고는 산 채로 화형했다. 기독교 신자들은 다나오스의 딸들처럼 분장을 당하고 사전에 강간을 당하거나 아니면 디르케로 분장을 당하고는 황소의 뿔에 묶였다.* 이러한 연출은 하나의 익살, 재밋거리ludibrium였다. 시민 집단은 감히 자신들에 대항하려한 죄수를 면전에서 경멸하고 비웃었다. 그가 가장 강한 자가 아니라는 사실을 일깨워 주기 위해서 말이다. 이 연이은 담론들은 각각 형법, 행위, 제도, 권력, 관습, 심지어 건축까지 함축되어 있다. 이 모든 것은 담론을 작동시키면서 푸코가 장치

* 이는 모두 그리스 신화에 나오는 이야기와 연관된다.
다나오스의 딸들은 강제로 결혼한 남편들의 목을 벤 죄로 지옥에서 밑 빠진 통에 물을 붓는 형을 받았다. 디르케는 점령국의 왕비 안티오페를 감옥에 가두고 학대한 죄로 안티오페의 쌍둥이 아들들에 의해 달리는 황소의 뿔에 묶인 뒤 거기 찔려 죽었다.

dispositif라고 이름 붙였던 것을 구성한다.

지금까지 보았듯이 우리는 선개념idée préconçue 없이 "구체적 사실들"의 디테일에서 출발했다.[8] 이렇게 우리는 각각이 하나의 고유한 테마를 이룰 만큼 독자적인 여러 변이형을 발견했다. 나는 테마와 변이형이라고 말했지만 푸코는 더 나은 표현을 썼다. 1979년 그는 노트에 이렇게 적었다. "역사의 체로 보편소들universaux을 걸러 내는 것이 아니라, 보편소들을 거부하는 사유 위로 역사를 지나가게 할 것."[9] 존재론적으로 말하자면, 변이형들만이 존재한다. 초역사적인 테마는 의미 없는 하나의 이름일 따름이다. 푸코는 막스 베버처럼, 그리고 모든 좋은 역사학자처럼 유명론자nominaliste다. 발견을 위해서는 실천의 세부 사실, 행해진 것과 말해진 것에서 출발해 그것들의 담론을 명료화하기 위한 지적 노력을 기울이는 편이 낫다. 그것이 잘 알려진 일반론에서 출발하는 것보다 더 생산적이다(역사학자나 독자에게는 더 어려운 일이지만[10]). 일반론에서 출발한다면 그것을 계속 그대로 따르게 될 위험이 있기 때문이다. 일반론을 공허한 것으로 되돌려 버릴 궁극적이며 결정적인 차이들을 포착하지 못한 채 말이다.

신체형은 잊고 이제 쾌락으로 돌아와 보자. 우리는 이교도적 쾌락과 기독교적 '육욕'(신의 창조물이기에 거스를 수 없는 본성이자 죄악에 빠진 육욕이라는 담론)을 쉽게 구분할 수 있었다. 그 뒤를 이어 다른 담론들이 나타났다. 생리학, 의학, 정신의학 등이 기여했던 근대인들의 '섹스'라는 담론,[11] 그리고 아마도 페미니즘과 더불어 등장한 탈근대의 '젠더' 담론과 성적 방임주의permissivité, 아니 차라리 자기 됨과 그것을 말할 수 있는 주체적 권리에 관한 담론(디디에 에리봉이라면 여기서 정신 분석은 살아남지 못할 것이라고 말하리라*). 게다가 우리는 각각의 '담론'이 사랑을 둘러싸고 배치된 한 무리의 요소들, 즉 관습, 말, 지식, 규범, 법, 제도 등을 작동시킨다고 추정할 수 있다. 역시 이들을 담론적 실천pratique discursive 내지는 우리가 다시 논의할, 의미로 가득 찬 용어인 장치라고 말하는 편이 더 나을지도 모르겠다.[12]

계속하자. 이렇게 해서 우리에게는 사랑이라는 진부한 대상 대신에 여러 작은 대상이, '실제 그 시대의' 기묘한, 결코 보이지 않았던 대상들이 나타났다. 실제로 우리는 문제가 된 시대의 사랑에서 드러나 있지 않았던 부분을 조명했다. 우리 눈에 떠올랐던 가시적인 부분은 아주 친숙한 외양을 가졌던 반면, 우리가 비가시적이고 무의식적인 부분을 명료화하기에 이르면서 "성기고 들쭉날쭉한" 대상이 출현했다.[13] 그 괴상한 윤곽은 사리에 맞는 어떤 것과도 일치하지 않고, 이전까지 그 위를 덮고 있었던 넉넉하고 고상한 휘장의 주름을 더 이상 꽉 채우지 않는다.† 그것은 자연적 경계가 아니라 역사의 우연에 의해 지그재그로 그려진 국가 간의 역사적 경계를 떠올리게 만든다.

---

* 푸코의 전기 작가이자 철학자인 디디에 에리봉의 『정신분석에서 벗어나기』를 암시하고 있다. 에리봉은 이 책에서 푸코와 롤랑 바르트가 1970년대에 지배적이었던 정신 분석과 프로이트-마르크스주의에서 벗어나기 위해 사랑, 쾌락, 우정과 같은 주제를 탐구하면서 새로운 주체화 전략의 가능성을 모색했다고 주장한다. D. Eribon, *Echapper à la psychanalyse*, Léo Scheer, 2005.

† 실제 역사 속에서 벌어진 사건과 실천을 자세히 들여다보면 그것들이 결코 합리적이지도 표면적인 정당화 논리들에 딱히 부합하지도 않는다는 뜻이다.

물론 우리가 섹슈얼리티나 광기에 대해 가지는 관념(여기에는 무의식적이고 암묵적인 '담론'이 가장 근접해 있으며 우리가 보지 못하는 특이성과 기이성을 가장 정확하게 말해 준다)은 그것에 대한 담론과 더불어 어떤 '물 자체'chose en soi*(칸트의 용어를 남용해 이렇게 말하겠다)와, 스스로 표상한다고 주장하는 어떤 실재와 분명히 연관을 맺는다. 섹슈얼리티나 광기는 확실히 존재한다. 그것들은 이데올로기의 발명품이 아니다. 이 문제에 관해 한없이 사색해 본들 별 소득은 없을 것이다. 인간이 성적 동물이라는 사실은 여전히 남아 있으며, 생리학과 성 본능이 그것을 증명한다. 사람들이 수 세기에 걸쳐 사랑 혹은 광기에 관해 사유했던 모든 것은 물 자체의 〔정신 속에〕 자리 잡기emplacement로서 그 존재를 알려 준다. 그러나 우리는 이들에 일치하는 진리를 가지지 못한다. 각 시대에 특유한 물 자체에 대한 관념(담론은 그러한 관념의 궁극적 정식화, 궁극적 차이differentia ultima다)을 통해서만 물 자체에 이를 수 있기 때문이다. 물 자체를 '담론'과 분리시킬 수 없기에 물 자체에 '현상'으로서만 도달한다. 물 자체는 담론 안에 속박되어 있는 것이다. 푸코는 "모래톱 안에 좌초해 묻혀 있다"고 표현하길 좋아했다. 우리는 이런 종류의 전제들 없이는 아무것도 알 수 없을 것이다. 담론들이 존재하지 않았더라도 신들림, 비이성, 광기, 정신착란 등으로 이름 붙여진 대상 X는 존재했을 테지만 우리 정신 속에 자리 잡을 수는 없었을 것이다.

그런데 모든 현상은 특이하다. 역사적이거나 사회학적인

---

* 칸트 철학에서 인식 주관으로부터 독립해 그 자체로서 존재하며 현상의 궁극적 원인이라고 여겨지는 것을 가리킨다.

모든 사실은 하나의 특이성인 것이다. 푸코는 일반적이고 초역사적인 진리는 존재하지 않는다고 생각했다. 행위든 말이든 인간적 사실은 그 기원이 될 법한 이성이나 자연으로부터 나오는 것도 아니고, 그것이 가리키는 대상을 충실하게 반영하지도 않기 때문이다. 사람들을 현혹하는 일반성이나 사전에 가정된 기능성을 넘어서, 이 특이성은 인간적 사실을 둘러싼 기이한 담론에서 나온다. 그것은 매번 생성devenir[†]의 우연으로부터, 서로 교차하는 여러 인과성의 복잡한 연쇄로부터 생겨난다. 인류 역사의 기초는 실재적인 것도, 합리적인 것도, 기능적인 것도, 그렇다고 무슨 변증법적인 것도 아니다. 온갖 기능주의, "온갖 단조로운 목적성 바깥에서 사건들의 특이성을 식별"해야만 한다.[14] 푸코가 사회학자와 역사학자 들에게 했던 암묵적인 제안(어떤 연구자들은 푸코와 더불어 그 제안을 스스로 실천에 옮겼다)은 역사적 구성물 또는 사회적 구성물에 대한 분석을 가능한 한 멀리 밀고 나가 그 특이한 이질성을 드러내라는 것이었다.[15]

[†] 벤느는 인간 세계의 근본적인 속성을 devenir로 특징짓는다. 동사로는 '~이 되다', 명사로는 '됨'을 뜻하는 이 단어는 영어로는 대개 becoming으로 번역되는데, 초역사적인 것, 영원불변의 것은 존재하지 않는다는 전제 아래 모든 것이 다른 것들과의 관계 속에서 끊임없이 변해 가는 과정 중에 있다는 니체주의적 역사 철학을 함축한다. 이 책에서는 devenir를 문맥에 따라 '생성' 또는 '변전'變轉으로 옮겼다. '사물이 생겨 이루어지게 함'이라는 의미의 '생성'은 '새로운 것의 발생과 출현'에, '이리저리 변해 달라짐'이라는 뜻의 '변전'은 '존재하는 것의 지속적인 변화'에 무게를 싣는다. devenir에 이러한 의미가 모두 담겨 있다는 점에 유의하며 맥락에 맞게 번역어를 달리 썼다.

각 시대에는 나름의 어항이 있다

이러한 특이성들을 푸코는 담론을 비롯해 담론적 실천, 전제 pré-supposé, 에피스테메épistémè,* 장치 등과 같은 말로 환기했다. 푸코의 사상은 해가 지날수록 명확해졌고 기술적인 어휘는 오랫동안 유동적이었다. 이 상이한 용어들을 길게 늘어놓기보다 대표적인 한 가지[즉 담론]를 고수하는 편이 나을 것이다. 우리는 인간사를 일반론을 통해 사고한다. 우리는 그것이 [대상과] 일치한다고 믿지만, 인간적인 어떤 것도 대상에 일치하지 않으며, 합리적이지도 보편적이지도 않다. 이는 우리의 상식을 놀라게 하고 불안하게 만든다.

우리를 안심시키는 어떤 허상은 일반론을 통해서 담론을 파악하게 한다. 그렇게 되면 우리는 담론의 다양성과 그 각각의 특이성을 알 수 없는데도 말이다. 우리는 보통 진부한 것들, 일반성들을 바탕으로 생각한다. 그래서 담론은 우리에게 '무의식적인' 것으로 남아 우리 시선을 벗어난다. 아리스토텔레스는 아이들이 모든 남자를 아빠로, 모든 여자를 엄마로 부른다고 『자연학』 첫 문장에서 말했다.† 담론을 규명하기 위해서는 푸코가 고고학 또는 계보학(여기서 자세하게 논의하지는 않겠다)이라고 부른 작업을 수행해야만 한다. 그런데 이 고고학은 신화를 벗겨 내는 결산서다.

---

  * 푸코가 『말과 사물』에서 분석의 중심에 두었던 개념으로, 어떤 역사적 시기에 대응하면서 (과학을 비롯한) 상이한 담론 유형들을 연결 짓는 관계의 총체를 가리킨다.
  † 원문에는 『형이상학』Métaphysique으로 나와 있으나 『자연학』Physique이 맞기에 수정했다.

이유는 이렇다. 현상의 궁극적 차이, 즉 현상을 기술하는 담론에 도달할 때마다 우리는 현상이 기이하고 자의적이며 근거 없다는 점을 반드시 발견한다(앞에서는 그것을 역사적 경계들의 도면에 비교했다). 결산서: 이처럼 여러 현상의 심층까지 가면, 우리는 각각의 특이성과 모든 것의 자의성을 확인하게 되고, 추론에 따라 다음과 같은 결론에 이르게 된다. 지식에 대한 철학적 비판, 인간사에 토대fondement가 없다는 확증, 그리고 일반론에 대한 회의주의(하지만 일반론에 관련해서만 그럴 뿐, 드레퓌스의 무죄나 토이토부르크 전투의 정확한 날짜와 같은 특이성과 관련해서는 그렇지 않다).

일반론을 말하지 않는 역사 책과 물리학 책은 분명히 진실로 가득 차 있다. 이와 달리 철학자들이 논하는 인간 주체는 절대적인 힘을 가진 주체가 아니다. 그는 시간도 진실도 지배하지 못한다. 푸코의 파리 고등 사범 학교‡ 동급생이자 철학 교수 시험을 함께 봤던 장 도르메송은 "우리 각자는 사람들이 자기 시대를 생각하는 것처럼만 생각할 수 있다"고 썼다. 이 점에서 그는 푸코에 동의했다. "아리스토텔레스, 아우구스티누스, 그리고 〔17세기 프랑스의 신학자이자 역사학자인〕 보쉬에까지도 몇 세기 뒤에 자명해질 노예제 비난에는 이를 수 없었다." 마르크스를 인용해 부연하자면 인류는 문제를 해결하는 순간에 제기한다. 노예제와 그것을 지탱하던 모든 법적, 정신적 장치가 붕괴할 때, 그것의 '진실' 또한 붕괴한다.

---

‡ 18세기 말 창립된 프랑스의 국립 교원 양성 기구인 에콜 노르말 쉬페리외르École normale supérieure를 말한다. 두 세기에 걸쳐 대표적인 프랑스 지식인들을 배출한 엘리트 교육 기관이기도 하다.

각 시대의 사람들은 이렇게 실상과 달리 투명해 보이는 어항 같은 담론 속에 갇혀 있다. 그들은 이 어항이 어떤 것인지, 심지어 거기 어항이 있는지조차 알지 못한다. 그릇된 일반성과 담론은 시대에 따라 변화한다. 하지만 매 시대에 그것들은 진실한 것으로 받아들여진다. 진리는 진실 말하기dire vrai, 즉 진실로 여겨지는 것에 부합하도록 말하기로 환원되는데, 이는 한 세기 뒤에 후세 사람들을 웃게 만들 것이다.

푸코식 탐구의 독창성은 시간 속에 존재하는 진리에 관해 작업하는 데 있다. 이를 예증하기 위해 아주 순진한 이야기로 시작해 보자. 푸코 저작의 배후에는—하이데거에게서와 마찬가지로—제대로 말해지지 않은 치명적인 공리가 숨어 있다. 고대부터 근래에 이르기까지 인류의 과거는 거대 진리들의 사체가 묻힌 광대한 묘지에 지나지 않는다는 것이다. 그것은 이미 한 세기도 더 전부터, 아니 1,000년도 훨씬 전부터 하나의 자명한 사실이 되었다. 그런데 이 장기 지속의 시기 동안 위대한 철학은 이 원초적 진리와는 다른 문제들에 대한 사유를 펼쳤다. 헤겔, 콩트, 후설 같은 사상가는 제각기 방황의 시대를 몸소 마감할 수 있길 희망했다. 반면 푸코는 이 묘지의 문제를 공격하고 나섰고, 이를 예기치 못한 개인적인 각도에서 연구했다. 그것은 바로 '담론'에 대한 심층적인 발굴이었고, 역사적 구성물들 간의 궁극적 차이에 대한 규명이었으며, 이를 통한 최신 일반론들의 종식이었다.

달리 말하면 대부분의 철학은 철학자 혹은 사람들과 존재, 세계, 신이 맺는 관계에서 출발한다. 푸코는 서로 다른 사람이 당연한 듯 행하는 것, 진리라고 여기면서 말하는 것에서부터 출발한다. 아니, 엄청난 다수가 이미 죽었기 때문에 그는 그들이 다양한 시대에 행할 수 있었고 말할 수 있었던 모든 것에서 출발한다. 한마디로 그는 역사에서 출발한다. 그는 그로부터 표본(광기, 처벌, 섹스 등)을 추출해 담론을 명료화하고 경험적 인간학을 끌어낸다.

어떤 담론, 어떤 담론적 실천의 명료화란 사람들이 행하거나 말한 것을 해석하는 일이고, 그들의 행위, 말, 제도가 전제하는 것을 이해하는 일이며, 이는 우리가 매 순간 수행하는 일이다. 즉 우리는 우리끼리 서로를 이해한다. 푸코의 도구는 따라서 해석학, 의미의 규명, 즉 우리가 매일 수행하고 있는 실천이 될 것이다.[16] 일반론을 약화시켰던 회의주의는 이러한 일상적 실천에 개입하지는 않는다. 타자의 행동과 말이 지니는 의미를 이해하는 푸코의 해석학은 그 의미를 가능한 한 정확하게 포착한다. 이는 고대의 사랑에서 영원불멸의 에로스를 재발견한다든지, 이 에로스를 정신 분석이나 철학적 인간론으로 오염시키는 일과는 거리가 멀다. 타자가 말하고 행한 것에 대한 이해는 자기 배역을 이해하기 위해 '그 속으로 빠져드는' 배우의 작업이다. 만일 이 배우가 역사학자라면, 그는 극작가까지 되어 자기 역할의 텍스트를 구성하고 그것을 말하기 위한 단어들(개념들)을 발견해야만 할 것이다.

경험적 자료의 실증성positivité* 을 파악하게 할 따름인 이

---

* 이 책에서는 형용사 positif를 문맥에 따라 '실정적', '실증적', '적극적', '긍정적' 등으로 옮겼고, 명사형 positivité는 '실정성', '실증성'으로 옮겼다. 프랑스어 positif는 다양한 의미를 지닌다. 어원상 이 단어는 ('자연적인 것'naturel과 대조적으로) '권위에 의해 공식적으로 제정된 것'이라는 뜻의 법률 용어로 쓰이다가, '사실만을 다루는 것'이라는 의미를 갖게 되었고, 이후에는 '자체의 명확한 특성을 지니는

해석학은 1960년대에 이루어진 언어적 전환linguistic turn†의 대척점에 있었다는 점을 재빨리 덧붙여 두자. 언어적 전환은 푸코가 중요하게 여겼던 견고한 실증성을 무한한 해석 속으로 사라지게 만들었다('텍스트의 의미는 시간과 해석자에 따라 변한다').[17] 어디서인지는 잘 모르겠으나 나는 "모든 것을 상대화하고 모든 것이 해석의 문제라고 단언하는, 대체로 푸코의 신봉자들로부터 유래한 탈근대postmoderne 사조"에 대한 혹평을 읽은 적이 있다. 신봉자들이 어떤지 나야 잘 모르지만 적어도 푸코 자신과 관련해서는 완전히 틀린 말이다. 푸코의 근본적인 방법은 텍스트와 그에 대한 해석이 같지 않다고 확신하면서 어떤 텍스트의 저자가 자기 시대에 말하고자 했던 바를 가장 정확하게 이해하는 것이다.

사실 우리는 그에게서 일종의 해석학적 실증주의를 발견한다. 우리는 자아나 세계, 선에 대해 그 무엇도 확실히 알 수 없지만, 그럼에도 같은 인간이니만큼 생사를 떠나 우리끼리는 서로 이해가 가능하다. 잘 이해할 수도 있고 잘못 이해할 수도

것', '건설적이고 좋은 면에 집중하는 것'과 같은 의미를 더하게 되었다. 여기서는 이를 순서대로 '실정적', '실증적', '적극적', '긍정적'이라고 번역했다. 실정성이라는 용어는 '이미 규범이나 제도로서 정립되어 변화할 수 없는 상태'를 가리키는 헤겔 철학적 뉘앙스를, 실증성은 '형이상학적 원리나 사변에 의해서가 아니라 사실 그 자체로써 증명할 수 있는 성질'을 뜻하는 콩트 철학적 함의를 담고 있기도 하다.

† 언어적 전환은 여러 학문 분야에서 많은 학자에 의해 다양한 방식으로 나타난 지적 경향이므로 그 의미를 한마디로 요약, 정리하기는 어렵다. 다만 이 책의 문맥에서는 사료-텍스트란 자유롭게 부유하거나 다른 텍스트들과만 관계를 맺는 그 자체로 닫혀 있는 기호 체계이며, 역사적 실재는 해석자들에 의해 순전히 언어적으로 구성될 뿐이라는 입장을 가리키는 것으로 보인다.

있지만 그것은 다른 문제다(좋은 이해는 우리가 어떤 전통 안에 들어가 있거나 혹은 낯선 전통에 익숙해져 있을 것을 전제한다. 우리가 갑자기 그리스 연구자가 될 수 있는 것은 아니니까). 어쨌거나 같은 인간끼리는 이해에 이를 길이 있다.

그것은 "사유의 환원 불가능성 원리" 때문에 해석학이다(여기서 의식이 사유의 근원에 있는 것은 아니라는 점을 잊지 말자). "그 자체가 사유 방식이 아닌 경험은 존재하지 않"는다. 역사적 사실은 "사회사의 구체적 결정 요인들에 좌우될 수 있"지만, 그럼에도 인간은 이 결정 요인들을 "사유를 통해서" 경험할 뿐이다. 계급 이해관계나 경제적 생산관계는 "보편적 구조"일지도 모른다. 생산력, 증기 기관은 "사회적 존재의 구체적 결정 요인들"일지도 모른다.[18] 그렇다 해도 이것들이 생생하게 경험되고 사건을 만들기 위해서는 사유를 거쳐야 한다. 이는 담론이라는 단어를 어느 정도 정당화한다. 사유는 어쨌든 기관차보다는 발화parole에 더 가까우니 말이다.

이 해석학의 방법은 다음과 같다. 비록 사유되고 이해되는 "구체적 실천들"이 침묵 속에서 이루어진다 하더라도, 그것을 명료하게 인식하게 해 주는 틀인 보편소로부터 출발하는 대신 우리는 그 실천과 그것이 전제하는 특이하고 이상한 담론으로부터 출발할 것이다. "보편소를 이러한 행위들의 격자에 통과시켜 보기 위해서" 말이다. 우리는 이렇게 과거의 진짜 진실과 "보편소의 비존재"를 발견한다.[19] 푸코의 말을 직접 인용하자면 "나는 다음과 같은 이론적, 방법론적 결정으로부터 출발한다. 보편소들이 존재하지 않는다고 가정하자". 예컨대 광기가 존재하지 않는다고, 아니 (일정한 실재가 거기 상응할지라도) 그릇된 개념이라고 가정하자. "이제 우리는 이른바 광기로 분류되는 이 상이한 사건들, 이 상이한 실천들을 가지고 어떤 역사를 쓸 수 있을까?"[20] 그리고 그러한 사건과 실천 들은 분명 실재하는 광기가 인식되지도 지각되지도 않으면서 불명확하고 이름 없는 것으로 남아 있게 하는 대신, 우리 눈에 진정한 광기로 존재하게끔 만든다. 알려지지 않거나 오인되거나. 광기를 비롯한 모든 인간사에는 특이성이 되는 것 이외에 다른 선택의 여지가 없다.

특이성이라고 말했는데, 현상들의 담론은 두 가지 의미에서 특이하다. 그것은 기이하다étrange. 또 그 각각은 자기 부류에서 유일한 것으로 일반성géneralité 안에 들어가지 않는다. 그러므로 담론을 추출하기 위해 세부 사실로부터 출발하자. 권력과 그 절차, 수단 등의 구체적인 실천으로 되돌아가자.[21] 이렇게 우리는 〔예컨대〕 18세기에 완성된 모습을 드러낸 하나의 담론—실제 실천들의 총체—을 명료화할 수 있다. 이를 푸코는 통치성gouvernementalité이라는 이름으로 기술했다. 이는 사법 국가État de justice에 대한 중세의 담론과 구분되며, 르네상스의 행정 국가État administratif 담론과도 구별된다. 또 다른 되돌아가기의 사례는 푸코가 『감시와 처벌』에서 형벌상의 연속성보다 절대군주가 처벌 대상에게 "온 힘을 다해 달려들었던" 앙시앵 레짐의 형벌과 우리의 감옥 체계 사이의 암묵적인 차이를 감지할 때 나타난다.

프로이트적인 비유를 활용 또는 남용하면서, 푸코는 "지식의 무의식이라고 할 만한 자율적 영역을 추출하려고 노력"했으며 "과학, 인식, 인간 지식의 역사 안에서 무의식과 같은 무언가를 재발견"하려 했다고 말한다.[22] 담론에 대한 "그러한 서술 속에서 의식은 결코 현전하지 않는다".[23] 담론은 "비가시적인 것으로 남아 있다". 그것은 "말하는 주체의 무의식이 아니라 말해진 것의 무의식"(강조는 추가)이다. 행위자들의 "의식을 빠져나가는 어떤 층위, 지식의 실정적 무의식"으로, 행위자들은 "그것에 대한 의식 없이" 그것을 이용한다.[24]

무의식이라는 단어는 분명 환유에 지나지 않는다. 프로이트적인 것이든 다른 것이든 무의식은 우리 머릿속에나 존재할 따름이다. '무의식'이라는 말 대신에 '암묵적'이라고 읽자. 가장 밋밋한 예를 하나 들어 보자. 루이 14세는 위대한 정복자라는 영예를 얻었는데, 이는 그의 시대에는 절대군주의 소유물 규모로 측정되는 권위와 힘이 중요했으며 전쟁에 의한 세력 확장이 군왕다운 장엄한 일로 여겨졌다는 것을 의미한다. 나폴레옹의 실각 이후 뱅자맹 콩스탕은 이 '정복 정신'이 시대에 뒤떨어진 것이라고 말하게 된다.

일종의 무의식이라고 잘못 이름 붙여진 담론은 바로 말해지지 않은 것, 암묵적으로 남아 있는 것을 가리킨다. 로제-폴 드루아를 따라서 의식과 무의식 사이의 경계는 "그것을 규정하는 분할에 앞서서 존재하지 않는다"고 덧붙여 두자.[25] 그 경계는 역사적 구획선에 다름 아니다. 경계는 구획선으로부터 시작된다. 그것은 그것이 명확하게 만드는 특이한 사건과 동시대적이며, 프시케Psyché의 영원한 구조인 무의식으로부터 솟아나지 않는다.

담론은 이 보이지 않는 부분, 생각되지 않은 생각이다. 거기서 역사의 각 사건은 특이성을 얻는다. 다음의 몇 줄은 담론을 파악하려는 노력이 어떤 것인지 짐작할 수 있게 해 줄 것이다.

언표가 아무리 감춰져 있지 않다 해도 가시적이지는 않다. 자기 한계와 특성의 명시적인 담지자인 언표는 스스로를 지각에 드러내지 않는다. 언표를 인식하고 그 자체로 고찰할 수 있으려면 시선과 태도의 전환이 필요하다. 아마도 그것은 너무도 잘 알려진 것이면서 끊임없이 숨는 것이고 너무나도 익숙한 투명성이다.[26]

그렇다, 그것을 감지하려면 한층 더 날카로운 시선이 필요하다. 그래서 푸코의 역사 쓰기는 방법론적 진보인 동시에 역사라는 예술의 진전이기도 하다. 예리함과 정확함의 진보. 이는 르네상스 피렌체 예술에서 디세뇨disegno가 이룬 진보를 떠올리게 한다.[*]

진부함을 걷어 내고 개별성individualité을 포착하는 기술. 아마 인간이 겪을 수 있는 모험의 여러 경로는 진부하며 상투적인 거대한 단어들의 표지로 가득 차 있을 것이다. 보편주의, 개인주의,[27] 정체성,[28] 세계의 탈주술화,[29] 합리화, 일신론 등등. 정말 많은 것이 이런 단어들에 포괄될 수 있다. 왜냐하면 예컨대 일반적인 의미의 합리화는 존재하지 않기 때문이다.[30] 보쉬에의 『성서의 말씀에서 이끌어 낸 정치술』Politique tirée de

***

[*] 이탈리아어 디세뇨는 데생, 소묘, 디자인 등의 의미를 지닌다. 이 용어는 14세기까지 단순히 작품 제작의 밑그림을 가리키다가 15세기 이후 점점 철학적인 개념으로 발전해 형식 실험을 위한 이성과 상상력의 기능을 뜻하기에 이르렀다. 16세기 피렌체 예술에서 디세뇨는 원근법과 해부학을 기반으로 정교화되었고, 회화, 조각, 건축의 기본이자 독창적인 예술과 지적 활동의 바탕을 제공하는 예술가의 정신으로 받아들여졌다. 벤느는 『역사를 어떻게 쓰는가』에서 서술적인 지식으로서 역사가 "디세뇨의 예술"이라고 주장한 바 있다(369~371쪽).

*l'Écriture sainte*은 그 나름대로 루소의 『사회 계약론』만큼이나 합리적이다. 히틀러식 인종주의는 사회 진화론의 합리성 위에서 형성된 것이다. 역사적 작업 안에서는 "모든 인간학적 보편소에 대한 체계적인 회의주의"를 실행해야 하며, 불변항을 분해하기 위해 온갖 노력을 기울이고 나서 최종 단계에서만 그것의 존재를 용인해야 한다. "이 수준에서는 어떤 것도 엄밀하게 필수 불가결한 것이라고 인정해서는 안 된다."[31]

지나가는 참에 말해 두자면 각 역사적 구성물, 각 학문 분야, 각 실천의 궁극적 차이인 이러한 담론들은 한 시대 전체에 공통된 사유 스타일이나 시대정신Zeitgeist과는 아무런 관계가 없다. "총체화하는 역사"와 "한 세기의 정신"을 조롱했던[32] 푸코는 슈펭글러와 아무런 관계가 없다.

어떤 이들은 말하리라. '그럴지도 모른다. 하지만 푸코의 회의주의는 현실을 지워 버리는 관념론적 이데올로기에 불과하다. 계급 이해관계와 그 잔혹성은 엄연히 존재하는 것이다!' 그런 분들에게는 미안한 이야기지만, 그 이해관계가 매 시대에 하나의 특이성이었다는 사실을 잊지 말자. 로마의 지배 계급이나 원로원 의원 계급의 이해관계는 경제적이기보다 훨씬 더 정치적인 성격을 띠었으며, 근대 자본주의 지배 계급의 이해관계와 달랐다. 계급 이해관계는 다른 것들과 마찬가지로 그 나름의 역사성과 '담론'을 가진다.

이 '물질적' 이해관계는 앞서 보았듯이 불가피하게 사유를 지나가야 하며, 앞으로 볼 것처럼 자유를 지나가야 한다. 바로 그래서 게임이, 변동이 있는 것이다. 자본가 계급은 자기 이해관계를 어느 정도 격렬하게 혹은 유연하게 지킨다. 그 집단은 종종 자기 이해관계 속에서 따라야 할 정책을 두고 패가 갈린다.[33] 자본가 계급은 독단론의 도식에 봉사하는 꼭두각시 인형들이 아닌, 뼈와 살로 이루어진 사람들로 구성되어 있기 때문이다. 이는 이해관계가 "어떠한 보편적 형식도 결여"하고 있다는 의미는 아니다. 그러니까 계급 이해관계라는 개념은 가능하지만, "이 보편적 형식의 작동은 그 자체로 역사적이다.〔…〕바로 거기에 특이성의 원리라고 부를 수 있는 것이 있다."[34] 이는 역사를 단절들의 연속으로 만든다.

푸코식 역사학자의 임무는 기만적 연속성 아래의 단절들을 감지하는 데 있다. 그가 민주주의의 역사를 연구한다면, 장-피에르 베르낭이 그랬듯 아테네 민주주의가 근대 민주주의와 이름만 같았을 뿐이라고 추정할 것이다. 담론의 해석학은 이렇게 족히 두 세기 이전부터 역사 연구가 접어들었던 길 가운데 하나를 끝까지 밀어붙일 것이다. 국지적인 혹은 차라리 시간적인 색깔을 지우지 않기(샤토브리앙까지, 그리고 클로비스를 클로도비히로 되살려 냈던 오귀스탱 티에리의 『메로빙거 왕조 이야기』Récits des temps mérovingiens가 가져다준 놀라움까지 거슬러 올라가야만 한다*). 푸코는 낭만주의 시대 이후로 역사학자들이 엄청난 노력을 기울이며 진행해 온 다음과 같은 작업을 계승했다.[35] 시대착오를 무릅쓰면서까지 어떤 역사적

---

* 샤토브리앙은 19세기 프랑스 낭만주의 문학의 선구자로 꼽힌다. 또한 오귀스탱 티에리는 19세기에 활동한 프랑스 역사학자인데, 회화적이고 격정적인 서술 스타일이 문학에 가깝다고 평가받는다. 그가 1835년 출간한 『메로빙거 왕조 이야기』는 프랑스에서 지금까지도 널리 읽히는 역사서다. 클로비스는 메로빙거 왕조의 창시자로, 원래 게르만족의 한 분파인 프랑크족의 우두머리였다. 클로도비히는 클로비스의 개종하기 전 원래 이름이다.

구성물을 평범하게 만들고 그 안에서 자연적이고 이성적인 것을 찾으려 드는 우리의 너무도 인간적인 기질을 거슬러 그 구성물의 독자성을 명료화하기.

더 나아가 철학자 푸코는 역사학자들의 방법을 실천하도록 인도할 뿐이다. 이는 각각의 역사적 질문을 그 자체로 논의하는 것이지, 일반적인 문제나 철학적 질문의 한 가지 사례로서 그것에 접근하는 것이 결코 아니다. 그리하여 푸코의 저작은 역사학자들의 방법보다는 철학 그 자체를 겨냥한 비판이 된다. 그에 따르면 역사의 질문 속에는 철학의 중대한 문제가 용해되어 있는데, "모든 개념은 생성된 것"이기 때문이다.[36]

2장
역사적 아프리오리만이 있을 따름이다

푸코는 또한 프랑스의 역사학파가 자기 생각에 귀 기울이는 것을 보고 싶어 했고 그에 큰 기대를 걸었다. 국제적으로 명성을 떨치는 프랑스 역사학자들이야말로 열린 태도를 지닌 엘리트 아니던가? 그들은 심지어 진리를 포함한 모든 것이 역사적이며, 초역사적인 불변항은 존재하지 않는다는 사실을 인정할 준비가 되어 있지 않았던가? 그런데 푸코에게는 불운하게도 이 역사학자들은 당시 자기의 고유한 기획에 몰두해 있었다. 역사를 사회와 연관 지어 설명하려는 기획 말이다. 그들은 보통 사회 속에서 찾곤 했던 실재를 푸코의 책에서 발견하지 못했다. 그들이 발견한 것은 자신이 관심을 두지 않았던 담론의 문제, 진리의 역사라는 문제였다.

이 역사학자들은 이미 자기만의 방법을 가지고 있었기에 또 다른 문제 제기에 마음을 열 의향이 별로 없었다. 그것은 철학자의 문제 제기였고 그들이 잘 이해하지 못한 저작의 문제 제기였다. 그 저작은 다른 독자들보다 그들에게 훨씬 더 어려웠다. 그들은 자신 고유의 방법론적 틀과 관련지어서만 그것을 읽을 수 있었기 때문이다. 그들이 보기에 푸코의 저작은 역사학적 실천과 무관한 추상덩어리였다. 역사학자들이 푸코의 저작에서 발견한 개념들은 자신이 익숙해져 있던 것, 자신이 유일한 우량 화폐로 여기던 것이 아니었다. 그들이 보기에 푸코가 쓴 개념들은 철학적 지폐였다. 역사학자들은 자신이 실재에 관해 말한다고 믿었다. 그들 자신의 문장 역시 의식하지 못한 채 개념화한다는 점, 근본적으로는 자신의 개념 또한 푸코의 것 못지않게 추상적이라는 점을 많은 역사학자가 이해하지 못했다. 개념에 기대지 않고서 어떻게 실재를 말하고 줄거리를 이야기하며 주인공들을 묘사하겠는가? 역사를 쓴다는 것은 개념화한다는 것이다. 우리가 바스티유 감옥의 장악(반란? 혁명?)을 생각할 때, 우리는 이미 개념화하고 있다.

어쨌거나 실망한 푸코는 격렬하게 반응했다. 아래 인용문에서 푸코는 지난 75년간 이어진 아날 학파의 진화를 불손한 언어로 요약했다.

수년 전에 역사학자들은 자신이 전투와 왕과 제도의 역사만이 아니라 경제의 역사도 쓸 수 있다는 것을 발견하곤 매우 자랑스러워했다. 그들은 이제 자기 집단 중 가장 영악한 이들이 감정의 역사, 행동의 역사, 몸의 역사를 쓸 수 있다는 것을 알아차리고는 깜짝 놀라 멍해져 있다. 그들은 서양사가 진실이 생산되고 그 효과를 각인시킨 방식과 분리 불가능하다는 점을 곧 이해하게 될 것이다. 재능은 소녀들에게도 곧잘 깃든다.[1]*

확실히 출발이 좋지 않았다….

1978년 그와 몇몇 역사학자 사이에서 이루어졌던 콜로키엄은 결국 충돌로 끝났다.[2] 나는—아쉽지만!—독자들에게 매

---

* 이 인용문의 마지막 문장은 라퐁텐의 우화 제목("Comment l'esprit vient aux filles")을 패러디한 것이다.

우 중요하고 흥미진진할 이 갈등을 길게 이야기하지는 않겠다. 실망하고 씁쓸해했던 푸코는 내게 자기 불만을 알려 주었다. 그것은 바로 "역사학자들이 미신처럼 떠받드는" 인과적 설명이란 이해 가능성의 유일한 형식도, 역사적 분석의 최상급 nec plus ultra도 아니라는 것이었다.[3] "인과성 없는 역사는 제대로 된 역사가 아니라는 편견을 해체해야 한다."[4] 우리는 인과관계의 구축 아닌 다른 방식으로도 과거의 어떤 면을 전부 합리적으로 다룰 수 있다.[5]

아마도 하이데거의 유명한 탐구를 떠올리며 푸코는 이렇게 덧붙였다. "그들은 사회Société만을 염두에 두고 있다. 그들에게 사회는 그리스인들의 (존재, 자연의 실체, 본질 등을 의미했던) 퓌지스Physis나 마찬가지다."[6] 푸코에 따르면 프랑스 역사학자들은 사회를 "그들 분석의 일반적인 지평"으로 삼았다.[7] 나는 그들의 이론이 뒤르켐과 마르크스로부터 유래했다고 추정한다. 예를 들어 1950년경 어떤 연구 세미나들에서는 과학적인 문학사 또는 예술사를 쓴다는 것이란 예술을 사회에 연관 짓는 것이라고 가르쳤다. 푸코는 작곡가 장 바라케로부터 정반대의 사실을 배웠다.[†] 형식은 사회 혹은 어떤 총체성(예컨대 시대정신)에 타동적이지 않다는non-transitives 것이다.[8] 설

[†] 장 바라케는 올리비에 메시앙의 제자이며, 피에르 불레즈 등과 더불어 실험적인 형식의 음악 영역을 개척한 작곡가다. 1950년대 초 2~3년간 푸코와 바라케는 짧지만 격렬한 애정을 나누었다. 푸코는 이 교분을 통해 20세기 형식주의가 기존의 익숙한 문화적 가치를 어떻게 뒤흔들고 새로운 사유 방식을 가져왔는지 알게 되었다고 회고한 바 있다. 그 점에서 자신에게 음악은 니체 독서만큼이나 중요했다는 것이다. 디디에 에리봉, 『미셸 푸코, 1926~1984』, 박정자 옮김, 그린비, 2012, 118~124쪽.

령 모든 것이 사회로부터 기원하지 않더라도, 어쨌거나 모든 것은 거기로 귀결되었다. 사회는 모든 것의 모태이자 최종 집합소였다. 반대로 푸코주의자에게 사회란 모든 설명의 원리이거나 결말이 아니라 그 자체 설명될 필요가 있는 무언가다. 그것은 궁극적인 것과는 거리가 멀다. 사회는 각 시대에 그것이 지니는 모든 담론과 장치를 통해 만들어지는 것이다.

사실 푸코는 자신이 생각한 것만큼 주변화되어 있지 않았다. 그의 역사 쓰기 방식은 심성사histoire des mentalités라는 분야를 표방하던 사람들의 호감을 샀다. 그는 아날 학파보다는 필리프 아리에스 쪽에 더 가까웠다.[9] 미셸 페로, 아를레트 파르주,[10] 조르주 뒤비는 푸코의 책들을 높이 평가했다. 그럼에도 역사학자들의 동업 조합에 대한 푸코의 원한은 온전히 남아 있을 것이었다.

이 찻잔 속의 태풍은 푸코의 지적 야심과 고집스레 변화를 거부한 역사학자들의 방어적 반응으로부터 생겨났다고 결론 내리자. 이 자극적인 이야기에 양념을 더 쳐 보겠다. 내 생각에 역사학자라면 자신이 이야기할 역사적 구성물과 인물의 특이한 정체성(담론)을 우선 명료하게 만들고,[11] 이 주인공들을 모두 '줄거리intrigue 안에 집어넣어'(우리가 사는 속세에서는 경제적인 것이든 뭔가 다른 것이든 가장 우선하는 일차적인 동인이란 없고 모든 것은 줄거리이므로) 그들 비극의 원인을 설명하고, 줄거리를 풀어내야 할 것이다. 무책임한 충고일수록 무익하다. 나는 한 번 그것을 시도했지만 대단한 성과를 거두지는 못했다.* 푸코의 방법이 내 추상 능력을 넘어섰기 때문이다.

그렇지만 우리는 푸코의 책을 읽고서 순수한 열정을 지니게 된 젊은 역사학자를 꿈꿀 수 있고 상상할 수 있다. 예를 들어

『감시와 처벌』, 또는 통치성이나 근대 권력의 형식과 대상에 관한 강의록 같은 책 말이다. 나는 역사에 대한 애정만으로 이렇게 말한다. 1950년대 초반 학생이었을 때 우리는 열정을 가지고 마르크 블로크, 뤼시앵 페브르, 마르셀 모스를 읽었고, 우리보다 몇 살 더 많았을 뿐인 자크 르 고프의 말에 귀 기울였다. 우리는 언젠가 그들처럼 역사를 쓰겠다는 꿈을 가졌다. 나는 이제 푸코처럼 쓰기를 꿈꾸는 젊은 역사학자들을 기대한다. 이는 우리 선배들에 대한 부정이 아니라 그들이 천착해 온 일의 계승, 약 두 세기 전부터 역사학 방법들이 끊임없이 이루어 온 진보를 잇는 일일 것이다.

이와 관련해 사람들은 푸코가 고대의 사랑에 관해 연구했을 때 나와 가졌던 협력 관계가 어땠는지를 가끔 묻곤 했다. "폴 벤느는 이 몇 해 동안 나를 지속적으로 도왔다"고 그는 적었다.[12] 그렇다면 내 기여는 어떤 것이었는가? 아주 간단히 말하자면, 별것 없었다.[13] 내가 무슨 이유로 겸손을 떨겠는가? 아이디어는 그의 것이었다(율리시스의 활처럼, 추상적 분석이라는 무기의 시위를 팽팽히 당길 힘은 그만이 가지고 있었다). 사실들과 원 사료로 말하자면, 푸코는 한 문화나 학문 분야를 몇 달 만에 혼자서 파악하는 재능을 가지고 있었다. 수 개 국어에 능통한 사람이 단 몇 주 만에 하나의 언어를 새로 배워(그러고 나서는 그것의 망각을 무릅쓰고 또 다른 언어를 배우면서) 우리를 놀라게 하는 식으로 말이다.

내 역할은 두 가지에 한정되었다. 때때로 그가 가진 정보를

---

* 자신의 1971년 저작 『역사를 어떻게 쓰는가』의 내용을 암시하고 있다.

확인해 주는 것, 그리고 그를 안심시켜 주는 것. 그는 한나절 동안 심사숙고한 구상을 저녁 때 내게 이야기했다. 혹시 내가 박인방증érudition으로 반박하지 않는지 보기 위해서 말이다.[*] 특히 나 자신이 역사학자 가운데 한 명이었기 때문에, 나는 그의 방법에 부정적이지 않고 공감하는 태도를 보임으로써 그를 격려할 수 있었다. 그는 내 동료 중 몇몇이 암시한 거부의 태도 때문에 생각보다 훨씬 괴로워했다. 철학자 동료들보다 그들에게 더 많은 기대를 걸었던 것이다.

푸코가 자기 시대의 역사학자들과 맺었던 좋지 않은 관계의 오래된 연대기는 이제 잊자. 그들은 자기식으로 역사를 쓰는 데 너무 열중한 나머지 다른 방식에 열려 있지 못했다. 따라서 동류로 보이는 사건들 간의 차이에 대한 탐구를 가능한 한 끝까지 밀어붙이는 방법은 푸코만의 것으로 남아 있었다.

사람들이 역사적 상수나 직접적인 인간학적 특질, 또는 모든 이에게 동일하게 부과되는 자명성에 의거하려 드는 지점에서 특이성을 솟아나게 하는 것이 관건이다. 사태가 당연히 그렇게 전개되어야만 했던 것évident은 아니라는 점을 보여 주기.[†] 〔…〕 광인이 당연히 정신병자로 인식되어야만 했던 것은 아

---

[*] 박인방증이란 널리 여러 사례를 끌어와 증거로 이용하면서 논지를 전개하고 뒷받침하는 방식을 의미한다. 벤느는 역사학에 고유한 방법이 없기에, 역사 쓰기의 중심은 무엇보다도 개념화와 박인방증에 놓인다고 주장한 바 있다. 박인방증이 광범위한 관련 자료와 정보, 지식에 대한 통달이라면, 개념화는 사료에 더 많은 새로운 질문을 던질 수 있게 해 주는 범주의 고안을 말한다. 벤느는 이 두 축이 서로 상호작용하면서 역사 쓰기의 진보를 가능하게 만든다고 주장했다.『역사를 어떻게 쓰는가』, 365~371쪽.

니다. 범죄자에 대한 유일한 대응책으로 당연히 그들을 감금해야만 했던 것은 아니다. 질병의 원인을 당연히 개인 신체에 대한 검사를 통해 찾아야 했던 것은 아니다.[14]

『임상 의학의 탄생』에는 다음과 같은 내용이 나온다. 1800년경, 의학적 관찰의 전환과 병리학적 해부 담론의 변화로 말미암아 사람들은 해부된 신체 안에서 그 전까지 '질병'이라는 기의의 기표들로서 유의미하다고 간주했던 '기호들'을 더 이상 그렇게 '읽지' 않게 되었다. 이때 라에네크는 이전에 의미 없다고 알려졌던 세부 사항들을 고려할 수 있었고, 간 경화의 아주 특별한 일관성을 본 첫 인물이 되었다.[15] 그때까지 사람들은 그 일관성을 보지 못한 채 〔증상을 따로따로〕 보아 온 것이다.

최상의 주체, 인간과 달리 유한하지 않고 자기 시대의 담론에 갇혀 있지 않은 존재라면 그것을 오래전에 알아챘을 것이고, 최소한 시대와 무관하게 알아챌 수 있을 것이다. 불행하게도 '우리는 아무 때 아무것이나 생각할 수 없다'.[16] 현미경을 통한 관찰은 17세기에 시작되었는데, 관찰자가 골치 아픈 현실을 벗어나 빠져들기 좋은 지엽적 호기심에 머무르다가 19세

---

† 책의 뒷부분에서 벤느가 인용하듯이, 푸코는 자신의 작업이 "자명성évidence의 비늘을 벗겨 내는 것"이라고 말한 바 있다. 자명성은 별다른 설명이나 증명 없이도 직관적으로 진리로서 여겨지는 성질을 가리키는데, 이는 달리 말하면 특정한 대상이나 사건을 '당연한 것', '필연적인 것'으로 받아들이게 만든다는 뜻이 된다. 벤느가 말하는 '담론'의 가장 큰 특징이 바로 이 자명성이 될 것이다. 푸코의 철학은 모든 역사적 사태에서 확실성과 명증성을 걷어 내고, 그것을 자연적이고 보편적인 특성으로 주어진 범주나 경계로부터 해방하면서 새로운 관점의 가능성을 제시한다는 점에서 특징적이다.

기에 이르러서야 그 용도가 변했다(비샤와 라에네크는 가시적인 것에 만족했고 현미경을 거부했다).[17] 가시적인 것의 담론 discours du visible은 아주 오랫동안 진정한 의미에서 '피해 갈 수 없는'incontournable 것으로 남아 있었다.[18] 그것은 불가해하고 넘어설 수 없었다. 그 결과 진드기는 오래도록 가장 작은 동물로 여겨졌다. 누구도 더 작은 동물, 보이지 않을 만큼 작은 동물의 가능성을 고려하지 않았다. 또 누구도 다른 광대한 무한을 바라보며 눈에 안 보일 만큼 빛나지 않는 행성이 존재할 수 있다고 상상하지 않았다.

푸코식 역사의 그림 안에는 무언의 형이상학적 감수성이 있다. 아무 때 아무것이나 생각할 수 없기에, 우리는 어떤 시기의 담론의 경계 안에서만 생각한다. 우리가 안다고 믿는 모든 것은 우리가 모르는 사이에 제한된다. 우리는 그 한계를 보지 않으며, 그런 것이 있다는 사실조차 알지 못한다. 자동차 안에서 호모 비아토르homo viator〔떠도는 인간〕가 밤 운전을 할 때, 그는 전조등이 비춰 주는 범위 너머로는 아무것도 볼 수 없다. 게다가 그는 종종 조명 범위가 어디까지인지 식별하지 못하며, 보지 못한다는 것을 알지 못한다. 비유를 바꿔 보자면 우리는 언제나 스스로 그 내벽조차 알아차리지 못하는 어항 안에 갇혀 있다. 담론은 피해 갈 수 없는 것이기에, 특별한 은총을 받더라도 우리는 진짜 진리나 미래의 진리를, 혹은 진리를 흉내내는 것을 간파할 수 없다.

물론 담론과 그 제도적, 사회적 장치는 일종의 현 상태statu quo를 이룬다. 그것은 역사적 국면conjoncture과 인간의 자유에 의해 새로운 것으로 대체되지 않는 한 우리에게 계속해서 부과되는 것이다. 새롭게 발생한 사건들이 압력을 행사할 때, 또는 누군가가 창안한 새로운 담론이 성공을 거둘 때 우리는 이 한시적인 어항으로부터 빠져나온다.[19] 하지만 우리는 새로운 어항 속에서 자신을 발견하게 된다.

이 어항 또는 담론은 한마디로 "우리가 역사적 아프리오리 a priori historique라고 부를 수 있는 것"이다.[20] 확실히 이 아프리오리는 인간 사유를 압도하며 지배하는 부동의 층위가 아니다.[21] 그것은 변화하는 것이며, 우리가 결국 변화시키게 되는 것이다. 하지만 그것은 무의식적이다. 동시대인은 언제나 자기들의 고유한 한계가 어디인지 모른다. 우리는 우리 한계를 파악할 수 없다.*

저지르지 말아야 할 세 가지 오류

이제 두세 가지 혼동을 경고해야 할 시점이 되었다. 담론은 하

---

* 칸트 철학에서 아프리오리는 (경험적) 인식에 논리적, 기능적으로 앞서면서 그것의 성립을 가능하게 해 주는 형식, 예컨대 공간-시간 표상, 범주로서의 순수 지성 등을 말한다. 경험 대상의 인식 양식으로서 이 아프리오리는 필연적이고 보편적이며 경험 불가능한 '초월적' 수준에 놓인다. 그러니까 우리는 경험을 가능하게 해 주는 조건들을 경험할 수는 없는 것이다. 푸코가 말하는 역사적 아프리오리는 칸트의 아프리오리와 유사하다. 그것은 지식과 담론의 질서를 가능하게 해 주는 조건들이다. 그런데 이 역사적 아프리오리는 필연적이지도 보편적이지도 않으며, 오히려 시간 속에서 변화한다는 점에서 칸트의 것과 다르다. 그것은 또 칸트의 아프리오리와 마찬가지로 접근 불가능하지만, 특정한 시대에 고유한 역사적 아프리오리 안에 있으면서 그를 통해 사유하는 동시대인에게만 그러하다. 역사적 아프리오리가 불연속적 변동을 겪고 난 이후에는 후세의 사람들에 의해 간파되고 기술되거나 분석될 수 있는 것이다. 이렇게 해서 고고학자의 작업이 가능해진다.

부 구조가 아니며 이데올로기의 또 다른 이름도 아니다. 우리가 매일 읽고 듣는 것과는 달리 차라리 그 반대다. 우리는 최근 오리엔탈리즘에 관한 에드워드 사이드의 유명한 책에서 〔동양학이라는〕 이 학문 분야가 서양의 제국주의를 정당화하는 하나의 '담론'에 불과하다고 비난하는 내용을 읽을 수 있었다.[22] 그러나 아니다. 그리고 다시 한번 아니다. 담론이라는 단어는 여기서 부적절하며, 오리엔탈리즘은 이데올로기가 아니다. 담론은 매 시대에 사람들이 모든 것을 지각하고 사유하는 데 작용하는 안경이다. 그것은 피지배자와 지배자 모두에게 부과된다. 그것은 피지배자들을 속이고 자신의 지배를 정당화하기 위해 지배자들이 지어낸 거짓말이 아니다. "진리 체제는 단순히 이데올로기적이거나 상부 구조적인 것이 아니다. 그것은 자본주의 형성과 발전의 한 조건이었다."[23]

"민족학ethnologie이 식민화로부터 태어났다는 사실은 누구나 안다. 그렇다고 그것이 제국주의적 학문이라는 의미는 아니다."[24] 이렇게 쓰며 푸코는 아마 상당한 논란을 불러일으켰던 에드워드 사이드의 책을 염두에 두었을 것이다. 특이한 차이들을 명료화하는 일은 지성의 굴종을 규탄하는 것이 아니다. 그러한 굴종은 이데올로기가 수행하는 기능일 것이다.[25] 그런데 그것이 가능하려면 〔거의 비현실적인〕 여러 조건이 맞아떨어져야 한다. 그 '기능'이 실제로 작동해야 하고, 인간이 자기 지성이 시키는 대로 행동할 만큼 충분히 합리주의적이고 지성적이어야 하며, 좋든 나쁘든 그의 지배자가 어떤 근거를 제공하는 한에서만 복종해야 하는 것이다.[26] 담론은 거짓을 말하는 이데올로기와는 거리가 멀다. 그것은 사람들이 자신도 모르는 채 실제로 생각하고 행하는 것의 지도를 그린다. 푸코는 담론과 그 외의 실재 사이에 어떤 방향으로도 인과관계를 설정하지 않았다.[27] 담론과 그 위에서 펼쳐지는 줄거리들은 동일한 평면 위에 있는 것이다.

둘째 혼동은 담론을 마르크스주의적인 의미에서 하부 구조로 간주하는 것이다. 위에서 보았듯이 일단 발견적인 역할을 했던 담론은 말하자면 부정적인 개념이다. 그것의 출발점에는 다음과 같은 확언이 있다. 즉 우리는 대개 어떤 현상이나 과정에 대한 기술을 충분히 밀어붙이지 않아서 특이성과 낯섦에까지 이르지 못한다는 것이다. 우리는 마치 아이처럼 남자라면 모두 아빠라고 부른다. 담론이라는 단어는 사건의 특이성을 발견하기 위해 더 낮은 곳으로 내려가라는 권유다. 종국에 그것은 이 특이성을 파악한다. 그런데도 『말과 사물』이 나왔을 때 어떤 독자들은 푸코가 담론이라고 지칭한 실체를 물질적 층위로 간주했다. 마르크스에게 있어 정치적이고 문화적인 상부 구조를 결정하는 생산력과 생산관계에 비견할 만한 하부 구조로서 말이다.

한 논평가는 이처럼 역사적 생성을 구조나 담론에 복속시키는 것은 인간 행위로부터 생성을 빼앗는 일이라고 우려에 차서 적었다. 그는 담론이 역사적 진화를 결정짓는 변별적 층위가 결코 아니라는 점을 몰랐다. 그것은 단순히 다음과 같은 사실일 따름이다. 그러니까 각각의 역사적 사실은 예리한 역사학자의 눈에는 특이성으로 드러나며, 그것은 두 가지 의미에서 특이하다는 사실. 그것이 기이한 형태, 그 '역사적 경계'가 전혀 자연스럽거나 보편적이지 않은 영토의 형태를 가지기 때문이다. 담론은 이 특이성이 가지는 형식이다. 따라서 그것은 이 특이한 대상의 일부를 이루며 대상에 내재적이다. 그것은 사건의 '역사적 경계' 도면에 다름 아니다. 풍경paysage이라는 단어가 자연의 실재와 그 실재를 화가가 그린 그림을 모두 가리키는 것처럼, 담론이라는 단어 또한 역사학자가 사건의 특이성을 살리며 그려 낸 대목을 실질적으로 가리킬 수 있을 것이다. 두 경우에서 담론이라는 말은 하나의 층위가 아니라 일종의 추상, 즉 사건이 특이하다는 사실을 지칭한다. 모터의 작동이 그것의 부속 가운데 하나가 아니듯이, 그것은 모터가 작동한다는 추상적 관념인 것이다.

더 감정적이고 또한 비약적인 비판이 푸코에게 가해졌다. 이 비판은 담론 이론이 오류이며, 역사를 익명적이고 무책임하며 절망적인 과정으로 기술함으로써 인류를 좌절시킨다고 힐난했다. 사실 사람들은 격려가 되는 것만이 진실이라고 믿기를 좋아한다. "허기란 양식이 기다리고 있다는 증명이라는 듯이" 말이다.[28] 사람들은 종종 철학이 있는 그대로의 세계를 기술하게끔 만들기 때문에, 또 그것이 유용하지 않거나 우리에게 이상과 가치를 불어넣어 주지 않기 때문에 비난한다. 장-마리 셰퍼의 말처럼 가치에 대한 이러한 사랑은 "사람들이 자신에게 없을 수 없다고 믿는 존재의 충일성이라는 차원에서 그들을 안심시키려는 배려에" 그 동기가 있다.[29]

그렇기에 극좌파로 보일 정도로 단호하고 공격적이었던 푸코의 회의주의에 일부 독자가 큰 반감을 느낀 것은 이해할 만하다. 그런데 이 반감은 오류에 기반한 것이다. 이론 가운데 가장 사기를 저하시키는 것조차 실제로는 결코 누구의 사기도, 심지어 그 이론가의 사기도 꺾어 놓지 못하기 때문이다. 삶은 계속된다. 쇼펜하우어는 오래 살았고, 훌륭한 니체주의자였던 푸코도 삶을 사랑했으며 억압할 수 없는 인간의 자유를 이야기했다. 나는 그의 회의주의를 교훈적인 해피엔드의 철학으로 만드는 데까지 나아가지는 않을 것이다(푸코는 그것을 비판으로 이용하는 편을 택했다). 그러나 결국 우리는 이 투쟁가의 철학이 (사람들에게 좌절을 부추기기보다는) 활력을 주는 방식으로 마무리된다는 점을 보게 될 것이다.

설교 따위는 잊고 실증적인 것들로 되돌아가자. 광기의 담론에 관해 이야기하면서 푸코는 17세기 비이성의 담론이 어떤 장치 전체를 작동시켰다고 썼다. 그의 글에 따르면 장치란

> 담론, 제도, 건축 정비, 규제 결정, 법률, 행정 조치, 과학적 언표, 철학적이고 도덕적이며 박애주의적인 명제를 포함하는 매우 이질적인 총체로서, 한마디로 언어적인 것dit과 비언어적인 것non-dit의 총체인 것이다.[30]

이 '장치'는 따라서 과학이든 병원이든 성애든 혹은 군대든 어떤 역사적 구성물을 이루는 법령, 기록, 말 또는 실천 들인 셈이다. 담론은 그 자체로 장치에 내재적이다. 장치는 담론을 본으로 삼아 형성되며(아주 창의적이지 않은 한 우리는 우리 시대의 사랑이나 전쟁을 할 따름이다), 그것을 사회 속에 구현한다. 담론은 특이성, 시대의 낯섦, 장치의 국지적인 특색을 만들어 낸다.

장치 안에서 역사학자는 곧 어떤 구성물들을 인지한다. 그는 그것들에서 서로 복잡하게 얽혀 있는 인과성의 망을 찾는데 익숙하다. 그리고 그 인과성의 망이 변전을 가능케 한다. 영원한 변화, 다양성, 가변성은 혁신, (모방과 군집성에도 불구하고) 반란, 환경과의 상호 관계, 발견, 인간 집단 간의 경쟁 등등

의 교차로부터, 그 인과적 연쇄concatenatio causarum로부터 비롯한다.

그런데 1950년대를 환기하며 푸코는 이렇게 말했다. 변화에 대한 여러 설명을 "이 시대에 사람들이 제출했고, 내게도 제안했고, 내가 이용하지 않는다고 비난하기도 했지만, 그것들은 나를 만족시키지 못했다. 우리는 생산관계 혹은 지배 계급의 이데올로기에 의거해서는 이 문제를 해결할 수 없을 것이다".[31] 변화의 설명이라는 문제는 장치의 다양한 구성요소를 개입시킨다.[32] 오늘날 나는 다음과 같은 사실을 알게 되었다. 자기 기술의 미래를 걱정하는 어떤 의사들(그 가운데 누군가는 윤리 위원회의 구성원이다)은 지식, 권력이나 장치라는 단어를 입에 달고 다닌다는 것이다. 그들에 따르면 이 개념들은 현재의 위협을 분석하는 데 아주 쓸모가 있다. 그 위협은 더 이상 정신 의학이나 정신 분석에서 오는 것이 아니며, 스캐너나 MRI 같은 기계의 도입에 따른 임상 의학적 진단의 감소, 혹은 특히 유전학 그리고 우생학주의의 가능성 등으로부터 온다. 그것이 현재의 '담론'이기에 그렇다. 의학 지식은 어떤 권력을 정당화한다. 이 권력은 법, 권리, 규제, 실천 등의 모든 장치와 지식을 작동시키며, 이 총체를 진리 그 자체로서 제도화한다.

지식, 권력, 진리: 푸코의 독자들에게 충격을 주었던 이 세 단어 간의 상호 관계를 명확히 해 보자. 원칙상 지식은 이해관계를 넘어서 있는 것이며, 모든 권력으로부터 벗어나 있는 것이다. 현자는 정치의 대척점에 있으며, 정치에 경멸만을 가질 뿐이다. 현실에서 지식은 종종 권력에 의해 이용된다. 지식은 권력에 종종 도움을 준다. 물론 문제는 대문자 지식Savoir과 권력Pouvoir을 일종의 사악한 커플로 승격시키는 것이 아니다.

문제는 각각의 경우에 있어 그것들의 관계가 어떤지, 그리고 우선 그것들이 서로 관계가 있는지, 어떤 경로로 그러한지 등을 규명하는 것이다. 지식과 권력이 관계 맺을 때 그것들은 같은 장치 안에 존재하며 서로를 돕는다. 권력은 자기 영역에서 지식을 가지며, 이는 어떤 지식들에 권력을 부여한다.

16세기 이래 군주에 대한 조언이 증가했고 통치술을 성찰하는 문헌이 급증했다. 마키아벨리의『군주론』은 무엇인가? 권력에 관한 명석하고 비도덕적인 최초의 철학? 아니다. 그것은 모든 군주에게 어떻게 하면 자기 영지에서 행사하고 있는 권력을 잃지 않을 수 있는지 가르쳐 주겠다고 주장하는 일종의 교본 이상도 이하도 아니었다.[33] 세 세기 혹은 그 이상의 기간 동안 규율 훈련의 군사 기술은 학습하고 전수해야 하는 지식이 되어 왔다. 오늘날 통치는 아예 하나의 과학이 되었다. 근대의 군주는 경제를 알아야 하며, 경제학자와 심지어 사회학자에게 조언을 구한다. 서양의 합리성(당연히 목적 아닌 수단의 합리성)은 지식과 기술적 조예를 활용한다. 이 지식과 기술들은 명백히 그 활용자들에게 신뢰할 만하며 진리를 말하는 것으로 여겨진다. 반란이 벌어진 경우를 제외하면 피지배자들에게도 그렇다. 따라서 진리 그 자체가 장치의 구성요소 가운데 하나로 나타나는 것이다. 간단히 푸코는 우리에게 이렇게 말한다.

진리는 이 속세의 것이다. 그것은 거기에서 수많은 제약 덕분에 생산되며, 조절된 권력 효과를 가진다. 각각의 사회는 그 나름의 진리 체제, 진리의 일반 정치학을 가진다.[34]

우리는 이렇게 진리 자체의 개념화에 대한 역사를 쓸 수 있을 것이다.[35] 그것은 사법의 영역에서 아주 매력적인 역사이리라. 예를 들어 12세기가 되어서야 사라진 중세의 [물, 불 따위의 시련으로 판결을 내리는] 신명 재판을 떠올려 보자. 불에 달군 쇠를 쥐고서 아홉 발자국을 걷거나 끓는 물이 담긴 솥의 밑바닥에 있는 물건을 잡을 수 있는지 (또는 그것을 수락했는지) 여부에 따라 사람들은 재판정에서 진실을 말하거나 거짓을 말한 것이 되었다.[36] 역사학의 과제는 "진리의 특정한 형태들이 형법적 실천으로부터 어떻게 정의될 수 있는지"를 보여 주는 데 있을 것이다.[37] 푸코는 그러한 작업을 위해 장문의 초안을 썼다.[38] 세상을 떠나기 1~2년 전 그는 그것을 충분히 발전시키고 싶었다고 말했다.

장치는 사물과 관념(진리의 관념도 포함해), 표상, 교의, 심지어 철학을 제도나 사회적, 경제적 실천 등과 대범하게 뒤섞는다.[39] 담론은 이 모든 것에 영향을 미친다. 우리는 이미 담론의 기이한 형태, 자연적이기보다는 역사적인 그 경계를 안다. 이러한 시대적 단위는 형식을 갖춘 추론보다는 깨진 파편이나 다듬어지지 않은 원석의 형태를 가진다. 그러므로 우리는 감히 스토아 철학의 용어로 비물질적인 것의 물질성matérialité des incorporels에 관해 말하고자 한다.[40]

다행스럽게도 푸코는 1960년대 언어적 전환의 모호한 여지를 빠져나와 자기 주장을 사회(그는 내게 "난 내 책에서 사회를 빼놓고 지나갈 수 없어"라고 말했다)와 모든 역사적 실재를 향해 확장했다.[41] 사실 아주 오래전부터 푸코에게 한 시대의 사유를 추적하기 위한 최상의 영역은 철학의 파생물이 아니었다. 사상의 간결한 역사를 발견하기 위한 최상의 영역은 분명 철학의 정전이 아니었다. 행정 시행령이 『방법 서설』보다 훨씬 의미심장할 수 있었다.[42] 핵 공포와 기술(하이데거의 닦달 Gestell[*])에 의한 근대적 세계 지배는 인간에 의한 세계 지배와 관련된 데카르트의 공교로운 제안으로부터 나오지 않았다. 우리는 이처럼 하이데거식 존재의 역사로부터 한참이나 멀리 있는 것이다.[43]

칸트와 후설이 말한 바 있는 사유의 초월적 기원origine transcendantale에 푸코는 경험적이고 맥락적인 기원을 대립시킬 것이다. 사유, 이 비물질적인 것은 그것이 스며드는 '장치' 전체의 내부에서 형성되며 장치에 의해 부과된다. 담론은 의식에 의해서만이 아니라 사회계급, 경제적 이해관계, 규범, 제도, 규제에 의해서도 지탱되기 때문이다. 19세기 정신 의학 담론의 출현은 심리학적이며 법률적인 관념, 사법과 의학과 치안과 병원 제도, 가족적 또는 직업적 규범을 포함했다.

그런데 내가 상상하기에 푸코가 말하는 담론은 사회학과 역사학에서 고전이 되어 버린 개념인 이념형idéal-type에 가까워 보인다. 이는 막스 베버가 창안한 개념으로, 역사적 구성물을 그 구체성 속에서 도식화한 것이다. 담론은 이념형과 어떤 면에서 다를까? 그리스에서 나타난 사랑의 '쾌락' 담론은 무엇인가? 앙시앵 레짐의 '통치성'은 무엇인가? 18세기 이전 사람들의 통치에 관해 다음과 같이 지적했을 때, 푸코는 확실히 이

＊ 하이데거는 근대 기술이 그 이전의 예술이나 수공예 기술과 달리 모든 존재자를 유용한 도구이자 재료로 획일화하고 어떤 기능으로 '몰아세우는'(닦달하는) 특성을 지닌다고 주장했다. 그리하여 세계는 고유한 가치와 구체성을 잃고 주체에 의해 지배되는 대상으로 전락한다는 것이다.

넘형을 구축했다. 그에 따르면 그 통치는 〔대체로 요약해〕

신이 인간에게 부과한, 혹은 인간의 나쁜 본성 탓에 필요해진
규칙을 주체들의 행동에까지 적용하는 것이었다. 이후 계몽
주의자와 중농주의자의 시대가 되면서 통치는 자연적 흐름
(인구, 화폐, 곡물의 자유로운 순환…)을 제어하고, 그 나머지
는 '자유방임하는'laisser faire, laisser passer 것이 되었다.[44]

여기 특별히 깊이 연구된 이념형들이 있다. 그것들은 궁극
적 차이에 도달하기를 추구한다. 하지만 푸코에게는 베버와
마찬가지로 어떤 역사적 구성물, 어떤 장치의 요소들을 식별
하고, 그것들 간의 관계를 보여 주며, 그 전체의 특이성이 나타
나게 하는 것이 문제였다. 그런데 푸코는 왜 베버와 가깝다고
여겨지는 것을 그렇게도 꺼렸을까?[45] 그가 베버에게서 특이성
의 원칙을 발견하지 못했기 때문이며, 베버가 본질들을 발견
해 내려 애썼다고 믿었기 때문이다. 나는 푸코가 베버에 대해
부정확한 상을 가지고 있지 않았는지 의심한다.[46] 그는 베버가
자신 못지않게 유명론자이며, 니체를 읽었고, 자신의 고결한
회의주의를 공유하고 있었으며 가치들 사이에서, '신들 사이
에서 찢긴' 인간의 하늘을 보았다는 사실을 알지 못했다.
결국 장치의 궁극적인 표출formulation ultime에 지나지 않는
담론은 역사적 사실과 장치 전체에 내재적이다. 그렇기에 담
론은 역사를 야기하는 것이 아니라, 담론과 분리 불가능한 장
치와 더불어 역사에 의해 야기된다. 여기에 종종 들리는 질문
에 대한 답변이 있다. 담론이라는, 부당하게도 맹목적이라고
여겨지는 이 결정 요인이 어디에서 오는가 하는 질문 말이다.

무엇이 그것을 생산하는가? 수 세기에 걸친 담론의 신비한 변동은 어디에서 비롯되는가? 그것은 아주 단순하게 평범하면서도 잘 알려진 역사적 인과성으로부터 유래한다. 이 인과성은 끊임없이 실천, 사유, 관심, 제도, 즉 모든 장치, 그리고 그 경계를 명확히 하도록 만드는 담론을 야기하고 또 조정한다. 우리는 이교도들의 '쾌락' 담론과 기독교적 '육욕' 담론을 암시했다. 거기에 플라톤주의, '모든 점에서 좋은' 교리로서 스토아주의(이 때문에 그것은 유력자와 지도자층에게 추천되었다), 고대 도시 국가의 과두제적이거나 민주적인 시민 정신 및 그와 관련된 자기 지배의 의무, 신적 창조물이 된 자연, 즉 퓌지스의 관념 등등이 포함될 수 있으리라고 나는 상상한다.

그런데 장치는 그 유한성 속에서 담론의 역사적 경계들을 한계로 가진다. 이로부터 우리의 회의주의 사상가가 지식의 역사에 대해 말한 것이 일반적인 역사에도 적용될 수 있다는 결론을 내리게 된다.

> 과학사, 지식의 역사는 단순히 이성의 진보라는 일반 법칙에 복종하지 않는다. 인간 의식이나 인간 이성의 역사를 지배하는 법칙이 인간 의식, 이성에 있는 것은 아니다.[47]

담론들은 변증법의 논리에 따라 연속되는 것도, 타당한 이유에 근거해 하나에서 다른 하나로 대체되는 것도, 초험적인 법정에서 서로 평가받는 것도 아니다. 그렇기에 담론들 사이에는 사실적인de fait 관계만 있고 당위적인de droit 관계는 없다. 그것들은 서로를 대체하며 그 관계는 이방인, 경쟁자의 관계다. 이성이 아니라 전투가 사유의 핵심적인 관계를 이룬다.[48]

3장
푸코의 회의주의

그런데 담론이라 불리는 궁극적 차이인 이 사건들, 설명 가능한 과거의 이 사건들을 명료화하기에 이른다면, 우리는 독자를 비판적 결론으로 이끌게 된다. 연속적 담론들은 역사의 산물이자 그 대상에 일치하지 않는 반영이다. 그것들은 시대에 따라 다양하며, 이 사실은 그것들의 비일치성을 드러내기에 충분하다. 이런 담론이 명료화되면 그 자의성과 한계들이 나타난다. 이런 단일한 판단을 표본 삼아 우리는 '집합적인'(보편적 혹은 일반적인) 판단을 추정한다. 이러한 추정 과정은 다른 모든 담론에도 적용된다. 몇몇 특이성에 대한 명료화는 이렇게 유추에 의해, 있는 그대로의 세계와 지식에 대한 비판으로 우리를 인도한다.

나는 '경험적 진실들에 대한 부정으로 이어진다'고 말하지 않았다(우리는 이 문제로 되돌아올 것이다). 다만 담론이라는 과거의 특이성들을 명료화하게 될 때, 우리는 그렇게 말하지 않고서도 철학적 결론에 다다른다. 그런 이유로 푸코는 자신이 역사학자가 아니라고 말했다. 그러나 그는 이 암묵적 결론들을 조심스럽게 그늘 속에 내버려 두었기 때문에 철학자를 자처하지도 않았다. 죽기 전에 그는 자기 책들을 "사유에 관한 비판적 역사"로 정의했다.[1] 철학적 양식modo philosophico을 실행하지 않기 때문에 역사라고 한 것이다. "경험적 연구, 하찮은 역사 작업"은 "초험적 차원을 반박할 권리"를 스스로에게 줄

것이다.[2]

푸코의 회의주의는 따라서 두 가지 의미에서 비판이다. 먼저 칸트에게서 그 말이 가지는 의미처럼 그것은 인식에 대한 비판이다. 여기서 비판은 칸트와 달리 뉴턴 물리학 위에서가 아니라 역사적 해석학의 기초 위에서 작동한다. 그것은 철학자와 역사학자의 관심을 불러일으키며, 1859년『살람보』의 저자(플로베르)가 "역사적 감각"이라고 불렀던 것 위에서 기능한다. 그는 한 편지에서 이 감각은 "완전히 새로운 것"이고, "우리 세기의 영광"이라고 썼다.[3] 그런데 이 역사적 비판은 인간 및 시민과 연관성을 지닐 수도 있고, 그들에게 정치적 비판의 구실을 할 수 있다(푸코에 따르면 거기에는 순수한 개인적 선택의 문제가 있다. 어떤 이성, 어떤 선, 어떤 역사적 의미의 이름으로 이 선택을 명령하겠는가?). 만일 우리가 투쟁을 선택한다면 이 비판은 행동에 도움이 된다.

예를 들어 우리는 권력 관념의 비판을 통해 시대에 따라서는 사람들이 실제로 각자 시민 정신을 가진 투사이자 자기 도시 국가의 작은 통치자인 시민이 될 수 있었다는 것을 알 수 있다.[4] 그들은 또 군주의 영지를 가득 채운 인간 무리에 속할 수도 있었다. 군주는 그들을 착취할 수 있었으며, 지배자로 계속 남으려면 마키아벨리의 조언에 의지해 이 무리를 이해해야 했을 것이다.[5] 사람들은, 산림 관리원이 물과 식물군의 흐름을 조절하고 유도하듯이, 권력이 관리하고자 하는 대상인 인구를 형성할 수도 있었다. 혹은 유람선에 올라타고는 탑승자의 복지를 보살피는 관리 당국과 함께 때로 풍랑이 이는 바다를 가로지르며 여행할 수도 있었다.

평화롭고 이론적이며 관조적인 비판은 이렇게 권력이나

사랑에 관한 일반론들의 진실을 의심하게 만든다. 따라서 우리는 적극적인 비판으로 나아갈 수 있다. 이 비판은 기만적인 일반성 뒤에 숨은 가변적 현실을 인식하게 함으로써 그 일반성의 정치적 정당성에 이의를 제기한다. 우리는 몽테뉴처럼 반대의 결론을 선택할 수 있다. 정부를 굳이 바꿀 필요가 있느냐고 말이다. 거듭 말하지만 사람들은 개인적인 결심으로 그것을 바꾸길 원할 수 있다. 하지만 새로 선택된 정부도 그 전의 정부만큼이나 제멋대로일 것이다. 그러나 이러한 고려는 결코 누구도 멈추지 못했다. 허무주의건 아니건 삶은 이렇게 흘러가는 것이다.

푸코에게 과거는 진리들의 묘지였다. 그렇다고 그가 이로부터 모든 것이 허무하다는 씁쓸한 결론을 내렸던 것은 아니다. 그는 오히려 생성의 긍정성positivité du devenir이라는 결론으로 나아갔다. 무슨 권리로 이 생성을 평가할 것인가? 푸코는 아무리 어리석은 주의주장이라 할지라도 결코 함부로 비난하지 않았다. 그는 모든 주의주장을 공정하고 풍부하게 제시했으며, 이는 그가 존중을 표하는 방식이었다. 어떤 것도 헛되지 않다. 인간 정신의 산물은 어떻든 그것이 존재했기에 긍정적인 것일 따름이다. 그것은 꽃이나 짐승처럼 자연의 능력을 보여 주는 산물만큼이나 흥미롭고 놀랍다. 인간 정신에 어떤 능력이 있는지를 보여 준다는 점에서 믿기 어려운 만큼이나 분명히 존중할 만했던, 끊임없이 새로운 발상이 샘솟았던 아우구스티누스의 사유에 관해 푸코가 기쁨과 공감과 경탄을 담아 말하던 목소리가 아직도 내 귓전에 쟁쟁하다.

이것은 경박한 심미주의가 아니라 확고한 태도였다. 그것은 또한 비도덕주의가 아니었다. (『감시와 처벌』 앞부분에 나오는) 끔찍한 다미앵의 처형은 공포 그 자체였다. 이는 두말할 필요도 없이 사실의 제시만으로도 충분히 알 수 있다. 카르타고의 참상을 역언법逆言法*으로 고발했던 플로베르식 객관성이나 『착한 여신들』을 쓴 조나탕 리텔의 카라바조를 방불케 하는 객관성도 마찬가지다.† 우리는 푸코 저작 속의 수사학적인 침묵 뒤에 있는 씁쓸한 마음을 추측할 수 있다. 과거 나와 대화하던 중에 인간이 저지를 수 있는 잔혹 행위들에 대해 그가 내뱉었던 말을 떠올리게 된다.[6]

푸코는 주관주의자, 상대주의자, 역사주의자가 아닌 만큼이나 허무주의자도 아니었다. 그 자신의 고백을 빌리면, 그는 회의주의자였다. 결정적인 인용을 해 보겠다. 죽기 25일 전 푸코는 자신의 사유를 한 단어로 요약했다. 통찰력 있는 대담자가 그에게 질문했다. "어떤 보편적 진리도 확언하지 않는다는 점에서 당신은 회의주의자 아닌가?" 그가 대답했다. "확실히 그렇다."[7] 자, 여기서 진상이 밝혀졌다. 푸코는 너무 일반적인

---

* 어떤 부분의 의도적 생략을 통해 생략한 부분의 의미를 강조하는 수사법.

† 여기서 벤느는 플로베르와 리텔의 소설이 역사를 최대한 사실주의적으로 기술하면서도 비판적인 효과를 낳는다는 측면에서 푸코의 저작과 연결 짓는다. 플로베르의 『살람보』는 기원전 3세기 카르타고와 로마의 1차 포에니 전쟁 직후 카르타고를 위해 싸웠던 용병들이 일으킨 반란과 그 진압 과정을 생생하게 재구성했다. 한편 리텔의 『착한 여신들』은 2차 세계대전 당시 나치 장교를 화자로 내세워 당시 독일의 상황과 전쟁, 대학살을 객관적이고 냉정하게 파헤쳤다. 이 소설은 문학적 호평뿐만 아니라 '홀로코스트 포르노그래피'라는 비난 또한 받았는데, 이 지점에서 벤느는 이탈리아 초기 바로크의 화가 카라바조가 치밀하면서도 적나라한 사실적 화풍으로 당대에 불러일으킨 논란을 환기한다.

모든 진리, 시간을 초월한 모든 거대한 진리를 의심한다. 그 이상도 이하도 아니다. 그가 『생명 정치의 탄생』 앞부분에 썼듯 보편소는 존재하지 않으며 오직 특이성만이 존재한다. 우리가 신화에 관해 이야기를 나눈 어느 날 저녁, 푸코는 내게 하이데거의 커다란 질문이 진리의 토대가 무엇인지를 아는 것이었다면, 비트겐슈타인에게는 사람들이 진리를 말할 때 실제로 말하는 것이 무엇인지 아는 것이었다고 말했다. "그런데 내 생각에 질문은 이런 거야. 도대체 어째서 진리는 그렇게나 진실되었던 적이 없을까?" 진리 또는 최소한 각 시대의 거창한 진리들 말이다.

『감시와 처벌』에서 푸코는 우리의 감금 체계가 앙시앵 레짐의 잔혹한 처형보다 더 나을 바 없다고 암시하지 않는다. 그에게는 모든 것을 같은 부류로 취급하는 냉소주의가 없었다(그는 사형제에 반대하는 투쟁을 벌였다). 다만 그는 두 형벌 체계가 아주 이질적이며, 각각 나름대로 독특하고 자의적인 목표를 겨냥하고 있었음을 보여 주고자 한다. 우선 그는 거기서 기이한 무언가의 냄새를 맡았고, 곧바로 차이를 직감했다. 무엇과의 차이인가? 다른 담론들과의 차이 혹은 우리 고유의 형벌 담론과의 차이다. 그 외에 어떤 차이를 평가할 수 있겠는가? 우리가 그저 참고하기만 하면 되는, 완전히 준비된 인간 행동의 유형학은 존재하지도 않고 존재할 수도 없다.

역사 속에서 이어진 광기의 모든 담론과 장치로부터 광기 그 자체가 무엇인지를 끌어내기는 불가능하다. 반면 이런 담론과 장치는 우리가 역사학자로서 엄밀하게 말할 수 있는 역사적 사실이다. 내가 감히 스피노자를 들먹여야 할까? 스피노자에게 하나하나의 몸, 영혼, 생각은 보편적인 연관의 특이한 산물이었지 어떤 종이나 유형에 들어가지 않았다. 표피적인 유사성이 우리의 상상에 착각을 일으킨 경우라면 또 모를까 (하기야 스피노자는 당신이나 나 같은 자연 실체substance Nature 의 양태들에 관해 말했지, 푸코처럼 담론이라는 개체에 관해 말 했던 것은 아니다).[8]

〔푸코의 사유가 빚어낸〕 결과는 막중하다. 우리는 더 이상 무엇이 인류의 진정한 경로인지, 무엇이 인류 역사의 의미인 지 선언할 수 없다. 우리는 오늘 우리에게 소중한 확신들이 내 일은 그렇지 않을 수도 있다는 생각에 익숙해져야만 한다. 우 리는 일반적이고 결정적인 진리를 포기해야만 한다. 형이상 학, 철학적 인간학, 혹은 도덕 철학이나 정치 철학은 헛된 사색 일 뿐이다. 절대적인 것은 우리의 사정거리 안에 있지 않다.[9] 적어도 현재까지는. 아마도 언젠가 "우리는 모든 것을 알 것이 다. 지식을 위한 묘비가 마련되었다"(빅토르 위고)고 말할 수 있게 될 것이다. 회의주의자에게는 세계가 지금 우리가 보는 것과 전연 다를 수 있다는 점이 불가능하지 않다.

서둘러 독자들을 안심시키자. 이 회의주의는 역사적 사실 들의 실재성을 그 대상으로 삼지 않는다. 푸코의 책은 그러한 사실들로 가득 차 있다. 그의 회의주의는 다만 예컨대 '진정한 민주주의란 무엇인가?'와 같은 거대한 질문들을 목표로 한다. 한데 진정한 민주주의가 무엇인지 아는 일이 뭐 그리 중요하 겠는가? 차라리 우리가 진정한 민주주의는 어떠하기를 원하 는지 알도록 하자(어쨌든 우리 대부분은 아마도 진정한 민주주 의가 정말로 우리가 바라는 대로 존재한다고 믿어 의심치 않을 것이다). 일반론을 비판하는 것은 일부 사람의 염려와 달리 모 든 진실을 부정하는 것이 아니며 역사학자들의 명예를 해치는 것도 아니다.

그렇다 해도 결과는 가볍지 않다. 나는 그 가운데 가장 강력했던 것으로 독자들을 이끌고자 한다. 언젠가 사람, 인류, 인간 형상은 우리 뇌리로부터 사라지지 않을 도리가 없으며 거기에 대해 더 이상 말할 것도 없다고 단언함으로써 푸코가 일으켰던 스캔들을 일깨우면서 말이다. 그런데 그 스캔들은 찻잔 속의 태풍에 지나지 않았다. 다음과 같이 말해 두자. 경험적 사실들의 진실은 우리에게 접근 가능하다. 우리는 언어학, 정치 경제학, 사회학, 심지어 심리학과 인지 과학을 구축했다. 반면 우리가 철학적 인간학anthropologie philosophique을 구축할 수는 없을 것이다. 자, 이제 모든 것을 말했다. 앞으로 이어질 내용을 간파했는가?

회의주의자이지만 인류의 적은 아니다!

인간 일반에 대해서, 시시하고 진부한 것 말고, 대체 우리가 무엇을 말할 수 있을까? 인간학적 보편소들 안에서 우리는 결코 어느 앵글로색슨 과학 철학자가 부드러움의 단단함이라고 불렀던 것을 찾을 수 없을 것이다.* 모든 것이 손 안에서 구부러

* 아마도 비트겐슈타인의 다음과 같은 언급을 염두에 둔 것으로 보인다. "회의주의는, 만일 그것이 물음이 있을 수 없는 곳에서 의심하고자 한다면, 반박 불가능한 것이 아니라 명백히 무의미한 것이다. 왜냐하면 의심이란 단지 물음이 존재하는 곳에서만 존립할 수 있고 물음은 대답이 있는 곳에서만 존재할 수 있으며, 또 이 대답이란 단지 어떤 것이 말해질 수 있는 곳에서만 존재할 수 있기 때문이다. '이런 상태에 있어야만 한다. 그렇지 않으면 우리는 철학을 할 수 없다' 혹은 '그렇지 않으면 우리는 도대체 살 수 없다' 등등을 말하는 모든

진다. 당신은 지식과 과학의 발전이 어디에서 비롯되었는지 자문해 보았는가? 생각나는 대로ad libitum 들어 보자면 호기심, 지식으로 세계를 지배하거나 이용할 필요성, 미지의 것에 대한 불안감, 미분화된 것의 위협에 대한 반응 등을 떠올릴 수 있을 것이다.[10] 그로부터 푸코의 중요한 테제 가운데 하나가 나온다. "만일 우리가 인간과 사회 체계를 분석하고자 원한다면 인간 또는 인간 본성을 피해 가야만 한다."[11] 역사, 경제, 사회, 언어학을 연구해야만 하며, 어떤 일정한 시기에 현재의 것으로 만들어진 장치 전체를 연구해야만 한다.

인간학적 사유가 사실들 너머에 자리하는 인간적 일반성을 전제하는 반면, 인문 과학, 언어학, 경제학, 민족학은 인간에 대한 일반적 개념화에 이바지한다고 자처하지 않으면서 제각기 구체적인 하나의 영역을 연구한다.[12] 모든 시기에 인간을 형성한 실정성, 호모 에코노미쿠스, 호모 파베르, 호모 로퀜스에 관해서는 말할 것이 많다. 하지만 그냥 간단히 대문자 인간 Homo에 관해서라면 무슨 교육적인 말을 할 수 있겠는가? 인간은 웃을 줄 아는 동물이라고? 완전히 선하지도 그렇다고 완전히 악하지도 않은 존재라고? 놀랍게도 다양하고 유연한 주체이며, 그러므로 불변하는 단일한 판단을 기초하기는 곤란하다고? 그 자신으로 환원된 이 인간 안에서 우리는 본성을 발견할 수 없을 것이다. 그는 결국 자신이 일시적으로 포획되어 있는

이론은 당연히 사라져야 한다. 나의 방법은 부드러움에서 단단함을 떼어 내는 것이 아니라 부드러움의 단단함을 보는 것이다. 철학자와 아무런 상관없는 질문들에 관여하지 않는 것이야말로 철학자의 주요 기술 중 하나이다." 루트비히 비트겐슈타인, 『비트겐슈타인 철학 일기』, 변영진 옮김, 책세상, 2015, 114~115쪽.

장치들로 귀결된다.[13]

　그러니 이렇게 예측해 보자. 사람들은 곧 인간 본성을 연구 대상으로 삼는 일을 그치게 될 것이며 "인간은 바닷가 모래 위에 그려진 얼굴처럼 사라지게 될 것"이라고. 독자들은 이 문장이 『말과 사물』을 마무리하는 운명적인 문장임을 눈치챘을 것이다. 맥락을 안다면 이 결론은 순수하며 또 이해할 만하다. 하지만 우리는 권모술수가 횡행하는 판에서 어떤 이들이 공모해 이 결론을 곡해했던 사실을 기억하고 있다. 이 문장은 얼마나 많은 이에게 고결한 분개심을 불러일으켰던가? 그것은 푸코에게 인류의 적이라는 악명을 가져다주었다. 그 인류에는 바로 수많은 그의 독자도 포함되어 있었다! 지나간 시간은 다음과 같은 사실을 잊게 만들었다. 그러니까 전쟁의 공포를 겪고 난 직후였던 이 시절에는 모든 사람이 휴머니스트였다는 것이다. 고전적인, 진보적인, 기독교적인, 마르크스주의적인, 인격주의적인, 실존주의적인, 토마스 아퀴나스적인, 그리고 심지어 스탈린주의적인 휴머니즘까지 온갖 종류의 휴머니즘이 있었다.

　선의의 독자라면 그렇게나 비난받았던 이 문장에서 모욕보다는 우아한 밑그림에 동판화용 끌로 힘차게 새긴, 삶의 비극성에 대한 형이상학적 감정을 꿰뚫어 볼 수 있을 것이다. 세 세기 전이라면, 모래 위에 그려지고 바닷물에 씻겨 사라지는 얼굴의 이미지는 인간 조건의 '덧없음'에 대한 하나의 알레고리, 일종의 멜랑콜리로 느껴졌을 것이다. 푸코가 '도발을 하려' 했고 도발자에 지나지 않는다는 시각도 있었다. 하지만 이는 적절한 단어가 아니었다. 푸코는 도발자가 아니라 틀린 말이나 어리석은 짓거리에 반대하는 데 온몸을 던진 도전자였기 때문이다. 사람들은 너무 쉽게 도발의 심리학에 의지한다. 도발에 대한 순진한 믿음의 심리 분석도 해 볼 만할 것이다. 순진하거나 거만한 믿음. 1925년의 부르주아지는 '입체파 화가들'이 부르주아지를 놀라게 하는 것 말고는 다른 고민이 없을 정도로 자기들을 신경 쓴다며 우쭐해했다. 실상 자신이 도발당했다고 여기는 이는 누구든 실제로는ipso facto 그럴 만한 가치가 없었던 사람이다.

푸코의 운명적인 문장이 말해 주는 바는, 우리는 단순히 무엇이 인간을 인간으로 만드는지에 대해서만 말할 수 있지,[14] 하이데거처럼 '인간 존재'(전체와 시간 안에서 인간의 자리는 어디인가?)나 사르트르처럼 내면성(인간 안에 어떤 성실성bonne fois과 자기기만mauvaise foi이 있는가?)에 관해 질문할 수는 없다는 것이다. 푸코는 1971년에 이렇게 생각했는데, 실제로 그는 그보다도 더 옳았다. 그가 1980년경에 발견하게 될 것처럼

> 역사 속에서 인간은 스스로를 구성하는 일을 전연 멈추지 않았다. 즉 그는 지속적으로 자신의 주체성을 자리 이동시키고, 상이한 주체성의 무한하고 다양한 계열 안에서 스스로를 구성해 왔다. 이 주체성들은 결코 끝이 없으며, 우리를 인간 일반이라는 그 무엇과 대면하게 해 주지도 않을 것이다.[15]

이제 푸코는 수많은 잠언의 주인공인 인간homme의 언제나 비어 있는 자리에, 전능하지는 않을망정 자유로운 개인 주체Sujet humain의 구성 과정을, 혹은 자기 스타일화autostylisation 행위를 위치시킬 것이다. 우리는 나중에 이 문제로 되돌아올 것이다.

어쨌거나 우리는 이 작은 스캔들의 이유를 추측할 수 있다. 푸코의 운명적인 문장은 그의 글쓰기 스타일과 작가로서의 태도가 불러일으킨 불신이라는 어두운 빛을 드리웠다. 푸코의 예리한 책들은 반란자의 것이 아니다. 믿을 만한 진영에만 호소하는 것도 아니며, 훈훈한 난로처럼 온갖 부류의 독자를 그 주변에 모으기 위해 쓰인 것도 아니다. 그것들은 쉽게 전달되지도, 독자들의 활력을 북돋는 데 적합하지도 않다. 그것들은 검으로, 사무라이의 칼로 쓰인 글이다. 규석처럼 건조하며, 그 냉정과 관망의 태도는 끝 간 데 없다. 그것들은 검 자체다. 그 검을 잘 다루려면 독자가 활력으로 넘쳐야 한다. 검술가의 이 뛰어난 스타일은 원기 왕성한 독자를 기쁘게 했고, 제대로 이해되었든 그렇지 못했든 이 책들의 성공을 가져왔다. 동시에 또한 이해 여부와 관계없이 다른 독자들, 즉 자신이 어떤 인간, 어떤 태도를 상대하고 있는지 스타일을 통해 간파한 독자들을 경계, 방어 혹은 심지어 혐오의 위치에 놓았다.

나는 사무라이라고 말했다(이 표현을 나는 장-클로드 파스롱에게 빚지고 있다. 이는 즐겁게 큰 소리로 웃음을 터뜨리곤 했던 우리 주인공의 마르고 우아한 실루엣을 잘 옮겨 준다). 그런데 사무라이, 전사는 '언제나 부정하는 정신'이 아니다. 푸코는 지구를 폭파해 버리기를 꿈꾼 씁쓸한 비관주의자 가운데 한 명이 아니었다. 고대 로마의 풍자 문학 장르를 발전시켜 시대의 온갖 악―빵과 서커스, 스펙터클의 사회, 소비 사회와 상품 사회 등―을 비난한 에세이스트나 사회학자를 겨냥해 푸코는 그들의 문헌이 가볍고 질이 의심스럽다고 비판했다. 현재의 인간학anthropologie du présent을 성실하게 추구하는 것은 지극히 어려운 법이기에, 이처럼 진부한 작업이 많았던 것도 어쩔 수 없는 일이다.

　〔위에서 말한 에세이스트나 사회학자 같은〕초현실주의자들이 뜨거운 문제라며 호들갑을 떤 대상들은 실상 다시 데운 요리나 다를 바 없었다. 역사학자로서 푸코는 이 과장된 불평불만을 무시했다. 니체주의자였던 그는 이 자기만족적 개탄들로부터 건강 이상의 징후를 감지했다. 그는 싫증, 반감, 낙담, 쇠락을 알지 못했다(이것이 니체적인 영원 회귀의 신화가 의미하는 것이다: "나는 원하는 만큼 몇 번이고 이 세상을 다시 살 준비가 되어 있다").

회의주의의 한계들

이제 사람들이 귀에 못이 박히도록 되풀이했지만 궤변론의 묘책에 불과한 아주 다른 반대 논리에 서둘러 대답해 보자. 이 반론이란 푸코가 진리가 없다는 진리를 단언하는 것이 자가당착이라는 것이다. 그의 회의주의는 다시 스스로를 압도해 의심을 의심하는 데까지 이를지도 모를 일이다. 하지만 그렇지 않다. 왜냐하면 그의 회의주의는 원리상 모든 것을 의심하지는 않기 때문이다. 이것만으로도 그 반론을 무너뜨리기에 충분하다. 그 반론은 사실들을 하나하나씩 고려하는 집합 판단과 보편 판단을 궤변적으로 혼동한다. 어떤 사상가가 일반론을 의심할 때, 그는 거기서 보편 판단을 내리는 것이 아니라(그런 경우 그는〔회의하는〕자신을 비난하게 될 것이다) 수적인 집합 판단을 내린다. 그러니까 그는 원리상 미리 일반적인 진리가 존재하지 않는다는 것을 알지 못한다. 하지만 그는 진리의 점포를 비판적으로 결산한 결과, 검토한 견본들이 모두 비판 가능하다고 확인했다. 이로부터 그는 점포 안의 모든 것이 비판 가능하다는 결론을 내렸다. 그런데 이처럼 하나씩 검토 대상으로 삼은 〔진리의〕 견본들이 무너질 수 있다고 확언한다 해서, 이 암울한 결산 그 자체가 무너지는 것은 아니다. 정반대로 그것은 이 결산을 확인시킨다. 결산과 점포는 서로 구별되며, 전자가 의심의 여지 없이 파국적이더라도 마찬가지다.

일반적 진리를 부정한 후에 이렇게 일반적 비판을 수행하는 것 역시 자가당착이 아니다. 정신을 깨우는 이 비판은 어떤 정해진 대상을 적확하게 인식한다고 주장하지 않는다. 그것은 비어 있는 개념들만을 필요로 한다. 담론, 대상, 지시 대상, 원리, 집합 판단, 특이성 또는 보편소 같은 개념 말이다. 이 텅 빈 조개 껍데기들은 〔대상에〕 일치하지도 불일치하지도 않는 사유의 보조물일 따름이다.[16] 대상은 담론과 분리 불가능하고, 그 조개 껍데기들은 어떤 일정한 대상에도 상응하지 않는 것이다. 하지만 그것들은 한 무리의 특이한 지시 대상에 번갈아 가며 대응한다.[17] 그 지시 대상에 대한 계보학적 비판이 '담론'을 명료화하며, 그것이 우리가 보았던 탈신화화하는 결산으로 이끈다.

작은 사실들에는 평화를, 일반론들에는 전쟁을. 이 뜻밖의 실증주의자 푸코는 이 문제에 관해 더 이상 길게 이야기하지 않았지만 우리식으로 풀어내 보자. 물론 역사적 사실은 이미 완성된 형태로 존재하지 않는다. 마르크 블로크가 썼듯이 그것은 구성물이다. 그런데 그것은 그 자체의 진실에 중립적인 담론 위에서 구성된다. 어떤 시기와 장소에서는 이발을 하려면 미용실에 동전 한 닢이 아니라 달걀 한 꾸러미를 지불해야 했다는 소소한 사실은 20세기에 들어와서야 역사적 논의의 가치가 있는 경제적 사실이 되었다. 〔예수의 기적을 통해 무덤에서 일어난) 나사로의 부활과 [중세 전설의] 마녀 집회는 17세기에 이르면 더 이상 신앙이 깃들 만한 초자연적 사건이 아니게 되었다(반면 우리는 유명한 임상 의학자 피에르 자네 덕분에, 예컨대 아시시의 성 프란체스코의 성흔은 전설이 아니라는 증거를 가지고 있다[18]). 경험적 사실들에 대한 판단은 진실을 말할 수 véridique 있을 것이다. 캄보디아의 인종 대학살은 실제 일어났던 일이다. 나사렛의 예수는 정말로 존재했다. 그런데 그가 진짜 물 위를 걸었을까? 우리가 일찍이 단 하나의 기적이라도 확인했던가?

한 무리의 사악한 자가 주장하듯 히틀러의 인종 대학살이 하나의 풍설에 지나지 않으려면, 우리 세계가 (마치 예전의 그노시스파*가 믿었던 세계처럼) 이 풍설을 만들어 내는 데 이해관계를 가진 기만적인 권력, 제국주의, 자본주의 혹은 유대인의 공모에 의해 지배받으며 속고 있다는 담론이 있어야만 한다. 살해당한 600만 명의 유대인이라는 사실이 여기 있다. 푸코는 스탈린 시기의 범죄를 정당화하는 논변을 반박하면서 사실들은 완고하다고 말했다.[19] 반면 구약의 수치들은 여자와 어린아이를 빼고도 1만 명의 적이 죽었다는 식으로 엄청나게 과장되어 있다. 하지만 우리는 더 이상 숫자상의 과장과 전설의 시대에 살고 있지 않다.

우리는 인종 대학살을 어떻게 해석할지 토론할 수 있다(보

---

* 그노시스Gnosis는 '지식'을 뜻하는 그리스어로서 비물질적이고 보이지 않는 영적인 것을 가리킨다. 이러한 '지식'을 개인적으로 깨닫는 과정에서 인간은 육체를 초월해 구원을 얻을 수 있다는 믿음이 그노시스파의 핵심 사상이다. 그노시스파는 또한 극단적인 선과 악의 이분법으로 세상을 바라보았다.

편적인 악의 평범성? 독일의 특수한 길Der deutsche Sonderweg[†]의
비극적 결과? 너무도 유명한 권부Obrigkeit에 대한 시민과 군대
의 순종?[‡]). 앞으로 보겠지만 우리는 이념형들을 정교화하면서
그에 관해 과학적으로 토론할 수 있다. 하지만 인종 대학살의
사실은 항상 제자리에 있어서 그노시스파의 논의로나 그것을
반박할 수 있을 것이다.

자, 이제 모든 것이 명확해졌다. 우리는 여기서 우리 문제의
끝 또는 원칙에 이르렀다. 우리는 그리스 사상의 거대한 흐름
가운데 하나였던 것을 여전히 붙들고 있을 뿐이다. 한편으로
는 사실들, 일상생활의 작은 사실들이 있다. 그리스 회의주의
자들도 그것까지 의심하지는 않았다. 이는 삶이 가장 강력하
다는 점을 일깨워 준다(회의주의자의 시초인 피론은 개를 무서
워했다. 개가 물 줄 안다는 사실을 알았기 때문이다[20]). 다른 한편
으로 그 나머지, 장차 무덤에 들어갈 터인 '진리'의 엄청난 인플
레이션이 있다. 어쨌든 자연 과학sciences physiques의 발견과 역

---

† '독일의 특수한 길'이란 19세기 중반부터 1945년까지의
독일 역사, 특히 나치즘의 원인을 설명하는 독일 사회사의 핵심적인
서술 틀이다. 이에 따르면 영국, 프랑스, 미국 등과 달리 시민 혁명이
일어나지 않았던 독일은 국가 주도의 특수한 근대화의 길을 걸었다.
그 결과 독일은 비약적인 기술 혁신과 경제 발전의 성과에도 불구하고
민주주의, 자유주의, 법치주의로 상징되는 정치 발전에는 이르지
못했으며, 결과적으로 1933년 이후 나치즘이 발흥하게 된 단초가
생겨났다는 것이다.
‡ 1930년대 나치즘의 대두를 당시 독일 중간 계급의 '권위주의적
성격'—권력에 대한 복종, 인간에 대한 불신, 인습의 추종 등—에 대한
사회 심리학적 분석을 통해 이해하고자 했던 노력을 암시한다. '권부'는
15세기 말 이후로 게르만 국가들에서 신민에 대한 권력의 우위 관계(즉
'권위'), 그리고 일정한 영토에서 권력을 휘두르는 개인이나 기관,
공권력의 담당자를 가리키기 위해 쓰인 용어이다.

사학자, 사회학자의 이념형을 위해 확실성의 한자리를 마련해 두자. 회의주의자 섹스투스 엠피리쿠스가 경험 의학을 위해 한자리를 준비했듯이 말이다. 과학적 사실의 발견과 이념형은 우리가 행하거나 경험할 때 그 실재성을 언제나 느낄 수 있는 사실에 기초한다. 바로 그것을 통해서 동물과 인간은 요령 있게 행동해야만 하는 것이다.

이런 사실들에 바탕을 둔 추론은 우리가 지나간 사실의 존재를 인식하고 미래를 대체로 예측할 수 있게 해 준다. 제아무리 장엄한 '역사적' 사실이라도 비평가에게는 이러한 장르의 일상적 사실과 행위 들로 세분화된다(한 예로 파브리스 델 동고가 본 워털루 전투가 그런데, 그는 자신이 끼어든 전장의 여러 에피소드가 과연 하나의 전투였는지를 자문했다*). 따라서 우리는 지나간 일, 가스실을 둘러싸고 일어났던 일의 물질적 실재성을 구축할 수 있다. 더욱이 좋든 나쁘든 우리는 인간으로서 서로를 이해한다. 거기엔 일종의 해석학적 연계가 있다. 그런 이유로 이성Raison의 형이상학적 사변이 없어도 우리는 진실되게 자연을 해독하고 역사를 이야기하고 사회를 기술할 수 있다. 흄이라면 이 단순한 이해력의 철학을 승인했을 것이다.

그런데 의심의 바깥에 있는 이 작은 사실들은 언제나 어떤 관점에 따라, 그리고 어떤 담론을 통해서만 얻어진다. 이것이 인간 지식을 짓누르는 숙명이다.[21] 초식 동물은 식물, 즉 무

---

* 스탕달이 1839년에 쓴 소설『파르마의 수도원』의 내용을 가리킨다. 수려한 외모에 열정을 가진 주인공 파브리스 델 동고는 자신이 숭배하는 나폴레옹을 따르기 위해 워털루 전투에서 군인들을 쫓아다니지만, 어수룩한 실수만 저지르고 자기가 전쟁에 정말 참여했는지조차 의심스러워한다.

한히 되풀이되는—특이한 것은 수적으로 반복 가능하기에—
이 특이한 대상을 찾는다.[22] 그러나 이 식물은 식물 그 자체, 모
든 관점으로부터 독립된 있는 그대로의 식물이 아니다. 동물
의 눈으로 보면 땅에서 솟아난 녹색의 호리호리한 줄기들이
며, 그것이 초식 동물의 관점에서 식물의 담론이다. 식물학자
나 산책자의 관점은 그와 다르지만, 그렇다고 덜 편파적이거
나 덜 부분적인 것은 아니다. 모든 관점의 바깥에 있는 식물 그
자체가 무엇인지 우리는 결코 알 수 없을 것이다(그런 말은 우
리에게는 사실 아무 의미도 없다. 신적인 지성만이 식물의 실측
도를 볼 수 있으리라). 식물에 관한 '모든 지식'을 믿는 식물학
자들의 담론일지라도 초식 동물이 견지하는 담론에 대응하지
않는다. 우리는 담론을 덧입지 않은 식물, 권력 혹은 섹스가 무
엇인지 알 수 없다. 사실들을 그 담론의 외피로부터 추출하기
("모래밭에서 끌어내기"désensabler)란 불가능하다.[†] 이는 상대
주의나 역사주의가 아니라 관점주의perspectivisme다.[‡]

어디선가 푸코가 썼던 것을 인용하자면 우리는 어디에서
도 "원상태의" 섹슈얼리티를 찾을 수 없다. 식물은 담론 안에

[†] 여기서 벤느는 푸코가 즐겨 사용한 표현을 다른 맥락에서 쓰고
있다. 예컨대 푸코는 '과학'이나 '이론'의 담론이 생산하는 권력 효과에
예속당한 주변적, 국지적 지식들을 "모래밭에서 끌어내야 한다"는
식으로 말하곤 했다.

[‡] 니체가 후기 사상에서 제시했던 용어로, 모든 것이 다른 모든
것에 대해 하나의 관점을 가진다는 뜻을 담고 있다. 니체는 우리가
하나의 사물을 보기 위해 더 많은 눈, 관점을 이용할 수 있을수록 그
사물에 대한 우리의 관념, 객관성이 완전해질 것이라고 주장했다. 또
이러한 입장에서 그는 하나의 고정된 관점만을 요구하는 순수 이성,
절대 정신과 같은 형이상학적 개념들이 부조리하다고 보았다.

서 배양된 상태로만 존재하는 장치의 죄수이자 간수인 셈인데, 일시적인 역사적 아프리오리인 담론은 그러한 장치에 내재적이다. 물론 여기서 논의되는 것은 칸트가 말한 감성의 아프리오리적인 형식들의 종류에 속하는 무언가가 아니다! 나는 단순히 우리가 어떻든 간에 '아무런 관념 없이' 대상을 볼 수는 없다고 주장하려는 것이다. 처음 만난 남자 어른에게 아이는 대뜸 '아빠'라고 말한다. 그것이 아이의 인간학적 담론이다. 우리는 결코 담론에 앞서 있는 대상, 담론 이전의 지시 대상에 대한 "원초적인, 근본적인, 은밀한, 제대로 분절되지 않은 경험"을 마주할 수 없다.[23] 이 수수께끼 같은 형체에는 곧 불가지 Enigme라는 이름, 의미가 붙을 것이다.

그래서 맞든 틀리든 내 가정은 이렇다.[24] 푸코에 따르면 우리는 언제나 대상들을 해석한다. 우리는 단번에 그렇게 하지만, 또 늘상 같은 방식으로 그렇게 하지는 않는다.[25] 남자 어른이 곧 아빠라고 해석되는 것은 몇 달뿐이다. 있는 그대로의 대상, 담론 이전의 지시 대상에 대한 탐구는 불가능하지 않을지언정 멀리 이르지는 못할 것이다.[26] 인간은 결코 있는 그대로의 지시 대상과는 관계가 없다. 사회와 역사 속에 나타나는 현상은, 그것이 체험되고 수용되고 인정받고 찬사받고 제도화된 대로, 언제나 일단 해석된 것으로 장치 안에 포함된다. 그런데 그 장치는 [역으로] 현상의 의미 안에서 형성된다.

담론 이전의 광기나 식물 그 자체가 무엇인지는 신만이 아실 것이다.[27] 통찰력 있는 장-마리 셰퍼가 알려 주려 했듯 "인식이 개인과 환경이라는 두 가지 시공간적 실재 간의 상호작용이 아니라면 무엇이겠는가? 그것은 거울이 아니라 경험적 과정이다". 그것은 초월적인 또는 초험적인 토대(신의 존재에 의해 주어지는 보증)가 기적적으로 그 성공을 보장하는 한에서만 거울, 순수한 빛, 진실된 일치adéquation véridique가 될 수 있을 것이다. 철학은 니체에 와서야 그 기적을 더 이상 믿지 않게 되었다(우리는 또한 고대의 회의주의와 카르네아데스*를 떠올릴 수 있다). 불행하게도 어떤 담론도 더 이상 이 숭고한 역할을 수행할 수 없다. 계속해서 셰퍼의 말을 빌리자면 "상이한 담론들은 서로 대등하기 때문에, 인간의 담론과 통약 불가능한 더 우월한 담론 층위만이 〔특정한 담론의—벤느〕 제거를 수행할 수 있을 것이다".

다시 장-마리 셰퍼는 이렇게 썼다.

> 푸코의 인식론적 입장은 실재적인 것을 담론으로 환원하는 데 있지 않았다. 그것은 실재가 언명되자마자 언제나 이미 담론적으로 구조화된다는 점을 상기시키는 데 있었다. 이런 의미에서 담론화mises en discours의 축소 불가능한 다양성에 대한 긍정은 실재를 사유로 환원하는 그 어떤 관념론이나 존재론적 상대주의도 함축하지 않는다.

반대로 역사학자는 사건에 접근할 수 있고 물리학자는 기술적 응용과 예측에 도달할 수 있다. 하지만 그 이상은 아니다. "우리는 이 접근 양식을 그것이 접근하게 해 주는 대상으로부터 빼낼 수 없다."

---

* 고대 그리스의 회의주의 철학자로서 스토아 철학을 연구하고 논박했으며, 참과 거짓의 기준은 없기 때문에 어떠한 인식도 불가능하다고 주장한 것으로 전해진다.

우리는 하나의 담론을 자세히 검토하면서 그것이 감싸고 있는 미망의 핵[28]이 얼마만 한 현실의 무게를 가지고 있는지 (그리고 아마도 담론에 내재하는 사회적, 제도적, 관습적, 이론적 등등의 장치가 우리에 대해 얼마만 한 권력을 가지고 있는지)를 충분히 감지한다. 그런데 밀과 독보리를 분리하기는 불가능하다.* 담론은 자신의 대상인 이 핵을 자기 위에서 재단하고 정형한다. 모든 것은 지식 의지volonté de savoir가 참조하는 담론에 달려 있다. 세 가지 사례가 구분 가능하다. 일련의 특이한 사례로부터 이념형을 도출하고자 노력하는 인문 과학, 규칙성을 발견하는 자연 과학, 끝으로 너무 많은 것을 끌어안고 제대로 파악하지 못하는, 일반성을 다루는 이론적 야심.

사유의 역사는 그 안에서 어떤 초월적인 계기도 드러내지 않는다.[29] 정치사나 사회사가 역사의 내재적 의미를 드러내지 않는 것과 마찬가지다. 불가능하긴 하지만 푸코가 만일 형이상학자였다면 어땠을지 재미 삼아 상상해 보는 것도 부당한 일은 아니다.[30] 그는 스피노자의 필연적인 신-자연dieu-nature을 실체로서 받아들이지 않았을 것이다. 푸코라면 그것보다 카오스, 르네 샤르가 말한 "정확성의 카오스"를 받아들였을 것이다. 카오스는 보편소 아닌 특이한 것들res singulares만을 생산해 낼 것이다. 푸코는 인간 정신에 일반적 진리의 능력을 부여하지 않았다. 그러한 진리는 공허할 수밖에 없는 것이므로.

만일 푸코가 존재론자라면, 그에게 존재는 지식의 담론적 실천, 권력 장치와 주체화 형식의 연속으로 환원될 것이다. "그 토대는 비결정성에 불과할 수밖에 없는 모든 불연속적 절차"

* 마태 복음에 나오는 은유.

라고 프랑수아 발은 썼다.[31] 초험적 존재의 부재를 유감스러워하는 독자들은 안심해도 된다. 믿는다는 것은 증거를 필요로 하지 않는 사실 혹은 은총이다. 그런데 믿음이 없는 회의주의자는 신의 존재에 대한 찬성이나 반대의 이치를 따지지 못한다. 몽테뉴는 공공의 평화를 위해 이전처럼 계속 평온하게 믿는 수밖에 없다고 결론지었다.

지상으로 되돌아오자. 엄밀 과학이 탐구하는 물리적 자연 내에서 과학 담론의 대상들은 우리가 아는 것처럼 규칙성을 제시한다. 반면 인간사에는 어떤 시기의 특이성(쾌락, 육욕 등등)만이 존재하며 또 그럴 수밖에 없다. 인류의 변전에는 그것에 어떤 질서를 부여하는 토대도, 소명도, 변증법도 없다. 시대마다 이전의 혼란스러운 연쇄에서 비롯한, 자의적인 특이성들의 카오스가 있을 뿐이다. 방금 독자가 읽은 이 문장이 푸코주의가 유래하는 원리를 표상하지 않을까 하고 나는 상상한다. 자, 그래서 푸코는 자기 대담자에게 인간의 영역에선 어떤 보편적 진리도 확언할 수 없다고, 세부 사실들의 진실만이 존재한다고 대답할 수 있었던 것이다. 하지만 푸코는 결코 이 원리를 내세우지 않았다. 그가 보기에 중요한 것은 이 공리가 아니라 그로부터 나오는 사실들이었기 때문이다. 그는 자기 연구가 어떤 철학적 원리로부터가 아니라 이 사실들로부터 출발했음을 강조하고자 했다. 그는 철학을 믿지 않았기에 철학적 원리에 대해 철학적으로 토론할 마음을 조금도 가지고 있지 않았다.

반대로 경험적인 특이성은 그에게 믿을 가치가 있는 것으로 비쳤다. 그것은 역사학자, 저널리스트, 혹은 연구자에게는 행운이다. 그들의 질문은 정확히 어떤 사건의 특이한 전개를 대상으로 삼는다. 질문자들이 사실을 포착하기 위해 거기 투사하는 담론은 사실을 정형한다. 그러한 담론은 질문에 맞게 정형이 이뤄진 답변을 가지고서 질문자들의 그물망 안으로 되돌아온다. 이때의 질문이란 바로 이 특이한 사실에 관한 진실은 무엇인지, 그것의 실재는 어떠했는지 하는 것이다(그들의 질문은 사실이 초자연적이지 않을 것을, 그리고 천상이자 정상인 올림포스도 신화적 시공간도 아닌 바로 우리의 시공간에서 일어난 일일 것을 요구한다).

무엇보다도 먼저 물어야 할 것은 '언제 어디에서 일어났던 사실인가'다. 버나드 윌리엄스가 보여 주었듯 우리의 역사 과학은 투키디데스와 더불어 시작되었다.[32] 그와 함께 모든 사건은 하나의 시간과 장소, 거기 그때illic et tunc를 가지게 된다. 역사적 과거는 현재와 동질적인 것이 되었고 더 이상 신화적 시간이나 짐승들이 말을 하던 시절이 아니게 되었다.[33] 그 이후로 역사학자들은 스스로 아마도 더 일반적이고 까다로운 질문, 예컨대 계급 투쟁의 역할, 일차적 동인으로서의 경제, 문명 간의 충돌 등을 제기하기에 이르겠지만 이는 또 다른 문제다. 확실히 이 역사적 '종합'의 질문은 역사학자가 한 사건에 부여하는 의미를 변화시킬 수 있다. 그러나 그것이 결코 사실의 실재성을 해쳐서는 안 된다.

또 있다. 거기 그때를 질문하면서 우리는 자신을 이론가나 순진한 신자나 맹목적인 투사보다는 역사학자로 만든다. 여기에는 "주체와 대상의 상호 연관된 구성"이 있다.[34] 만약 어떤 인식 주체가 과거에 대해 좋은 질문을 제기한다면 그는 이를 통해 역사학자 혹은 탐사 저널리스트로 스스로를 구성한다. 질문하는 담론, 그 모래밭 속에 파묻혀 빚어지는 대상, 그리고 인식하는 주체 자신은 모두 동일한 문제 제기로부터 탄생한다. 각각은 자유로이(우리는 사회학자들을 불편하게 만들 수 있는 이 부사로 되돌아올 것이다) 자신의 경로, 자신의 주체화를 선택한다.

우리는 때가 되거든 이 논의를 상기할 것이다. 하지만 일단 푸코의 암묵적 원칙으로 되돌아오자. 그 원칙에 의거하자면 경험적 특이성에는 아무런 문제가 없는 반면, 일반론은 피상적이고 기만적일 따름이다. 후자는 자기 안에서 뒤섞은 여러 특이한 실재를 개략적으로 검토하고는 포섭했다고 자처한다. 만일 우리가 인간사 속에서 "복잡하게 얽힌 대상들의 다원성" 가운데 하나의 공통된 일반론, 개념, 본질을 찾는다면, 우리는 그릇되고 모호하며(많은 확장, 아주 적은 이해) 지나치게 광범위하고 대체로 고상하지만 가끔 젠체하는 아주 교훈적인 관념들에 다다를 것이다.[35] 반면 우리는 푸코가 어떻게 아무런 모순 없이 자기 확신을 위해, 아니 차라리 분노를 위해 투쟁할 수 있었는지 보게 될 것이다.

4장
고고학

기원이 아름다운 경우는 드물다. 사유의 기원은 진실한 것을 정초한 주체나 세계의 순수한 실재성과 결탁한 원초적 공모로 거슬러 올라가지 않는다. 그것은 우연한 사건들에 기인한다. 그로부터 "사유의 역사가 지니는 특이성의 원칙"이 나온다.[1] 권력, 계급 투쟁, 일신론, 선, 자유주의, 사회주의. 우리가 믿었거나 믿고 있는 이 모든 거대한 관념은 과거의 산물이다. 이것들은 실제적으로 존재한다. 그 가운데 어떤 것들이 우리에게 믿고 따라야 할 것으로 부과되었다는 의미에서 말이다. 이것들은 딱히 진리에 토대를 둔 것이 아니다. 푸코는 역사학자들이나 막스 베버가 제시했던 자생적인 유명론에 합류한다.[2]

개념은 백지화하자. 푸코는 "모든 개념은 생성된 것"이라는 니체의 말을 상기한다. 따라서 그는 "인간학적 보편소를 가능한 한 에둘러 피해 가면서 그 역사적 구성 속에서 질문하기를", 또 인류의 문서고들을 뒤져서 우리의 고상한 신념들의 복잡하고 비루한 기원을 발견하기를 제안한다.[3] 그것이 니체에게서 빌려 온 계보학이라는 이름으로 그가 자기 책들에서 수행한 작업이다. 예를 들어 푸코의 『감시와 처벌』은 니체의 『도덕의 계보』에 공명했다.

만일 개념이 생성된 것이라면 실재들 또한 생성된 것이다. 그것은 동일한 인간적 카오스로부터 나온다. 또한 하나의 기원으로부터 파생하는 것이 아니라 사후 형성épigénèse에 의해,

그러니까 사전 형성préformation이 아니라 덧붙이기와 수정에 의해 모양을 갖춘다. 그것은 식물처럼 자연적으로 성장하지 않는다. 그것은 맹아 속에 미리 존재했을 무언가를 발전시키는 것이 아니라, 시간의 흐름에 따라 예측 불가능할 정도로 다양한 분기, 돌발적 사고, 또 다른 일련의 우연과의 만남으로 구성되며 역시 예측 불가능한 결말로 나아간다.[4] 역사적 인과성에는 일차적인 동인이 없다(경제는 다른 것 일체를 지휘하는 최상의 원인이 아니며 사회 또한 마찬가지다).[5] 모든 것은 모든 것에 대해 작용하며, 모든 것은 모든 것에 맞서 반작용한다.

이 불연속성의 결과로 우리가 실재에 제기하는 질문들은 시대에 따라 우리가 거기 제시한 답변들만큼이나 달라진다. 상이한 질문에는 상이한 담론이 대응한다. 우리는 매번 동일하지 않은 실재를 파악한다. 연속되는 담론들 속에서 인식 대상은 똑같은 것으로 머물러 있지 않다.[6] 로티를 인용하자면 아리스토텔레스는 자연 속에서 자연스러운 한 운동(예컨대 별들의 운행)과 격렬한 다른 한 운동(창 던지기)을 구분하면서 과연 오류를 범했던 것일까? "뉴턴은 아리스토텔레스가 틀리게 대답했던 질문에 옳게 대답했던 것일까? 아니면 혹시 그들은 서로 다른 질문을 제기했던 것일까?"[7] 이는 연인들의 환상을 비웃는 일이 우스꽝스럽고 별로 철학적이지 못한 것과 마찬가지다. 사랑의 시선에 비치는 연애 대상은 무심한 사람들에게 보이는 그 대상과 같지 않기 때문이다.

그리하여 "대상화 양식은 관계된 지식의 유형에 따라 동일하지 않다".[8] 내가 여기서 비트겐슈타인을 끌어들이면 잘못일까? 그와 푸코 사이에는 여러 가지 공통점이 있다. 특이성만을 믿었다는 점, 정신과 사물의 일치adaequatio mentis et rei로서의 진실*을 거부했다는 점, 우리 안의 무언가('담론' 또는 비트겐슈타인에 따르면 언어)가 우리 자신이 생각하는 것보다 더 오래 우리 자리에서 생각한다고 확신했다는 점 등이 그렇다. 비트겐슈타인이 보기에 삶은 언어 게임에 갇혀 있으며 그것을 통해 유지된다. 우리는 말을 통해, 행위 규약(사회적, 정치적 관계, 마술, 예술 앞에서의 태도 등)을 통해 사유한다.[9] 각각의 언어 게임은 그 나름의 '진실'을 가진다. 즉 그것은 말해도 되는 것과 말해선 안 되는 것을 구별하도록 해 주는 규범의 지배를 받는다. 매 시대는 통념들(상투 어구들이라고 말하는 편이 낫겠다) 위에서 존속하며, 우리 시대도 예외는 아니다.[10]

동일한 대상이 다양한 게임에 관련되며, 그 안에서 대상은 각각 다르게 나타난다. 가능한 대상화 양식은 복수로 존재한다. 아폴론이 어떻게 다프네를 월계수로 변신시켰는지 이야기하는 그리스 신화에서의 나무는 식물학자의 월계수와 같지 않다. 그것은 그리스의 원예가가 말하고 길렀던 월계수와도 같지 않다. 다프네 신화의 이야기꾼은 자신의 언어가 농부의 것과 다르며, 신화의 월계수가 일반적인 월계수는 아니라는 점을 의식조차 하지 못했다.[11] 사망한 해인 1984년에 푸코는 비트겐슈타인과 차별화하기 위해 자신의 저작을 언어 게임이 아닌 진리 게임에 대한 연구라고 정의했다.[12] 하지만 그에게나 비트겐슈타인에게나 인식 대상으로서 월계수, 그리고 신화학자나 농부 같은 주체는 "문제가 되는 지식이 성스러운 텍스트의 주해 형식을 띠는지, 아니면 자연사에 대한 관찰의 해석 형식

---

* 이는 진리에 대한 토마스 아퀴나스의 정의("사물과 지성의 일치"adaequatio rei et intellectus)를 따른 표현인 것으로 보인다.

을 띠는지에 따라" 동일하지 않다.[13]

'객관적'이고자 하는 우리의 욕망에도 불구하고, 의도가 어떻든 간에 지식의 모든 변화는 그 대상의 변화를 이끌어 내며, 그것에 대한 새로운 담론을 대가로 이루어진다.[14] 독자들은 기억할 것이다. 라에네크 이전의 사람들이 인간 신체에서 이해할 수 없는 기호만을 본 것과 달리 라에네크는 다른 몸을 '보았다'. 인도-유럽어 혹은 로망어 들의 비교 문법을 창안하는 데는 ('어머니'라는 뜻의) 그리스어 mêter, 라틴어 mater, 독일어 mutter, 인도-이란어 matar가 많이 닮았다는 사실을 확인하는 것만으로 충분치 않았다. 단어들의 질료, 자음과 모음에 중요성을 부여해야 했던 것이다. 또 단어가 거울로서의 기능이나 그 의미로 환원되지 않는다는 점을 인정해야 했다. 그 청각적 질료는 단순한 세부 사항 이상의 것이고, 사물에 대한 언어적 사진 속의 진한 입자 이상의 것이다.

그 이후로는 어떤 법칙에 의해 동일한 산스크리트 단어의 음이 그 의미는 다를 수 있는 그리스 단어의 음들로 변환되었는지 알아내려 하거나, 어떤 단계를 거쳐 (물이라는 뜻의) 라틴어 aqua가 프랑스어 eau가 될 수 있었는지를 확인하려는 하나의 과학이 구성되었다. 나아가 우리는 동시에 보편적 카오스의 한가운데서 단어들의 어떤 측면—그것들의 음소—이 법칙을 정식화할 수 있는 가능성과 불변성을 제공하는지를 발견했다. 사실 "불연속적인 담론의 계열은 각각 어떤 한계들 가운데 규칙성을 가진다".[15] 물리학은 갈릴레이, 뉴턴과 더불어 유사한 발견을 한 바 있다.

『크라튈로스』*에서 놀랍도록 안일하게 제안된 어원론은 유치한 것이 되었다.[16] 비교 문법이 대상에 대한 더 나은 지식을 통해서만 탄생한 것은 아니다. 그것은 우리가 근본적으로 더 이상 같은 것에 대해 말하지 않으며, "적절한 것으로 여겨졌던 사물의 부분"이 변화했음을 함축했다.[17] 동일한 객관적 핵심이 매번 부분적으로 다르게 인지될 뿐 결코 완전히 있는 그대로 인지되지는 않았다. 그렇기에 지식은 라틴어의 의미에서 희박성rareté을 그 특징으로 한다.[†] 그것은 구멍이 나 있고 듬성듬성하며, 가능하다고 여겨지는 모든 것을 결코 보지 못한다. 푸코는 "내 문제는 이렇게 표현될 수 있다. 한 시대에 어떻게 이러이러한 것은 말해질 수 있게 되고, 저러저러한 것은 절대로 말해지지 않는 것일까?"라고 이야기했다.[18] 주어진 시대에 주어진 영역에서 생각되고 보이고 말해질 수 있는 것은 듬성듬성하다rare. 그것은 무한한 공허 한가운데 떠 있는 형체 없는 섬이다.

인간은 진리에 접근할 수 없다. 그런 것은 어디에도 존재하지 않는다. 우리는 결정적이고 총체적인 어떤 거대한 대문자 담론의 말을 받아들일 능력이 없다. 아마도 그러한 담론은 이해받기를 원하면서, 우리를 둘러싸고 있는 공허 속에서 자신의 때를 기다리고 있을 것이다.[19] 1968년 5월 미셸 드 세르토가

* 플라톤의 대화편 가운데 하나다. 이 책에서 플라톤은 언어적 기호가 '자연적'이냐 '규약적'이냐를 놓고 고민하다가 두 가지 설을 모두 반박하고 자신의 이데아론을 내세웠다.

† 희박성의 라틴어 어원 rārītās는 단단한 물체 내부에 빈 공간이나 구멍이 많은 것, 즉 다공성을 가리킨다. 벤느는 1978년의 논문 「역사학을 혁신한 푸코」에서 인간적 사실과 담론의 희박성 또는 다공성이야말로 푸코 사유의 중심적인 직관을 이룬다고 지적한 바 있다. 이 논문은 다음의 책에 부록으로 실려 있다. 『역사를 어떻게 쓰는가』, 453~507쪽.

다정한 시선으로 비추었던 배제된 자들의 담론처럼 말이다.[*]
우리를 둘러싸고 있는 공허는 우리가 내쳤을지도 모르는 것
들로 가득 차 있지 않다.[20] 우리는 거기서 조속한 귀환을 기다
리는 추방된 본성을 발견하지 못할 것이다. 우리를 조금씩 총
체적 진리와 역사의 종말로 이끌고 갈 부정된 것, 부정적인 것
의 헤겔식 출산 작업은 존재하지 않는다. 달리 말하자면 변증
법, 널리 받아들여진 관념과 배제된 관념 간의 영원한 전투적
대화, 억압된 것의 회귀 따위는 존재하지 않는다.[21] 우리의 작
은 사유는 엄청난 공허 속에서 정말 희박하며 구멍이 많은 것
raréfiée으로 나타난다. 그것은 아주 보잘것없는 형태와 놀라운
공백들을 가진다. 그것은 이상적인 원형을 조화롭게 채우지
않는다. 현재 우리의 사유만큼이나 또 다른 수많은 사유가 상
상 가능하다. 그것들만큼이나 우리의 사유 역시 필연적이지
않은 것이다.

* 세르토가 1968년에 발표한 글 「발언」La prise de parole을
암시한다. 여기서 세르토는 5월 혁명의 여파를 다양한 차이의 분출,
그리고 말과 글의 폭발과 자유로운 유통에 초점을 맞추어 성찰하고
있다. 「발언」은 다음 책에 실려 있다. Michel de Certeau, *La culture au
pluriel*, Seuil, 1993.

5장
보편주의, 보편소, 사후 형성
— 기독교의 초창기

간단히 말해, 대문자 진리는 결코 하늘에서 내려오지 않을 것
이다. 게다가 우리는 인간학적 보편소들을, 개인주의나 보편
주의 같은 거창한 단어들을 결코 믿어서는 안 된다는 것을 기
억한다. 하나의 예가 떠오른다. 기독교의 초창기가 그것이다.
잠시 이 문제를 논의하더라도 독자들이 양해해 주리라 믿는
다. 설명을 따라가다 보면 [푸코가 실행한 계보학적] 방법과 관
련된 또 다른 문제들을 만나게 될 것이기 때문이다. 우리는 유
일한 선민의 배타적인 종교였던 유대교로부터 나온 이 종교
가, 주위를 둘러싸고 있던 엄청난 이교도 군중에게 진영을 개
방하면서 보편적인 것이 되었음을 안다. 사람들은 그로부터
대체로 정신의 일반적인 진보, 세계사의 위대한 단계 가운데
하나를 본다.

　　보편에의 개방성, 그런데 어떤 의미에서? 이 말은 사실 아
주 많은 것을 가리킬 수 있다…. 이 경우에는 기독교가 유일하
게 진실된 종교이며 모든 사람이 불멸의 영혼을 가지고 있으
므로 그들의 구원을 위해 복음이 누구에게나 전해져야 한다는
뜻이다. 그리하여 1865년 이전의 미국에서는 노예주들이 아프
리카에서 도착한 흑인에게 세례를 주었다. 하지만 이 편협한
영혼을 가진 이들의 보편주의는 인권의 보편주의가 아니었다.
그들은 인류가 하나고 흑인도 자신처럼 영혼을 가진 인간이며

문화적, 사회적 하비투스habitus[*]가 차이를 만들어 낼 뿐 백인
과 사실상 대등한 정신적 능력을 가졌다고 생각하지 않았다.

그렇다고 치자. 하지만 적어도, 좁은 의미의 종교적인 개방
성에 의해 위대한 사상이 예수와 더불어 이 세계에 들어오게
되었다고 믿을 수 있지 않을까? 아니다, 그것은 정신Esprit, 발
현Ereignis,[†] 혹은 (딱히 복음주의자가 아니었던) 하이데거가 생
각하지 않았던 사건Événement의 틈입이 아니었다. 그것은 우리
의 아주 일상적인 조건에 내재된, 아래로부터 온 인간적 반응
이었다. 최초의 기독교인들은, 말의 좁은 의미에서, 자신이 굳
이 원하지도 않았던 보편주의자가 되었다.

그렇다면 기독교의 열성적 포교열은 어디에서 왔는가? 어
떻게 해서 복음이 전 세계에 전파되었는가? 나사렛 예수는 유
대인 선지자에 불과했고, 우리는 그의 사후에야 성립된 기독
교에 대해 그가 무엇을 생각했을지 모른다. 선지자 예수는 그
자신을 구원하는 영웅이 아니었다(그는 하늘에 계신 아버지의
이름으로 말했다). 하지만 그의 카리스마에 매료된 제자와 설
교자 들은 서기 40년에서 100년 사이에 예수를 영웅으로 삼은
종교를 건설했다.

각자 나름의 일을 했다. 기독교는 그들의 집단 창작품이었

---

　* 중세 스콜라 철학부터 20세기의 노르베르트 엘리아스나
피에르 부르디외 같은 사회학자에 이르기까지 널리 쓰여 온 이 개념은
행위 주체가 내면화하고 있는 정신적, 신체적 성향 체계를 가리킨다.
　† 하이데거 철학의 이 개념은 매우 모호하며 다의적이다. 그것은
'본래적 있음'이고, '모든 존재자의 본성인 존재의 일어남'이며, '존재의
본성과 존재자의 본질이 하나임을 깨달음'이고, '존재와 존재자가
하나로 만남'이다. 그런 이유로 Ereignis는 '발현', '존재 사건', '본유화',
'생기', '만남', '에르아이크니스' 등으로 다양하게 번역된다.

다. 제자 각각이 예수를 자기식으로 표현한 것이 그 증거다. 예수는 메시아였는가? 모든 피조물 가운데 첫째 탄생자였는가? 창조되지 않고 원래부터 존재했는가? 처음부터 신적인 존재였는가, 아니면 부활에 의해 신의 아들이 되었는가(성 바울은 양쪽 교리를 모두 가르쳤다)? 제4복음서(요한 복음)에서 예수는 인격화되고 신격화된 추상의 구현이며, 신의 영원한 말씀이자 신적인 존재, 즉 하나님 곁에 있는 '한 명의' 신이었다. 140년경 헤르마스의 수많은 독자에게 예수는 인간의 육신을 입은 성령이었다.‡

사람들은 한 가지 점에 동의했다. 사도들에게 시간 종말의 선지자로서 나타났던 예수는 자기 아버지로부터 우주적인 역할을 부여받았다. 그는 산 자와 죽은 자를 심판하기 위해 곧 인간 무리 속으로 되돌아올 것이다. 그런데 슬픔에 빠진 사도들은 이 우주적 존재와 자신을 결합시켰던 열정적 사랑의 불평등하지만 상호적인 관계를 엄청나게 멀리까지 확장했다. 사람들은 또한 그가 십자가 위에서 '대속을 위해 자기 생명을 내놓았다'고 생각했다.¹ 따라서 그의 애통한 최후는 하나의 의미를 얻었다.

기독교는 이렇게 해서 어떤 것과도 유사하지 않고 하나의 유형론 안으로 들어가지 않는 종교가 되었다. 그것을 '구원 종교' 가운데 하나로 분류하는 것은 우리에게 가르쳐 주는 바가 거의 없다. 문학적 창조성과 마찬가지로 종교적 창조성도 그

---

‡ 로마의 사도 교부인 헤르마스는 기독교적 삶의 방식을 가르치는 『목자』*Poimēn*라는 책을 썼다. 이 책은 내용과 표현이 알기 쉬워 초대 교회에서 호평을 받고 널리 읽혔다고 전해진다.

장르에서 유일무이한 창작물을 내놓을 수 있는 것이다.

이 인간-신의 창안은 천재적인 한 수였다. 우리처럼 시간 속에 있는 실제 사람, 영적인 지도자, 교부이자 어떤 신화적 인물이 아니라 진짜 신성이기도 한 사람. 이렇게 기독교는 사랑에 대한 감동적인 형이상학적 소설이 되었다. 거기서 신성과 인성은 서로에게 열광했다. 이 줄거리의 핵심은 천상의 존재가 그를 믿은 사람들을 구원하기 위해(나중에 우리는 '모든 이를 구원하기 위해'라고 말하게 될 것이었다) 자발적으로 희생했다는 데 있었다. 이 존재는 끊임없이 과대평가되었다. 예수는 결국 인격화한 하나님Dieu이 아니라, 하나님 못지않은 신dieu이 되었다. 서기 150년에서 250년 사이에 사람들은 유일신을 세 신적인 존재, 즉 삼위일체로서의 신으로 '숫자를 매겼고' 그리스도는 거기서 자기 자리를 발견했다.

그런데 또 다른 천재적인 발상으로, 나사렛 예수는 유대인만을 대상으로 호소했지만 그들에게 안식일과 여타 율법 계명의 준수가 아닌 내면성의 윤리, 사유 방식의 도덕(남몰래 이웃의 아내를 탐한다면 이는 이미 마음속에서 불륜을 범하는 꼴이다)을 설교했다. 그것은 유대교 율법의 준수를 중시하는 성직자와 율법학자 같은 특권층의 이념에 맞서는, 보통 사람들로부터 나오는 도덕이었다.

이는 모든 이를 위한 도덕으로 보였다. 하지만 그것이 예수의 의도는 아니었다. 그는 유대 민족만을 대상으로 자신의 가르침을 설파했던 것이다. 다만 유대 율법주의보다 더 높은 곳에 위치했기 때문에 그의 고상한 언어는 우리에게 보편주의적인 것으로 나타난다.[2] 하지만 예수가 덜 고상한 언어로 말했을 때, 그는 다시 본래의 유대인 선지자가 되었다. "나는 이스라엘이라는 집의 잃어버린 양들을 위해 보내졌다"고 그는 말했다. 그리고 "〔이스라엘—벤느〕아이들의 빵을 취해 개들에게", 즉 이교도들에게 "던져 버리는 것은 좋지 않다"고 말했다.[3]

그럼에도 이것은 그의 가장 대중적이고 새로운 고상한 메시지가 되었다. 그가 죽은 뒤 제자들이 주변 유대인 동족에게 전파했던 이 메시지는 영혼의 기질을 드높여 가장 미천한 존재를 풍요롭고 귀중한 존재로 만들 수 있었다.[4] 이 복음 전파자들은 자신의 주와 메시지에 매료된 이들이었다. 이들은 희미하게나마 그 메시지가 부분적으로는 자기 작품이라고 느꼈다. 이들 가운데 일부는 진정한 신앙을 가지고 작은 신도 집단에 그것을 알리는 데 만족했다. 한편 더 야심적이었던 이들은 그것을 널리 '팔아 볼' 욕심이 있었다. 곳곳에 이 신을 알리는 일은 유혹적이었다. 이 신은 이스라엘로부터 유일한 진짜가 될 수 있는 특권을 물려받았으며, 그의 가르침은 할례를 받은 자들만을 대상으로 했지만 모든 이에게 받아들여질 만큼 충분히 영적이었다.

만일 이 우월한 종교에 매력을 느낀 이교도가 세례를 요구한다면 그것을 거부할 것인가? 성 베드로는 이 유혹에 굴복한 첫 번째 사람이었다. 그는 할례받지 않은 자인 백부장 코르넬리우스에게 세례를 주었고 이는 원칙의 위반이었다. 야심 차고 충동적인 신앙의 열정은 늘 조심스럽지는 않으며 때로 관대하다. 어떤 다른 신보다도 더 가치 있는, 기독교적 유대인들의 신은 이교도에게 교훈[5]이자 은혜[6]로 주어졌다.

이러한 포교 열기를 자연적인 경향이자 인류학적 보편소로 여겨야 할까? 아니다, 그것은 기질과 상황의 문제였다. 제자 각자의 영혼은 야심과 게으름, 자기 민족의 율법에 대한 충성을 둘러싼 무의식적 전투에 빠져들었다. 이것 아니면 저것이 승리했다. 양심과 그 고상한 이유들의 배경에서 여러 충동이 작용하고 있었다.

모든 사람이 포교 열기에 휩싸이는 것은 아니다. 이교도 가운데 독실한 신도, 철학자, 이방 신의 성직자는 자신의 점포가 손님을 독점하길 간구하지 않았고 조용히 '고객을 기다리는 데' 만족했다. 점포를 경영하기보다는 자신이 열쇠를 지닌 교리를 엘리트의 특권으로 간주하는 일도 자주 있었다. 그런데 몇몇 예외를 제외하면 철학자는 거의 학식 있는 유력자 사회 계급에서만 배출될 수 있었다. 어떤 이들은 자신이 '이상한 사람'이나 '범속한 사람'(그리스 사상가들은 비천하고 열등한 존재phauloi라고 말했다)이 아닌, 소수의 현명한 엘리트에 속한다는 점에서 고양감을 느꼈다. 반대로 또 다른 이들은, 특히 출신 성분이 평범하거나 권위적이고 조직된 교회의 구성원인 경우, 포교를 통해 고양감을 경험했다. 포교는 자기 이익을 위해 다른 이를 자기처럼 생각하도록 설득하거나 강제하는 등 사방에서 자기 이미지를 발견하는 활동이었다.

보편주의는 이성이나 정신의 틈입에 의해 기독교에 도입된 것이 아니다. 그것은 엘리트가 아니면서도 야심 찬 기질의 소유자들이 벌인 일탈, 사실상의de facto 관습이 되어 버린 변칙이었다. 성 바울의 사례는 다르다. 그는 예수의 말을 들은 적도, 그를 안 적도 없으나 스스로를 사도로 공언했다. 이 선동가는 감히 유대교의 지양을 정식de jure 교리로 격상시켰다.[7] 하지만 바울은 동방의 속주에서 개종했던 다른 선교사들처럼 그저 한 명의 선교사에 지나지 않았다. 실상 그는 속주에는 가 보지도 않았다.

베드로가 코르넬리우스에게 세례를 주었다는 사실은 많은 이에게 스캔들이 되었다. 그러나 어떤 사도들은 자신이 미리 숙고하지 못했던 바를 발견했다. 이 반가운 위반은 이들에게 이교도 제국이라는 광대한 잠재적 '시장'을 열어 주었던 것이다. 정작 동족은 그들을 학살하고 유대 공동체로부터 추방하고 있던 실정이었지만 말이다.[8] 예수 자신도 천상에서 열릴 다음 연회에는 최대한 많은 손님이 초대될 것이라고 가르쳤다.[9] 어떤 사도들은 그로부터 한 나라에만 갇혀 있는 유대교의 고립에서 벗어날 유인책을 보았다. 예수는 이들에게 이스라엘로 가라고 명령했다. 하지만 그들의 포교 열기는 이스라엘로만 향하는 대신 이교도들의 광활한 '시장', '여러 국가'로 나아갔으며, 이교도들을 조직과 규율과 위계가 잡힌 교회로 이끌었다. 그들 덕분에 구현되었던 것은 순수한 이상이 아니라 구체적인 기획, 이해관계에 사로잡힌 갖가지 동기와 장치였다. 이 기획은 숭고하면서도 그 담론에 있어서는 정확하고 엄밀했다.

기독교화된 유대교가 30년 동안 비유대인을 받아들인 결과, 할례받은 유대-기독교의 종족 분파들과 모든 이에게 호소하는 이 새로운 종교가 서로 결별하기에 이르렀다. 플라톤의 형이상학과 이교도적 미신(봉헌물, 기우제…) 혹은 새로운 미신(성자의 유물) 등이 기독교 교리와 그 신앙 활동의 형성에 기여했다. 기원이 아름다운 경우는 드물다. 실재와 진실은 조금씩 사후 형성되는 것이다. 그것들은 어떤 맹아 안에 사전 형성되어 있지 않다. 유럽의 기독교적 '뿌리'에 대해 말하는 것은 오류가 아니라 그저 터무니없는 소리다. 역사 속에서는 어떤 것도 미리 형성되어 있지 않다. 유럽은 기껏해야 기독교적 유산을 가질 따름이다. 말하자면 옛날 종교화가 그려진 벽이 있는 오래된 집에 살고 있는 셈이다.

이제 뿌리보다는 유산에 대해 말하자. 현재의 서양은 대체로 기독교적인 건축, 미술, 문학, 음악, 심지어 관용어구상의 광범위하고 소중한 유산을 가진다. 하지만 그 도덕과 가치는 더 이상 조금도 기독교적이지 않다. 서양이 언젠가 기독교적 뿌리를 가졌다 해도, 그것은 오래전에 단절되었다. 금욕주의? 그것은 더 이상 우리 정신 어디에도 없다. 이웃 사랑? 옛날에 기독교를 믿는 노예는 주인을 사랑하고 그에게 복종할 의무가 있었다. 기독교를 믿는 주인은 자기 노예를 사랑했다. 자, 이것이 전부다. 1870년에도 근대성은 아직 가톨릭 신앙에 이질적이거나 그와는 정반대되는 것이었다. 오늘날 소수의 신자는 다수의 비신자와 같은 실천 도덕을 가진다(모든 기독교 가정이 아이를 여섯 명씩 낳지는 않는다). 현재의 가치들은 기독교 신앙에 이질적이거나(성적 자유, 성별 평등), 법률에 의해 강제된 것이며(양심의 자유), 신앙이 근대적 가치들에 적응하기도 했고(정교분리, 민주주의), 근대적 가치들을 채택하기도 했다(사회적 불평등의 축소). 노동 조건에 관한 1891년의 회칙 이후로, 이제는 기독교가 근대적 뿌리를 가진다….* 그리고 교리, 신앙, 성서 해석의 2,000년 역사는 기독교가 사후 형성에 의해 끊임없이 구성되고 적응해 왔음을 보여 준다.

* 1891년 5월 15일 교황 레오 13세는 당대의 노동 문제에 대한 교회의 입장을 문서로 천명한 바 있다. '새로운 사태'Rerum Novarum 혹은 '노동 헌장'으로 불리는 이 회칙을 통해 교회는 산업화에 따른 열악한 노동 조건과 비인간적 착취에 시달리는 사회적 약자의 상황을 우려하고 노동자들의 권리와 존엄성을 옹호했다.

6장
하이데거가 뭐라고 했든, 인간은 지성적인 동물이다

정신이 없으니 잠깐 멈추어야겠다. 결국 우리는 어디에 있는 가? 우리 발밑에 의지할 진실한 것, 견고한 것이 과연 있는가? 사람들은 눈더미가 쏟아지는 산비탈에서 갈고리쇠가 얼음에 걸릴 때 안도감을 느낀다. 그렇다. 몽테뉴나 흄 같은 이에게는 냉정한 단단함이 있다(당신은 젊은 시절의 벤느, 그리고 [그가 분석한] 신화에 반신반의하는 그리스인들의 우유부단한 태도는 내던져 버려도 좋다[1]). 형이상학은 인간 지성에 접근 불가능하 다. 일반론은 공허하기에 그릇된 것이다. 반면 우리는 특이한 것들에 대한 경험적 지식에는 접근할 수 있다. 우리가 보기에 는 특이성들만이 존재하며 또 존재할 수 있다. 특이성들은 부 분적으로 반복 가능하며, 그로부터 엄밀 과학이나 우리 일상 생활의 지식과 실천, 상호 이해가 나온다. 우리는 그렇게 해서 해가 매일 새롭게 떠오른다는 사실을 배웠다. 푸코와 흄, 동일 한 전투…[2].

장-마리 셰퍼가 우리에게 말했듯 지식은 개인과 그 환경이 라는 두 시공간적 실재 간의 상호작용이다. 그것은 천상의 거 울이 아니라 경험적 과정이다. 우리의 '담론'은 물 자체를 재단 하고 자기 이미지대로 정형한다. 그것으로부터 분리해 낸 물 자체에는 인간을 초월한 그 이상의 지성만이 접근할 수 있을 것이다. 알렉상드르 쿠아레의 말을 빌리면 인간은 진리의 관 념을 고안할 수 있지만 진리 그 자체에는 도달할 수 없으리라.

인간은 하이데거가 말하는 존재의 목자가 아니다. 인류는 여러 동물 종 가운데 하나일 뿐이다. 그래서 니체는 말했다.

수많은 태양계에서 쏟아부은 별들로 반짝거리는 우주의 외딴 어느 곳에 언젠가 영리한 동물들이 인식을 발명해 낸 별이 하나 있었다…. 지성이 존재하지 않은 영겁의 시간이 있었다. 또다시 지성이 존재하지 않는다 하더라도 아무 일도 일어나지 않을 것이다. 왜냐하면 이 지성은 인간의 생명을 넘어서는 어떤 사명도 가지고 있지 않기 때문이다.[3]

회의주의자들은 언제나 짐승의 영혼을 믿었다. 푸코는 내게 (그의 집이 있던) 보지라르가 285번지의 아파트들을 이리저리 들락거리던 고양이의 지성을 예찬했다. "그 고양이는 다 알아들어!" 코페르니쿠스로 말미암아 더 이상 세계의 중심이 아니게 되었으며, 다윈과 더불어 생물의 한 종이 된 인류는 니체와 함께 경험 세계를 넘어서는 모든 소명과 정당화를 잃기에 이르렀다.[4] 그의 교육용 철학 소설이 가져다주는 결론은 어떤 기대도 허용하지 않는다(안심하자. 인류는 하찮게나마 계속해서 무언가로 북적댈 것이다. 정신은 결코 멸절되지 않는다. 인간 역사는 철학사에 달려 있는 것이 아니다).

게다가 장-마리 셰퍼는 내게 이렇게 썼다. "하이데거의 메시아적 파토스"만큼이나, 또 인간, 현존재Dasein의 "숙명적 역사성"에 대한 그의 신념만큼이나 푸코와 거리가 먼 것도 없다고. 왜 역사성인가 하면, 내가 이 어렵고도 모호한(이 둘은 같은 것이 아니다) 사상가를 조금이나마 이해했다면, 하이데거는 어떤 시절의 푸코가 그랬을 만큼이나 생성과 불연속성의 감각에 확신을 가졌기에 그렇다. 적어도 그의 유명한 사유의 '전환' 이후로는 말이다. 하이데거 예찬자들은 그의 언어가 때때로 신비주의적이라고 웃으며 시인한다. 도미니크 자니코는 하이데거의 역사성이 예언자의 태도[5] 그리고 "도래할 신"에 대해 엘리트가 품는 고독한 기대로 귀결된다고 덧붙인다.[6]

좋다! 나는 방탄조끼를 껴입고서 다음과 같은 의견을 제시하고자 한다. 이 독창적인 사상가는 모든 초험성을 잊은 시대에 우리가 옛날에 영혼 또는 정기라고 불렀던 것의 등가물을 복원하고자 했다고 말이다. 그 등가물은 충분히 받아들일 수 있을 만큼 세련되었다. 회의주의의 시대에 그는 추론하지 않더라도 스스로를 드러내는 진리Vérité를 제안한다. 변증법은 전혀 필요하지 않다. 우리는 "도약을 이루면서" 진리에 다다른다.[7] 신앙이 없는 시대에 하이데거는 형이상학의 존재도 종교에서의 신도 아닌 절대자를 되찾게 해 준다. 이 절대자는 "스스로를 숨기면서만 나타나고", 드러나자마자 감춰지며, 믿을 수 있을 만큼 현존하는 동시에 부재한다. 역사와 진리가 대립하는 시대에 하이데거는 절대자를 제안하는데, 그것의 갑작스럽고 우연한 출현은 '신기원'을 이루고 그 출현의 불연속성은 '역사적'인 것이다.

하이데거주의는 거대한 역사적 풍경이다. 그 풍경은 모두 '사건'이며 발현인 번개들의 섬광 아래 펼쳐진다.[8] 역사는 다양한 방식으로 시작하는 동일한 기원에 의해 지배받는 세계다.[9] 우리 시야를 빠져나가는 이 번개들이 내리칠 때마다 새로운 시대가 우리에게 나타난다. 그 시대에 고유한 인간 공동체와 작품과 문화(우리는 기술 문화의 시대에 있다)와 종교적 신앙과 더불어 말이다. 이 산재하는 다양한 사건은 모두 공통의 기원을 가진다. 그 기원은 바로 절대자다. 절대자는 우리에게 엄밀한 의미에서의 진리가 아니라 자신의 부인할 수 없는 현존을 부과한다. 우리가 세부 사항들에 대해 과학적으로 추론하는 대신 절대자에게 우리 자신을 열어 줄 줄 안다면 말이다. 하이데거는 플라톤 철학의 일자로부터 벗어나고자 했다. 그는 또 상대주의에 빠지지 않으면서 역사에 더없이 중요한 위상을 부여하고자 했다. 그리하여 진리의 이 모든 보이지 않는 번개는 동일한 기원을 가진다. 상대주의에서 벗어나기에 이것으로 충분할까? 이것은 철학적 천재성의 일격일까, 아니면 다만 말 뿐인 해결책일까? 우리는 이 문제로 되돌아올 것이다.

인간의 근본적인 잘못은 파스칼이 말한 일종의 본래성 없는inauthentique 오락거리 속에서 현존을 너무도 자주 잊어버린다는 데 있다. 하이데거적 인간은 무엇보다도 내면의 삶을 가지는 존재다. 이 세계에 내던져진 그는 염려를 안다. 그는 죽음을 향한 존재다. 그는 본래성이 있거나 그렇지 않다. 그런데 하이데거적 인간에게는 신체가 없다. 그는 욕망, 필요, 노동, 정치 토론을 모른다. 이 인간, 혹은 적어도 그의 현존재는 인간 안에 있는 어떤 것, 그러니까 호모 렐리기오수스homo religiosus〔종교적 인간〕가 될 수 있거나 될 수 없도록 하는 것으로 환원된다. 감히 이 단어를 입 밖에 내 보자. 현존재는 바로 영혼이다. 이 영혼이 본래성을 가지려면, 그것이 존재와 맺는 즉각적이고 상호적인 관계를 잊지 않아야 할 것이다. 만일 영혼이 그 관계를 잊고서 존재자들의 일상적 또는 과학주의적 복합성 속에서 흩어져 버린다면 본래성을 가지지 못할 것이다. 〔하이데거가 제시하는〕 이 고공비행의 신비적 직관gnose은 신 없는 신학이다.[10] 그것은 대립하는 것들의 일치성에 대한 부정신학, 끝 모를 심연의 부정신학이다. 이 심연은 신의 현현인 발현 안에서 파악할 수 없는 동시에 현존하는 것이다.

〔하이데거에 따르면〕 인간은 생명이 있는 여러 종 가운데 하나가 아니다. 인간의 특수성을 이루는 것은 진리가 그 안에 도래할 수 있다는 사실이다. 진리는 동물에게는 도래하지 않는다. 이 진리는 2 더하기 2는 4 같은 우리 정신 안에 있는 또 다른 작은 진실들이 아니다. 진리는 인간 속에 있지 않다. 인간이 바로 진리 속에 있다. 진리는 인간에게 도래한다. 그것은 인간에게 스스로를 드러낸다〔탈은폐한다〕. 인간이 이른바 객관성을 단념하기만 한다면 말이다. 이러한 자리 잡기(인간이 본래 진리 안에 자리 잡고 있다는 사실 자체도 바로 이 자리 잡기에 의해 인간에게 스스로를 드러낸다)야말로 인간을 그 이름에 값하는 인간으로 만드는 것이다.[11] 그러한 인간은 존재와 인간이 서로에게 속해-있음Zu-einander-gehören을 안다. 이와 같은 진리는 우리가 진리 안에 있다는 것을 아는 데 있다. 이는 하나의 판단이 아니다. 거꾸로 우리의 수많은 판단은 진실한 것에 인간이 본래 열려 있는 덕택에 참이거나 거짓일 수 있다.[12] 하이데거가 쓴 바에 따르면 이는 논리적으로나 사실적으로 증명되는 것이 아니라 엄밀하게 철학적인 진리다. 진리는 행위acte, 즉 진리 안에 스스로 자리 잡는 행위에 의해 도래한다.[13]

하이데거는 볼 수 있는 것의 지평을 말할 수 있도록 허용된 것의 한계로서 받아들이는 부류의 사상가가 아니었다. 그는 검증할 수 있는 것을 넘어서는, 무언가 고상하고 바다처럼 넓고 파란빛인 감정을 가진 영혼 가운데 하나였다. 이러한 느낌은 하이데거가 그렇게도 열렬하고 때로는 논쟁적인 지지자들을 거느렸던 이유를 설명해 준다. 많은 사람, 아마도 대다수의 사람은 우리 하늘 너머에 펼쳐질 천상에 대해 어느 정도의 예감을 가지고 있을 것이다. 그런 예감에는 아무런 근거도 없지만 그렇다고 그들을 비난하는 것도 웃긴 일이다(그보다는 그들의 풍요로운 인성을 부러워해야 하리라). 그런데 탈기독교화와 더불어 그들은 천상에 대한 욕망을 기르는 방법을 잊어버렸다. 만일 그들이 자기 욕망에 하이데거주의를 양식으로 주려고 한다면, 치러야 할 대가가 크다는 점도 알아야 할 것이다. 그들은 숙명론을 감수해야만 한다. 그들은 존재자들 안에서 더 이상 참과 거짓을 구분하지 못할 것이다(좋은 그림도 평가하지 못할 것이다). 그들은 철학보다는 종교에 가까운 신앙 행위를 통해 존재와 사건을 믿어야 할 것이다.

왜냐하면 지성은 현존재와 존재의 관계에 개입하지 않기 때문이다. 하이데거가 어떠한 지적 직관도 내세우지 않으며 '우리 믿음'에 대해 자주 말한다고 에마뉘엘 파예는 내게 썼다. 만일 믿음이 없다면 우리는 본래성을 결여하게 된다. 하지만 어떤 이유로 우리가 이 숭고한 형이상학 소설에 믿음을 내주겠는가? 그럴 만한 아무런 이유도 없다. 독자는 기억하리라. 그럴 수 있으려면 도약을 해야만 한다는 것을. 일단 하이데거가 절대적인 것, 기원의 지배를 확언한 이상 나머지 모든 것, 우리의 빽빽한 인간 현실은 그의 눈에 더 이상 존재하지 않게 된 듯하다. 그의 학설은 실재와는 거리가 먼, 절단되고 단순화된 인간 개념을 함축한다.

이것이 하이데거의 유명한 탈은폐dévoilement로서의 진리 이론의 실정으로 보인다. 물론 그에게도 일리는 있다. 현상학적으로 말해 우리는 일단 사물을 '보고', 즉각적으로 '그것을 믿는다'. 그것들을 참이라고 판정할 필요도 없이, 메를로-퐁티가 말하듯 감각의 점묘법 위에서 판단을 가할 필요도 없이 그렇게 하는 것이다. 그리고 우리가 '보는' 것, 우리에게 스스로를 드러내는 것은 사물 그 자체이지, 우리는 그 표상인 사진을 참조하지 않는다. 이는 하이데거가 증거보다는 현존을 말하게끔 만든다. 그러나 현존이 전부는 아니다. 그것은 진리를 가능하게 하는 조건, 기원일 따름이다. 만일 우리가 아무것도 '보지' 않는다면 어떠한 진리도 불가능할 것이다. 한데 우리가 '보는' 모든 것이 그렇게나 진짜일까? 기원을 자랑스러워하는 것으로는 충분하지 않다. 쿠아레를 인용하자면 진리의 기원과 진리의 본질은 같은 것이 아니기 때문이다.[14] 내가 제대로 이해했다면, 하이데거는 기원에 만족하면서 참과 오류를 구별할 가능성으로부터 물러났다. 지금 이 순간 내가 보는 것은 지각인가 아니면 환영인가? 현존이건 아니건 이 지상의 모든 실재는 비판적으로 검토될 수 있다. 〔하이데거가 말하는〕 진리는 그 대상에 상응한다는 본질을 지니기 때문이다. 아마도 "시선과 응대의 단순성"은, 하이데거가 뻔뻔스럽게 말했듯이, 20세기의 모든 이데올로기를 헛되게 만들기에 충분했다.[15] 하지만 이 멋들어진 단순성 말고도 약간의 비판적 훈련이 더해졌더라면 그가 나치 이데올로기에 맞서는 데 유용했을 것이다.

〔하이데거주의에 따르면〕 심지어 예술에서도 기원과 본질의 융합이 있다. 그렇다, 세잔의 「생트-빅투아르산」은 이 엑상프로방스의 화가가 마음속 깊이 동경했던 여신의 아이콘이었다. 그러나 그 그림에 회화의 본질인 고유한 회화적 특질이 없었더라면 그것은 아이콘이 아니라 통속적인 싸구려 그림에 지나지 않았을 것이다. 심지어 정치에서도 일종의 숙명론에 이르는 융합이 있다. 숙명적 기원(독일의 세계사적 사명 혹은 닭

달Gestell)은 사람들을 집결시키는 정치를 규정하기에 충분하다. 거기서 정치의 특수한 본질은 고려되지 않는다. 그런데 예를 들어 이렇게 가정해 보자. 정치의 본질이 사람들을 서로 평화롭게 살게 만드는 데 있다면? 그것이 유일한 최선의 대답이라는 말이 아니다. 다만 숙명적 기원을 예단하며 거기 매달리지 말고 무언가 (실제적인) 대답을 내놓아야 한다는 것이다. 만일 발현의 송부Envoi에 의한 닦달, 즉 기술이 우리의 현재 운명이라면, 우리는 그것이 다음번 송부에 의해 끝나기를 숙명론과 더불어 감수하며 기다려야만 할까? 아니다. (갑자기 자기 젊은 시절의 하이데거적 신비주의를 더 이상 믿지 않게 된) 자니코가 쓴 것처럼, 소포 꾸러미는 단번에가 아니라 우리가 사는 시간 속에서 점진적으로 도착한다.[16] 이는 사람들에게 정치적 대응의 가능성을 남겨 준다. 분명히 사람들은 비판적 지성, 이성 또는 적어도 이해력을 지닌다. 그리고 그들이 스스로 좋다고 판단하면 퍼레이드를 벌일 수도 있을 것이다.[17]

푸코는 하이데거의 몇몇 텍스트를 읽었다(우리는 곧 그 증거를 볼 것이다).[18] 하지만 그는 하이데거와 달리 별로 신비주의적이지 않으며, 인간 일반에 관해 말하지도 않는다. 그런데도 한 번 이렇게 말한 적은 있다. "생명은 인간과 더불어 자기 자리를 결코 제대로 찾지 못하는 생명체에 이르렀다. 이 생명체는 (끝없이) 방황하고 착각하도록 운명 지어졌다."[19] 착각하기. 담론은 경험적인 것, 현상적인 것만을 알려 주는데 인간은 경험 세계를 넘어선 논의나 일반론을 믿는다는 점에서 그렇다. 방황하기. 사람들, 그리고 그들의 사회와 문화가 사유하고 실천하는 모든 것은 자의적이며 시대에 따라 변화한다는 점에서 그렇다. 어떤 초험적인 것, 심지어 초월적인 것조차도 인류의 예측 불가능한 변전을 인도할 수 없기 때문이다.

내가 방금 인용한 푸코의 문장은 하이데거의 문장을 거의 그대로 베끼면서 그 의미를 완전히 뒤바꾼 것이다. 진리의 본질을 다룬 유명한 책에서 우리의 독일 사상가는 인간의 방황 Irre에 관해 이야기한다. 그가 의미하고자 한 바는 (아주 단순한 용어로 말해) 인간이 거의 언제나 절대자의 곁을 지나쳐 가고 일상적이거나 과학적인 진실들의 진부한 길을 좇는다는 것이었다.[20] "세계사의 모든 시대는 방황의 시대다."[21] 왜냐하면 인간의 진정한 본질(그 유명한 현존재)은 전체의 신비에 열려 있어야만 한다는 것을 잊기 때문이다. 한데 사물에 대한 지식 안에서 언제나 산만하게 사는 대신, 우리는 종종 우리가 안다는 사실 자체를 생각하기도 한다. 그 사실은 식물도, 동물도 갖지 못한 우리의 고유한 특권이다. 이는 인간을 다른 모든 것과 차별적인 생명체로 만든다. 인간이 이 점을 생각한다면, 자기 안에 있는 현존재에 귀 기울인다면, 그는 사물—그리고 사유, 지각—과의 온갖 교류는 그 자신과 같은 존재에게만 가능하다는 것을 발견할 것이다. 그는 자연을 초월해 절대자, 존재와 직접 접촉한다. 이것이 모든 철학의 토대가 되어야만 할 것이다.

푸코 같은 경험주의자에게 이 존재는 말로 된 환영에 지나지 않는다. 내 생각에 이 환영은 사람들이 말하고 싶은 것을 말하게 만드는 이른바 지적 직관에 의해 생겨난 것이다. 우리가 사물에 대해 안다는 사실은 이 속세의 현실일 따름이며, 모든 진리는 비판을 거쳐야 한다. 만약 인간이 끊임없이 착각한다면 이는 그가 결코 진리 그 자체에 접근할 수 없고 시대에 따라 항상 상이한 '담론'에 뒤덮인 진리를 수용할 뿐이기 때문이다.

그러니 이제 푸코와 그의 인간 개념으로 되돌아가 보자. 그런데 우리의 영원한 방황과 착각이라니, 그는 대체 무슨 말을 한 것인가! 일반론, 심지어 철학적 인간학의 테제를 입 밖에 낸 것 아닌가! 그의 회의주의는 대체 어디로 가 버렸는가? 그렇다, 이 회의주의는 한계에 다다랐다. 우리가 읽은 문장은 인간 조건의 진상인 진짜 진실을 말한다. 아무리 실망스러울지라도, 궁극적인 진실이 있다면 바로 이것이다. 우리가 앞서 보았듯 파산 선고는 그 자체가 파산하지는 않으며 의심은 스스로를 앗아 갈 수 없다. 맞다, 모든 것은 상대적이다. 그러나 모든 것이 상대적이라는 단언은 상대적이지 않다.

이 문장 아래서, 이 문장 주변에서 우리는 모든 곳에, 우리 이전에, 우리로부터 멀리 있는 곳에, 우리 이후의 미래에 가능한 수많은 인간적 변이, 지나간, 장차 올, 낯선 무수한 '진실', 한정된 시간과 주어진 장소의 여러 가지 진실을 상상할 수 있다. 이 '진실들' 가운데 그 어떤 것도 우리 것들보다 더 참되지 않을 것이다. 하지만 내가 방금 쓴 것은 참이다. 옛날의, 다른 곳의, 혹은 미래의 사람들에 대해 우리는 아무것도 모를 수 있다. 그러나 적어도 우리는 그들이 우리와 마찬가지로 어떤 담론과 장치에 갇혀 있으며 절반만 자유로운 수인이라는 점은 안다. 그들은 우리의 형제다. 타자에게 호기심을 가지면서 판단을 내리지는 않는 것, 이게 바로 휴머니즘 아닐까? 당신은 혹시 교훈을 주는 독단론을 더 선호하는가?

푸코는 일반적인 인간학의 문장을 적었다. 이 인간학은 경험적이다. 세계의 열쇠를 쥐고 있는 어떤 초월적 주체에 대한 성찰로부터 나온 것이 아니기 때문이다. 푸코는 역사적 사실들에 대해 명상한 이후에 그렇게 썼다. 그것은 또한 철학적 인간학이다. 이 문장은 우리를 우리 자신 위로 끌어올리며, 우리의 시간과 장소, 작은 진실들, 한마디로 우리의 어항에서 벗어나게 해 주기 때문이다. 우리는 우리 아래에서 어항 속을 맴돌고 있는 미물들을 들여다본다. 마치 그것들이 더 이상 우리가 아니라는 듯이.

결론. 인간은 천상의 기억을 간직한 타락한 천사가 아니며 하이데거가 말하는 존재의 목자도 아니다. 실수투성이의 불안스러운 동물일 따름이다. 알아야 할 필요가 있는 것은 인간의 역사뿐이다. 역사는 영원한 긍정성이다. 그것은 단계적으로 끼어들면서 인간을 결국 총체성으로 이끌어 가고야 말 부정성이라는 외부 동력을 가지지 않는다.

결과적으로 우리에게 진짜 진실이란 경험적이고 특이한 것일 수밖에 없다면, 이는 물리적, 정신적 사건이 상이한 인과적 계열 간 만남의 산물이기에 그렇다. 이 만남은, 우리 모두 알고 있는 것처럼, 우연의 다른 이름일 뿐이다. 마찬가지로 생성은 〔똑같이〕 되풀이되지 않으며, 가장 예기치 않은 방식으로 끊임없이 방향을 바꾼다.

인류는 종종 사실에서 착오를 저지를 뿐 아니라 일반론을 믿는다. 이 일반론은 인류가 알아서 복종하게 만들며(진리는 우리 행동에 부과된다), 매 시대에 진실로서 사회적으로 받아들여진다. 사람들이 진리에 관해 말할 때는 대개 이러한 진실을 가리킨다. 푸코는 이렇게 썼다. "내게 진리는 발견해야 하거나 수용하게끔 해야 하는 참인 대상들의 총체가 아니라, 사람들이 참된 것과 거짓된 것을 분간하고 참된 것에 특수한 권력 효과를 부여하는 규칙의 총체를 의미한다."[22] 비트겐슈타인이라면 『지식의 고고학』의 또 다른 문장에 찬성했을 것이다. 담론, 규칙, 규범은 "일종의 균일한 익명성에 따라, 어떤 담론 장

에서 말하고자 하는 모든 개인에게 부과된다".[23]

우리는 진리에 포위되어 있으며 짓눌려 있다. "결국 진리란
것이 존재하니까!" 누군가 주장할 것이며, 대개의 경우 이 진
리는 하나가 아니다. 그렇다, 나도 사회가 규약과 편견 없이 존
속할 수 없음을 안다. 그런데 여기가 꼭 이런 말을 해야 할 자리
일까? 격언과 철학 사이에는 큰 차이가 있다. 철학은 서두르는
것을 좋아하지 않는다. 그것은 우리가 어디에 있는지 알고자
하며, 어디에 편견이 있는지 말하기 위해 시간을 들인다.

한편으로는 특이성들이 있다. 우리는 과감하게도 그것을
스피노자적 양태*와 비교한 바 있다. 다른 한편으로는 우리가
특이성들에 부여하는 너무 광범위하고 기만적인 개념 혹은 담
론이 있다. 종교나 민주주의처럼 말이다. 우리는 스피노자의
양태를 라이프니츠의 모나드와 대립시키면서 푸코의 사상을
요약할 수 있다.[24] 모나드는 특이성이 아니다. 그것은 진정한
실재의 불완전한 또는 부분적인 표현 하나하나다. 객관적인
정신을 모나드로 간주한다면 우리는 상이한 종교, 상이한 민
주주의 형식, 상이한 민족의 관습이 수많은 모나드이고, '진짜'
민주주의, '진짜' 종교의 불완전하고 부분적인 표현이며, 이 진
짜들로부터 설명되어야만 한다고 말할 수 있을 것이다.

이는 플라톤 이래 우리의 습관적인 사유 방식이다. 다자는
일자의 불완전한 표현이다. 형식, 본질(예컨대 민주주의)과 그
에 상응하는 실재 사이에는 언제나 격차가 있다고 누군가는
말하리라. 이 속세에서는 어떤 것도 완전하지 않다. 여기서 현

---

* 스피노자에게 양태mode란 실체의 변용, 즉 다른 무언가에
의존해 있으면서 그 다른 무언가를 통해서 이해되는 것을 말한다.

현incarnation이라는 단어를 꺼내들어 보자. 아니면 그리스인들이 그랬듯이 질료에 형식과 실재 사이의 편차를 부여하고 이 문제에 대해서는 눈을 감아 버리자. 그러나 푸코주의의 정수는 바로 눈을 감아 버리지 않는 것, 본질들을 사라지게 만드는 것, 그 자리에서 작은 '담론적' 실재들을 간파하는 것에 있다.

이상적인 것과 실재적인 것 사이의 간극을 수용할 것인가, 아니면 그로부터 정치적 결과들을 끌어낼 것인가? 이는 우리 각자의 문제다. 우파라면 모든 사물이 이데아의 불완전한 반영이기에 그것들을 있는 그대로 내버려 두는 편이 낫다고 말할 것이다. 반면 푸코에게는 그 무엇도 어떤 이상의 반영물이 아니다. 정치란 결국 무수한 인과관계가 연쇄된 결과일 따름이다. 정치가 독자적으로 주무를 수 있는 외부적 총체는 존재하지 않는다. 또 정치는 우리가 설령 그것의 특이성을 고상한 일반성으로 감싼다 하더라도 정치 너머에 있는 한층 고고한 무언가를 표현하지 않는다. 그런데 바로 이 점에서 푸코는 진정한 민주주의, 역사의 마지막을 열망하는 오래된 '좌파'의 사유를 불가능하게끔 만든다. 그는 사르트르 혹은 부르디외처럼 사회의 어떤 이상, 또는 역사의 어떤 방향을 옹호하는 입장에서는 일반적 지식인을 불가능하게 만든다. 푸코는 전문화된 지식인이 되기를 원한다. 그는 자신이 존재의 우연으로 말미암아, 또는 직업 활동 과정에서 알게 된 어떤 특이성들에 대해 분노한다.[25] 이것이 새로운 유형의 지식인, 푸코가 1980년경에 말했던 특수한 지식인이다.[†]

우리가 〔대상에〕 일치하는 진리라는 유모의 치맛자락에 매달릴 수 없다는 생각에 겁먹지 말자. 우리의 인식 능력은 대체로 동물과 맞먹는데, 동물은 우리처럼 종종 착각을 범하면서도 대개는 자기 존재의 구체적인 상황 속에서 요령 있게 곤경을 헤쳐 나간다. 우리는 비밀스러운 정치적 교의 전수자들의 세계에 살고 있지 않으며, 이데올로기에 의해 조작되고 환각에 젖은 세계에 살고 있지도 않다. 우리는 작은 진실들, 경험적인 특이성들을 안다. 우리는 현상의 계열들에 작용해 영향을 미치며 그것들을 연구하고 다룰 수 있다. 우리는 엄밀 과학에서와 마찬가지로 인간 과학에서도 실용적일뿐더러 심지어 과학적인 결과에까지 다다른다. 우리는 우리 자신의 여러 방황과 착각을 인정할 수 있다. 이러한 방황은 계속될 것이지만 그렇다고 살아가는 것까지 방해하지는 않는다. 우리는 현행성 속에서 살기 때문이다.

† 1976년 푸코는 한 인터뷰에서 '보편적 지식인'intellectuel universel에 대비되는 '특수한 지식인'intellectuel spécifique 개념을 제시한 바 있다. 특수한 지식인은 세상의 온갖 부정의와 불평등에 대해 일반적이고 보편적인 언명으로 맞서는 작가écrivain가 아니라, 언제나 국지적인 지식을 바탕으로 말하는 전문가savant로 정의된다. 푸코에 따르면 이러한 지식인의 활동은 자신의 작업과 삶이 자리 잡은 구체적인 상황(담론, 제도, 실천)에서 출발한다. 이때 지식인은 그 문제에 연루된 다른 행위자들에 비해 특권적인 지위를 가지지 않으며, 지식과 실천의 네트워크 안에서 부분적인 중개자 역할만을 수행한다. '특수한 지식인' 개념의 이론적 원천은 1972년 들뢰즈와 가진 대담 「지식인과 권력」Les intellectuels et le pouvoir에서 이미 찾아볼 수 있다. 이러한 지식인론에는 푸코가 감옥 정보 그룹Groupe d'information sur les prisons, GIP 활동을 통해 얻은 경험이 반영되어 있는 것으로 보인다. 「진실과 권력」, 콜린 고든 편, 『권력과 지식: 미셸 푸코와의 대담』, 홍성민 옮김, 나남, 1991, 141~167쪽과 「지식인과 권력: 푸코와 들뢰즈의 대화」, 『푸코의 맑스』, 이승철 옮김, 갈무리, 2004, 187~207쪽 참조.

7장
자연 과학과 인간 과학
— 푸코의 프로그램

몇 가지 큰 문제가 남는다. 만일 일상의 실재를 제외한 거의 모든 것이 의심스럽다면(그리스 회의주의자들은 이렇게 말했으리라[1]), 엄밀 과학은 어떻게 해서 의심의 여지 없는 결과에 도달하게 되는가? 인간적 특이성의 과학, 그러니까 역사학, 사회학, 경제학에는 어떤 가치가 있는가? 그것들은 가능한가?[2] 그자신이 위대한 회의주의자였던 푸코는 자기 기획의 진실성과그 장래를 의심했을까? 나는 그렇지 않다고 생각한다. 하지만우선 인간 과학에 관해 말해 보자.

인간 과학과 엄밀 과학이 현재적이거나 잠재적인 갈등을빚은 것은 적어도 100년은 되었다. '단단한' 과학과 비교할 때인간 과학의 인식론적 지위와 엄밀성의 정도는 어떠할까? 아주 낮은 수준이라고 어떤 '강경파들'은 주장했다. 우리도 역사와 사회의 법칙을 발견할 것이라고, 아니 적어도 '모델'은 구축할 것이라고 강경파의 제물 가운데 일부는 대답했다. 경제학자들처럼 당신들도 법칙이나 모델을 발견해야만 한다고, 그렇지 않으면 지는 것이라고 질-가스통 그랑제는 경고했다.

1991년 사회학자이자 철학자인 장-클로드 파스롱이 여기에 〔이론적으로〕 개입했다. 나 같은 단순한 역사학자에게 그것은 역사학과 사회학 지식의 인식론을 위한 결정적인 기여로보였다. 지나치게 과학주의적인 문제의 위상을 옮겨 놓으면서, 파스롱은 이념형을 제시한 막스 베버에서 한 걸음 더 나아가 인간 과학의 과학성을 어디서 찾아야 하는지를 보여 준다. 그것은 가설-연역적 체계는 말할 것도 없고, 엄밀 과학의 모방이라든지 법칙이나 모델의 정립에서가 아니라, 준-고유명사 semi-noms prepres라고 이름 붙일 만한 것의 정교화에서다.

그런데 이 준-고유명사의 인식론적, 방법론적 이론은 내가 푸코주의의 존재론적 원리라고 제안한 것, 즉 특이성의 원리와 합치한다. 그것은 암묵적으로 모든 시대의 역사적 우주가 이전의 카오스에서 유래한 특이성들의 카오스에 불과하다고 전제한다. 이 고차원의 사유에는 내 능력이 다소 미치지 못하지만 대안이 없으니 가능한 한 쉽게 해설하려 하는데, 주석에서는 좀 더 신중하게 논해 볼 것이다.[3]

특이한 사람 한 명을 생각해 보자. 우리 공화국의 현재 대통령이어도 좋고 당신 여동생도 좋다. 이 특이한 사람은 고유명사에 의해 지칭된다. 이 고유명사의 의미는 만일 내가 이 사람을 알거나 그에 관해 읽거나 들었을 때, 혹은 내가 그를 본 적이 있을 경우에만 이해된다. 그렇지 않다면 그는 내게 모르는 사람일 것이다. 나는 사람들이 내게 누구 이야기를 하는지 모를 것이며, 그의 이름은 '내게 아무런 의미도 없을 것'이다. 금발 머리, 평범한 코, 보통 이마, 튀어나온 광대…. 묘사는 끝도 없이 이어질 수 있을 것이다(근대의 논리학자라면 모두 그렇게 말할 것이다). 차라리 증명사진이 나을 수도 있겠다.

이는 역사서를 가득 채우는 사건이나 과정을 지칭하는 어떤 보통명사들—황제 교황주의césaropapisme,[*] 봉건제, 종교, 민족적 단일성의 형성 등—에 있어서도 마찬가지다. 그것들은 사실상 일종의 고유명사다. 아무리 긴 부연 설명을 달아도 종교를 전혀 접해 보지 못한 이에게 종교가 무엇인지를 정확하게 이해시키기는 불가능할 터이기에 그렇다. 그를 이해시키려면 하나의 종교를 '보여' 주어야만 할 것이다. 고유명사는 '무한한 기술'이 가능하다. 지시 대상의 특성들을 제아무리 열거한들 그 기술은 결코 끝나지도 완전해지지도 않을 것이다. 마찬가지로 사회 과학에서 개인적이거나 집단적인 특이성으로 되돌려지기를 거부하는 개념들은 "제한된 기술 내에서 종결될 수도, 법칙의 보편성 안에서 펼쳐질 수도 없다".[4] 그러므로 봉건제나 황제 교황주의를 책 안에 넣고자 한다면, 거기에 약간의 역사적 토양을 남겨 두어야 할 것이다. 우리가 화분에 식물을 심을 때 뿌리에 흙을 남겨 주듯이 말이다.

사실 개인처럼 사건도 "우리가 결코 두 번 보지 못할 것"이라고 시인은 말한다.[†] 자동차 사고처럼 그것은 매번 여러 인과적 계열 간의 만남에서 비롯된다. 사건은 동식물과 달리 유와 종에 따른 유형론이나 분류 틀 속에 위치시킬 수 있는 것이 아니다. 정체성의 징표들이 제한되어 있기에 정체성의 규정은 언제나 혼동에 빠질 수 있다. 반면 화학 원소, 납이나 우라늄 235, 염화나트륨은 원소의 주기율표 안에서 원자량이나 화학식에 따라 규정할 수 있다.

＊ 로마 교황의 세속적인 권력을 요구하는 교황 황제주의에 대비되는 18세기의 조어로, 세속적 지배자가 종교계의 수장을 겸하고 종교를 그 권력의 지주로서 이용하는 지배 형태를 가리킨다. 비잔틴 제국이나 중국의 황제, 독일이나 영국의 군주, 일본의 천황 등에서 그 예를 찾아볼 수 있다.

† 영어판 옮긴이에 따르면 시인 알프레드 드 비니가 「목자의 집」La maison du berger에서 쓴 표현이다.

역사학자는 다른 경로들을 거쳐 역사를 쓴다. 이들이 이용하는 준-고유명사 역시도 학문적 엄밀성을 가질 수 있다. 그것은 인간적 영역에 고유한 엄밀성이다. 역사학자는 리얼리즘 소설가나 기자가 하는 것처럼 준-고유명사의 기술을 '두껍게 하면서', 그러니까 지시 대상의 초상을 명확히 드러내 주는 적절한 특성들, 설득력 있는 세부 사실들을 증가시켜 나가면서 이 엄밀한 정체성 규정에 이르게 된다.* 그들은 이렇게 해서 어떤 사건을 겉보기에만 유사한 다른 사건들과 구별할 수 있게 만든다.[5] 이 두꺼운 기술 덕분에, 작은 진짜 사실들의 이 얽힘 덕분에 우리는 인종이나 국가 정신같이 본질주의적이고 피상적인 인공물 속에 빠져드는 것을 피할 수 있다.

이른바 엄밀 과학으로 말하자면, 그것은 자연 현상의 비밀을 풀 수 있는 열쇠를 정말 운 좋게 발견하는 데서부터 태어난다.[6] 자연 현상은 인간 사회에서의 변전과 달리 반복적인 규칙성을 제시한다. 이는 엄밀 과학이 기술적 응용, 정확한 것으로 여겨지는 예측, 실험적 검증에 이를 수 있게 해 준다. 자연 속에 존재하는 그렇게나 많은 것이 셀 수 있고 계산할 수 있는 것이다! 그러나 이 경탄스러운 성공, 실험적으로 증명 가능하고 경험적으로 적용 가능한 진실들을 근거로 우리 정신과 자연 사이의 예정조화를 결론지어서는 안 된다. 물리학자는 실재를 예측하고 조작하게 해 주는 모델들을 구축한다. 그것들이 실재를 적확하게 재현하는지 알지 못하는 채로 말이다. 나는 자

---

* 문화 인류학자 클리퍼드 기어츠가 제안한 '두꺼운 기술'thick description 개념을 암시하고 있다. 이는 어떤 행위나 사건으로부터 연구자가 여러 숨겨진 의미 차원, 즉 상징적인 방식으로 함축된 사회적 맥락을 다양한 층위에서 읽어 내고 기술하는 것을 말한다.

동차를 정확하게 조종해 성공적으로 움직이게 만들 수 있다. 하지만 고백하건대 자동차의 잘 닫힌 보닛 아래서 무슨 일이 일어나는지는 알지 못한다.

사실 자연 과학은 우리 인식 능력의 유한성에,[7] 또 전제들을 거치지 않고는 존재être에 다다를 수 없는 무능력에 부딪힌다. 그것은 이론적 전제들, (뿐만 아니라 언제나 수정 혹은 폐기에 처하게 되는) '패러다임들'에 기반을 둔다. 담론이라는 이름 아래 푸코는 인간의 사유와 행위 속에서 오늘날의 과학사가와 과학 이론가 들이 자연 과학의 진화 속에서 알아낸 것, 즉 토머스 쿤의 '패러다임', 임레 라카토슈의 '연구 프로그램'research programmes,[8] 앨리스터 크롬비와 이언 해킹의 '과학적 사유 (혹은 추론) 스타일'styles of scientific thought (or reasoning)이라는 이름 아래 드러낸 것을 간파했다. 해킹의 '추론 스타일'은 푸코의 '담론'이나 마찬가지라 할 수 있을 것이다. 이것들은 제각기

새로운 유형의 대상을 도입한다. 그 대상의 존재 범주들은 추론 스타일 자체에 의해 주어진다. 하나의 추론 스타일은 어떤 다른 층위에 책임을 지지 않는다. 사실 그 스타일 자체가 자기 영역에서 진실의 범주들을 규정하는 것이다.[9]

푸코가 말하는 장치야말로 과거에나 지금이나 자연 과학에 커다란 성공을 보장했으며, 이는 자연 과학이라는 기획의 중단 없는 지속을 야기했다. 물리학을 생각해 보자. 이 과학은 어떤 기획의 연속성을 나타낸다. 물리학은 오랜 시간에 걸친 끊임없는 교정을 대가로 잠정적이지만 의심의 여지 없는 결과들을 얻었다. 이를테면 지속적인 성공을 보장하는 좋은 방책

에 충실한 기업의 승승장구와도 같다. 그 기업은 하늘에서 떨어진 소명이 아닌 검증된 전통에 기초한다. 그렇다고 여기에서 우리 정신과 자연 사이의 조화라는 결말에 도달하지는 말자. 물리학자는 일관성 있는 모델들, 즉 실재를 적확하게 재현한다고 주장하지는 않지만 효과를 예측하고 조정할 수 있게 해 주는 모델들을 구축한다.

후설은 과학을 초월 자아Moi transcendental 안에 자리 잡게 함으로써 이 [성공의] 신비를 해결하고자 했다.[10]* 초월 자아는 진리를 소명으로 가지는데, 그것은 이 고집스러운 기획을 가능하게 만드는 조건이 된다. 반대로 우리가 푸코의 정신을 따라 논리를 세워 보자면, 초월 자아는 『말과 사물』이 의문을 제기한 "경험적–초월적 이중체" 가운데 하나일 뿐이라고 반박할 수 있을 것이다.† 즉 후설은 완전히 경험적인 특질인, 대

---

* 후설은 자아를 크게 '경험적 자아'와 '초월 자아'로 구분한다. 경험적 자아는 현실 세계에서 구체적 일상을 살아가는 신체를 가진 사실적 자아를 가리킨다. 이와 대비되는 초월 자아는 현실 세계와 신체에 묶여 있지 않은 내면 생활의 주체로서, 자기의식과 자기반성의 순수한 자아를 말한다. '초월 자아'는 때로 '선험적 자아'로도 번역된다.

† 푸코는 "경험적–초월적 (또는 선험적) 이중체"라는 개념을 통해 근대 지식과 사유의 장치로부터 출현한 인간 존재를 특징짓는다. 이때 인간은 인식의 (초월적인) 주체인 동시에 (경험적인) 대상으로서 나타나며, 인식의 가능성의 조건들을 자기 안에 담지하게 된다. 푸코에 따르면 칸트의 사유는 이 이중적 층위를 구분하는 데 기여했다. 하지만 그것들 간의 혼동이 일어나면서 칸트가 열어 놓았던 비판 철학의 문제틀은 인류학적인 방향으로 미끄러지고, 현상학과 인간 과학이라는 중요한 분신들을 낳게 된다. 체험된 것에 대한 분석으로서 현상학은 인간의 본래적 경험과 함께 고유한 초월적 가능성의 조건들 또한 연구한다. 인간 과학은 유한한 존재로서 인간의 고유한 기능 작용을 표상하는 한편, 그 가능성의 조건들에 접근하는 문제를 탐구한다.

학의 제도적인 영속성을 형이상학적인 기원으로 신성화한다. 그것은 한마디로 일종의 장치다. 물리학은 인간성의 소명으로서, 초월 자아로부터 내려온 기획으로서 정초되지 않았다. 그것은 사회학적인 어떤 것으로서, 성공을 거둔 제도화된 전통의 확립으로서 정초되었다. 그 성공은 중단될 수도 있었지만, 실제로는 그렇지 않았다.

자연 과학의 진리는 영원히 잠정적이라는 점을 덧붙여 두자. 뉴턴의 뒤를 아인슈타인이 잇는다. 그 진리도 참과 거짓의 대립이나 진실한 것에 대한 관계 문제[즉 진리 게임]를 피해 갈 수 없을 것이다. 더 이상 우리는 자연 과학의 진리를 확실히 획득한 것으로 간주할 수 없다.[11] 오류는 진리와 근본적으로 다르지 않다. 그것은 실험에 의해 반박된 하나의 가설 그 이상도 이하도 아니다. 합리적 자명성이란 존재하지 않는다.

모든 진실을 꿰뚫어 보지는 못했더라도 뉴턴은 "진실 안에"dans le vrai 있었다.‡ 그런데 진실한 것의 이 잠정적인 상태,

‡ 여기서 벤느는 갈릴레이에 대한 과학 철학자 조르주 캉길렘의 유명한 해석을 빗대고 있다. 캉길렘은 『과학사와 과학 철학 연구』*Études d'histoire et de philosophie des sciences*, Vrin, 1968에서 교회의 권위에 대립하던 갈릴레이가 "진실 안dans le vrai에 있었다"고 지적하면서, "진실 안에 있다는 말이 언제나 진실을 말한다는dire toujours vrai 의미는 아니다"라고 표현한 바 있다(46). 캉길렘의 이 해석은 갈릴레이의 주장이 여러 가지 점에서 틀린 부분이 있긴 하지만 코페르니쿠스의 지동설을 지지한 핵심적인 부분에서는 옳았다는 뜻으로 이해된다. 그러니까 캉길렘에게 "진실 안에 있다"는 말은 '그 증거들이 나중에 밝혀질, 보편적이고 객관적인 진실을 선취했다'는 의미인 것이다. 누군가가 진실 안에 있으려면, 언제나 모든 것에 관해 진실을 말하지는 못할지라도, 어떤 것에 있어서는 반드시 진실을 말해야 한다. 그런데 캉길렘의 이 표현은 푸코에 의해 그대로 되풀이되면서 정반대의 뜻으로 쓰인 바 있다. 1970년 콜레주 드 프랑스 취임 강연인 『담론의

그리고 잘 정초된 기획으로서 물리학의 영속성은 우리가 이미 제기했던 또 다른 질문에 대답을 준다. 푸코가 자신의 고유한 사상을 믿었기에 하는 말인데, 그는 어떻게 그것의 진실과 지속성을 믿을 수 있었을까? 그는 자기 주장의 모든 장점을 니체 (1952년에서 1953년 사이에 윌므가[§]에서 읽었던 니체, 그리고 하이데거의 몇몇 선별된 측면) 덕으로 돌린 바 있다.[12] 그의 모든

질서』에서 푸코는 우리가 "진실이나 거짓을 말할 수 있기 이전에 [⋯] '진실 안에' 있어야 한다"고 주장했다. 이때 그는 어떤 명제가 진실인지 거짓인지를 가릴 수 있게 해 주는 언명 범주들과 이 범주들의 가능성의 조건, 즉 그것들의 수용 가능성을 구분한 것이다. 이 수용 가능성은 어떤 명제의 진릿값에 논리적으로나 시간적으로 선행하는 요인이 된다. 그러니 한 명제가 진실을 말한다는 것은 진실성의 언명 범주들을 충족시킨다는 의미이며, 진실 안에 있다는 것은 그 범주들을 규정하는 대상 영역, 담론 지평 내에 자리하기에 받아들여질 수 있다는 의미다. 푸코에 따르면 "각 분과 학문은 자기 경계의 내부에서 참인 명제와 거짓인 명제를 식별한다". "진실 안"이란 결국 참과 거짓을 언명하는 범주의 적용 영역을 미리 정의하는 가변적이고 역사적인 공간을 가리킨다. "우리는 담론적 '치안'police의 규칙에 복종하는 경우에만 진실 안에 있을 수 있다." 이와 관련해 푸코가 든 예를 끌어와 보자. 19세기 식물학과 생물학 담론의 규칙에 따르면 슐라이덴의 논의는 수용 가능하며 진실을 말하는 것으로 여겨졌는데, 실상 객관적으로는 오류였다. 반면 멘델의 논의는 객관적으로는 진실이었으나, 수용 가능하지 않았기에 진실을 말한다고 여겨질 수 없었다. 결국 캉길렘식으로 따지면 우리는 진실을 말할 때 언제나 진실 안에 있다. 하지만 푸코식으로 보자면 우리는 진실을 말하면서도 진실 안에 없을 수도 있는 것이다. "길들여지지 않은 외부extériorité sauvage의 공간 속에서 진실을 말하는 일은 언제나 가능하다." 이러한 푸코의 인식은 진리 게임, 진실 말하기, 담론의 희박성, 분할과 배제 등의 개념과 맞물리면서 '진리의 역사'라는 그의 기획을 뒷받침한다. *L'ordre du discours*, Gallimard, 1971, pp.36~38(『담론의 질서』, 허경 옮김, 세창출판사, 2020, 47~49쪽).

§ 파리의 고등 사범 학교가 위치한 거리명이다.

저작은 시간 속에 있는 인간적 유한성을 전제하는데, 이는 달리 말해 인간은 시간을 극복할 수 없다는 것이다. 인간은 인식 대상인 동시에 인식하는 주체다. 역사적 지식은 인간의 고유한 역사에 사로잡혀 있으며, 그 역사는 무엇보다도 여러 변이와 방황의 역사다. 어떻게 역사학자는 자신의 논지를 시간이 금방 앗아 가지 못할 지반 위에 구축했다고 믿을 수 있을까?[13]

푸코 역시 스스로에 대해 확신하지 않았던 것처럼 보인다. 그는 이렇게 말했다. "나는 내가 하나의 맥락 속에 들어와 있다는 것을 너무나 잘 안다."[14] 그렇지만 나는 침묵 속의 커다란 기대가 그를 때때로 흥분시켰다는 점을 의심하지 않는다. 하이데거가 뭐라고 말했든 간에 푸코가 선택한 니체는 형이상학 및 플라톤의 전통과 거대한 단절을 이룬 저자였다. 그리고 1960년경의 탈근대적인 세계는 초험적 토대에 대한 환상에서 벗어나게 된다. 또 모든 것에서 대상에 일치하는 진리와 그것의 진정한 경로를 제시하는, 인간의 수준을 넘어서는 계몽의 빛이라는 환상으로부터도 벗어나기에 이른다. "신은 죽었다"는 니체의 말은 온갖 초험성의 시대가 끝났다는 의미로 이해되었고, 이는 인류가 환상에서 깨어나 자신의 모습을 있는 그대로 적나라하게, 그리고 고독하게 마주 보게끔 해 주었다. 신중하고 겸손한 사상가라면 자기 희망을 믿고 의지할 수 없다. 하지만 어느 날인가 푸코는 대담하게도 다음과 같이 말했다. 우리 시대에 인류는 신화도 종교도 철학도 없이, 또 자신에 관한 일반적 진리도 없이 살 수 있다는 것을 배우기 시작했다고 말이다.[15] 그것이 바로 그가 스스로 계승자라고 여겼던 니체적 혁명이었다.

그가 보기에 자신이 수행했던 계보학적 비판은 갈릴레이

의 물리학과 마찬가지로 잘 정초된 경험적 기획의 과학성을 가지고 있었다.[16] 그 또한 간혹 오류를 범했다. 그는『광기의 역사』나『임상 의학의 탄생』에서 저지른 이론적 오류들을 자인했다. 하지만 그의 기획은 결국 "진실 안에" 있었다.[17] 언젠가 니체의 해석학이 지식의 역사에 가져온 결정적 단절을 말했을 때의 결연한, 마치 신앙 고백과도 같았던 그의 어조는 그가 니체의 기획에 투사했던 믿음과 희망을 보여 주었다.

그는 어느 누구도 자기 사후의 궁극적인 운명을 섣불리 예단할 수 없음을 잊지 않았다. 그는 한층 경험적인 가능성을 구상했다. 그가 자신의 책들이 "연장통"에 지나지 않는다고 되풀이해 말했을 때, 이는 거기 보물이 담겨 있지 않다고 겸손하게 인정하기 위한 것이 아니었다. 이 말은 그가 제자들을 가지고 싶다는 의미였고(그는 대학 선생처럼 말했을 것이다), 선의의 독자들이 자기 방법을 이용해 자기 기획을 지속시키기를 바란다는 초대였다. 물리학자가 자기 뒤를 잇는 학생들을 가지듯이 말이다.

상대주의, 역사주의, 슈펭글러주의? 아니다!

이 모든 것은 시간과 진실의 문제를 해결하지 못한다. 그에 대한 대답은 푸코에게 두 가지 확신 속에 맞물려 있는 듯 보인다. 계보학적 역사는 철학이 아니다. 그것은 경험적 현상들을 연구하며[18] 총체적 진리의 발견을 가장하지 않는다. 그리고 그것은 "과학, 과학적 유형의 분석, 또는 엄밀성의 범주에 부응하는 이론과 관계를 맺는다".[19] 그것은 고대의 사랑, 광기 혹은 감옥에 관한 세부적인 결론으로 귀결된다. 다른 과학에서의 발견들이 그렇듯 이는 과학적으로 구축된 동시에 영원히 잠정적이며 수정 가능한 결론이다. 멀거나 가까운 미래에 우리는 푸코보다 더 나은 작업을 하게 될 것이며 그의 근시안에 놀랄 것이다. 그로서는 일치성adéquation, 보편성universel, 합리성rationnel, 초월성transcendantal이라는, 자신이 생각하는 네 가지 허상을 흩뜨리는 데 기여한 것으로 충분했다.

푸코주의는 반석 위에 올라앉지 않는다. 대상을 선험적으로 구성하지 않기에 총체성 위로 솟아오르지 않는다. 신이 될 수 없는 이들에게 대상을 스스로 구성하는 일은 총체성 위로 솟아오르기 위한 유일한 수단이다〔하지만 푸코주의는 그렇게 하지 못한다〕. 푸코주의는 총체성의 지도 위에서 자신의 자리가 어디일지, 경계를 넘어서면 거기서 무엇을 가질 수 있을지 알지 못한다.[20] 그런데도 반드시 철학을 해야만 하는가? "과학적 활동은 그것이 이루어지는 내부의 경계 안에서 이 문제를 한 켠에 미뤄 둘 수 있다."[21] 사람들은 반박할 것이다. "총체성을 사유하는 것이 불가피하다는 의미에서 철학자가 되는 것도 불가피한 일이다."[22] 하지만 정말 불가피한가? 총체성의 사유는 우리가 철학이라고 부르는 것의 형식 가운데 하나며, 특히 헤겔과 더불어 이루어진 형식일 따름이다.[23] 후설은 총체화하는 철학자 가운데 최후의 인물이었을 것이다.[24] 우리는 다만 "스스로를 상대화"하는 데 그치는 어떤 철학을 구상할 수 있다.[25] 그리하여 나는 상대적인 동시에 엄밀한 이 철학, 영원히 잠정적인 진보 안에 있는 이 과학, 혹은 최소한 그것의 프로그램이 무엇일지 자문해 본다(『지식의 고고학』이 너무 일찍, 그리고 너무 성급하게 쓰이지만 않았더라면 바로 이 프로그램이 되었을 것이다).

계보학적 역사학자는 고대의 사랑 담론에 대한 자신의 주해가 언젠가 더 나은 것으로 대체되리라는 사실을 부인하지 않는다. 그렇다고 그가 얼어붙는 것도 아니다(바로 여기서 과학자의 어떤 심리가 드러난다. 하나의 법칙을 발견한 물리학자는 자기 발견이 결정적인 것이라는 환상을 품지 않는다. 그 문제를 거의 생각하지 않으며, 그다지 개의치 않는다). 계보학적 고고학이 일종의 성공한 기업 즉 과학이라면, 그 결론 하나하나는 진실 즉 상대적이지 않지만 한시적인 진실을 가진다. 고고학은 자신이 사유하는 모든 것이 "아직 태어나지 않은 사유에 의해 또 그렇게〔한시성을 띠게〕될 것이라는" 점을 모르지 않는다.[26] 물리학자는 자기 과학의 완성을 예측할 수 없다. 과학자들은 유한성을 무한성과 화해시키려 애쓰지 않는다. 모든 사람이 그렇듯이 이들은 그것을 너무 생각하지 않고 현행성 속에서 살아가며, 다른 이들도 그들처럼 한다.

불행하게도 사유 위로 솟아오르는 일의 불가능성은 가장 혁명적인 사상가조차 우리의 작은 담론 세계에서 벗어날 수 없게 만든다(그리고 푸코는 자신이 거의 강박적으로 매달렸던 이 문제를 인정했다). 계보학의 진실들이나 고고학은 어떤 시기의 "관점"perspective 속에서 파악된 것이다.[27] "그러니까 저 높이서 내려다보며 다른 이들의 담론을 기술하고자 하는 당신은 대체 어디에서 말하고 있다고 자처하는가?" 누군가 계보학자에게 물었다.[28] 그는 겸손하게도 자신의 담론으로부터 말하고 있다고 대답했다. 그는 자기만의 제한적인 담론으로부터 과거의 담론들을 분석한다.[29] 그가 "자유로운 사유 이전의 사유"인 담론을 밝히고자 열심일 때도, 그 자신 역시〔어쩔 수 없이〕"사유 이전의 사유, 익명의 제한하는 사유"로부터 사유하게 된다. 말하는 자신이 위치한 이 공간을 거리를 두고 보면서, 그는 필연적인 결과로ipso facto 자신이 알지 못하며 "자신이 발견해 갈수록 점차 뒤로 물러서는"[30] 또 다른 담론 안에 자리 잡는다.[31]

이 인용구들이 증언하는 불안감은 근대 사상이 지난 두 세기 동안 겪어 온 것이다. 인권을 믿는 것이 제우스를 믿는 것보다 더 확실한 것일까? 여기서 우리 태도는 월계수 앞의 다프네처럼 다시 한번 이중적이다. 우리는 우리 신념이 진리라고 확신하며 누군가가 그 진리의 존재를 의심한다면 분개할 것이다. 그런데 다른 한편 미래의 인간들이 우리 사유를 어떻게 바라볼지 생각하면 일말의 불안감을 느끼지 않을 수 없을 것이다(마찬가지로 애국주의가 횡행하던 시절의 유럽에서도 생각 있는 애국자는 자신이 만약 피레네 산맥이나 라인강 저편에서 태어났더라면 어떤 입장에 섰을지 상상하며 불안감을 느끼지 않을 수 없었을 것이다. 그러나 이 불안감은 침묵 속에 묻혔다).

관습과 신념은 시대와 장소에 따라 변화한다. 우리는 이 사실을 2,500년 전부터 알았다. 하지만 푸코는 이런 식으로 썼다.[32] 신이 살아 계시는 한 걱정스러운 것은 아무것도 없다. 진리는 피레네 산맥 이편에 있으며 오류는 저편에 있다.* 파스칼에게 진짜 진리는 엄연히 존재하며, 신에 의해 가르쳐지고 보증된다. 인간적 변이형은 인간이 약하기에 생겨나는 오류일 따름이다. 신은 그에 맞서 진리를 바로 세운다. 비극적인 전환

---

* 파스칼의 『팡세』에 나오는 유명한 구절인 "강을 따라서 경계선이 만들어지는 우스꽝스러운 정의여! 피레네 산맥의 이쪽에서는 진리이고, 저쪽에서는 오류란 말인가!"(김형길 옮김, 서울대학교출판부, 2005, 48쪽)를 암시하고 있다.

점은 19세기에 이루어진 이국 문화와 종교 들의 발견이었고, 무한한 신의 소멸이었다. 인간적 유한성은 진리의 보증을 잃어버렸고, 오류에 외롭게 직면하기에 이르렀다. 진리와 시간은 서로 적이 되었다. 그로부터 슈펭글러가 나왔고, 각 시대가 고유한 진리를 가진다는 상대주의가 나왔고, 시간에 구애받지 않는 절대자를 재발견하려는 하이데거의 숭고한 또는 공허한 시도가 나왔다.

적어도 슈펭글러와 달리 푸코는 상대주의자가 아니었고 그렇게 될 수도 없었다. 그는 총체성, [대상에] 일치하는 진리, 물 자체는 없더라도 어쨌든 과학성, 그리고 경험적이며 영원히 잠정적인 진실들은 있다고 주장했기 때문이다. 상대주의는—그것이 단칼에 베어 버리는 연습용 허수아비가 아니었다면—그 명칭에도 불구하고 순진하게 총체적 진리를 열망하는 교의이며 이 점에서 역사주의와 구분된다.[33] 역사주의에서는 진리보다 삶의 풍요로움과 다양성, 짐멜이 말한 "생성의 장엄함"이 더 중요하다. 푸코에게 역사적 아프리오리가 있는 것처럼, 이 암시적이며 공감 가는 사상가 짐멜에게는 심리적 아프리오리가 있다. 그에 따르면 각각의 정신 유형은 일정한 세계관을 발생시킨다.

상대주의로 말하자면 이들과는 매우 다르다. 그것은 진리의 반석을 재발견할 수 있다는 믿음을 갖고서 정점으로 나아간다. "흘러가는 역사적 시간은 모든 진리를 파괴하기에, 이러한 덧없음을 전제하고서 비극적 모순을 인정하자. 진리는 하나이자 여럿이다. 각 시대에는 고유한 진리가 있다." 우리는 이러한 단언이 어떤 의미를 지니는지 자문할 수 있다. 그것은 타임머신에 비견할 만한 패러독스를 낳는다. 상대주의는 진정한 진리를 가정한다. 왜냐하면 그것은 각 시대가 자기의 진리를 가지면서 믿음들만이 아닌 (그 시대에는 진짜인) 진리를 가졌다고 단언하기 때문이다. 상대주의는 시간에도 굴하지 않는 총체적 진리를 너무나도 갈망하는 나머지 모든 것을 할 준비가 되어 있다. 그리하여 총체적 진리를 각 시대의 진리들로 조각낸다. 비록 조각으로일망정 그 진리를 보존하기 위해서 말이다. 이 진리 조각 하나하나는, 모순을 무릅쓰고 말하자면, 부분적인 총체성을 이루는 것으로 여겨진다.

이러한 이름에 값하는 상대주의가 존재한다면 그것은 바로 하이데거의 상대주의다. 그에 따르면 기원이 우리에게 잇달아 송부하는 '시대적' 진리들은 모두 진짜인 만큼이나 서로 병존할 수 없다. 하이데거는 기원의 자의성에 경의를 표한다. 우리는 그 자의성을 파악할 수 없으며 그 절대적 명령을 이해할 수 없다. 마찬가지로 데카르트에 따르면 "당신이 영원하다고 이름 붙인 수학적 진실들은 신에 의해 구축되었으며 온전히 그에 달려 있다".[34] 반대로 푸코에게는 인류가 수 세기에 걸쳐 만들어 온 일반론들은 모두 틀렸다. 그것들이 병존 불가능하기 때문이다.

논의의 맥을 다시 잡아 푸코의 독자들이 가장 흥미로워했던 아이디어로 향해 보자. 지식, 권력, 주체로서 인간의 형성, 그리고 자유가 바로 그것이다. 우리는 존재하지 않는 관념(즉 일반론)의 천상에 의존하지 않고도 과학이 유지되고 지속된다고 말했다. 푸코에 따르면 그 이유는 과학이 학문 연구라는 제도의 제약 속에서, 어떤 엄밀성의 프로그램에 부합해야 한다는 규칙 아래, 진실을 말한다고 간주되기를 원하면서 정교화되기 때문이다.[35] 과학은 하나의 장치에 기초한다. 우리가 이미 알고 있듯이 장치는 규칙, 전통, 교육, 특수한 기구, 제도, 권력 등등으로 이루어진다. 그것은 과학의 조리법, "과학적으로 참이라고 받아들여진 언표들의 형성 규칙",[36] 과학적 "진리 게임", 성공과 성과의 게임, 교정 가능하며 교정된 오류들의 게임을 공인하고 영속시킨다.

이러한 장치는 '과학'이라는 대상, 그리고 과학자라는 개인을 동시에 만든다. 이 개인은 엄밀 과학의 규칙들에 부합하게 말해진 것에서만 진리를 인식할 것이다. 그는 어떤 사회학자들이라면 사회적 유형type social이라 부를, 과학자들의 역할rôle을 맡는다. 그는 이 역할을 내면화하고 본보기로 삼아 '과학'이라는 대상에 관련된 주체가 된다. 대상화와 주체화는 "서로에게 독립적인 것이 아니다". 과학적인 것으로 여겨지는 주장들을 선별하는 '진리 게임'은 "[대상화와 주체화의] 쌍방적 발전과 상호 연관성으로부터 태어난다".[37] 그렇다, 이 발전은 서로에 대한 관계 속에서 "끊임없이 변화하는" 주체와 대상 간의 괴리[38]와 더불어 일어난다.[39] 왜냐하면 때로는 어떤 주체가 장치 내부에서, 또는 과학 공동체에서 진실 말하기의 규칙들을 수정하는 창시자가 되기도 하기 때문이다. 과학의 계보학은 위대한 과학 이론이나 발견 들의 단순한 역사로 환원되지 않는다.[40] 그것은 과학 주체와 인식 대상의 상호적인 발생에 다름 아니며, 장치는 그 접합면이다.[41] 과학자는 과학을 실행하며, 과학은 과학자를 만든다.

과학자라는 사회적 유형은 경험적인 근원을 가지기에, 그것은 구성되어야만 하며 장치에 의해 생산되어야만 한다. 연구자로서 그의 자유가 언젠가 이 장치에 맞서게 될지라도, 이 연구자는 우리가 주체화subjectivation라고 부르는 과정의 생산물이다. 구성된 대상에 왜 이런 식으로 그것과 쌍을 이루는 주체화를 덧붙였을까? 이는 인간 주체 및 그 사유와 자유를 장치의 폭정에 복속시키기 위해서가 아니다. 주체나 자아가 그것이 수행하는 여러 역할에 앞서서 존재할 것이라는 허구에 마침표를 찍기 위해서다. 주체화에 앞선 '야생적 상태'의 주체는 존재하지 않는다. 그러한 주체는 본원적이기보다는 공허할 것이다. 우리는 역사 속 어디에서도 순수한 주체의 보편적인 형식을 발견할 수 없다.[42]

장치와 과학자는 서로에 대해서 권력을 가진다. 과학은 진실을 말한다고 여겨지기 때문에 사회에 대해 권력을 가진다. 장치, 주체, 권력, 그리고 진리는 이렇게 연결되어 있다. 지식의 권력은 서양화된 사회에서 각별히 강하다. 하지만 착각하지 말자. 그 권력은 군산 복합체나 원자력 위원회에서만 행사되는 것이 아니다! 의학 권력은 법의 권력이 아닌 지식의 권력이다. 의사는 환자 체내의 불순물을 제거하고 피를 뽑는다. 의사에게 지식이 있기에, 또 의사가 그렇게 하도록 환자가 허용하기에 그럴 수 있는 것이다. 주치의의 말에는 순순히 따라야만 하지 않나.

하지만 권력이 전문화된 지식과 규범적 권력의 제도들, 그러니까 의학, 보건 관련 정부 부처, 정신 의학, 정신 분석, 인문 과학에 한정되는 것은 아니다.[43] 세상 어디서든 장치 안에서 진리라고 받아들여지는 것은 복종하게 만드는 권력을 지니며, 인간 주체를 그에 복종하게끔 형성한다. 군주의 권력이 정당하다는 것은 진리이며, 군주에게 복종해야 한다는 것은 진리이다. 우리는 그의 충실한 '신민'(주체)sujet이 된다.

모든 권력, 모든 실제적이거나 영적인 권위, 모든 도덕성은 진리를 주장하고 전제하며 진리에 기초해 있다고 여겨지기에 존중받는다. "가장 일반적인 정치의 문제는 진리라는 문제다." 지배자나 그 조언자는 새로운 통치술을 창안하고, 그것은 곧 진리가 되어 참과 거짓 사이에서 새로운 분할을 낳을 수 있다. 아니면 새로운 분할이 창안되고 이것이 지배자로 하여금 새로운 방식으로 통치하도록 설득할 수도 있을 것이다.[44]

반주 없이a capella 다시 말해 보자. 진실은 두 가지 의미에서 존재한다. 회의주의 사상가가 말한 것이자 우리가 여기에서 읽고 있는 것, 즉 일반론적 진리들이 진실이 아니라는 주장은 절대적으로 진실이다. 하지만 이러한 진짜 진실은 양적으로 극히 드물다. 상이한 시대마다 진리의 거의 대다수는 절대적으로 진실이 아니며, 그렇다고 해서 덜 참된 것도 아니다. 그것들은 "속세의 것"이며, 우리는 종종 그것들이 너무도 참된 것으로서 존재한다고 말할 것이다. 그것들이 "복잡한 제약들에 힘입어 생산된" 것이기 때문이다. 그처럼 간주되면서 이 담론의 진리들은 "참된 담론에 고유한 효과"를 지닌다.[45] 그것들이 제도적, 관습적, 학술적, 법적 등등의 장치에 내재적이기 때문이다. 이 진리들은 이데올로기나 상부 구조를 훨씬 뛰어넘는 것으로, [마르크스주의의 경우를 보자면] 소비에트 연방이나 그 위성 국가들에서 사회주의 경제를 자극하고 정당화하고 발전시키기까지 했다.[46]

세 문장으로 요약하자. 대다수의 진리는 "그 생산, 제정, 유통, 기능 작용을 위해 조절된 절차들의 총체"에서 비롯한다. 이 진리들은 "그것들을 생산하고 지탱하는 권력 체계, 그리고 그것들이 초래하고 다시 유발하는 권력 효과에 순환적으로 연계되어" 있다. 그리하여 "정치적인 문제는 오류도 환상도 소외된 의식도 이데올로기도 아니다. 그것은 진리 그 자체다. 이로부터 니체의 중요성이 생겨난다".[47] 서양 사회들에서는 진리의 역할이 특히나 크다는 점을 덧붙이자. 이 사회들은 영원히 잠정적이며 보편적인 가치를 지니는 과학 지식을 생산해 왔으며, 이는 서양 역사의 일부를 이룬다.[48] 물론 이 지적은 더 탐구할 만한 가치가 있다….

이 물약은 선뜻 삼키기엔 너무 쓸지도 모른다. 만일 우리가 모든 진실이 발화되어야 하는 것은 아니라고 생각한다면, 또 골족Gaulle의 밤중 기습을 알려 로마를 구한 제우스 신전의 거위들이 그랬듯 가치들을 구해야만 한다고 (선량한 마음에서) 믿는다면, 여기서 그만두기로 하자. 우리는 더 이상 서로 할 말이 없다. 이는 철학과 수사학 사이의 케케묵은 논쟁이 될 것이다. 한편에는 지금 상태의 삶과 세계를 희생시켜서라도 진실을 말하고자 하는 (플라톤의 것은 아닐지라도) 철학이 있다. 다른 한편에는, 아리스토텔레스의 아이러니 섞인 정의에 따르자면, 더 잘 설득하기 위해 사람들 머릿속에 있는 쓸데없는 말에 기대는 프로파간다, 즉 수사학이 있다.

만약 우리가 아리스토텔레스를 선호한다면, 내 고향 사람들이 흔히 말하듯, 두 눈 똑똑히 뜨고 보자. 옛날의 또는 다른 사회를 들여다보면서 우리는 대체 무엇을 보는가? 사람들이 순응해 마지않던 진리 더미인 온 문명과 문화가 그것이다. 죽은 사자보다 산 강아지가 낫다는 의미에서 과거에 대해 우위를 지니는 우리는 그 숱한 편견을 씁쓸히 비아냥거리기 좋은 패를 쥐고 있다. 태양은 지구 주위를 돈다. 노예 제도는 자연스럽다. 인종주의도 마찬가지다. 제우스는 신이다. 마녀들은 유럽에서 1801년까지 화형에 처해졌다.[49] 이제는 조롱하기에도 진저리가 나는 지겨운 일들이 되풀이되었다. 이 모든 것은 매우 강력하게 존재했기에 데카르트, 라이프니츠처럼 가장 명민한 정신에게도 부과되었다. 이들을 오류나 허상이라고 비난하려면 우리가 더 우월해야만 할 것이다. 확실히 그 모두는 아무런 근거가 없었으며 다만 고유한 담론, 고유한 장치에 기대고 있었을 따름이다. 그런데 과연 우리는 더 운이 좋을까? 어떻게 해서 아무것도 아닌 것이 그 시대의 현실이 되었는지를 계보학적으로 보여 주는 편이 더 교육적일 것이다. 우리 시대에도 그렇지만 말이다.

우리 자신, 우리 근대인들은 대체 무엇인가? 우리의 현행성 actualité을 구성하는 다양한 대상에 대한 우리의 담론은 어떤 것인가?[*] 언젠가 우리가 그들과 다르다는 점을 발견할 이들만

---

[*] 벤느는 이 책에서 actualité라는 용어를 때로는 '현재', 때로는 '시사 문제'의 의미로 사용하는데, 여기서는 특히 푸코 철학에 나오는 의미로 사용하고 있다. 푸코에게 현행성은 (광기와 광기 아닌 것의 구분 같은) 하나의 사건이 어떻게 일련의 담론, 실천, 제도를 발생시키고 현재까지 지속되면서 우리를 가로지르는지 강조하는 개념이다. 즉 '현재'의 일부를 이루는 역사적 우연성의 공간과 그 경계를 가리키는 데 현행성 개념의 핵심이 있는 것이다. 벤느는 이와 관련해 다음과 같이 해석한다. "그런데 푸코는 과거가 우리 현행성의 계보를 은닉하는 지점들에 관해서만 역사학자 노릇을 자처했다. 이 현행성이라는 단어는 굉장한 단어로 남는다. 진실을 시간에 대립시키지 않게 되면, 또는 존재를 시간과 동일시하지 않게 되면 더 이상 상대주의는 없다. 영원성에 대해 그렇듯이, 시간에 대립하는 것은 (진실이 아니라) 우리가 가치 부여한 현행성actualité valorisante이다. 시간이 흐르고 그 경계가 우리가 가치 부여한 것들valorisations을 지운다고 한들 무엇이 대수겠는가? 어떤 전사도 그가 국경 너머 저쪽 편에서 태어났더라면 자신의 심장이 다른 진영을 위해 뛰고 있을지 모른다는 생각으로 애국심에 동요를 일으키지는 않는다." Paul Veyne, "Le dernier Foucault et sa morale", *Critique*, n°471/472, 1986, pp. 934~935.

이 우리의 근대성이 무엇이었는지 알게 될 것이다. 우리 자신은 "우리가 미래에 가질 형상을 미리" 내다볼 수 없다. 하지만 우리는 우리가 무엇인지까지는 아니더라도 우리가 더 이상 무엇이 아니게 되었는지는 어렴풋이나마 느낄 수 있다.[50] 동성애 혐오와 같은 어떤 편견들은 사라지는 중이다. 우리는 이러한 심성(이 비물질적인 것의 물질성)의 자의성을 알아차렸다. 그런데 우리에게 또 다른 편견들은 없을까? 어떤 것들이 있을까? 우리가 죽고 난 뒤 우리 자손들은 그것을 알리라. 그들이 우리와 달라졌을 때 말이다. 간단히 말해 우리는 단지 차이들만을 알고 있으며 알 수 있을 것이다.

8장
진실의 사회학적 역사
— 지식, 권력, 장치

그토록 많은 차이의 소멸로부터, 또 완전히 신뢰할 수도 없고 언젠가는 폐기될 운명인 새로운 진실들의 탄생으로부터 어떤 이들은 참된 어떤 것도 존재하지 않는다고 결론지었다. "그런데 내 문제는 정반대다"라고 푸코는 말했다.[1] 〔그의 문제는〕 광기에 대한 특정한 정의가 어떻게 장치 안으로 들어가 하나의 실재를 구축하게 되는지를 포착하는 것이었다. 그러니까 광기는 이 시대에 사람들이 개념화한 정신병이 광인을 다루는 방식 같은 아주 실질적인 효과들과 더불어 탐구 대상이 된다.

아래의 인용문이 모든 것을 말해 줄 것이다.

정치와 경제는 존재하는 사물도, 오류도, 환영도, 이데올로기도 아니다. 그것들은 존재하지는 않지만 실재 안에 각인된 것이다. 참과 거짓을 분할하는 진리 체제의 영역에 속하면서 말이다.[2]

푸코는 널리 수용된 진리들의 사회적, 제도적인 생산을 확인한다. 니체와 달리 그는 비진리가 인간 존재의 조건 가운데 하나라고 덧붙이지 않으려고 조심한다. 그는 일반화하지도 형이상학을 수행하지도 않는다. 권력 의지라는 형이상학조차도 말이다.

모종의 진리 체제와 실천들은 이렇게 지식-권력의 장치를 이룬다. 이 장치는 존재하지 않는 것을 실재 속에 기입하며 참과 거짓의 분할에 복속시킨다. 그로부터 푸코가 아주 좋아하는 테제 가운데 하나가 나온다. 인과적 연쇄concatenatio causarum에 의해, 역사적 생성의 인과성에 의해 일단 구성되면, 담론은 역사적 아프리오리로서 부과된다.[3] 동시대인에게는 당시의 담론에 부합해 말하는 이들만이 진실을 말하는 것으로 여겨질 것이며, 그들만이 "참과 거짓의 게임 안에" 받아들여질 것이다.[4] 동시에 담론적 실천은 당연한 것으로 수행될 것이다. 이것이 바로 문명이다. 우리는 우리 문명을 어떻게 생각해야 하는지 감지한다. 푸코는 진리에 대한 논리학 혹은 철학 이론이 아니라 진실을 말하기, 즉 진실 발화véridiction의 '규칙들', 진실-말하기Wahrsagen의 규칙들에 대한 거의 사회학적이고 경험적인 비판을 실행했다.[5] 그는 언젠가 내게 니체는 진실의 철학자가 아니라 진실 말하기의 철학자라고 이야기했다.[*]

* 이와 관련한 벤느의 또 다른 언급을 참고로 덧붙인다. "니체의 철학은 진실의 철학이 아니라 진실 말하기의 철학이라고 푸코는 즐겨 말하곤 했다. 전사에게 진실은 불필요하다. 그것에 접근할 수 없다고 말하는 것조차 과한 일이다. 만일 진실이 어떤 대상에 대한 유사성이나 유비analogie에 의해 규정된다면, 우리는 거기 도달하는 일에 좌절할 것이다. 하이데거가 자기 도정의 어떤 순간에 그랬듯이 말이다. 그런데 대상의 진실을 추구한다고 믿으면서, 우리는 진실 혹은 거짓을 말한다고 논해질 때 준거가 되는 규칙들을 정하기에 이를 뿐이다. 이러한 의미에서 지식은 권력에 연계될 뿐만 아니라, 권력의 무기, 혹은 그 자체 지식인 동시에 권력이 된다. 그것은 근본적으로 권력일 따름이다. 우리가 규칙들의 힘에 따라서만 진실을 말할 수 있기 때문이다. 그 규칙들은 언제든 역사가 부과한 것이며, 그 역사 속에서 개인들은 서로가 행위자인 동시에 피행위자이다. 그러므로 우리는 진실이라는 단어로, 발견하고 수용해야만 하는 참된 명제들이

그런데 진실은 헛된 단어가 아니다. 왜냐하면 "만일 우리가 담론 내부에서 명제의 수준에 위치한다면, 참과 거짓의 분할은 자의적이지도 변경 가능하지도 제도적이지도 폭력적이지도 않을 것"이기 때문이다.[6] 하지만 그것은 이 수준에서만 진실이다. 고인이 된 도미니크 자니코가 말한 것처럼 우리는 또 다른 수준을 선택할 수 있다.[7] 그것은 한 시대의 실재들에 대한 계보학의 수준이며, 무엇도 그에 저항할 수 없다. 반복해서 말해 두자. 이때 (다시 드레퓌스 대위의 무죄처럼) 어떤 회의주의자도 결코 의심하지 않았던 특이한 경험적 사실들은 제외된다. 우리가 지금까지 이야기했던 계보학, 그러니까 공허 위에 세워진 담론과 장치에 대해 진실을 말하는 결산서 역시 제외된다. 나는 방금 "진실을 말하는"이라고 했다. 만일 수많은 진리가 니체주의적 비판에 부쳐져야 한다면, 진실은 이러한 비판의 가능성의 조건으로 남지 않을 수 없기 때문이다.

1978년 푸코는 모든 자기 작업의 목표가 "일련의 실천과 진리 체제의 결합이 어떻게 지식-권력의 장치를 형성하는지 보여 주는 것"이라고 말했다.[8] 진리라고 여겨지는 것은 복종하게 만든다. 이 권력으로 되돌아가 보자. 여기에서 왜 권력이 나오는가? 담론이 현실 속에 새겨져 있기 때문이며, 권력이 현실 속 어디에나 있기 때문이다. 누구나 진리라고 인정하는 것은 사람들을 맹종하게 만든다. 권력은 정신 의학의 지식이나 과학의 군사적 활용보다 훨씬 멀리 나아간다. 연애 생활 등에서

아니라, 참된 것으로 여겨지는 명제들을 말하고 인정할 수 있게 해 주는 규칙들의 총체를 가리킨다." Veyne, "Le dernier Foucault et sa morale", *Critique*, n°471/472, p.935.

내 행동, 사람들의 실천, 정부의 활동은 좋음과 나쁨 사이의, 그러니까 참과 거짓 사이의 어떤 분할에 부합하는 것 아닐까?

아무런 폭력이 가해지지 않더라도 사람들은 규칙에 따르며 자명하다고 여겨지는 관례를 좇는다. 만일 우리가 권력에 대해 너무 협소하거나 환상적인 관념을 가지지 않는다면, 그것을 국가나 중앙의 권력, 어떤 이들이 끊임없이 비대해져 간다고 말했던 차가운 괴물로 환원하지 않는다면, 우리는 권력을 어느 곳에서나 감지할 수 있을 것이다. 그렇다면 푸코가 악마처럼 개념화하는 것을 거부했던 권력이란 무엇일까?[9] 거시적인 수준에서 그것의 이념형을 그려 보자. 권력은 타자의 품행conduite을 물리적이지 않은 방식으로 인도하는conduire 능력이다. 그것은 사람들의 발과 다리를 직접 적절한 자리에 놓지 않으면서도 그들이 걷게 만드는 능력으로서, 가장 일상적이면서도 가장 널리 분포해 있다. 가족 안에도, 두 연인 사이에도, 사무실에도, 작업장에도 그리고 일방통행로에도 권력이 있다. 무수한 작은 권력이 사회의 씨실을 이루며, 개인들은 〔그것을 짜는〕 베틀의 잉앗대를 이룬다. 어디에나 권력이 있기에 어디에나 자유가 있다.[10] 어떤 이들은 〔권력의 작용을〕 그대로 내버려 두고 또 다른 이들은 그에 거역하고 반항한다.

정치 철학은 너무나 자주 권력을 단순히 중앙의 권력으로, 리바이어던으로, 묵시록의 짐승으로 환원하곤 한다. 그러나 권력이 전부 혐오의 축으로부터 비롯하는 것은 아니다. "그것은 모세관과도 같은 망을 타고 흐르는데, 그 망이 너무나 촘촘한 나머지 과연 권력이 없는 곳은 어딘지 묻게 될 정도다."[11] 아내와 아이들에게 가장이 집에 봉급을 가져오도록 요구할 권력이 있었기에 아우슈비츠의 철도 기관사는 〔나치라는〕 괴물에 복종했다. 한 사회를 움직이거나 꼼짝 못 하게 막는 것은 단일한 중앙 권력의 작용만이 아니라 셀 수 없이 많은 작은 권력이기도 하다.[12] 난쟁이처럼 작은 수많은 권력이 없다면 리바이어던은 무기력할 것이다. 모든 권력이 중심으로부터 나와서도, 그것이 어디에나 있어서도 아니다. 리바이어던 아래 한 아름 그러안을 수 없는 모래만이 있기 때문이리라. 레지옹 도뇌르 훈장과 명사회notables 체제를 창립하면서 나폴레옹은 모래 위에 돌 몇 개를 던져야만 한다고 말했다.*

우리는 어디에서도 권력 관계를 피할 수 없다. 반대로 우리는 언제 어디에서나 그것을 변화시킬 수 있다. 권력은 쌍방적인 관계이기에 그렇다. 권력은 복종과 함께 가지만, 우리는 이 복종에 어느 정도의 저항을 부여할 만큼 자유롭다(그렇다, 자유롭다).[13] 하지만 이러한 자유는 진공 속에서 떠도는 것이 아니며, 우리는 아무 시대에 아무것이나 원할 수 없다. 자유는 현재의 장치를 넘어설 수 있으나, 그것이 넘어서는 것은 바로 이 정신적, 사회적 장치일 따름이다. 우리는 고대의 기독교가 노예제의 폐지를 꿈꿨길 요구할 수 없다.

장치는 우리를 생산하는 결정론적 기제보다 일종의 장애물에 가깝다. 우리 사유와 자유는 그에 맞서거나 혹은 그러지 않는다. 그것들은 장치 그 자체의 능동성에 대응해 작동하기 때문이다. 장치는 "효율적이고 결과를 가지며 어떤 효과를 낳게 되어 있는 무언가를 사회 내에 생산하는"[14] 수단이며, 인식

---

* 프랑스 혁명 이후 약화된 국가 구조를 재건하기 위해 나폴레옹은 각종 기관과 제도를 설치하고 이를 단단한 '화강암 덩어리'에 비유했다.

대상을 알려 주는 데 한정되지 않는다. 그것은 개인과 사회에 대해 작용하는데, 이는 반작용을 말하는 것이다. 담론은 명령하고 억압하고 설득하며 조직한다. 그것은 규칙과 개인 사이의 "접촉, 마찰, 경우에 따라서는 갈등의 지점"이다.[15] 지식에 대한 담론의 효과는 이렇게 해서 권력의 효과가 될 수 있다. 진리 게임이 권력 게임의 위장일 따름이어서가 아니다.[16] 우리 시대도 그렇지만 어떤 시대에 어떤 지식들은 어떤 권력들과 관계를 맺을 수 있기 때문이다. 과거에 (좋은) 지식은 (나쁜) 권력의 반명제와도 같았다. 오늘날 권력은 과학을 활용하며, 더 일반적으로는 합리성과 정보를 확보하길 원한다.[17]

자유는 너무나 불명료한 철학적 문제여서 이 주제에 관해서는 구체적인 언어를 고집하고 그 단어에 어떤 의미를 담아야 하는 법이다. 그런데 푸코는 단지 "나는 개인의 자유를 믿는다. 사람들은 동일한 상황에 아주 다른 방식으로 반응한다"라는 문장을 중얼거릴 뿐이었고,[18] 사람들은 이에 대해 '사회학자'답다며 불만족스러워했다. 어디에나 권력이, 사유가, 자유가 있다. 과학 공동체 내부에서 젊은 연구자는 "과학적으로 참이라고 여겨진 언표들의 형성 규칙"과 갈등을 빚을 수 있다.[19] 주체는 구성하는 것이 아니라, 그 대상이 그렇듯이 구성된다. 하지만 마찬가지로 그는 자신의 자유 덕분에 자유롭게 반응할 수 있으며, 사유 덕분에 자유롭게 거리를 둘 수 있다. 장치는 주체들의 자기 주도성initiative 앞에 쳐진 경계선이기보다는 자기 주도성이 그에 맞서 스스로를 드러내는 장애물이다.[20] 이러한 자유 개념은 『지각의 현상학』에서 메를로-퐁티가 사르트르와 그의 장애물 없는, 공허한 자유에 대항해 옹호했던 개념에 가까워 보일 수 있다. 더 나아가 보자. 인간은 계속해서 발명하며 새로운 것을 창조해 낸다. 사람들 말처럼 그를 '떠미는' 사회적, 개인적 동기나 의향이든 무엇이든, 그는 담론적 어항의 수인으로 남아 있는 대신에 새로운 것을 하게끔 이렇게 '떠밀릴' 자유를 가져야만 하는 것이다.

게다가 개인과 그의 자유는 결코 완전히 소멸될 수 없다. 그것은 스스로의 반대자가 되어서라도 언제나 살아남는다. 푸코는 그렇게 말하거나 쓴 적이 없지만 그의 주의주장은 이 점을 전제하고 있었을 것이다. "심지어 복종 속에도 저항이 있다." 1885년에 니체는 이렇게 썼다.[21] "그 무엇도 자신의 고유한 힘을 포기하지 않으며, 명령은 언제나 일정한 양보를 포함한다." 사실 그는 또 이렇게 적었다. 자유는 "존재를 위해서가 아니라 권력을 위해서 투쟁한다. 패자는 소멸되는 것이 아니라 억압되거나 복속된다. 정신의 질서에서는 그 어떤 것도 소멸되지 않는다es gibt im Geistigen keine Vernichtung".[22] 각 개인은 이기거나 질 수밖에 없는 에너지의 중심이다. 지는 경우 그 에너지는 원한이 되거나 반대로 승리자에 대한 충실한 헌신이 되고, 혹은 동시에 이 두 가지가 된다. 그런데 이 권력 의지는 결코 중화되거나 파괴되지 않는다.

그것은 라 로슈푸코가 자존심을 두고 말한 것처럼 "존재하기 위해 자신의 반대자"가 된다. 라 로슈푸코는 또 바보에게는 훌륭해지기에 충분한 힘이 없다고도 말했다. 마찬가지로 우리는 다음과 같이 덧붙일 수 있을 것이다. 자신보다 더 강한 자와 경쟁 관계에 놓일 때, 우리에게는 선택의 여지가 없다. 대결에서 스스로 물러서지 않는 한, 그를 숭배하거나 질투하게 될 뿐이다. 만일 물러선다면 사람들은 이 모든 헛된 논쟁과 두 경쟁자에 대해 경멸을 느낄 수밖에 없다. 결국 불행을 견뎌 내는 것,

고통스러운 나날을 피하지 않고 가로지르는 것은 심대한 결과를 가져오면서 자기가 성장했다는 긍정적인 감정을 자아낸다. 이타주의와 이기주의, 행복과 불행은 궁극적으로 주어진 것들이 아니다.

사람들이 자신에게서 "우리가 빠져나갈 수 없는 결정론에 대한 긍정"을 보는 것이 "어리둥절하다"고 푸코는 고백했다.[23] 그는 끊임없이 전략이라는 단어를 사용하는데, 이는 이겨야 하는 투쟁에서 선택된 목표를 가리킨다.[24] 사실 일종의 전투이기도 한 "사유"는 우리가 기억하듯 그 자체의 구성에 대해 비판적 거리를 취할 수 있는 자유를 지닌다.[25] 사물에서 기만적인 "친숙성"을 빼앗으면서 말이다.[26] 그로부터 어떤 사회학주의에 대한 푸코의 비판이 나온다. 물론 사회는 우리를 속박하고 우리를 결정한다. 하지만 푸코는 다음과 같이 말했다.

사회적인 것을 실재의 유일한 심급으로서 신성화하려는 태도에서 벗어나야 한다. 인간의 삶과 인간관계에서 본질적인 것, 그러니까 사유를 한낱 헛된 것인 양 여겨서는 안 된다.[27]

그래서 어떤 담론을 반박하는 것, "언표들의 자격을 공박하는 것"[28]은 그 지지체인 장치를 전복하는 데 도움이 될 수 있다.

재미있는 점은 사람들이 자유의 신봉자인 푸코[29]에게 그가 사회학주의에 품었던 불만인 결정론적이라는 비난을 가했다는 것이다. 사실 푸코는 이렇게 해서 구조주의자로 간주되었다. 그가 사람들을 장치에 예속시키고 "그들의 혁신에 남김없이 순응주의라는 선고를 내렸다"는 것이다.[30] 내 짐작에 비난자들은 아마 자신이 피고에게 돌린 의견을 반쯤은 공유하고 있었기에 더욱 분개했을 것이다. 우리 문화가 휴머니즘과 사회학주의를 뒤섞어 만든 것이기에, 우리는 인간의 자유를 찬양하다가 다시 인간이 사회 조건의 결정론적 영향에 희생양이 된다고 불평하는 일을 번갈아 하게 되기 때문이다.[31]

똑같은 불평(또는 어떤 이들에게는 똑같은 장점)의 한 변이형은 푸코에게서 인간 주체를 부정하는 구조주의자의 모습을 보는 것이었다. 이는 유행 혹은 시사성의 효과였다. 당시에 우리가 구조주의라고 부르며 소란스럽게 떠들어댔던 것은 주체에 대한 부정을 전제했다. 그러나 푸코에게 구조주의자라는 꼬리표를 붙이는 것은 정말로 놀라운 일이다. 그의 글 어디에서도 구조라는 단어는 거의 눈에 띄지 않으며, 우리가 이미 보았듯 그는 주체의 자유를 믿었다. 그는 자기를 구조주의에 동일시하는 데 강하게 반발했지만 별 도리가 없었다.[32] 젊은 학생들은 경의를 표하기 위해 그를 구조주의자로 취급했다. 사반세기 전 그들이 실존주의자라는 당시의 어휘로 사르트르를 느닷없이 기렸던 것과 마찬가지다. 시몬 드 보부아르가 이야기했듯 사르트르는 결국 그러한 호칭을 체념한 채 받아들였다.

푸코를 구조주의, 그리고 구조주의적 조류와 동일시했던 데는 그래도 몇몇 이유가 있었다. 그 사조는 새로운 사유의 인큐베이터 노릇을 했다. 푸코는 진실 말하기의 역사성, 특이성, 그리고 '희박성'을 믿었다. 이 세 가지 특징에서 그는 구조주의와 공통분모를 지니고 있었다. 사유가 순전히 그 자체로부터 태어나지 않으며, 그 자체 아닌 다른 것에 의해 설명되어야만 한다고 인정한다는 점에서 말이다. 푸코에게 그 다른 것은 담론과 장치이며, 구조주의자들에게 그것은 구조다.

사실 이 두 가지 주의주장의 공통성은 그들이 무언가를 부정한다는 데서 두드러진다. 이 둘은 모두 사물과 의식 사이에 주체의 전능성을 벗어나는 제3항tertium quid이 존재하며, 이 불투명성은 섬세하고 미묘한 사르트르 사상이 중시하는 자기기만mauvaise foi과 애매성ambiguïté보다 훨씬 더 멀리 나아간다고 단언한다. 마르크스주의, 현상학, 의식 철학과 결별한 사유라면 모두 흔히 구조주의로 간주되었다. 예컨대 이유야 달랐지만 구조주의와 푸코는 설명과 이해 사이의 대립에 이의를 제기했다.[33] 푸코가 보기에는 구조보다 분산dispersion인 역사적 아프리오리가 우리에게 부과되는데, 우리는 그것을 이해하지도 감지하지도 못한다.

구조주의가 비옥했을 때…

구조주의에 관해 말하면서 조류나 유행과 같은 단어를 입 밖에 낸 것은 내 잘못이다. 현 시대의 격정을 규탄하는 것, 새로운 유베날리스*가 되어 당대의 결함들을 2,000년 역사에 빛나는 풍자의 대상으로 삼는 것은 헛된 일이다. 하나의 지적 운동을

---

* 유베날리스는 로마 제정기의 풍자 작가로 풍자시라는 장르를 확립한 인물이다. 그는 다섯 권으로 구성된 『풍자 시집』을 통해 당시 로마 사회의 유력자들과 부패한 일상생활에 독설을 날렸다. 그의 시는 도덕적 분개와 염세주의로 특징지어진다. 그가 남긴 시구들, 예컨대 "누가 감시자들을 감시할 것인가?", "빵과 서커스" 등은 아직도 자주 인용된다. 특히 유베날리스는 제정기 로마 시민들이 공화정기에 누리던 정치적 자유를 상실한 채 정치 권력이 인기에 영합해 제공하는 "빵과 서커스"에만 빠져 있다고 비난했다. 이때 빵은 제국 수도의 시민들에 대한 밀 무상 배급 정책을, 서커스는 원형 경기장에서 벌어진 검투사 시합, 각종 투기, 전차 경주 등을 포괄적으로 이르는 표현이었다.

우스꽝스럽게 치장한 단어에 비추어 평가하고, 거대한 원칙들의 이름 아래 비난하는 것도 서투른 짓이다. 이 단어의 그늘 혹은 환상 아래 젊은 세대에게서 새로운 사유가 태어났다. 지적인 '유행'은 종종 그런 식으로 생산성을 드러낸다. 설령 그 유행이 원칙상 잘못되었거나 불명료하더라도 말이다. 젊은 두뇌들은 자신만큼이나 쌩쌩한 덤불을 헤치고서만 새로운 길을 열 수 있는 것이다.

구조와 담론은 후설에게서도, 마르크스에게서도, 휴머니즘으로부터도 나오지 않았다. 1970년경의 사회사가들, 의식과 주체의 철학자들에게 그것들은 볼썽사납기 짝이 없는 것이었고 그들에게 푸코와 구조주의는 둘 다 이단이었다. 하지만 또 다른 사람들에게는 무언가 새로운 것이 나타나고 있다는 흥분을 안겨 주었다.

어떤 이들에게 구조주의는 생산적인 충격이었다. 독자들이 허락한다면 이에 관한 내 오래된 기억을 끄집어내 보려 한다. 개인들의 미시사는 집합 효과의 결을 만져 볼 수 있게 해 주니까 말이다. 족히 반세기 전의 일이다. 당시 고대사 조교였던 나는 [사르트르가 쓴]『존재와 무』의 독자이자 공산주의자였던, 훗날 유명한 동양학자가 된 어떤 학생의 속내 이야기를 들어 준 적이 있다. 1955년 그는 자신의 사르트르-마르크스주의적 신념들을 의문에 부치게 되었다. 이는 아마존 부족의 신체 미술 체계를 분석한 클로드 레비-스트로스의 텍스트 탓이었다. 거기엔 일종의 구조적 조합론이 현실의 한 단면이 지닌 다양성을 설명하는 데 얼마나 유용한지가 이미지 자료와 더불어 나와 있었다.

그것은 돌연한 계시였다. 그러니까 모든 것이 사회나 의식으로 환원될 수는 없다는 것이었다. 어부지리를 얻는 것, 제3항이 존재했다. 그 시대에 구조주의는 사회학주의에 빠져들지 않고도 주체와 객체 사이의 끝없는 마주 보기에서 벗어날 수 있게 해 주는 것이었다.

내게 성찰할 거리를 준 이 학생은 마르크스주의와 사르트르주의 사이에 난 균열(물론 이는 아주 작은 균열이었지만, 젊은이는 약간의 차이로 사는 법이다)을 파고들면서, 곳곳에서 이 제3항의 다른 예들을 발견하기 시작했다. 예를 들면 언어학이 왜 구조주의적이지 않겠는가? 기호와 문법 구조의 자의성이 주체에 강제된다고 그는 내게 말했다. 의도적이고 후설적인 그 어떤 의식도 물이 프랑스에선 eau, 독일에선 Wasser로 불리도록 이끌지 않는다. 스탈린과 레몽 크노가 썼듯이, 물이 더 이상 물로 불리지 않는다고 해서 누가 거기에 이해관계를 가지겠는가? 그런데 구조주의에서는 어떤 것도 우스갯거리가 되지 않는다!

그는 또한 계급 간 차이와 억압은 역사에서 하나의 항수였지만 계급 투쟁은 그렇지 않았다고 인정해야만 했다. 억압받는 자들은 너무도 자주 억압 자체를 알아채지 못했고 투쟁하지 않았다. 그는 자기식 언어로 이렇게 말했다. 모든 시대에 너무도 명백했던 것을 사람들이 볼 수 없었다는 점은 이해하기 어렵지만, 거기에 있는 그대로의 어처구니없는 사실, 마르크스의 유물론과 반대되는 물질성matérialité이 있다고(분명히 이는 푸코가 말한 비물질적인 것의 물질성을 예고한 것이었다).

대학에서 문학을 전공한 내 학생은 이후 자신의 비교 문법 담당 교수를 조롱하기 시작했다. 동료 학생들은 발화자의 심리에 의거해 라틴 구문론의 굴곡을 솜씨 좋게 설명하는 이 선생을 숭상했는데도 말이다. 음성학으로 넘어가서 그는 음성학 상의 변화가, 흔히 그렇게 가르치듯이 입술 근육을 최소한도 로만 움직이려고 하는 이해할 만한 노력의 효과라는 주장을 부정했다. 하나의 음에서 다른 음으로의 이행은 다른 언어에 서는 정반대로 일어날 수도 있기 때문이다. 이 젊은이는 니콜 라이 트루베츠코이와 앙리 마르티네를 읽을 만큼 성숙했던 것 이다.*

결국 그는 이집트 미술에서는 정면을 향한 어깨와 가슴을 빼고는 사람의 형상이 언제나 옆모습으로만 재현되는 관습이 지배적이었다는 사실을 배웠다.[34] 또 앙드레 말로의 책을 들추 면서 다른 문명들(아프리카와 마야 등등의 미술)도 각각 인간 신체에 대한 나름의 관습적 이미지를 가지고 있었으며, 이러 한 조형 기호의 자의성이 미술가의 의도나 사회의 심성을 표 현하지 않는다는 것을 간파했다. 이는 이해해야 할 것이 아무 것도 없는 언어 현상일 뿐이었다. 그는 하인리히 뵐플린을 읽 을 만큼 무르익었다.

이 학생은 유추의 감각에 따라 동일한 발견적 절차를 적용 해 여러 다른 분과 학문에서도 제3항을 발견했다. 이를 통해 우 리는, 『말과 사물』에 나오는 것처럼, 18세기에 어떻게 동일한 담론이 자연사와 문법과 정치 경제학에서 나타날 수 있었는

---

* 트루베츠코이는 러시아의 언어학자로 프라하 학파를 이끈 인물이며 음운론의 발전에 기여했다. 마르티네는 프랑스의 언어학자로 프라하 학파의 음운론을 배경으로 통시 음운론과 기능 언어학 분야에 업적을 남겼다. 이들은 소쉬르의 구조 언어학을 배경으로 언어 구조 내의 기능이라는 관점에서 의미 분화를 설명하는 음운론의 대표적 학자다.

지를 이해할 수 있다. 거기엔 시대정신도 슈펭글러도 쓸데없다. 시대정신은 여기서 때때로 드러나는 유추적 전염contagion analogique 이상의 그 무엇도 아니었다. 최근에 우리는 언어적 전환의 물결과 더불어 동일한 전염을 본 바 있다.

여담 하나만 더하자. 내가 배수진을 치고 그의 이름을 말했으니 말이다. 과거에 사람들의 입에 이름조차 거의 오르내리지 않고 무시당한 구조주의자가 있었으니 그가 바로 뵐플린이다. "뵐플린을 읽어 봐. 그는 미술사의 푸코야." 어느 날 저녁엔가 나는 그 학생에게 이야기했다. 뵐플린도 새로운 과학적 대상을 발견했다. 미술 작품 안에 너무도 자명하고 어디에나 있어 사람들이 보지 못한 대상 말이다. 그것은 스타일도 표현도 아닌 조형 언어의 현상이었다. 그 현상은 어느 시대에나, 어느 '발화자' 집단에나 나타난다. 한편으로는 미술 작품, 다른 한편으로는 미술가(혹은 그를 통해 사회)의 의도와 표현 사이에 제3항이 있다. 그것은 "한 시대의 일반적인 조형 형식"이며 "개인적인 것 아래"에 자리한다.[35] 그것의 변동은 기원전 7세기의 그리스 물병에 그려진 사람의 모습에서 기원전 5세기의 모습으로, 그리스-로마의 조각에서 중세의 조각으로, 이탈리아 르네상스에서 바로크로 눈에 띌 만큼 이행하게 만든다. 『미술사의 기초 개념』Kunstgeschichtliche Grundbegriffe과 『르네상스와 바로크』Renaissance und Barock에서 뵐플린의 경탄스러운 분석은 인간 신체의 새로운 이미지들, 닫힌 형태로부터 열린 형태로의 이행, 직선적인 것에서 회화적인 것으로의 이행을 밝힌다.

거기에는 "형식들의 특수한 진화"가 있다.[36] "표현의 역사로서 미술과 형식의 내적 역사로서 미술"을 구분해야만 한다. 왜냐하면 "형식의 끊임없는 변화를 주변 세계의 변화와 연관시키려는 시도가 어느 정도는 칭송할 만하더라도, 미술가 개인의 인간적 특성과 한 시대의 정신적, 사회적 구조가 어떤 미술 작품의 형상을 설명하는 데 제아무리 필수 불가결하더라도, 형식들의 창조적 상상력은 그 나름의 고유한 생명과 진화를 가진다는 점을 잊어서는 안 되기" 때문이다. 그리하여 "모든 것을 일괄적으로 표현의 의미 속에서 해석해선 안 된다. 미술사가 순전히 또 단순히 문명사와 같은 것은 아니다". 뵐플린은 푸코와 거의 같은 단어들을 사용해 이렇게 썼다. "모든 시대에 모든 것이 가능하지는 않다."[37] 사람들은 뵐플린이 "주체와 인성을 제거"했고 미술사를 비인간적인 과정으로, "고유명사 없는 역사"로 환원했다고 비난했다.[38] 마찬가지 비난이 나중에 거의 같은 용어로 푸코에게 가해질 것이었다.

그렇다, 푸코는 인간 주체를 믿는다

그런데 푸코는 자신의 사상에서 고유명사들(즉 인간)을 삭제하지 않았다. 그는 "나는 담론을 변화시킬 가능성을 부정하지 않았다. 내 주장은 그런 것과는 거리가 멀다. 나는 주체의 절대적인 힘으로부터 배타적이고 즉각적인 권한을 거두어들였을 뿐이다"라고 쓴 바 있다.[39] 왜냐하면 자유로운 주체는 스스로의 주인이기는커녕 구성되는 존재이기 때문이다. 그 과정에 푸코는 주체화라는 이름을 붙였다. 주체는 '자연적'이지 않다. 그것은 매 시대에 당시의 장치와 담론에 의해, 개인적 자유에 따른 그의 반응에 의해, 그리고 우리가 다시 이야기할 우발적인 '미학화'에 의해 틀 지어진다.

16세기의 주체 문제가 19세기의 계급 투쟁보다 훨씬 더 많은 피를 불러왔다고 푸코는 내게 말한 적이 있다. 그는 뤼시앵 페브르를 참조해 신교도들에게 종교 전쟁의 목표는 자기 자신을 종교적인 주체로 구성하는 데 있었다고 강조했다. 신에게 다가가기 위해 교회나 성직자, 고해 신부의 매개를 더 이상 거치지 않아도 되는 주체로 말이다. 우리가 이미 보았듯 푸코는 1980년경에 자기 문제 틀의 세 번째 부분을 발견했다.[40] 참인 지식과 권력의 문제에 인간 주체의 구성이라는 문제가 더해졌다. 이 주체는 충직한 가신, 시민 등 이런저런 방식으로 윤리적으로 행동해야만 하는 주체다.

주체의 구성은 그 품행의 구성과 짝을 이룬다. 사람들은 스스로를 충직한 가신, 충성스러운 백성, 훌륭한 시민 등으로 여기며 그렇게 행동한다. 광기, 신체, 섹스, 자연 과학, 통치성과 같은 대상을 구성하는 장치가 마찬가지로 개개인의 자아moi를 모종의 주체로 만든다. 물리학은 물리학자를 만든다. 담론 없이는 인식할 수 있는 대상이 없었을 것처럼, 주체화 없이는 인간 주체 역시 존재하지 않을 것이다. 자기 시대의 장치에 의해 야기된 주체는 스스로의 주인이 아니라 시대의 자식이다. 우리는 아무 때나 어떤 주체든 마음대로 될 수 없다. 반대로 우리는 대상에 맞서 반응할 수 있고, 사유 덕분에 예컨대 교회와 성직자로 이루어진 종교와 같은 대상들에 거리를 취할 수 있다.

그리하여 인간은 "상이한 주체성의 무한하고 다양한 계열 속에서 끝없이 구성될 것이다". 절대 "인간 일반이라는 그 무엇에 직면"하지 않으면서 말이다. "혼란스럽고 단순화된 방식으로 인간의 죽음[41]을 말하면서 내가 의도했던 바는 바로 이것이다."[42] 주체화라는 개념은 구성된 주체로부터 절대적인 힘을 가진 주체라는 유령을 끌어낸 형이상학, 경험적-초월적 이중체를 제거한다.

　사회학자는 같은 원리를 자기들 방식으로 설파한다. 사회화된 개인만이 존재한다고 말이다. 사회 안에서 푸코가 말하는 주체화는 부르디외의 하비투스 개념, 혹은 역할이라는 사회학 개념과 같은 위치를 차지한다. 사회적인 것과 개인적인 것 간 전환의 연결 고리 역할을 하는 것이다. 그런데 역할 개념에 관해서는 조금 더 자세히 논할 필요가 있다. 1940년경 랠프 린턴이나 로버트 머튼은 역할이란 이름 아래 사회 내 위치들의 총체를 기술했다. 개인은 지위, 권리, 의무를 가지는 그 위치들을 계속해서 번갈아 가며 점유한다. 이러한 아이디어의 사회학적 유용성은 부인할 수 없다. 하지만 다른 사회학자들이 비난했던 역할이라는 단어를 이 사회학자들이 썼다는 점은 징후적이다. 왜냐하면 개인들이 자기 위치에 거리를 두고 있고, 스스로 동일시하지는 않는 사회적 연극에 단지 참여할 따름인 양 가정하기 때문이다. 그러나 그 단어는 주체, 자아를 그 내용으로부터 분리하는 우리의 경향성을 보여 준다는 점에서 시사적이다. 그렇게 해서 주체는 하나의 빈 형식, 경험적 주체로부터 초월적 이중체로 격상될 수 있는 형식이 된다.

　나는 주체화라는 이 사회화 유형으로부터 푸코가 미학화 esthétisation라고 부른 또 다른 과정을 구분해야만 한다고 생각한다. 미학화는 주체의 구성이나 댄디식 유미주의가 아닌, "자기 자신에 의한 자신의 변환"이라는 자기 주도성initiative을 뜻한다.[43] 사실 1980년경에 푸코는 고대 그리스-로마 같은 사회들은 사물에 적용되는 기술technique, 타자를 향하는 기술 말고도 자기를 수양하는 기술을 알고 있었다고 확언한다.[44] 내 생각에 미학화에 관한 논의는 푸코가 이러한 자기 주도성의 자발성, 주체화와는 대척점에 있는 그 자발성을 강조하도록 도와 주었다. 자기에 대한 자기의 작업〔즉 자기 수양〕에 관한 이론은 많은 사람을 기쁘게 만들었다. 그들이 푸코가 우리 시대를 위한 하나의 도덕을 제공하려 애쓰고 있다고 믿었기 때문이다. 도덕이 문제로 부상하면 수많은 이가 귀를 기울인다. 그런데 그것이 정말 푸코의 원래 의도였을까? 푸코는 정신적 지도자 노릇을 자처했던 것일까? 이 점에 대해서는 조금 뒤에 이야기 하기로 하고, 우선 급한 문제부터 만전을 기해 두자.

저항이나 복종처럼 미학화도 자유의 자기 주도성이다. 내 생각에 스토아주의, 수도사 생활, 청교도주의, 전투적 행동주의와 같은 생활 스타일이나 인간 유형은 모두 미학화에 속한다. 그것들은 주변 환경의 대상화나 장치에 의해 강제된 존재 방식이 아니다. 아니면 적어도 그것들은 거기에 덧붙여진 것이다. 따라서 우리는 그것들을 그 자체로 부과되지 않는 개인적 선택, 창조물로 여길 수 있다.

파스칼레 파스키노와 볼프강 에스바흐는 정당하게도 푸코의 미학화를 막스 베버가 니체에 이어 에토스ethos라고 일컬었던 것과 연관시킨 바 있다.[45] 그런데 베버는 에토스라는 말로 자유로운 미학화와 어쩔 수 없이 겪는 주체화를 동시에 가리켰다. 자본주의의 기원에 관한 그의 유명한 텍스트는 경제가 종교에 영향을 미쳤다기보다 그 반대라는 내용을 가르치는 것이 아니다.* 그 텍스트는 열심히 일하고 저축하고 근검절약하며 생업에 충실한 청교도의 에토스가 우리가 환상이라고 부를

---

* 베버의 『프로테스탄티즘의 윤리와 자본주의 정신』(1905)을 암시한다.

법한 칼뱅주의로부터 만들어졌다는 것을 보여 준다. 그리고 이 에토스, 이 개인적 스타일이 모든 경제계에 규범으로서 확산되었다는 것이다. 축약된 형식 아래, '목적성에 있어 합리적'이며 덜 금욕적인 태도로 환원되어서 말이다. 그것은 더 이상 목적에 머물지 않게 되었으며, 보상과 이윤의 추구에 맞추어 배치되었다. 사업에서의 성공은 신에게 선택받은 자의 기호가 되었다. 앙드레 지드의 『교황청의 지하실』 주인공 가운데 한 명인 신교도 도매상의 성은 프로피탕디유Profitendieu다.[†]

일종의 미학화였으며 실제 유용한 것으로 드러났던 이 생활 스타일은 곧 단순한 주체화가 되어 버렸다. 그 주체화는 '자본주의'(슘페터에 따르면 기업가 경제)의 한 상관 요소인데, 자본주의에서는 두 가지 실재가 서로를 야기한다. 새로운 경제의 행위자들, 그리고 청교도적 에토스가 그 탄생에―본의 아니게 또는 심지어 불만스럽게―기여했던 '자본주의' 경제 말이다.[46] 잊지 말고 베버의 표현을 그대로 인용해 보자: "Der Puritaner *wollte* Berufsmensch sein,―wir *müssen* es sein", 즉 "청교도들은 소명이 곧 직업이 되기를 원했다〔이것이 미학화다―벤느〕. 우리는 그렇게 되어야만 한다〔이는 기업가 경제에 의해 생겨나고 강요되는 주체화다―벤느〕". 그것이 우리의 지위적 생활 태도ständige Lebensführung, 즉 '우리 지위의 도덕'이다.[47] 자기에 대한 실천을 통해 자유롭게, 능동적으로 미학화하는 주체 역시 시대의 자식이라는 점을 덧붙이자. 이 실천은 "개인이 스스로 창안해 내는 무언가가 아니라 그가 자기 문화 속에서 발견하는 도식schéma들이다".[48] 칼뱅주의처럼 말이다.

[†] 프로피탕디유는 '신 안에서의 이윤'이라는 뜻이다.

우리는 당연히 세네카의 정통한 독자였던 푸코의 기획이 그리스인들의 갱신된 스토아주의적 미학화를 대중화하는 데 있었다고 간주하지 않을 것이다. 삶이 허락했던 마지막 인터뷰에서 그는 아주 분명하게 다음과 같이 설명했다. 우리는 현재의 문제에 대한 해결책을 결코 다른 시대의 대답 속에서 찾을 수 없을 것이다, 그 대답은 필연적으로 상이한 질문에 대응한 것이기 때문이다, 수 세기를 가로지르는 문제는 없다, 영원한 회귀는 영원한 출발이기도 하다(그는 시인 르네 샤르의 이 말을 좋아했다). 푸코와 고대 윤리 사이의 친화성은 하나의 세부 사항에서 비롯한다. 자기에 대한 자기의 작업, 혹은 '스타일'이다. 여기서 이 단어는 구별 짓기나 댄디즘이 아니라 그리스인들이 쓴 의미로 이해되어야 한다. 그리스인들에게 예술가 artiste는 무엇보다도 장인artisan이었던 것이다. 존재의 스타일, 그리고 자기에 대한 자기의 작업이라는 관념은 푸코가 마지막 몇 달간 나눴던 대화에서, 그리고 아마 내면 생활에서도 커다란 역할을 했다. 그 몇 달 동안 푸코는 자신의 삶이 얼마 남지 않았다는 사실을 혼자만 알고 있었다. 주체는 자기 자신을 작업해야 할 작품으로 취하면서 신도, 전통도, 이성도 더 이상 뒷받침하지 않는 하나의 윤리를 스스로에게 부여한다.

이 주체화와 미학화의 이론은 푸코의 기획이 무엇이었는지를 잘 보여 준다. 하나의 대상을 '문제화하기', 한 존재가 주어진 시대에 어떻게 사유되었는지를 자문하기(이것이 그가 고고학이라고 불렀던 것의 임무다), 그리고 존재가 그렇게 사유된 사실과 관계 있는 과학, 윤리, 처벌, 의학 등의 다양한 사회적 실천을 기술하고 분석하기(이것이 니체적 의미에서 계보학의 임무다).[49] 고고학은 보편적 구조나 선험성을 추출하려 들지 않으며, 모든 것을 보편화할 수 없는 사건들로 되돌리려 애쓴다. 그리고 계보학은 모든 것을 경험적인 국면으로부터 내려오게 만든다. 우리의 과거와 현재 존재는 언제나 우발성에 의해 만들어진 것이다. "현재 존재하는 것이 언제나 그렇게 존재했던 것은 아니다. 달리 말하면 우리에게 가장 자명해 보이는 사물조차 언제나 만남들, 우연들의 접점에서, 불안정하고 일시적인 역사의 흐름에 따라 형성된 것이다."[50]

초험적이고 초월적인 문제: 후설

이제 문제의 중심에 왔다. 계보학적 비판은 기원이나 토대가 아니라 경험적 출현naissance empirique을 탐색한다.[51] 그것은 "사유의 역사를 그 초월적 속박으로부터 해방"시키고자 한다.[52] 후설적인 초역사적 주체가 이성의 역사성을 설명할 수 있을까? 니체의 독자에게는 주체, 이성 그리고 심지어 진실까지도 역사를 지닌다. 그것들은 어떤 기원의 전개가 아니다.[53]

그런데 푸코에 따르면 그가 젊었던 시절의 철학은 경험적이고 역사적인 인간을 "자신의 고유한 유한성의 토대"로 삼기를 바랐다. 우리가 이미 보았듯 어떤 시대에 자리매김되고 한정 지어진 담론의 실증성은 인간을 역사적 시간에 에워싸인 유한한 존재로 만든다. 형이상학의 궤변은 동일한 유한성이 이 동일한 역사성을 가능하게 만든다고 믿는 데 있다. 그것은 인간의 경험적 조건의 내재적 특성인 유한성을 초월적 가능 조건으로 격상한다. 그것은 바로 "토대적인 것 안에서 실증적인 것의 반복"이며 "역사적-초월적 이중체"다. 이는 초경험적인 기원의 자리, 또는 인간적 대상의 진정한 본질의 자리로 여겨질 것이다. 우리는 초월 자아, 진리를 보는 하이데거식 자유, 기하학의 기원에 대한 후설적 해석 등을 알고 있다.

그런데 신성모독적인 언사 앞에서도 물러서지 않는 푸코에 의하면, 이 유명한 주의주장들은 성찰적 분석에서 나온 순수하고 단순한 "동어반복", "오류 추리"paralogisme다.[54] 그 분석은 너무도 일반적인 가능성의 조건들, 헛것을 쫓으며 알짜를 놓치는 조건들을 제기한다. 반면 훌륭한 실증주의자인 푸코는 현실의 특수한 조건들, 그러니까 담론과 그 장치를 탐구한다. 경험적인 것, 역사적인 것만이 존재한다. 아니면 최소한 그 어떤 것도 우리에게 초험적인 것 또는 단지 초월적인 것이 존재한다고 단언할 수 있게 허용해 주지 않는다.[55] 젊은 시절의 푸코는 "사유의 역사를 그 초월적 속박으로부터 해방"시키길 희망했다.[56] 이를 통해 그는 자신의 출신 집단과 단절하고, 파스롱이 말하듯 모든 철학적 아버지로부터 떨어져 나와 고아가 되었다. 특이성에 대한 사랑에 충실하기 위해서 말이다.

젊은 고아는 "현상학이나 실존주의가 그렇게 했던 것처럼" 주체 이론으로부터 출발하기를 원하지 않았다. 그는 또 주체 이론에서 시작해서 어떻게 "그러한 인식의 형식이 가능한지" 추론하기를 원하지도 않았다. 반대로 그는 어떻게 "진리 게임, 권력 행위 등과 같은 여러 실천을 통해서" 주체가 구성되는지 보여 주기를 원했다.[57] 푸코는 인간이 자기 주도성을 지닌다는 점을 인정하면서도, 그가 자기 안에 현존하는 로고스 덕분에 그렇게 한다든지 그의 자기 주도성이 역사의 목적이나 순수한 진리에 이를 수 있다는 점은 부정한다. 물리학자의 발견은 과학의 목적론에 영감을 받아 이루어지지 않는다.[58] 그리스어, 독일어 단어의 어원과 언어가 존재의 진실을 드러내지는 않는다. 나폴레옹은 절대 정신의 전령이 아니었다.[*] 반역자는 그의 타고난 본성이 보낸, 소외로부터 해방되라는 호소에 의해 성숙해지지 않았다.[59] 어떤 것도 초험적이지 않으며 칸트적인 의미에서 초월적이지도 않다. 대중적인 종말론도, 마르크스식의 혁명도, 콩트의 실증적 단계[†]도 없다.[60] 그래서 "자유의 작업은 무한정하다".[61] 주체는 존재 안의 중요한 '주름'pli이 아니다.[62] 독자들이 보았듯이 개인은 자유를 가지지만 그 자유는 저 높은 데서 지배하는 것이 아닌 "구체적인 자유", 그 시점의 맥락에 맞서 반작용할 수 있을 따름인 자유다.[63] 우리의 역사적 한계에 대한 완전하고 결정적인 인식을 허용해 주는 어떤 관점에 다가갈 수 있다는 희망을 포기해야만 한다.

이는 근대성이 시작된 1860년대 이후로 우리에게 친숙한 사유 양식이다. 근대성은 역사 정신, 동양풍의 선풍적인 발견, 기독교의 기원에 대한 비판적 역사와 함께 시작되었는데, 이는 스스로에 대한 우리 관념의 중심을 건드렸다. 물론 우리는 진리가 변한다는 것을 언제나 알고 있었다. 그 변이는 더 지리적인 것이었다. 피레네 산맥이나 할리스강 이쪽 편에 진리가 있고, 오류는 저쪽 편이라는 식으로 말이다. 법과 관습의 다양성은 회의주의에서는 오래전부터 내려온 논점이다. 섹스투스

---

* 앞의 문장은 어원을 중시한 하이데거를 겨냥하고 있으며, 뒤의 문장은 나폴레옹에게서 "말을 탄 절대 정신"을 본 헤겔을 겨냥하고 있다.

† 사회학의 주창자인 콩트는 인류 지성 발전의 역동적인 과정을 '신학적 단계', '형이상학적 단계', '실증적 단계'로 구분하고, 실증적 단계에서는 사물이나 사건의 관찰, 실험, 검증 같은 체계적 방법에 의해 참된 과학적 지식이 얻어진다고 보았다.

엠피리쿠스는 거기에 자신이 대립시켰던 믿음과 철학의 다양성을 추가했다. 논점은 몽테뉴 이후로 진부해졌다. 다만 1860년대부터 과거는 〔헤겔이 쓴〕『역사 철학 강의』의 간략한 틀을 넘쳐나는, 우리 집단 지식의 거대한 부분이 되었다. 철학 교수 자격증을 가진 알베르 티보데는 훌륭한 예언자였다. 그는 1931년에 이렇게 썼다.

> 비판적 역사학자의 정신은 진실의 추구를 위해 중립에 서는 정신이다. 게다가 그것은 '진리란 무엇인가?'라는 질문을 제기하는 비판 철학의 정신을 연장하지 않는다는 장점이 있다.[64]

독창적이기는커녕 한 세기도 더 되는 역사를 지닌 그 질문은 우리에게 그저 익숙한 것으로 남아 있다. 널리 유행한 학설들(마르크스주의, 현상학, 의식 철학)은 절대적인 것의 추구라는 또 다른 관심사를 가지고 있었다. 질문은 푸코의 '담론' 그리고 아마도 '장치' 개념과 더불어 한층 더 날카로워졌다. 우리가 사회라고 일컫는 것은 장치들을 통해서 주어진 시기, 주어진 장소에서 진실-말하기와 거짓-말하기dire-faux가 무엇인지 규정한다.[65] 한마디로 푸코의 저작은 전부 니체의 『도덕의 계보』의 연장이다. 그것은 사람들이 영원하다고 믿는 모든 개념이 역사를 가지고 있고, '생성된' 것이며, 그 기원들에 숭고한 것이 전혀 없다는 점을 보여 주고자 한다. 그렇다면 푸코가 어떻게 회의주의를 표방하지 않을 수 있었겠는가? 니체는 내밀한 노트에 언젠가 그와 같은 제자들을 희망한다고 쓴 바 있다.[66]

9장
푸코는 젊은이들을 타락시키는가?
노동 계급을 좌절시키는가?[*]

니체주의자가 되지 않을 만한 이유를 가진 많은 사람(1990년 대에 그들은 구조주의가 괴로운 한때를 보내게 만들었다)에게 이러한 세계상은 그릇되고 역겨운 것이다. 어떤 이들은 초월성의 종언이 젊은이를 타락시키는 허무주의적 풍기 문란의 요인이라고 걱정한다. 그리하여 철학 분파 안에는 서로 대적하는 두 별종이 존재한다. 한 부류의 철학자는 사유의 질서 안에서 진실을 규명하는 데 기쁨을 느낀다. 그런데 그 진실이 교훈적인 경우는 아주 드물다. 또 다른 부류의 철학자는 그에 맞서현재 있는 그대로의 삶을 옹호한다. 삶이 정말 위기에 처해 있다고 믿거나, 아니면 뭔가에 화가 나 있기 때문이다. 어느 날인가 둘째 부류에 속하는 철학자 가운데 한 명이 자기 동료이자

* 이 장의 제목을 그대로 직역하자면 '푸코는 젊은이들을 타락시키는가? 그는 비양쿠르를 실망시키는가?'쯤이 될 것이다. 프랑스 언론에서 종종 쓰이는 '비양쿠르를 실망시키다'désespérer Billancourt라는 관용구는 원래 사르트르에게서 나온 표현이다. 1925년 르노 자동차가 최초의 대량 생산 공장을 건설한 파리 근교의 비양쿠르는 오랫동안 프랑스 최대의 노동자 밀집 지역이었던 까닭에 '노동 계급'을 은유해 쓰인다. 사르트르는 1950년대 프랑스 공산당과 긴밀한 협력 관계에 있을 당시, 좌파 지식인들의 공산당 비판에 대해 "비양쿠르를 실망시켜서는 안 된다"며 반박하곤 했다. 노동자의 사기를 꺾을 수도 있는 진실을 그들에게 반드시 알릴 필요는 없다는 의미에서였다.

첫째 부류에 속하는 푸코에게 훈계를 하려 들었다. 그는 "경찰"flic처럼 굴었다. 푸코는 이 날카로운 단어를 관능적으로 입밖에 소리 내면서 인용문처럼 또박또박 말했다. 그 단어가 콜레주 드 프랑스 구내에서 울려 퍼진 것은 그때가 처음이었다.

그런데 정말 시급한 위험이 있었던 것일까? 나는 〔둘째 부류의 철학자가 느끼는〕불쾌감에 대해서는 이러쿵저러쿵하지 않겠지만, 사람들이 별것 아닌 일로 스스로를 불행하게 만들고 있다고 말하고 싶다. 진리, 선, 정상성에 관한 우리 의견 가운데 어떤 것도 토대를 가질 수 없다. 하지만 그렇다고 해서 우리가 살아갈 수 없는 것은 아니며, 심지어 진리, 선, 정상성을 믿을 수 없는 것도 아니다. 철학에는 인류를 절망시킬 힘이 없다. 우리는 예언자가 되었던 말년의 니체가 (자신의 엘리트주의적 자연주의와 반대되는) 허무주의, 이 "가치와 의미에 대한 거부"에 맞서서,[1] 그리고 생명을 죽이는 진리에 대해 어떤 파토스를 발휘했는지 안다.[2] 그런데 아무도 〔허무주의와 진리 때문에〕죽지 않았다. 회의주의 사상가들도 투표해야 하는 순간에는 〔프랑스 좌파의 대통령 후보였던〕세골렌과 〔우파 후보였던〕사르코지 사이에서 머뭇거리지 않는다. 니체가 열정적으로 생명, 그리고 잔혹성과 비극까지 포함해 생성의 순수성과 그것의 감내를 찬양했을 때, 그는 상상병에 대해 아주 강한 약을 처방했던 것이다. 허무주의에 대항해 그가 찾은 출구는 현실의 질서가 아니라 수사학의 질서에 속했다.

걱정하는 이는 다만 강의에서 말한 것의 중요성을 과장하는 교수들, 그리고 남 겁주기 좋아하는 신랄한 에세이스트들뿐이다. 사유의 세계는 우리가 사는 세상이 아니라고 가스통 바슐라르는 말했다. 사람들이 초월성을 믿었던 시대의 종언은 지성의 세계에 한정된 사건이며 아무런 재앙도 아니다. 만일 인간이 순전히 지성적인 존재여서 이성에 따라 스스로를 지배한다면, 또 예컨대 신하나 시민이 종교와 이데올로기에 설복당해 왕이나 국가에 복종한다면[즉 인간이 그런 유의 존재라면], 그것은 재앙일 수도 있었을 것이다.[3]

나는 푸코가 악마처럼 심술궂고 위험한 사람이 아니었다고 증언할 수 있다. 어떤 이들은 그렇게 믿었고 그들이 모두 수준 낮은 인물은 아니었다.[4] 그들은 푸코의 회의주의가 선한 것, 정상적인 것을 뒤흔들었으며, 푸코에게 모든 도덕과 모든 정상성을 무너뜨리는 것 말고 다른 구상은 없었다고 믿었다. 그것은 사실이 아니다. 그는 단지 기성 질서에 대한 (사형제 폐지 같은) 세부적인 개혁을 제안했을 따름이다. 그는 무정부주의나 타락을 가르치지 않았다. 하지만 오류가 어디에서 비롯했는지는 짐작해 볼 수 있다. 널리 퍼져 있는 믿음에 따르면 우리는 진정하다고 여기는 가치만을 존중하며 진리라고 믿는 것에만 복종한다. 그런데 이러한 믿음을 모든 사람이 가지고 있는 것은 아니다. 회의주의자인 철학자는 진리를 말할 토대에 대한 환상 없이도 아주 잘 지낼 수 있으며, 누굴 죽이거나 무얼 훔치지 않고 또 살인이나 도둑질을 가르치지 않으면서도 살아갈 수 있다. 그러려면 무엇보다 우선 살인이나 도둑질이 무엇인지에 대한 믿음을 가져야만 할 것이다….

일상생활에서 회의주의를 실행할 필요는 없으며, 나아가 그렇게 되지도 않을 것이라는 흄의 단언은 적절하다. 우리는 계속 주사위 게임을 하고, 대화하길 좋아하며, 자연이야말로 가장 강하기에 내일도 해가 떠오를 것이라고 믿는다. 스토아주의자들만이 (마르쿠스 아우렐리우스가 노골적인 용어로 말했듯) 사랑은 두 표피 사이의 마찰이라는 관념에 확신을 가지고서 스스로 리비도의 주인이 될 수 있다고 상상했다. 내 생각에는 심지어 우리 독서의 선택에 있어서조차 자연이 이긴다. 흥미롭고 지성적인 철학자들을 읽기 위해서 우리는 의심하기를 멈춘다(아마 독자들은 여러 사람 가운데서도 아우구스티누스를 기억할 것이다). 어느 날 저녁 푸코는 이렇게 말했다. "게루의 작업은 피히테에게 관심을 가지는 사람들의 의욕을 꺾어놓았다는 점에서 기념비적이지. 그래도 피히테한테는 무언가 흥미로운 구석이 틀림없이 더 있을 거야." 회의주의자가 되기 위해서는 인간인 것으로 충분하다. 그런데 한 개인으로서 후설이 말한 바에 따르면 인간의 근본적인 본능은 군집 본능, 대화 본능, 그리고 호기심이다.[5]

인간은 형이상학적이기보다는 훨씬 더 일상적이다(이것은 내가 헛되다고 말한 인간학적 일반 명제가 아니다. 하나의 격언, 혹은 격언의 자리에 오를 만한 후보일 뿐이다). 회의주의자가 된다는 것, 그것은 머릿속에서 분열된다는 것이다. 하지만 우리는 그렇게도 잘 살아갈 수 있다. 위태롭다면 이는 종이 위에서일 뿐이다. 우리는 아무런 환상도 없이 더 결단력 있게 행동할 수 있다. 우리의 주인공 푸코도 그런 경우였다. 미래가 우리를 어떻게 생각할지가 뭐 중요하겠는가? 우리의 시간성은 우리의 현행성으로 이루어진다. 학생들을 보라. 그들은 플라톤을 공부하지만 자기 시대의 철학자, 살아 있는 철학자들에 더욱 열광한다. 예술가들을 보라. 그들은 모두 같은 일을 동시에 한다. 즉 지금 유행하는 일 말이다.

이 기회에 말해 두자. 〔인간의 시간성에 있어서〕 현행성의 기본 역할은 과거와 미래보다 훨씬 더 결정적이다(우리는 하이데거, 가다머, 사르트르가 이 판단에 완전히 동의하지는 않을 것이라고 짐작할 수 있다). 이 중심성은 도덕의 측면에서도 작용한다. 노예제나 식민화의 말기를 떠올려 보자.[6] 1850년경 그리고 1950년경 그 부문에서 어항의 변화가 있었다. 옛 어항, 노예와 식민지에 관한 옛 담론은 현행성에 비추면 시대에 뒤떨어진 것이 되었고, 돌이켜보건대 기름 램프나 범선만큼이나 낡은 것으로 드러났다. 당연히 새로운 어항에서 노예제와 식민지는 전적인 평등에 반대되는 것으로 나타났다. 1960년경에는 알제리의 식민지화가 드골과 레몽 아롱의 눈에도 구닥다리이자 비현실적인 공상이 되었던 것이다('원주민'과 '식민지'라니! 이 단어들 또한 그 지시 대상과 마찬가지로 시대에 뒤진 것이었다). 좌파의 눈에 그것들은 그저 단순히 용납할 수 없는 것이었다. 담론의 변화는 이처럼 모종의 절대적이며 초시간적인 윤리 의식의 진보라는 환상을 퍼뜨릴 수 있다.

인류는 이러한 의식이나 진보 같은 신화 없이 지낼 수 있을까? 난 잘 모르겠다. 우리는 인류가 종교성이나 철학적 호기심 못지않게 그러한 신화 없이 지내는 상황을 보지 못했다. 세계의 모든 니체와 푸코 들에도 불구하고, 인류는 절대적 진리를 불러내기 좋아하며, 스스로 믿고 싶은 것을 진실로 여긴다. '신화'는 너무 다양한 의미가 실려 있는 단어인 만큼 환상leurre이라고 말하자. 칼뱅주의는 자본주의 기업가 경제의 환상이었다. 환상이라는 이 단어는 푸코의 펜 끝에서 우연히 나왔다. 우리는 푸코에게 주문을 걸어 미학화의 일차적인 무상성이 무엇인지 말하게 하고자 한다. 미학화는 어떤 욕구에 부응하지 않으며(오히려 욕구를 창출한다), 특정한 목적을 겨냥하지도 않는다. 미학화가 추구한다고 주장하는 목적들, 예컨대 구원, 영혼의 평온, 열반 등은 모두 핑계일 따름이다. 미학화의 에너지는 설득력 있는 그 어떤 교리에서 나오기보다는 자유로부터, 자아의 충동으로부터, 〔인간의〕 신비하고 내밀한 '블랙박스'로부터 나온다. 교리는 단지 환상, 합리화, 그리고 실행 장소를 제공할 뿐이다.

1968년에 튀니스 대학의 교수로서 푸코는 마르크스주의를 표방한 학생 운동에 참여하고 도움을 주었다. 총파업이 벌어지자 경찰의 진압(푸코는 거기에서 아주 폭력적인 대우를 받았다)과 대규모 체포가 잇따랐다. 한 청년이 14년 감옥 형을 선고받은 에피소드는 푸코에게 깊은 충격을 주었다. 푸코는 흥분해서 그 이야기를 되풀이했고, 그로부터 "어떤 종류의 신화, 영성이 필요하다는 증거"를 발견했다. 그것은 "절대적인 희생에 대한 애착과 능력과 가능성"을 주는데, "우리는 거기에서 권력과 이윤에 대한 조금의 야심이나 욕망도 의심할 수 없다"는 것이었다.[7] 사실 "마르크스주의에 대한 튀니지 학생들의 지식은 그다지 심층적이지 않았고, 심화되는 경향을 보이지도 않았다".[8] 이론의 정확성과 그 과학적 성격은 그들에게 이론이 "행동 원리보다는 환상으로 기능했기에 완전히 부차적인 문제"였다. 환상이란 우리가 하고자 욕망하는 일을 정당화하기 위해 스스로에게 부여하는 잘못된 이유들이다(그런데 올바른 이유들이 있을 수 있을까?). 만일 어떤 노부인이 순진하고 그릇된 이유들 때문에 사형제를 비난하더라도, 그는 어쨌든 그 방향에 있어서는 옳다.[9] 부인은 자신이 원하는 것을 안다. 실제 행동의 영역에서 푸코의 비합리주의는 개인적 결단주의로 나아간다.

정치에서라면 여러분이 원하는 대로 결정하시오,
하지만 장황하게 설명을 늘어놓진 마시오

왜냐하면 푸코에게는 우리가 지금까지 이야기한 계보학적 역
사학자의 면모 옆에 전투적 행동주의자militant의 면모가 계속
해서 있었기 때문이다(그 행동주의자의 프로그램은 결코 전설
적인 68세대의 그것이 아니었다). 우리 근대인의 머릿속에서
는, 말하자면 지나간 확실성들의 묘지에 대한 역사학자적 비
애와 삶의 절대적인 지속성이 서로 연결된다. 푸코는 그저 고
르디아스의 매듭을 잘라 버림으로써 이 모순을 간단히 해결했
다. 그가 어떤 원칙을 내세웠는지 상기하자. "정치적 실천에 진
리의 가치를 부여하는 데 사유를 이용하지 말 것."[10]

　　결단주의 덕분에 푸코는 어떤 진리나 교리로 전투적 행동
들의 토대를 놓는 부담에서 면제되었다. 게다가 연구자로서
그는 자기 책에서나 강의에서 어떤 정치학도 설교하지 않았
다. 그의 정치적 선택들이 언제나 그 자신의 책이나 강의와 연
관된 것도 아니었다. 계보학적 역사는 변함없이 모든 제도의
자의성과 확실성의 무상성을 폭로함으로써, 독자와 청중이 기
성 질서에 맞서는 어떤 지점에서 투쟁할 동기를 끌어낼 수 있
게 해 준다. 연구자는 거기서 암묵적으로 어떤 만족감을 느꼈
을지도 모른다.

　　내가 조금 전에 말한 원칙에 곧 둘째가 따라붙는다. "어떤
사유가 순전히 사변에 지나지 않는다고 평가절하하기 위해 정
치적 행동을 이용하지 말 것." 장-클로드 파스롱은 다음과 같
이 썼다. 푸코는 사상가에게 두 가지 방침을 한 번에 실행하라
고 권하는 것이 아니라, 서로 통약 불가능한 실천들의 명확한

접합을 주장한다고 말이다. 과학적이거나 철학적인 분석은 정치적 개입의 동기를 줄 수 있으며,[11] 따라서 무시되어선 안 된다.[12] 푸코를 가까이서 지켜보았던 파스롱의 증언에 따르면 "그는 논리적으로 따지기 좋아하는 친구들에게는 자신의 정치적 저항이 무엇보다도 가슴으로부터 나온 행동이었음을 감춘 적이 없고, 자신에게 적대적이었던 철학자 동료들에게는 자신의 피 끓는 행동이 철학적 질문으로부터 나온 것이었음을 숨긴 적이 없다".

"여기서 비판은 진리와의, 규칙과의, 자기 자신과의 관계가 구성된 역사적 조건들에 대한 분석을 의미한다."[13] 푸코주의는 현행성 비판이다. 그것은 [정치적] 행동을 위한 처방을 경계하며, 다만 그것에 지식을 제공한다. 이러한 맥락에서 그는 자신이 사망한 해에 철학에 대한 새로운 개념화를 제시한 바 있다. 그 철학의 아버지로 푸코는 칸트를 지목했다(그런데『지식의 고고학』의 머릿거리는 페이지가 보여 주었듯 이러한 생각은 이미 14년 전부터 계속된 것이었다[14]).「계몽이란 무엇인가?」라는 제목의 소논문에서 계몽 시대의 독일 철학자 칸트는 자기 시대를 특징지으려 시도했다. 계몽Aufklärung은 스스로를 계몽이라고 불렀다. 18세기인은 "우리, 타자들, 18세기와 계몽주의의 사람들"이라고 말할 수 있었으며, 자신이 그 이전 사람들과 다르다고 느꼈다. 칸트는 자기 시대를 그 자체로 특징지으려 하지 않았다. 그는 "차이를 찾는다. 오늘은 어제에 비해 어떤 차이를 끌어들이는가?"[15]

푸코에 따르면 이제부터 철학이라는 말의 의미는 과거에 대한 과학적인 해체 작업이나 총체성 또는 미래에 대한 사유에 있지 않다. 그것은 현행성에 대해 말하는 것, 더 나은 방법이 없어서 현행성을 〔차이를 통해〕 부정적으로 특징짓는 것, "현재를 진단하고 현재가 무엇인지 말하는 것, 우리의 현재가 그것 아닌 모든 것과 어떤 점에서 다르며 또 절대적으로 다른지 말하는 것"에 있다.[16] 우리의 저자는 이 역사적 비판 말고 가능한 다른 철학을 개념화하지 않는다. 그것 외에 우리 시대에 가치 있는 철학은 없다. "오늘날―철학적 활동이란 의미에서―철학이 사유 그 자체에 대한 비판적 작업이 아니라면 대체 무엇이겠는가?"[17]

앞선 논의에서 보았듯 우리는 매 순간 어떤 담론 내부에서 사유한다. 이 담론은 스스로 인식될 수 없지만, 적어도 우리가 이전 사람들이 생각했던 것과 다른 방식으로 생각한다는 사실을 확인할 수 있게 해 준다. 계보학이나 고고학의 기획이 세워지고 거리 두기의 가능성이 나타나면, 우리는 우리 자신과 오늘날을 충분히 멀리서 볼 수 있게 된다.[18] 이 기획은 우리 아래에 깊은 수렁을 판다. "우리는 차이다." 그리고 우리는 더 멀리는 알지 못한다.[19] 이와 같은 차이화différenciation의 기획은 역사학 이상이며 철학의 이름을 얻을 만하다. 부정적으로는 우리 자신에 관한 성찰이며, 우리의 반작용을 자극하기 때문이다. 사실 고고학적 역사 연구는 의심의 씨앗을 뿌린다. 이제부터 균열, "잠재적인 파열"[20]이 우리의 자아와 자명성들에 줄무늬를 넣는다. 자명성들을 더 이상 건드리지 말 것. 그것들은 깨져 버렸다. 또는 정반대로 그것들을 건드릴 것. 만일 당신이 그러기로 결정했다면 말이다. 쟁점이 되는 새로운 철학은 "정치에 없어서는 안 될 역사"다.[21]

이 새로운 철학은 자유가 매일 성취할 수 있는 것을 말 속에서 이룬다. 우리 위치를 능동적으로 사유하고 그에 반작용하고 그것을 문제화하기.[22] 그런데 그 위치는 바로 장치가 형성시킨 것이다.[23] 우리 자신에 대한 차이의 존재론ontologie différentielle은 우리 한계에 대한 역사학적 주해다. 이는 그 한계의 극복을 가능하게 만든다.[24] 자기의 고유한 역사를 사유하려는 시도는 "말없이 이루어지는 사유로부터 사유를 해방시키려는 것이며, 우리가 이미 알고 있는 것을 정당화하는 대신 다르게 사유할 수 있도록 허용하는 것"이다.[25] 고대 철학이 흔히 그렇게 했듯이 말이다. 합리성의 계보학은 어떤 논변보다도 더 효율적으로 확실성과 독단주의를 뒤흔든다.[26] 푸코는 "이런저런 자명성의 비늘을 벗겨 내고", 지금 존재하는 것이 언제나 그렇게 존재해 오지는 않았으며 그런 식으로 존재하지 않을 수도 있었고 그저 몇 가지 우연과 불안정한 역사의 산물에 지나지 않는다는 것을 보여 주고자 갈망한다.[27] 철학은 "우리의 역사적 존재에 대한 영속적인 비판"으로서 "자유의 무한한 작업"에 다시 활력을 준다.[28] 이때의 역사성은 역사의 그 어떤 목적으로도 귀결되지 않는다.

어떤 것보다도 더 실증적인 비판: 우리는 인류의 과거 여정을 과학적으로 알 수 있다. 우리는 우리의 현재를 의심에 부칠 수 있다. 하지만 우리는 인류와 그 운명, 그 방황에 대한 실증 과학을 가지지는 못할 것이다. 그리고 이는 아마도 인간 존재 그 자체에서 기인할 터이다. 이 방황하는 동물에 대해서는 그 역사, 총체성 없는 그 부정성 말고는 더 이상 알아야 할 것이 없다. 이 푸코는 계몽주의의 먼 계승자이자 『아침놀』이나 『즐거운 학문』을 쓴 볼테르풍 니체의 가까운 제자다. 그는 [인간의] 오류, 환영, 환상에 그것들을 소멸시키는 빛을 던진다.

하지만 사상가로서 그는 더 이상 멀리 가지 않으며, 직접 그것들을 파멸시키지도 않는다. 인간으로서, 또한 전투적 행동주의자로서 푸코는 구조주의자가 아니었던 만큼이나 68 세대도 아니었다. 그는 마르크스도 프로이트도 믿지 않았고, 혁명도 마오주의도 믿지 않았다. 개인적으로 그는 선량한 진보주의적 정서에 냉소를 보냈다. 나는 그가 제3세계, 소비 사회, 자본주의, 미 제국주의 같은 광범위한 문제에 어떤 원칙적인 입장을 취했는지 알지 못한다. 여기에서도 유한성이 휩쓸고 지나간다. 그것은 학자와 당파적 지지자partisan를 돌이킬 수 없게 가른다. 놀라운 사실 하나가 우리를 기다린다. 푸코는 암묵적으로 레몽 아롱에게 대립했다. 그런데 두 사람 가운데 더 급진적이었던 이는 우리가 상상하는 그 사람〔즉 푸코〕이 아니다. 아롱은 학자와 정치 사이에 막스 베버가 믿었던 것만큼이나 깊은 단절이 있다고는 생각하지 않았다. 아롱이 보기에 베버는 지나치게 유명론자였다.〔학자와 정치 사이의〕이 심연이 어쩔 수 없을 정도로 깊다고 생각한 사람은 이른바 뱅센의 극단주의자였다.*

푸코는 이렇게 말했다. 모든 것이 만들어진 것이기에 "그것이 어떻게 만들어졌는지 안다면 해체할 수도 있다"고. 그런데 그는 또〔콜레주 드 프랑스의〕교수 푸코가 청중에게 제시하는 계보학적 "서술"은 "결코 처방의 가치를 지니지 않는다"고 말했다.[29] 사람들은 각자 자기가 원하는 것을 하게 될 것이다. "지식인의 역할은 자명성을 무너뜨리고 널리 받아들여진 친숙성

---

* 푸코는 1969년부터 1970년까지 68 혁명에 따른 대학 개혁의 파장 속에 세워진 뱅센 실험 대학의 교수로서 철학과 학과장을 지냈고, 질 들뢰즈, 미셸 세르, 프랑수아 샤틀레, 쥐디트 밀레, 자크 랑시에르, 알랭 바디우 등으로 교수진을 꾸렸다.

을 흩뜨리는 데 있지, 다른 이들의 정치적 의지를 틀 짓거나 그들이 해야 할 일을 말해 주는 데 있지 않다. 지식인이 무슨 권리로 그렇게 하겠는가?"[30] "다른 이들에게 법을 만들어 주고자 하는 것은 가소로운 일이다."[31] 매년 첫 강의를 시작할 때 교수 푸코는 되풀이해 강조했다. "자, 내가 보기에는 대체로 사태가 이런 식으로 진행되었다. 하지만 나는 여러분이 해야 할 일은 이것이다, 라거나 이것은 좋고 이것은 그렇지 않다, 라고는 말하지 않겠다."[32]

계보학자는 다른 이들에게 무엇을 지향해야 하는지 말해 줄 수 없는 반면, "그들이 모르는 자기 상황, 그들의 노동 조건, 그들의 착취 상황에 대해 알려 줄 수 있다". 이 진리 게임은 착취자의 그것에 대립할 것이다.[33] 또 다른 강의의 첫머리에서 그는 대략 다음과 같이 공언했다.[34]

나는 여러분에게 '자, 여러분이 수행해야 할 투쟁은 이것입니다'라고 말하지 않을 것이다. 왜냐하면 내가 어떤 토대 위에서 그렇게 말할 수 있는지 모르기 때문이다. 아마도 미학적 범주 위에서는 (그러니까 입맛이나 색깔처럼 왈가왈부할 수 있는 쾌락 말고는 다른 정당화나 합리적 근거 없이) 그럴 수 있을 것이다. 반면 나는 여러분에게 권력의 현재 담론을 기술하려 한다. 마치 여러분 앞에 전략 지도를 펼쳐 놓듯이 말이다. 만일 여러분이 투쟁하고자 한다면, 스스로 어떤 전투를 선택하느냐에 따라 그 지도에서 저항 지점들이 어디인지, 가능한 통로들은 또 어디인지 보게 될 것이다.

푸코는 자기 청중과 마치 군주와 그 조언자 같은 관계를 맺었다. 군주가 말한다. "나는 인민의 행복을 원한다." 학자-조언자는 말한다. "당신의 결정이 그렇다면 당신이 목적을 이루기 위해 채택해야 하는 수단은 바로 이렇습니다." 어떤 정치적 성찰도 불가능하지 않다. 하지만 자유로운 결정에 의해서건 왕의 변덕에 의해서건 일단 목적이 선택되고 나면, 성찰은 목적그 자체의 불가능한 합리성에 관해서가 아니라 수단의 합리성에 관해 이루어진다. 이는 사실 판단('이것이 인종주의다')과 가치 판단('인종주의자가 되는 것은 나쁜 일이다')이 별개의 것이라거나 우리가 존재하는 것으로부터 어떤 의무도 뽑아낼 수 없기 때문이 아니다. 그것은 바로 유한성 때문이다.

우리에게는 각자 자신이 원하는 것을 알고 바랄 책임이 있다. 율법판Tables de la Loi이나 그 대용품 가운데 하나, 그러니까 자연, 전통, 권위, 이상, 유용성, 선천성, 연민, 범주적 정언명령, 역사의 방향 등에 그 책임을 떠넘기지 않은 채로 말이다. 푸코는 자신의 의견, 입장, 개입이 개인적인 선택이라고 말할 뿐이었다. 그는 그것들을 정당화하지도 강요하지도 않았는데, 어떤 논변도 그 정당성을 증명할 수 없었기에 그렇다. "나는 보편적 투사처럼 앞에 나서지 않는다. 〔…〕 내가 이런 점에서 또는 저런 점에서 투쟁하는 이유는 사실 이 투쟁이 내 주체성 속에서 중요하기 때문이다."[35] 푸코는 자기가 참을 수 없다고 여긴 프랑스 감옥의 엄중 감시 수감소quartiers de haute sécurité에 맞서 싸웠다.* 그런데 그는 (파스롱의 말처럼) 자신의 정치적 독

---

* 감옥 정보 그룹GIP 활동을 가리킨다. GIP는 1971년 2월 푸코와 역사학자 피에르 비달-나케, 그리고 『에스프리』지 사장 장-마리 도프나크의 발의에 따라 창립되었다. GIP는 곧 수감자와 가족뿐 아니라, 들뢰즈, 사르트르와 같은 철학자, 언론인, 배우, 사회운동가,

특성에 대한 철학적 설명을 요약하면서 "일단 그것이 참을 수 없어지면 우리는 그것을 더 이상 참을 수 없다"고 결론지었다. 그리고 뱅센에서 사람들은 그가 행동의 선택과 거부 차원에서 변덕스럽다고 매우 유감스러워했다.

어느 날 저녁 푸코와 나는 그의 작은 텔레비전으로 이스라엘과 팔레스타인의 갈등에 관한 르포를 보고 있었다. 두 진영 가운데 어떤 진영에 속한(어느 쪽인지는 여기서 중요하지 않다) 투사 한 사람이 화면에 나오더니 이렇게 공언했다. "어렸을 때부터 나는 나의 대의를 위해 싸워 왔습니다. 나는 그런 식으로 만들어졌고, 그에 관해 더 이상 길게 말하지 않겠습니다." "그러니까, 바로 저거야!" 푸코는 소리쳤다. 기껏해야 레토릭과 프로파간다로서나 쓸모 있을 장광설을 듣지 않아도 되는 것을 기뻐하면서 말이다. 사람들이 미학적 선호에 대해서만큼이나 거대한 이상에 대해서도 논쟁하지 않는 사회를 잠시 상상해 보자. 쓸데없는 말다툼 없는 비잔틴…[†] 나는 미국을 좋아하며 핵에너지와 투우를 지지한다.[36] 내가 적절한 이유를 들어

작가, 변호사 등 다양한 전문 분야의 회원을 모을 수 있었고, 프랑스 전역에 지부를 만들고 활발한 활동에 나섰다. 이 단체는 프랑스 교도 행정과 수감 시설의 문제점을 드러내고 수감자 상황에 대한 정보를 교환하며 수감자들의 목소리를 사회에 알리는 역할을 수행했다. GIP는 무엇보다도 수감자 자신이 주체가 되어 스스로에 관해 말하고 고유한 지식을 이용해 저항하도록 만드는 정치적 (재)주체화의 계기를 중요시했다. 푸코의 GIP 활동은 1970년대 중반『감시와 처벌』로 대표되는 그의 계보학적 작업에 결정적인 자양분이 되었던 것으로 여겨진다. 한편 프랑스 감옥의 엄중 감시 수감소는 사회당 정부가 들어선 이후인 1982년 폐지되었다.

  [†] 쓸데없고 부질없는 토론을 비잔틴식 논쟁, 비잔티니즘byzantinisme이라고 한다.

가며 주변 사람들을 [논리적으로] 제압해야 할까?

하지만 우리가 스스로 옳다고 인정하지 않는 것은 드문 일이다. 일반적으로 우리는 푸코가 진실 의지라고 불렀던 것에 굴복한다. 물론 우리가 우리 선택을 날것의 사실로 말하는 데 만족하는 경우가 있다. 아마도 애국자라면 이렇게 말하리라. "옳든 그르든 내 나라." 그러나 그는 자기 조국이 옳다거나 진정한 도덕은 조국의 편을 드는 것이라고 단언할 필요성을 더 자주 느낄 것이다. 진실 의지는 그렇게나 강력하다. 아우구스티누스를 인용하자면 "우리는 진실을 너무도 사랑한 나머지, 우리가 그것 아닌 다른 것을 사랑하게 되면 우리가 사랑하는 것이 진실이기를 바란다".[37] 말할 필요도 없이 우리의 정당화들은 궤변이다. 우리는 우리 선택에 따라 진실을 판단하지 진실에 따라 선택하지 않는다. 그리고 우리 선택이 목적을 나타나게 만든다.[38] 이 점에 있어서는 로고스, 진리, 이성, 이해력의 수많은 수호자를 포함해 모든 사람이 그렇다. 스피노자가 가르쳐 주었듯이 우리는 어떤 것이 좋다고 판단하기 때문에 그것을 원하는 것이 아니라, 그것을 원하기 때문에 그것이 좋다고 판단하는 것이다.[39]

이러한 진실 의지는 분명히 자기 확신을 가지기 위해 애쓰는데, 권력의 도구, 프로파간다가 될 수 있기 때문이다. 그런데 우리는 언어의 권력이 어떤지 안다.[40] 게다가 진실 의지는 우연적이다. 그것은 다른 지역보다 서양에서 더욱 두드러지며, 강력하고 공식적이며 절대적인 과학들 속에서 조직된다. 어떤 이들은 진실 의지를 빠져나간다. 그들은 로고스를 갖춘 철학자이기보다는 조르주 뒤메질이 말한 둘째 기능의 인간, 즉 격정적이고 분노에 차 있으며 기개thymos[41]를 지닌 전사인 경우가 더 잦다.* 그런데 푸코는 전사였다. 전사는 미사여구를 늘어놓거나 변명하거나 자신이 옳다고 말하지 않는다. 그는 분개하는 것이 아니라 분노한다.† 그는 자신의 대의와 결합한다. 아니 차라리 대의가 그와 결합한다. 그는 대의를 위해 싸우지만, 논쟁을 벌일 의향은 없다. 확신은 없으나 단호하다("확신을 가지는 것은 바보가 되는 것"이라고 푸코는 언젠가 말했다). 우리는 베버가 말한 신들 사이에서 찢긴 하늘 아래 있는 셈이다.

아마도 누군가는 반박할 것이다. "그런데 사람들이 사태를

---

* 비교 사학자인 조르주 뒤메질이 인도-유럽 문명 그리고 고대 사회의 신화와 종교를 해석하며 제시한 사제-전사-생산자의 '기능적 삼분 이데올로기'idéologie tri-fonctionnelle 모델을 암시하고 있다. 역사학자 조르주 뒤비는 이를 성직자-기사-농민 모델로 변용해 중세 사회 분석에 적용한 바 있다.

† 플라톤은 영혼의 세 부분인 이성, 기개(혹은 분노), 욕구가 각각 머리, 가슴, 배라는 신체의 세 중심에 자리한다고 보고, 기개와 욕구가 이성의 지시를 무시할 수 있을 만큼 강력한 동인이라고 지적한다. 이러한 인식은 아리스토텔레스의 『니코마코스 윤리학』에서 그대로 이어진다. 푸코의 행동 논리에 대한 벤느의 해석에는 이러한 일련의 논의가 배음으로 깔린 것으로 보인다. 그는 다시 분개indignation와 분노colère를 구분하는데, 전자는 '몹시 분하게 여기는 것'이고 후자는 '분개해서 노여워하는 것'을 가리킨다. 말하자면 분노는 즉각적이고 신체적인 용기에 바탕을 둔 모종의 공격성, 폭력성을 수반한다는 점에서 분개와 다르다. 벤느는 푸코가 부당한 일에 대해 다짜고짜 분노할 수 있었다는 사실을 강조한다. 그에 따르면 "계보학적 비판은 '내가 옳고 타인들은 틀렸다'고 말하지 않는다. 그것은 단지 '타인들은 스스로 옳다고 자처한다는 점에서 틀렸다'고 말할 뿐이다. 진정한 전사는 화 없이도 분노를, 기개를 중시한다. 푸코는 자신의 확신을 정초하기 위해 고민하지 않았다. 그로서는 그것들을 원하는 것만으로도 충분했다. (궤변으로) 합리화하는 것은 대의명분에는 별 이득도 없이 스스로를 낮추는 일이 될 것"이다. Veyne, "Le dernier Foucault et sa morale", *Critique*, n° 471/472, p.938.

변화시킬 아무런 이유가 없다면, 왜 그러려고 하겠는가?" 이 말이 맞을 수도 있다. 하지만 엄연히 존재하는 사실은 다음과 같다. 데카르트적 지성이 아니기에, 사람들은 합당한 이유 없이, 다만 이유 하나쯤은 흔히 지어내며 결정을 내린다. 아무것도 변화시키려 하지 않는 사람들에게도 별다른 이유는 없다. 푸코는 더 나은 것이 없어서 일종의 의지주의를 채택했다. 그는 사람들이 무엇을 원해야 하는지 자신이 결정할 수 있다고 보지 않았으며, 다만 사람들이 어떻게 행동하는지 확인한다고 생각했다. 푸코는 다음과 같은 말을 즐겨 했다. 누군가가 타인들로 하여금 자신의 진리를 따르게 만들고 또한 그들이 그로부터 행복을 얻기를 원하는 것이 개인적으로 가증스럽다고. 이는 기독교, 마르크스주의, 그리고 유감스럽게도 고대 그리스-로마 사상이 이미 했던 것이다.[42]

푸코는 끊임없이 이 지점으로 되돌아왔다. "내가 감옥이나 정신병자 수용소, 또는 이런저런 사안을 둘러싼 일련의 행동을 개시하려고 결심하는 것은 개인적인 문제일 뿐이다."[43] 또한 그는 "나는 결코 예언자처럼 군 적이 없다. 내 책들은 사람들에게 해야만 하는 일을 말하지 않는다"고 말했다.[44] 우리가 이미 보았듯 그 자신은 "자기 주체성 속에서" 중요한 일을 위해 투쟁했다.

이 주체성은 순수한 변덕이 아니라 개인적 경험과 능력에 기반을 둔 것이었다. 억압받는 폴란드는 푸코의 가장 중요한 대의 가운데 하나였다.[45] 이는 그가 바르샤바의 프랑스 대사관 쪽에서 직무를 수행한 적이 있고, 소련의 공세가 폴란드를 짓누르고 있는 현실을 보았으며, "사회주의적 참상과 그(사회주의 국가)에 요구되는 용기"[46]를 알고 있었기 때문이다.‡ 나는 푸코가 스탈린의 범죄를 비난한 것에 대해 이미 말한 바 있다. 그는 또한 배제된 자, 억압받는 자, 반항하는 자, 주변부에 있는 자에게 깊이 공감했다. 그는 한동안 장 주네에게 열정적인 우정(그 이상도 이하도 아니었던)을 느꼈다고 내게 고백한 적이 있는데, 이 우정은 그러한 공감으로부터 나왔다.

목격자이자 참여자 한 사람의 말을 직접 듣는 편이 낫겠다. 푸코는 "엄중 감시 수감소의 잔인성과 같이 근시안적 관점에서 비정치적이라고 일컬어진 여러 대의, 그러니까 혁명 정당, 종교적 자애, 대중의 감정, 진보적 학자의 청원이 언제나 무관심하게 내버려 두었던 대의 가운데 하나에 긴급히 정치적 타격을 가해야 할 필요성"을 느끼곤 했다.[47] 그는 임신 중단의 합법화를 위해 싸웠지만[48] 1981년 대통령 선거 때는 미테랑을 지지하는 서명에 동참하기를 거부했다. 지식인은 양심의 인도자가 아니기 때문이다. 레토릭과 철학, 프로파간다와 회의주의 사이의 딜레마를 늘 인식하면서, 푸코는 자신의 대의를 위해 논변을 펼치지 않았다. 그는 사람들의 분노를 자극하고자 애썼고, 한 무리의 분노한 사람이 자신에게 오길 기다렸다. 그는 거대한 질문들을 자신의 일상으로 만들지 않았지만, 끊임없이 개혁을 위해 투쟁했다. 그의 전기를 월 단위로 따라가면, 우리

---

‡ 푸코는 1958년 폴란드 바르샤바 대학의 프랑스 문화원장을 맡아 1년 정도 일했다. 거기서 그는 폴란드 경찰이 서방 외교가에 끄나풀로 심어 둔 한 청년과 교제하는 바람에 실질적으로 추방당한다. 한편 1981년 푸코는 피에르 부르디외와 함께 솔리다르노시치 노조 운동에 대한 폴란드 정부의 탄압을 규탄하고, 이를 묵인한 프랑스 사회당 정권에 대해서도 강력히 항의했다. 이로 인해 그는 죽기 전까지 사회당 정권과 불편한 관계를 유지했다. 에리봉, 『미셸 푸코, 1926~1984』, 160~163, 514~524쪽.

는 끊임없이 온갖 종류의 '작은' 부정의에 맞서 싸운 정의의 사도redéresseur de torts를 발견할 수 있다.[49] '정의의 사도'는 그의 정치적 행동이 무엇이었는지를 규정하는 데 있어 그나마 가장 덜 나쁜 말이다.

그는 사형제에 반대했다. 반면 그는 이와 관련된 아무런 총체적 프로그램도 가지고 있지 않았다. 자신의 회의주의 철학에 걸맞게 그는 순전히 개인적이며 때로는 부정적인 확신들만을 가지고 있었다. 예컨대 이런 것들이다. 우리는 원칙적으로 저항을 금지할 수는 없다. 이른바 현재의 합리성이라는 이름 아래 떠오르는 미래를 거부할 수는 없다. 누구든 푸코에게 그렇게 일반적인 원칙들로부터는 적극적인 결론을 끌어낼 수 없다고 반박할 수 있을 것이다. 푸코가 저항한 이유가 그렇게 하는 편이 그렇게 하지 않는 것보다 더 옳아서는 아닐 것이다. 또 어떻게 되어야만 하든 간에 미래가 현재나 과거보다 더 합리적이지 않다면, 왜 하필 다른 것 아닌 미래를 선택해야 하는가? 결국 개별적 독특성, 개인적 취향에 의해서 그런 것이다. 그리고 이는 색깔에 관해서만큼이나 논쟁할 수 없는 것이다. 푸코는 내 정치적 의견이 자신의 의견과 언제나 같지는 않다는 사실을 모르지 않았다. 그렇지만 그는 내게 훈계하지도, 나를 비난하지도 않았다.

10장

푸코와 정치

〔정치에 있어〕 자신의 개인적 독특성을 이루는 첫째 원칙―떠오르는 미래에 냉담해서는 안 된다―에 따라 푸코는 『성의 역사』 연작을 새로운 서광을 맞이하기 위한 하나의 기여로 해석했다.[1] 이 거대한 작업은 그가 평소 좋아했던 대로 시류를 거스르는 아이디어(우리는 섹스가 억압의 과녁이 되고 있다고 비난해 왔지만, 사실 그것은 문화적 강박관념의 대상이다)로부터 출발했다.[2] 그리고 그는 고대 철학에서 커다란 흥미를 발견하고 거기 사로잡혔다. 그는 소크라테스적인 '자기에 대한 배려'[3]와 주체의 자기 구성 혹은 미학화의 분석가가 되었다. 종내에 그는 사람들이 몰락해 가는 도덕 담론 너머로 떠오르는 미래에 대한 공헌을 이 두꺼운 저작 속에서 발견하기를 기대했다. 여기에서 학자 푸코는 암묵적으로 어떤 만족감을 느꼈을지도 모른다. 결국 그것은 지식인의 당연한 과업이었다.[4]

다음 글을 인용하는 것만으로 충분하리라.

고대에서 기독교로 넘어가면서 우리는 본질상 개인적인 윤리의 추구였던 도덕으로부터 어떤 규칙 체계에 대한 순종으로서의 도덕으로 이행한다. 내가 고대에 관심이 있다면, 그것은 규칙 체계에 대한 복종으로서 도덕이라는 관념이 일련의 이유 탓에 지금은 사라지는 중이거나 이미 사라져 버렸기 때문이다. 존재의 미학에 대한 추구는 이러한 도덕의 부재에 대

응하며, 또 대응해야만 한다.[5]

'해야만 한다'doit는 조동사의 부정확성을 언급하자. 이는 객관적인 개연성을 뜻할까? 자유로운 인간 주체는 공허에 대해 공포를 가지지만, 이 공허는 머지않아 채워질 것임이 분명하다. 그런데 이 채워짐에 이바지하는 것 역시 (푸코가 개념화했던 대로의) 철학자의 의무이자 역할이 아닐까? 푸코는 자기 개입의 도덕적 명령을 설교하려 들지 않으며 자발적인 과정을 돕는다.

자신의 개인적 독특성을 이룬 둘째 원칙에 따라 그는 1979년 이란의 샤shah에 맞선 이슬람 혁명 세력을 편들었다. 우리는 기억한다. 자신의 지지자들이 승리하기 전에 이 아야톨라〔호메이니〕는 프랑스를 피난처 삼아 저항을 이끌었다. 이 저항은 프랑스, 아니 적어도 뱅센의 진보적인 정신, 제3세계주의자, 반제국주의자 사이에서 열광을 불러일으켰다. 다른 이들과 함께 나는 푸코가 이 순진한 열기를 공유하지 않았다고 증언할 수 있다. 하지만 그는 개인적으로 모든 저항에 호의적인 편견을 가지고 있었다. 그는 이 저항에서 인민 해방의 봉기를 보았고 이 문제에 관해 더 자세히 알기를 원했으며(그는『리베라시옹』에 실을 논평을 위해 시사 문제에 계속 주의를 기울였다), 게다가 호메이니의 강력한 개성에 매료되었다.

그에게는 새로운 것, 미지의 것에 대한 열린 정신이 있었으며, 끊임없는 의심 덕분에 독단주의가 없었다.[6] 미래는 예측 불가능하며 상상 불가능하다. 푸코는 생성의 장엄함에 예민했다. 그는 이 미래를 서양식 이상들로 환원하고 싶어 하지 않았고, 히잡을 논리적인 최종 근거ultima ratio로 삼으려 하지도 않았다…. 그리하여 푸코는 프랑스 정부가 제공한 피난소가 있는 노플-르-샤토에 호메이니를 보러 갔다. 돌아온 그는 내게 이렇게 말했다. "내가 거기 간 것, 넌 이해하지? 그는 멀리서 말 한마디로 테헤란 거리에 수십만 명의 시위대가 탱크에 맞서 쏟아져 나오게 만들 수 있는 사람이야." 푸코는 또 이렇게 덧붙였다. "그는 자기 정부의 프로그램에 관해 말했어. 만약 그가 권력을 잡는다면 그건 통탄할 만한 바보짓이 될 거야"(이 말을 하면서 푸코는 연민 어린 눈으로 하늘을 보았다). 자, 내가 보고 들은 바는 이렇다.[*]

푸코가 이란 혁명을 인민의 해방 투쟁으로 간주했다는 점에는 의심의 여지가 없다. 마찬가지로 그가 폴란드에서 관찰한 사회주의 정권은 소비에트 탱크에 의해 강요된 이상한 폭정이었다. "소련의 점령 없이 공산주의는 단 이틀도 못 버틸 거야"라고 그는 말했다. 하지만 이것이 전부가 아니다. 푸코는 확실히 서양 중심주의를 비롯해 민주주의, 인권, 나아가 성 평등의 영속성에 대한 믿음조차 공유하지 않았다. 이것들은 우리 가운데 많은 이에게 도그마가 되었다. 아마도 그는 그것들이

---

[*] 벤느의 이 증언은 푸코의 진술과 차이가 있다. 호메이니는 1978년 10월부터 1979년 1월 말까지 파리 외곽의 노플-르-샤토에서 일종의 망명 생활을 했는데, 푸코는 1979년 8월의 인터뷰에서 호메이니를 개인적으로 만난 적이 없다고 말한 바 있다. 그 이유는 자신의 관심이 이란에서 벌어지고 있는 일 그 자체에 있으며, 호메이니와 대화한다고 해서 특별히 무언가를 얻을 수 있다고 보지 않았기 때문이라는 것이었다. 푸코는 또 진정한 문제는 혁명 지도자의 머릿속에 무엇이 있는지 아는 것이 아니라, 혁명의 참여자들이 그들 자신을 위해 혁명을 어떻게 살아 내는지 아는 데 있다고 덧붙였다. Farès Sassine, "Entretien Inédit avec Michel Foucault 1979", *Foucault Studies*, No. 25, 2018, p. 360.

이 세상의 다른 모든 것처럼 무한히 지속되지 않을 취약한 성취라고 느꼈을 것이다. 그리고 무엇보다도 그는 자기 판단을 중지했다. 그는 도그마를 거부하는 원칙에 따라 찬성도 반대도 하지 않았다. 그는 세계사를 저 멀리서 고공비행했다.

동시에 그는 역사가 잊지 않고 불러오는 새로운 것들을 원칙적으로 환영했다. 이란 혁명은 세계에 터져 나온 첫 번째 이슬람 운동이었다. 이 현상의 효과는 그때까지 거의 알려지지 않았다. 푸코는 "정치에서 종교적 차원을 열려는 이 시도에 깊은 인상을 받았다"고 공언했다. 그는 종교에 큰 관심이 없었지만, 이 이란인들에 관해서는 자문하길 거듭했다. 그들은 "심지어 자신의 생명을 대가로 우리가 르네상스 이후로 그 가능성을 잊어버렸던 것, 바로 정치적 영성을 추구한다". 그는 덧붙였다. "벌써 프랑스인들이 비웃는 소리가 들린다. 하지만 나는 그들이 틀렸음을 안다."

이 문제를 분명히 보자. 시리우스의 관점에서(즉 현실을 초월한 관점에서) 모든 도그마를 거부하는 푸코는 이 새로운 역사의 창안물에 대해 원칙적으로 틀렸다고도 옳다고도 평가할 수 없었다. 하지만 최소한 너그러운 중립적 위치를 취할 수는 있었다. 푸코는 이 정치적 영성의 적극적 지지자가 되지 않으면서도 그것을 포용하고 생성의 장엄함에 경의를 표할 수 있었다. 하지만 사실 속마음 깊은 곳에서 그는 경찰과 군대에 맞선 이란 군중의 영웅주의에 큰 감명을 받았다. 나는 바로 그런 이유로 그가 중립성의 경계를 넘어서서 항거자들 편을 들었다고 생각한다. 이슬람주의에 그들의 항거를 자극하는 분노의 요인들은 없는지 지켜보지 않고서 말이다. 또 그는 아마 극단적인 사례 위에서 우리의 서양적 '진리들'에 대한 자신의 원칙적인 거리 두기를 공공연하게 지적으로 내보이고자 했던 것 같다. 아무도 완벽하지 않다Nobody is perfect.

호메이니를 옹호한 푸코의 입장은 이슬람주의와 반계몽주의에 적대적인 이란 이민자들의 분개를 샀다. 그들은 푸코에게 격렬하게 항의하기 위해 파리에 있는 그의 아파트 문 앞까지 갔다. 물론 그를 동요시키기 위해선 그 이상이 필요했다. 푸코는 자신의 입장에 대해 프랑스 언론에 실린 여러 비판에 더 민감하게 반응했다. 여기서 그 이후의 이야기까지 계속할 마음은 없다.

그러니 인정하자. 생성의 장엄함…. 누군가 내게 말하리라. '이 사건은 회의주의가 틀렸다는 점을 잘 증명한다. 그것은 쓸모없는 데다가 인간에게 무엇을 해야 할지 가르쳐 줄 줄도 모른다!' 그런데 그런 것을 가르쳐 줄 줄 아는 어떤 종류의 철학이나 종교가 언제는 있었던가? 우리 마음에 들기에 기꺼이 믿고자 하는 환상이 아니고서야 말이다. 또 목사가 아닌 바에야 진리가 세속적 유용성에 따라 평가될 수 있을 만큼 세상이 잘 만들어져 있다고 누가 믿을까? 그렇다고 세상이 아주 나쁘게 만들어져 있는 것도 아니다. 그것은 확실히 혹은 적어도 우리를 위해 만들어진 것은 아니다. 우리는 모든 것을 완전히 혼자서 결정하고 또 선택해야 한다. 어떤 진리도 하늘에서 혹은 초월적인 것에서 떨어지지는 않을 것이다.

푸코는 어떤 선택을 했다. 아마 나중이었다면 다른 선택을 했을 것이다. 어쨌든 그렇게 "정치에 종교적 차원을 더하는" 이란의 가능성을 그린 푸코는 여전히 남는다. 한데 이와 같은 일화와 무관하게 이 모든 것은 심층적인 문제를 제기한다. 또는 논리적으로 모든 회의주의의, 그리고 자신에게 속지 않는 모든 사람의 이중적 태도를 밝혀 준다. 이중적이지 않다면 자멸을 초래할 태도를. 미래의 우발성으로 인해 회의주의는 장차 자기 자리를 가질 수 없게 될지도 모른다. 그 앞에서 회의주의자는 어떤 입장을 취할 수 있을까? 장엄한 미래를 찬양하는 계보학자는 또 어떻게 될까? 만일 생성이 어떤 종교, 이데올로기 또는 무교양의 사회를 강요해 그가 계보학자가 될 수 없게 만든다면 말이다. 계보학, 회의주의, 사상의 자유는 서양인들과 서양화된 사람들의 호사라 할 수 있다.

안심해도 좋다. 나는 모종의 도덕을 단언하려는 것이 아니다. 나는 회의주의 사상가에게 그가 회의주의적일 수 있도록 허용한 이 문화에 대해서는 회의하지 말라고 금하거나, 의심의 자유를 보존하기 위해 의심을 멈추라고 촉구하지는 않을 것이다. 나는 단지 어떤 태도들은 인격 분열을 야기할 수 있다는 점을 환기하고자 한다. 세상이 멸망한대도 그는 두려워하지 않으리라Impavidum ferient ruinae…. 우리가 함께 나누고 있는 사유 양식의 몰락을 그 곁에서 지켜보려면, 이 폐허 속에서 우리 사유의 확증을 보려면 이중인격이 되어야만 한다. 자신의 시간과 육체 바깥에서 정신 속에 자리 잡아야만 한다.

대다수의 철학은 현재 있는 그대로의 세계에서 출발하며, 철학의 해피엔드에서 그것을 손상하지 않고 잘 정초된 상태로 재발견한다. 그러나 니체 철학을 포함한 다른 철학들에는 행복한 결말이 없다.[7] 더 나쁜 것은 진리와 삶이 서로 적수라는 것이다. 진리는 분열을 대가로, 그 소멸의 가능성을 대가로 진리로서 지지된다. 우리가 이미 본 것처럼 회의주의 교리가 자가당착에 이른다고 주장하는 것은 궤변이다. 반대로 이 교리의 주창자는 그 교리를 위반할 수밖에 없게 된다. 삶은 계속되기 때문이다. 적어도 그는 정치적 선택에 진리의 가치를 부여하는 데 사유를 이용하지는 않을 것이다….

내면의 삶을 탈인격화하기

하지만 동시에 희생을 감수하면서 주장하는 이 교리 안에서 회의주의자는 탈인격화, 산 죽음을 추구할 수 있다. 이 탈인격화—인격 분열—는 종교에 버금가는 고도의 영적 곡예다. 그것은 순수한 정신이 되고자 하는 (분명히 여느 종교와 같은 플라톤적) 시도다. 그것은 우리가 세계와 맺는 관계, 하이데거가 기분Stimmung이라고 부른 관계,* 능동적이고 인지적일 뿐만 아니라 정서적이며 실존적인 관계 앞에서 취하는 태도다. 이 죽음의 땅은 우리를 짓누르고 홀대하지만, 그에 굴하지 않고 던지는 푸코의 비난은 우리를 놀라게 할 것이다. 한 시인이 그랬던 것처럼.

> 그것〔세상〕은 내게 말한다. "나는 냉정한 무대
> 배우들의 발로는 움직일 수 없는…."[8]

푸코는 이렇게 썼다. 진실을 말하기 위해 자신을 분열시키면서, "나는 이 바깥dehors, 내 삶에 그렇게나 무심하고 중립적인neutre 바깥, 내 삶과 죽음 사이에 조금의 차이도 만들어 내지 않는 이 바깥에서 모든 내면성을 없애 버린다".[9]

---

* 하이데거는 '기분'이 단순한 심리적 부대 현상이 아니라 인간 현존재의 관계 맺음 방식, 즉 현존재의 존재 방식이라고 본다.

무엇을 무릅쓰고라도 진실을 말하기를 원하는 사람이라면 누구든 추구하는 탈인격화. 우주적인 무심함에 마찬가지의 무심함으로 대응하기 위한 탈인격화.

올바름le juste은 부재absence에 경멸로 맞설 것이다.
그것은 신성의 영원한 침묵에
차가운 침묵으로만 응대할 것이다.[10]

자기 자신이 말 없는 유령이 되기 위해 대상에만 발언권을 주기. 이처럼 우리의 주인공은 단순하지 않았다. 그에게는 전후의 정치화된 지식인들, 훌륭한 전투를 위해 훌륭한 투사로 단순화된 지식인들의 일사불란한 성향이 없었다.

모든 문화의 동등한 존엄성을 주장하는 인류학자도,[11] 필요하다면 자신에게 가장 소중한 대의들을 비판할 준비가 되어 있는 역사학자도, 늘 스스로 의식하고서는 아니지만 탈인격화를 수행하고 있는 것이다. 진실을 말하고자 하는 이 의지는 어떻게 푸코에게 오게 되었을까? 내가 그의 지적 진화 과정에 대해 알고 있는 바는 이렇다. 1945년경, 그러니까 스무 살이 되던 무렵, 그는 많은 이가 그랬듯 결국 마르크스주의야말로 양식의 증거라고 여기기 시작했고, 마침내 공산당에 가입했다고 내게 분명히 말했다.[*] 그는 프랑스의 어떤 청년 세대에 속하게 되었는데, 이 세대는 자기들에게 미리 주어졌던 젊은 시절의

---

[*] 푸코는 1950년 루이 알튀세르의 권유로 공산당에 가입했다가 1953년 탈당했다. 동성애자로서 조직 내에서 느낀 불편함, 그리고 소련에서 스탈린 암살을 계획했다고 날조된 이른바 '의사들의 음모' 사건이 중요한 계기가 된 것으로 보인다.

마르크스주의 이론을 뛰어넘어 독자적인 사상을 구축했다. 그들은 맨바닥이 아니라 〔마르크스주의라는〕 이론적 도약대에서 출발했기에 훨씬 높이 오를 수 있었다.

1950년대 초부터 푸코는 마르크스주의로부터 암묵적으로 멀어졌다. 그는 1954년경 윌므가에서 자기 주변에 모인 4인조 학생 공산당원(장-클로드 파스롱, 제라르 주네트, 장 몰리노, 그리고 나) 앞에서 당에 대한 신랄한 태도를 드러냈다.[12] 윌므가의 온순한 분위기 속에서 쌓은 푸코와의 교분은 우리에게 하나의 교훈을 남겼다. 우리는 그의 논제들에 담긴 지성뿐만 아니라 "다른 사람들과 같지 않은" 누군가를 가까이에서 보는 기회를 가질 수 있었다. 그 무렵 그의 철학적 호기심을 끈 것은 어떤 주의주장에나 초험적 토대가 있다는 사실이었다. 나는 그가 고등 사범 학교에서 했던 강의의 결론을 기억한다. "신의 존재에 대한 존재론적 논증은 실제로는 세계의 본질에 대한 신학적 토대로서 기능한다." 그리고 1953년경의 니체 독서는 〔푸코에게〕 커다란 방향 전환이 되었다. 그는 니체를 대상에 일치하는 진리라는 관념의 비판자로 이해했다. 그렇다, 그 관념은 초험성 가운데 최후의 것이자 가장 중요한 것이다.

사회학적으로 말하자면 푸코는 처음에 자기 책들의 성공 덕분에 급속히 유명해진 교수이자 대학 제도상으로는 분류 불가능한 교수였다.[13] 그는 프랑스에서 지성의 세 요람, 즉 대학, 저널리즘, 출판에 발을 담갔다. 널리 인정받는 지식인이 되고 난 뒤 그는 저널리즘과 출판계, 그리고 몇몇 정치인과의 관계만을 유지했다.[14] 물론 강한 책임감을 가지고 교육자로서 자기 직업을 계속 수행하면서 말이다. 지방 대학의 젊은 교수로서 그는 단 한 번도 강의를 빼먹지 않았다.[†] 콜레주 드 프랑스에서의 강의는 그의 주간 일정에서 매우 중요한 일이었다. 직업 의식과 자기희생적 노력. 그는 도덕주의 없이 이를 자랑스러워했으며 그로부터 스스로에 대한 역량과 자기 에너지의 상승 운동을 보았다.

푸코는 소명 의식을 가진 작가였던가? 그는 내게 청소년 시절에는 책을 쓰는 것과는 다른 삶을 꿈꿨다고 이야기했다. 훗날 글쓰기가 자기 삶의 이유가 될 것이라고는 예상하지 못했다. 어쨌거나 그는 현행성에 대한 관심을 결코 거두지 않았다. 그는 또 ([생전에] 거의 가지지 못했던) 진정한 지적 영향력을 갖기를 원했고,[15] 총서 기획자라는 시시한 직함을 내세우지 않으면서도 출판계의 막후 실력자가 되기를 원했으며, 심지어 일정한 정치적 영향력을 갖기를 원했던 듯하다.[16] 그렇다고 그를 비난할 수는 없을 것이다. 아마도 그는 다른 이들보다 훨씬 뛰어난 정치적 조언자가 되었을 것이다. 푸코는 전사였다. 그는 작든 크든 물리적인 혹은 정신적인 세계의 한 조각을 정복하고 싶어 했다.

세속적 야심이건 아니건 간에 그의 열정, 내면의 삶이 되었던 것은 여전히 책들 속에 남아 있었고 또 이 삶은 책들이 만든 것이 되었다. 그는 책들을 구성하면서 그 자신을 구성했다. 그에게 자신이 이미 쓴 것은 더 이상 중요하지 않았다. 끝없는 과업을 계속 수행해야만 했기 때문이다.

---

† 푸코는 1960년부터 1966년까지 클레르몽-페랑 대학에서 심리학과 철학을 가르쳤다. 그는 파리에 살면서 기차로 여섯 시간 걸리는 클레르몽-페랑에 내려가 일주일에 하루를 머물렀다.

그러니 내가 예전에 말했던 것들로 끊임없이 되돌아가지 말아 달라! 내가 그것을 말하는 순간, 그것들은 이미 잊힌 것이다. 내가 과거에 말한 것은 모두 절대적으로 아무런 중요성도 없다. 사람들은 자기 머릿속에서 벌써 심하게 소진된 것을 글로 쓴다. 피를 너무 많이 흘린 생각. 자, 바로 그것을 글로 쓰는 것이다. 나는 내가 쓴 것에 흥미가 없다. 흥미 있는 것은 내가 앞으로 쓸 수 있는 것과 할 수 있는 것이다.[17]

언젠가 프랑스로부터 멀리 떨어진 토론토에서 푸코는 이렇게 고백했다. "나는 나 자신을 변화시키기 위해, 그리고 더 이상 이전과 똑같은 것을 생각하지 않기 위해 글을 쓴다." 우리는 잘 안다. 창작자는 자신의 저작에 의해 창조되며 저작이 사유하는 모든 것을 사유한다. 하지만 아직도 할 말이 엄청나게 많이 남아 있다. 구원은 글쓰기에 의한 인간의 소멸 속에 자리한다. 글쓰기는 영원한 앞으로의 탈주, 밀어붙이기 속에서 인간을 탈인격화한다.

나는 지식이 우리를 변화시킬 수 있는 권력을 가진다는 것을, 또 진실이 세계를 해독할 수 있는 방식 이상임을 안다. (…) 나는 또한 안다. 만약 진실을 알게 되면 내가 변화하리라는 것을, 그리고 아마도 구원받으리라는 것을. 그렇지 않으면 나는 죽게 될 것이다. 하지만 어쨌든 내게는 둘 다 마찬가지다.[18]

노동자는 자신의 익명적인 작업 속에서 탈인격화된다. 그는 "더 이상 얼굴을 가지지 않기 위해",[19] "진실에 대한 지속적인 배려에서 비롯하는 느리고 까다로운 수정" 속에서 "자신으로부터 벗어나기 위해" 글을 쓴다. 그렇다, 여러분이 읽은 것이 맞다. 그는 "진실에 대한"이라고 말했다. "내게는 자기 자신과 다른 이들의 사유를 수정해 가는 작업이 지식인의 존재 이유처럼 보인다."[20] 이는 자기의 개인성, 현존재성eccéité을 없애고 모든 대상에 대해 무심하고 무제한적이며 독립적인 상태에 도달하기 위한 것이다. 그것은 생기 넘치는 죽음mort vivante이다.

이는 자각 없는 쇼펜하우어주의자였던 플로베르가 객관성이라고 일컬은 것이다.[21] 누군가가 담론이 되면 그는 더 이상 존재하지 않게 된다.[22] 푸코가 너무도 잘 알고 있었던 르네 샤르를 인용하자면[23] 인간은 "보이지 않는 지경으로까지 연마된다". 푸코는 작가로서의 삶을 가지고 있었다. 그런데 그것은 자신을 작품보다 글 쓰거나 그림 그리는 행위 그 자체와 더 동일시하는 열정적인 인물 가운데 한 명으로서였다(나이가 들면서 그는 때때로 이 글쓰기/그림 그리기 병 환자에서 벗어나게 된다. 그러한 환자 중에는 사르트르와 피카소가 있었다. 프루스트도 덧붙이자).

그런 이유에서 (…) 나는 평생을 환자처럼 일했다. 난 내가 한 작업이 대학 제도 내에서 어떤 지위를 가질지에 대해 아무런 관심이 없다. 내 문제는 나 자신의 변화이기 때문이다. (…) 자기만의 지식에 의한 자신의 변화는, 내 생각에, 충분히 미학적 경험에 가까운 것이다. 자기 그림으로 자신을 변화시킬 수 없다면 화가가 뭐 하러 작업하겠는가?[24]

철학자 혹은 역사학자 푸코는 여기서 자신을 예술가, 화가의 경우와 동일시한다. 그는 스스로를 들여다보면서 자신이 작업에 의해 얼마나 큰 영향을 받았는지 알게 되었다. 그런 나머지 푸코는 지적 활동이라면 그 수준이 아무리 들쭉날쭉하더라도, 범속하고 보잘것없는 것조차 문학적, 예술적 창작과 구분되지 않는다고 여겼던 것이다. 나는 그것이 일종의 종교였다고 말하련다. 푸코는 윌므가의 학생이었을 때 모리스 블랑쇼에 대한 독서가 계기가 되어 그 종교로 개종했다. 이는 별로 예상할 수 있는 일이 아니었다. 그는 내게 이야기했다. "이 무렵에 나는 무엇보다도 블랑쇼에 열광했지. 그처럼 하고 싶었어." 이러한 개종은 문학과 예술에 열중하는 이들에게는 자주 일어나지만(위대한 선구자 두 명만을 꼽는다면 플로베르와 말라르메가 있다), 학자들scholars에게서는 몇몇 철학자를 제외하고는 아주 드문 일이다.

그 자체를 목적으로 삼는 모든 정신 활동(그런 다음에야 그것은 응용될 수 있을 것이고, 예컨대 여론에 작용할 수 있을 것이다)은 일종의 비인격성, 그리고 어떤 자아의 탄생에 동시에 다가가게 해 준다. 비인격성 속에서 연구자 또는 작가의 자아는 사라진다. 한편 새로운 자아는 아무런 지위도, 특질도, 얼굴도 없다. 그것은 불멸하지도 영속하지도 않지만(〔정신 활동을 하는〕그 시간 동안 우리는 자신을 거의 생각하지 않는다), 시간에 낯선, 시간 바깥에 놓여 있는 자아다. 자기 작업에 몰두하는 시간 내내 우리는 실제의 죽음을 잊는다. 우리는 영원하지 않을 것이고, 물론 잊힐 것이며 소멸할 것이다. 하지만 우리는 인격을 벗어나 익명의 텍스트 안에서 물화된다. 마치 예술가 또는 연구자가 이미 죽기라도 한 것처럼 말이다. 그리고 바로 이러한 의미에서 푸코는 "나는 변화하거나 구원받거나 혹은 아마도 죽을 것이다"라고 썼던 것이다. 그렇다, 죽을 것이다, 왜냐하면 이 니체주의자에게 가능한 구원이란 없기 때문이다. 우리는 무와 혼돈 사이에서 선택해야 할 따름이다. 우리는 그런 곳에서 살고 있다. 변화하기를 그치는 것, 혼돈일 수밖에 없는 외적, 내적 현실을 회피하고자 하는 것, 그것은 유령처럼 사는 것이다.[*]

　　＊ 2000년 6월 벤느는 푸코 관련 학술 회의에서 「회의주의적 고고학자」라는 논문을 발표했고, 이듬해 이를 대폭 보완해 당시 발제문들을 편집한 책에 실었다. 작은 팸플릿 한 권 분량의 이 텍스트가 이 책의 주된 골격을 이룬다. 그 글의 마지막 문단이 이 장의 논의와 직접 이어지기에 참고 삼아 아래에 옮겨 놓는다.
　　"우리는 문학적 불멸이라는 아주 오래된 테마와의 단절, 아리스토텔레스가 말하는 명상과의 단절을 짐작할 수 있다. 오히려 그것은 자아의 전방위적인 탈주로, 앞으로 나아가면서 점점 스스로를 집어삼키는 과정이기도 하다. 새로운 책은 매번 〔저자의〕 자아에서 숱한 실수나 무지, 오인 가운데 하나를 없애 준다. 그런데 인식하는 자아는 오인들에 의해서만 자아일 따름이다. 만일 우리가 대문자 진실을 안다면 더 이상 자아는 없을 것이며, 우리는 익명의 절대적인 대문자 담론이 될 것이다. 우리는 〔한 사람 안에서〕 학자와 개인 간의 이중 분열, 아니 차라리 분할에 관해 말했다. 여기서 학자는 개인을 죽이는데, 이는 『즐거운 학문』의 344번 문장, 즉 '진실을 바라는 것, 그것은 은밀하게 죽음을 바라는 것이다'를 떠올리게 만든다." Veyne, "L'archéologue sceptique", D. Eribon Dir., *L'infréquentable Michel Foucault*, EPEL, 2001, p. 59.

11장
사무라이의 초상

이 이른바 좌파는 프로이트주의자도, 마르크스주의자도, 사회주의자도, 진보주의자도, 제3세계주의자도, 하이데거주의자도 아니었다. 그는 〔좌파 사회학자인〕부르디외도 〔우파 신문인〕『르 피가로』도 읽지 않았다. (다른 사람들처럼) '좌파 니체주의자'도 아니거니와 '우파 니체주의자'도 아니었던 그는, 니체의 용어를 적절하게 이어받자면 자기 시대에 맞지 않는 반시대적 인간이었다. 그런 식으로 그는 비순응주의자였고, 이는 그를 좌파로 분류하기에 충분해 보이게 했다. 1968년 직후 뱅센의 교수였을 때 그는—자기 양심에 따라—마오주의자와 좌파 단체에 호감을 가지면서도, 그들이 선동된 만큼 유용한 동시에 평범한 현상이라고 여겼다. 그런데 마오주의자와 좌파 단체는 그를 예측 불가능하다고 여겼다. 하지만 그는 영리했기에 좌파로 분류되기를 선호하면서도 모호성과 뉘앙스가 사라지지 않도록 조심했다. 이 점에서 그의 반시대성은 그를 숭배한 이들의 좌익주의와 갈라졌다. 그가 좌파 쪽에 있었던 이유는 자신의 국지적인 투쟁을 위한 동지를 좌파 투사들, 그리고 『리베라시옹』에서만 발견할 수 있었기 때문이다.

한편 그는 아주 올곧았고, 작가 경력의 이해관계에 연연해 자기 입장을 양보하는 사람은 아니었다고 재빨리 덧붙여야겠다. 작가라면 누구나 자기 경력상의 이해관계를 관리한다. 어느 정도는 눈에 띄게, 어느 정도는 약삭빠르게, 어느 정도는 악

착같이. 그 또한 자신의 이해관계를 소홀히 하지 않았으며 그 문제에서 외교적인 수완을 발휘했다. 하지만 그는 무엇보다도 책과 사유를 위해 살았기에 자신의 진실들을 타협할 수 없었다. 그가 내게 주기적으로 털어놓았던 속내 이야기는 자기 강의를 빠르게 출판할 수 없어 괴롭다는 것이었다. 푸코가 세상을 떠난 뒤에 모범적인 방식으로 '콜레주 드 프랑스 강의록'과 『말과 글』을 편집한 이들은 그의 사후 소망을 채워 준 셈이다.[*]

우파는 늘 푸코가 공공의 적이라는 사실을 올바르게 간파했다. 왜냐하면 근대 세계가 빵과 서커스, 가상성으로 이루어져 있다고 비난하기는커녕, 그는 세계의 우화(즉 견고하지 않은 토대) 전반을 익살 없이 규명했기 때문이다. 어떻게 내가 그것을 인정하지 않을 수 있을까? 바로 그런 일이 역사학자라는 조용한 직업의 몫인데 말이다. 그와 같은 반시대적 인간은 시간을 초월한 명석함 덕분에 그를 별로 좋아하지 않았던 반근대주의자들과 구별된다(내가 보기에 장 보드리야르는 반근대주의자였다).[†]

역사학자들에게 매우 만족스럽게도 푸코는 모든 시대 어

---

[*] 푸코가 생전에 남긴 대담, 논문, 강연문 등은 1994년 네 권 분량의 『말과 글』로, '콜레주 드 프랑스 강의록'은 1997년부터 2015년까지 총 13권으로 완간되었다. 그 밖에 푸코의 다양한 인터뷰와 강의 원고 등의 출간은 여전히 이어지고 있다. 이러한 사후 출판은 20여 년간 푸코와 동반자 관계를 유지했던 상속인 다니엘 드페르, 푸코의 조교였던 프랑수아 에왈드를 비롯한 연구자 집단, 그리고 푸코 센터Centre Michel Foucault 등이 주도하고 있다.

[†] 여기서 벤느는 푸코의 권력 개념을 비판한 보드리야르의 1977년 저작 『푸코 잊기』를 암시하고 있다. Jean Baudrillard, *Oublier Foucault*, Galilée, 1977.

디에서나 근본적인 차이들에 파고들 준비가 되어 있었다. 그런데 동시에 그는 매번 근원이 그 어떤 것에도 근원을 두고 있지 않다는 점을 확인해 주었다. 거의 모든 사람이 그 사실을 어느 정도 간파하고 있지만, 일반적으로 우리는 평화롭게 살기 위해 그것을 잊어버리거나 작업대 앞에서만 다시 떠올린다. 그러나 푸코는 그것을 결코 잊지 않았다. 시리우스의 관점에서 내려다보면서 세계를 잠재적인 전쟁터로 여겼고, 고대든 근대든 이 세계는 그 어떤 정당성도 갖지 않는다고 주장했다. 그는 열심히 연구했으며, 늘 분개한 상태에 머물거나 투쟁의 열기에 젖어 살지 않았다. 다만 그는 쉼 없이 새로운 정보를 접했으며 기회가 닿을 때는 참을 수 없는 권력 남용에 맞서 국지적인 도움의 손길을 내미는 것을 주저하지 않았다.

자신의 7년 대통령 임기 초반에 지스카르 데스탱은 소수의 위대한 지성—그 가운데는 마담 드 로밀리[‡]도 있었다—을 초빙해 엘리제 궁에서 점심 식사를 함께하는 새로운 정책을 마련했다. 푸코는 이른바 『빨간 스웨터』 재판과 관련해 대통령에게 질문할 기회를 주는 조건이라면 가겠다고 말했다.[§] 이 재판에서 실제로는 무죄였을 가능성이 있는 피의자는 사형을 선

[‡] 자클린 드 로밀리를 가리킨다. 프랑스의 저명한 고전학자이며 문헌학자인 그는 콜레주 드 프랑스 최초의 여성 교수이자 아카데미 프랑세즈의 회원이었다.

[§] 『빨간 스웨터』*Le Pull-over rouge*는 작가이자 언론인인 질 페로가 1978년 발표한 책으로, 2년 전 어린 소녀를 납치, 살해했다는 죄목 아래 사형당한 크리스티앙 라누치 사건을 비판적으로 재조사한 보고서다. 페로는 재판 기록을 꼼꼼히 재검토하고 언론 보도, 주변인 인터뷰 등을 참고해 라누치가 무죄였을 가능성을 주장했다. 영화화되기도 한 이 사건은 이후 프랑스의 사형제 폐지 운동에 중요한 역할을 했다.

고받았고, 지스카르가 사면을 거부해 마침내 처형당했다. 결국 엘리제 궁의 식사 자리에 푸코는 없었다.

푸코에게서 어떤 유형의 인간성을 포착할 수 있다면, 그것은 막스 베버가 말했던 "세계에서 어떤 의미를 발견하려는 시도에 대한 회의주의적 단념"이다. 베버는 더 과장해서 말하길 그런 태도가 "모든 시대 모든 지식인층에 공통"된다고 했다.[1] 호메로스, 에우리피데스, 셰익스피어, 체호프 또는 막스 베버 스스로가 각자의 영웅들에 대해 무슨 생각을 했는지 알기란 불가능하다.[2] 푸코와의 교우 속에서—최소한 우리가 그와 친구였을 때(그의 적이 되지 않는 편이 좋았다. 그는 자기 지성의 분수를 모르고 그에게 맞서려는 사람들, 자기 사유의 엄밀성을 내세우며 그보다 자신이 유명해지지 못할 이유가 없다고 생각하는 사람들을 무섭게 대했다)—우리는 판단하지 않는 주의 깊은 태도를 알아보았다. 이를테면 아주 기이한 주의주장을 한마디 판단의 말도 없이 자기 책 속에 제시하는 것. 자연주의자가 대자연의 창조성에 대해 가지는 찬미의 호감 아래 인간의 온갖 다양성을 그 유별남, 엉뚱함, 우스꽝스러움, 지나침, 과대망상의 충동과 더불어 받아들이는 것. 그것들을 슬퍼하지도 조롱하지도 않는 것.

그는 『리베라시옹』과 쉼 없이 전화 연락을 취했는데, 어느 날엔가 나는 그런 통화 가운데 하나를 듣고 놀랐다. 그는 엘리제 궁의 고문이자 권력자이며 좌파에게 지독히도 미움을 받았던 마리-프랑스 가로를 막 만난 참이었다. "아냐, 아냐!" 그는 전화 상대가 깜짝 놀랄 만큼 강하게 반박했다. "그 사람 품성은 정치적이기보다는 문학적이야!" 전화를 끊고 나서 그는 내게로 몸을 돌렸고, 아마도 어린 시절을 떠올리면서 이렇게 말했다. "이런, 내일은 콜레주 드 프랑스 강의가 있네. 그것만 아녔으면 마리-프랑스 가로의 무릎에 앉아 오후를 보낼 수 있으련만!" 나는 이것을 휴머니즘이라고 부른다. 확실히 그렇다.

그것이 그가 보지라르가의 아주 정결한 자기 아파트에서 꾸렸던 살롱 생활의 암묵적인 규칙이었다. 이 저녁 시간에 우리는 남의 뒷공론을 하지 않았다. 유머가 담긴 푸코의 커다란 웃음소리가 그 시간에 구두점을 찍었다. 불쌍한 에르베 기베르, 당시 이미 인정받은 작가였던 그는 다가올 죽음을 아직 모른 채 그 자리에 매력적인 모습을 드러내곤 했다.[*] 기베르는 비꼬는 말 따위는 한마디도 하지 않았다. 열광적인 지지자도, 팬도 없었던 푸코는 자신을 질시하지 않는 이들, 자신에게 친구이자 동등한 인간으로 행동했던 이들에게 우정을 보였고 충실했으며 관대했다. 그의 강철 같은 에고는 우리가 아주 위대한 인물에게서 때때로 발견하는 작은 자만심의 거품들, 거만한 이들의 기분을 상하게 만들고 거만하지 않은 이들은 냉담하게 만드는 거품들을 감추고 있지 않았다. 이 세련되고 관습에서 벗어나 있으며 평등주의가 지배하던 살롱에서 우리는 자기 자신이 되는 자유를 평화롭게 누렸다. 나는 그날 저녁의 주최자가 누구든 상관없이 거기 드나들었다. 푸코가 내게 명예 동성애자의 칭호를 수여했기 때문이다. 거기엔 가벼운 책망이

---

[*] 에르베 기베르는 소설가이자 사진 작가, 시나리오 작가다. 동성애자인 그는 1977년부터 푸코와 친분을 가졌으며, 1991년 에이즈로 젊은 나이에 세상을 떠났다. 그가 쓴 소설 가운데 단편 「한 남자의 비밀」Les secrets d'un homme과 장편 『내 삶을 구하지 못한 친구에게』À l'ami qui ne m'a pas sauvé la vie는 푸코의 삶을 모델로 삼은 것으로 알려져 있다.

없지 않았다. "열려 있고 교양 있는 남자라니, 여자 뒤꽁무니나 쫓아다니지 그래!"

그런데 어느 날 아침, 그가 얼마나 열린 사람인지 알 기회가 내게 찾아왔다. 내가 콜레주 드 프랑스에서 강의하는 기간이면, 푸코는 너그럽게도 자기 식탁에 식기 한 벌을 더 놓고 자기 아파트를 연장한 스튜디오에서 날 융숭하게 맞아 주었다. 그와 나는 월므가에서 친구들과 함께 보낸 옛 세계를 작게 되살려 냈다. 우리는 서로를 그 시절의 별명으로 불렀다. 그는 '푹스'Fouks 즉 여우였다. 게다가 이 세부 사실의 중요성이 곧 드러날 테지만, 독자들은 니체가 광기에 사로잡혔던 마지막 몇 년 동안 코시마 폰 뷜로에게 썼던 엉뚱하고 감동적인 편지들을 알 것이다. 코시마 폰 뷜로는 코시마 바그너가 되었다. "아리아드네, 당신을 사랑해." 니체는 이 편지를 디오니소스의 이름으로 서명했는데, 자기가 그의 화신이라고 생각했기에 그랬다.[3] 코시마 폰 뷜로는 니체 최후의 위대한 사랑이었던 것이다!

아침 식사 시간이었다. 나는 옆방에서 나는 소리에 잠을 깼다. 작은 숟가락들이 쨍그랑거렸고 두 사람의 목소리, 그러니까 푸코의 목소리와 싱그러운 여자 목소리가 즐겁게 이야기를 나누고 있었다. 놀라고 당황한 나는 〔옆방〕 문을 두드렸고, 헛기침을 하고 들어가서는 침대에서 일어난 한 쌍의 남녀를 보았다. 푸코가 지적인 얼굴의 젊은 여성과 함께 있었다. 두 사람은 각각 똑같이 화려한 기모노(혹은 유카타)를 입고 있었다. 푸코가 도쿄에서 가져온 두 벌의 옷이었다. 그들은 내게 앉으라고 권했고, 다정한 대화가 오갔으며, 그런 다음 악센트 없는 프랑스어로 말했던 그 모르는 여성은 쉬러 떠났다. 현관문이 다시 닫히기가 무섭게 푸코는 내게 몸을 돌리고는 자신의 일탈을 공작처럼 뽐내며 말했다. "우리는 밤을 함께 보냈어. 난 그 여자와 입맞춤도 했다고!" 그는 자기들이 심지어 결혼할 상상조차 해 보았다고 알려 주었다. 푸코가 아내의 성을 따르는 조건하에 말이다. "내 이름은 미셸 폰 뷜로가 될 거야!" 독일의 민법이 장애물이었다. 이 니체주의자가 얼마나 애석해했을지 짐작이 가지 않는가.[*]

이 우아한 귀족의 또 다른 면에 대해서는 이미 다른 사람들이 나보다 훨씬 더 잘 증언한 바 있다. 그는 부싯돌처럼 단단했으며, 그의 용기는 여러 번 입증되었다(어느 날 튀니지 해변의 선술집에서 불이 나 그가 서둘러 주인을 구했는데, 자칫했더라면 둘 다 가스통 폭발 사고의 희생자가 될 뻔했다). 일반적으로 지식인은 위험을 두려워하지 않지만 싸움판은 두려워한다고 고인이 된 내 친구 조르주 빌은 말했다. 윔프가 시절 푸코는 정보부 사관이었던 그에게 잠시 정신적인 사랑을 느꼈다("멜랑콜리가 담긴 그의 유머, 그렇게 멋지기 위해 그가 얼마나 괴로워해야 했을지!"라고 푸코는 내게 털어놓았다). 푸코는 주먹다짐을 두려워하지 않았으며 "용기란 신체적인 것일 따름이다"라고 규정했다. 용기, 그것은 용기 있는 신체다. 이는 우리에게 단어들을 교정하라고 가르친다. 노동 계급의 노동이 아니라 신체

---

[*] 이 이야기의 주인공은 카타리나 폰 뷜로일 개연성이 크다. 그는 프랑스에 정착한 독일계 미국인으로, 갈리마르 출판사에서 일하면서 장 주네, 푸코 등과 각별한 친분을 맺었다. 극좌파 운동에도 열성적으로 참여했던 뷜로는 푸코 사후 그의 인물과 사상을 회고하는 글들을 발표한 바 있다. Katharina von Bülow, "L'art du dire vrai", *Magazine littéraire*, Mai 1984, p. 34 및 "Contredire est un devoir", *Le débat*, n°41, 1986, pp.168~178.

가 착취당한다. 시민은 군대식 규율로 형성되지 않는다. 그들의 신체가 훈육되고 길들여지며, 그 위에 권력이 행사된다. 감금 체계는 신체들을 가둔다.

이 저주받은 자들의 친구[푸코]는 극히 예민한 감수성을 지닌 사람이자 성적 편견의 피해자인 사람 특유의 활기를 가지고 있었다. 그는 자존심 덕분에 억압자들에 맞서 진정한 자기 자신이 되는 편을 택했다. 청소년기에 주위 사람들에게 순종적인 희생자였던 점이 부끄럽다고 1954년경 그는 내게 속내를 토로했다.

오래전, 300명의 젊은이가 모인 고등 사범 학교에서 동성애는 바깥으로 드러낼 수 없었고 완전히 금지되어 있었다. 푸코만이 용감하게 졸업할 즈음에 소수의 학생과 숭배자에게 자신의 진실을 언뜻 내비쳤다.[4] 그는 자신의 차이에서, 그리고 다른 사람들과 자신에 대한 경멸에서 비롯한 공격성과 씁쓸함을 품은 젊은이였다. 1954년의 어느 날인가 동성애를 "거대한 히스테리성 코미디"라고 신랄하게 말할 정도로 그는 [동성애에 대한 사회적] 배제를 내면화하고 있었다. 당시 그는 그렇게 말했다. 그가 느낀 불안은 때때로 조용한 억압자들, [즉 그를 억압하고 있다는 사실을 깨닫지 못하는] 이성애자들이 보이는 광경에 대한 보복성 조롱으로 터져 나왔다. 공산당 역시 배제를 실천하는 데 예외가 아니었다. 1954년 무렵 우리 세포에서의 내부 스캔들은 이 편견이 여러 동지에게 어떤 고통을 안겼는지를 폭로했다.

너무 일화적인 데로 빠질까 걱정도 되지만, 여기서 1954년에 금기가 놓여 있던 자리를 보여 주는 아주 작은 기억 하나를 꺼내 보자. 푸코는 방금 내가 말한 드라마가 벌어졌을 때 우리

동급생 패거리 4인조가 비교적 잘 처신했다는 사실을 알게 되었다. 그는 말 그대로 '벽장에서 나오는' 대신 우리를 억지로 계몽하기로 결심했다. 그 당시 공산당의 '동반자'였던 장 콕토가 아카데미 프랑세즈 회원으로 선출되었다. 이를 기회로 〔프랑스 공산당 기관지인〕『뤼마니테』는 〔콕토에 대한〕 찬사 가득한 기사를 게재했고, 우리는 이를 두고 빈정거렸다. 이 신문에서 콕토로 화제를 곧장 옮겨 가면서 푸코는 느닷없이 큰 소리로 말했다. "그 언니Elle는 완전히 미친년folle이야. 기자가 물었지. '선생님, 이번 여름에는 어디서 바캉스를 보낼 예정이십니까?' 그 언니는 요염하게 대답했어. '저는 파리를 떠나지 않을 겁니다. 맞춤옷들 가봉이 있거든요.'"* 난 등골이 오싹했다. 내 귀로 이 언니라는 말을 처음 들었기 때문이다. 그것은 지옥에서 쓰는 비밀 언어의 여성형이었고, 우리 가운데 저주받은 자들의 존재를 더 이상 모르는 척할 수 없도록 강제했다. 이 미친년은 그저 '미친놈'의 여성형이 아니라 비밀 집단 내부의 기술적인 용어였다. 푸코는 자신이 그 집단의 입문자라는 사실을 더는 숨기지 않았다.『소돔과 고모라』에서 이야기하는 쑥덕공론의 집단 말이다.†

20년 뒤에 내가 푸코를 콜레주 드 프랑스에서 다시 만났을

* 소설가, 극작가, 영화 감독으로 전후 프랑스 문화계의 중심 인물 가운데 한 명이었던 장 콕토 역시 동성애자였다.
† 『소돔과 고모라』는 마르셀 프루스트가 1922년 발표한 소설로 『잃어버린 시간을 찾아서』의 4편이다. 여기서 소돔과 고모라는 동성애에 탐닉하는 사람들을 뜻한다. 소설에서는 샤를뤼스 남작과 그가 사랑하는 젊은 남성 모렐, 그리고 주인공 마르셀의 연인이자 동성을 사랑하는 알베르틴 등을 중심으로 동성애자들의 비밀스러운 사교계에서 일어나는 일들이 펼쳐진다.

때 그는 이제 냉소를 보내지도, 험담을 하지도 않았다. 더 이상 히스테리가 없었다. 그 자신의 용어에 따르면 "아무 문제 없는 용감한 호모"가 되어 있었다. 그는 젊었을 때 당시 유행에 맞게 남자를 무제한으로 낚는 시기를 거쳤다고 내게 이야기해 주었다. "넌 여태까지 얼마나 많은 여자랑 자 봤어?" 그는 내게 물었다. "난 (게이 생활을) 시작한 첫해에 200명의 남자와 잤어." 어떤 증인이 이 숫자는 구약 성서의 숫자들처럼 좀 부풀려진 것이라고 날 안심시켜 주었다. 그 이후에는 정열적이고 고통스러운 애정 관계가 그에게 매우 중요했다.[5] 그리고 나서 오래 지속될 사랑이 찾아왔다. 다니엘 드페르와의 수십 년에 걸친 동반자 관계가 그것이다. 서로를 향한 깊은 애정이 두 사람을 이어 주었다.

어쨌거나 그가 또 내게 해 준 이야기에 의하면, 고등학생 시절 그가 커다란 열정을 쏟은 일은 동성애 판에 데뷔하는 것이 아니라, 외과 의사인 아버지의 병원에서 찾아낼 수 있는 모든 마약을 삼키는 것이었다. 이는 마약이 사유를 얼마나 변화시킬 수 있는지, 얼마나 다양한 사유가 가능한지 확인하기 위해서였다. "엄마, 물고기는 무슨 생각을 해요?" 어린 푸코는 언젠가 금붕어가 헤엄치고 있는 어항 앞에서 자기 엄마에게 이렇게 물었다.[6] 물고기의 생각, 마약, 환각제, 광기, 이 모든 것은 우리의 정상적인 사고방식이 유일하게 가능한 것은 아니라는 점을 입증했다. 이렇게 철학의 소명이 시작되었다.

동성애와 그로 인한 고통은 푸코 안의 특별한 감수성에 확실히 '영향'을 미쳤고 어쩌면 그것을 형성하기조차 했을지도 모른다. 그 감수성이 그의 연구를 이끌거나 연구 대상을 결정하기도 했을 것이다. 디디에 에리봉이 내게 말해 주었듯이 푸코는 자기 삶을 통해 정신 의학이나 정신 분석 또한 권력의 테크놀로지라는 것을 일찌감치 감지했다. 훗날 그는 '섹스'의 근대적 담론이 동성애를 개인 정체성의 중요한 요소로 만들었다는 것을 발견했다. 그것은 과학이 각자의 '진정한' 정체성에 관해 말할 권력을 가진 지식이기에 개인이 인정해야만 하고 고백할 수밖에 없는 정체성이다. 그의 지적 에너지의 큰 부분은 '섹스'에 관한 지식이 부과하는 정상성과 투쟁하고 이 진실 담론이 유도하는 권력 효과에 저항하는 데 쓰였다.

푸코는 환각제, 마약, LSD에 대한 취향을 간직했다. 하지만 그것은 다만 몇 달에 한 번쯤, 적절히 통제된 상황에서나 있는 일이었다. 글쓰기와 연구 작업에 대한 애착, 그리고 가르치면서 얻는 즐거움이 어떠한 무절제도 충분히 막아 줄 수 있었기 때문이다. 매년 버클리에서 했던 강의를 마치고 나면(그는 미국 생활을 즐겼고 이 나라를 좋아했다) LSD 여행(한번은 이 여행이 나쁘게 끝날 뻔했다)을 떠나거나 샌프란시스코의 동성애자 게토에 있는 한 게이 사우나를 방문하곤 했다. 사우나에서 그가 어떤 이들이 섣불리 넘겨짚었던 만큼 가학적인 모습을 보인 것은 아니다.[*] 어쨌거나 그는 그것 때문에 죽었다. 푸코의 콜레주 드 프랑스 사무실에는 이 사우나의 광고 포스터가 붙어 있었다. 그는 병에 걸린 뒤로도 이 포스터를 떼지 않았다.

[*] 미국의 정치 철학자 제임스 밀러가 1993년 저작인 『미셸 푸코의 수난』(김부용 옮김, 인간사랑, 1995)에서 묘사한 내용을 암시하고 있다. 그는 푸코의 섹슈얼리티와 '한계-경험'limite-expérience 개념, 그리고 그의 철학이 맺는 복잡한 관계에 대한 분석을 시도했다. 이 과정에서 푸코가 1980년대 미국에서 보인 사도마조히즘적인 행적을 드러내고 이를 그의 사유와 연관 지어 논란을 불러일으켰다.

그는 죽음을 두려워하지 않았다. 화제가 자살 문제로 옮겨 가면 그는 친구들에게 그렇게 말했다(훌륭한 사무라이로서 그는 두 개의 검을 가지고 있었는데, 그 가운데 짧은 검은 자살용이었다).[7] 여러 사실이 그가 허풍을 떨지 않았음을 증명한다. 생의 마지막 몇 달간 그는 고대의 사랑에 관한 두 권의 책을 열심히 쓰고 다시 썼다. 그는 스스로에게 진 이 빚을 청산하려 애썼다. 때때로 자기 번역 가운데 어떤 것을 내게 확인받았고, 끈질긴 기침과 계속되는 미열을 불평했다. 예의상 나더러 〔의사인〕 내 아내에게 조언을 구해 달라고 말하곤 했는데, 물론 아내는 조언을 주지 못했다. "네 담당의들은 틀림없이 네가 에이즈에 걸렸다고 생각할 거야." 난 그에게 농담으로 이렇게 말했다(애정 취향의 차이에 관해 짓궂은 농담을 주고받는 것이 우리 우정의 의례 가운데 하나였다). "물론이지." 그가 웃으며 내게 대답했다. "의사들 질문에서 제대로 알아차렸지." 독자들은 1984년 2월에 발열과 기침 증상이 아무에게도 의심을 사지 않았다는 사실을 믿기 어려울 것이다. 에이즈는 너무도 멀리 있는 미지의 재앙이어서 전설적인, 거의 상상적인 질병으로 여겨지고 있었다.[8]

"그런데 정말 에이즈가 실제로 있는 거야? 아니면 그냥 교화용으로 부풀려진 뜬소문이야?" 나는 단순한 호기심으로 그에게 물었고, 그는 잠깐 생각하더니 대답했다. "글쎄 들어 봐. 그 문제에 관해 연구해 봤어. 이것저것 제법 읽었고. 그래, 존재해. 뜬소문이 아니야. 미국 의사들이 자세히 연구했지." 그러고는 내게 두세 문장으로 기술적인 세부 사항을 일러 주었다. '아무래도 푸코는 의학사가야.' 나는 속으로 뇌까렸다. 당시 '동성애자들의 암'에 관한 미국발 단신이 신문에 실리곤 했으나, 이 재앙의 실재 여부는 의심의 대상이었다.

내 바보 같은 질문에 대한 그의 침착한 태도를 돌이켜 보면 지금도 숨이 막힌다. 그 자신은 언젠가 이런 날이 올 것이라고 예견했음에 틀림없다. 그런 계산에서 그는 내 기억력을 믿고 그와 같은 대답을 심사숙고 끝에 떠올렸던 것이다.[9]* 그 〔대화〕 이후 내 안에는 억눌린 불안감이 자리 잡았다. 불안감은 푸코의 건강에 대한 신경 거슬리는 농담의 반복으로 삐져나오다가 마침내는 그가 죽은 1984년 6월 25일 월요일 당일에 어떤 환각으로 터져 나왔다.[10] 또 다른 친구인 일본학자 모리스 팽게가 막 라디오 뉴스를 들었다며 도쿄에서 내게 부음을 알려 주려

* 벤느는 푸코 사후인 1986년 『크리티크』에서 꾸민 특집 '전 세계의 미셸 푸코'Michel Foucault: du monde entier에 「푸코의 마지막과 그의 도덕」을 기고한 바 있다. 그는 푸코와 에이즈에 관해 나눈 대화를 이 글에 담았으나, 편집자 장 피엘Jean Piel은 최종 게재본에서 결국 그 부분을 들어냈다. 당시까지만 해도 보수적인 사회 분위기에서 푸코의 사망 원인이 에이즈라는 사실은 애써 감춰졌고, 공식 사인은 여전히 패혈증으로 남아 있었기 때문이다. 1989년 푸코의 전기를 발간하면서 디디에 에리봉은 푸코가 에이즈로 타계했다는 사실을 공식화했고, 벤느 원문의 삭제된 부분을 인용했다. 「푸코의 마지막과 그의 도덕」의 맨 끝부분을 여기 참고 삼아 옮겨 놓는다. "인간은 〔무엇이든〕 의미화하고 또 때로는 심미화하는 존재다. 죽기 1년 전 어느 날, 푸코는 중세에는 물론 17세기까지도 이루어졌던 장엄한 죽음의 의례에 관해 쓸 기회가 있었다. 죽어 가는 사람은 침상에서 가까운 이들에 둘러싸여 유훈을 남겼다. 역사학자 필리프 아리에스는 우리 시대에는 이 사회적 통합의 거대한 의례가 없어져 버렸다고 탄식했다. 푸코로 말하자면 그는 아무것도 개탄하지 않고 이렇게 썼다. '난 이런 종류의 예식보다는 사라짐의 부드러운 슬픔을 더 좋아한다. 향수 어린 충동 속에서 더 이상 아무 의미 없는 관행들을 되살리고자 하는 데는 몽상가적인 무언가가 있다. 그보다는 차라리 죽음-지워짐mort-effacement에 의미와 아름다움을 부여할 수 있도록 노력하자.'" "Le dernier Foucault et sa morale", *Critique*, n°471/472, p.941.

고 전화하기 몇 시간 전이었다.

유토피아주의자도, 허무주의자도, 보수주의자도, 혁명가도 아니었던 이 정의의 사도, 언제나 전쟁터에 있었던 이 개혁가의 삶과 죽음은 이러했다. 내가 감히 그의 양식bon sens에 관해 말할 것인가? 그의 이해력의 철학은 역사 속 이성의 대척점에 서 있었다. 본질들을 꿰뚫고서 특이성들의 자의성을 가차 없이 알아보던 시선의 날카로움 또한 언급해 두자. 냉정함과 명석함으로 빚어진 이 우아한 인물은 아이러니에 차 있기보다는(아이러니, 이 거세당한 남자 가수의 목소리…) 용감하고 결연하며 단호했다. 그는 자신이 주위 사람들에게 불러일으켰던 적대감과 질투심을 잘 알고 있었다. 그는 범속성에 대한 통찰력 있는 심리학자였다.

그는 거북해하지 않고 자기 에고의 힘을 펼쳐 냈다. 마찬가지 원칙에 근거해서 그는 스스로에 대한 심리적 배신을 용납하지 않았다. 그는 용감하게 죄를 지었고(루터는 "용감하게 죄를 범하라"pecca fortiter라고 말했다), 힘차게 자인했다. 잘못 행동했을 때[11] 그것을 숨기지 않았다(그에게는 도덕이 있었으며, 자기 관점에서 나쁜 놈이 되지 않는 것이 중요했다). 〔어떤 문제를〕 자의식 속에서 명료하게 만들기 위해 그는 (우리 주변의 모든 소동과 쑥덕공론을 알고 있다고 보이는) 믿을 만한 친구에게 그것을 고백할 필요성을 느꼈다.

게다가 그는 사랑의 열정에도 민감하고 예민했으며, 내면의 삶을 가지고 있었다. 그는 다른 사람들처럼 옹졸함과 혐오증, 책략과 관대함을 지녔고, 헌신적인 애정과 군건한 혹은 정열적인 우정을 증명했다. 그는 이해가 빠른 대화 상대였다. 그의 현존은 부담을 주지 않으면서도 강한 인상을 남겼다. 개개인에게 예의 바르면서도 싹싹했던 그는 잘난 체하지도, 거만을 떨지도 않았다. 푸코를 위해 일한 사람들은 남자든 여자든 그가 친절하고 대등하게 대했다고 말했다. "난 내 비서와 잘 통해. 차를 타고서 바깥에 지나가는 사람들 얼굴을 뚫어져라 쳐다볼 때면, 그 여자와 내가 똑같은 남자를 맘에 들어 하거든." 이 일상적인 평등주의는 당연한 것이었다. 상이한 환경에 어울리는 다양한 의례적 태도를 넘어서 푸코는 언제나 내면으로부터 형성된 그 자신이었기 때문이다. 그래서 그와 대화하며 자기가 누굴 상대하고 있는지 의식했던 사람들은 그로 인해 당황하지 않아도 괜찮았다.

푸코는 음악은 거의 듣지 않았지만 그림을 매우 좋아했으며(마네에 대한 그의 취향은 잘 알려져 있다[*]), 문학에는 뚜렷한 선호가 있었다. 1955년경, 그에 따르면 두 부류의 문학 진영이 존재했다. 하나는 무시해도 될 만한 진영으로, 베르톨트 브레히트, 사르트르, 생-존 페르스를 포함했다. 다른 하나는 훌륭한 진영으로, 베케트, 블랑쇼, 조르주 바타유 혹은 르네 샤르와 같은 작가와 비평가가 속해 있었다. 푸코는 예리한 문학적 감수성을 가지고 있었다. 어느 날 아침, 나는 그가 상자에서 튀어나온 꼬마 악마처럼 사무실에서 불쑥 뛰쳐나온 것을 보았다.

---

[*] 푸코는 1967년 『검정과 색채』*Le noir et la couleur*—『검정과 표면』*Le noir et le surface*이라는 설도 있다—라는 제목의 마네론을 출간하기 위해 미뉘 출판사와 계약했지만 이 기획은 끝을 보지 못했다. 다만 그가 1967년부터 1971년 사이 밀라노, 도쿄, 피렌체, 튀니스 등 여러 도시에서 했던 마네 관련 강연 녹취록이 마리본 세종에 의해 편집되어 2004년에 『마네의 회화』*La peinture de Manet*라는 제목으로 쇠이유 출판사에서 출간되었다(한국어판은 『마네의 회화』, 오트르망 옮김, 그린비, 2016).

그는 눈을 크게 뜨고 손에는 책을 펼친 채로 들고서 소리쳤다. "벤느, 너는 문학에도 나머지보다 한 수 위인 것들이 있다고 생각하지 않아? 나한테는 『오이디푸스 왕』의 마지막 부분에 나오는 눈먼 오이디푸스의 긴 독백이 그래…." 그는 말을 맺지 못했다.

　푸코 자신의 책들로 되돌아가자면, 그것들은 끊임없이 다음과 같은 주장을 되풀이한다. '무슨 원칙의 이름으로 내가 혹은 당신이 어떤 행동 프로그램을 권유할 수 있을까? 그런데 현재 때문에 너무 놀라지는 마시라. 현재는 당신이 식별하는 순간 이미 과거다. 그보다는 당신이 원하는 것이 무엇인지, 거부하는 것이 무엇인지를 알려 하시라.' 나는 푸코를 자주 생각한다. 그럴 때면 샛별(이는 개밥바라기와 같다. 프레게 이래 어떤 근대 논리학자도 그것을 모르지 않는다)[*]에 관한 윌리엄 칼로스 윌리엄스의 네 마디 시구가, 일종의 기도처럼 내 머릿속에 떠오른다.

　불가사의한 용기를
　너는 내게 주네, 오래전의 별이여.
　동틀 녘에 홀로 빛나면서
　너는 조금도 굴하지 않네.[12]

　* 특정한 표현의 의미가 의미론적 값인 지시체만으로 설명되지 않는다는 점을 논하기 위한 프레게의 예를 암시한다. 샛별(동쪽의 새벽 별)과 개밥바라기(서쪽의 저녁 별)는 금성이라는 같은 지시체를 가지지만 다른 의미를 지닌다. 따라서 "이는 개밥바라기와 같다"는 문장은 "이는 개밥바라기와 같지 않다"의 오기인 것으로 보인다.

콜레주 드 프랑스에서 푸코의 강의는 옛날 베르그손의 강의가 그랬던 것처럼 많은 청중을 모았다. 강의실은 사람들로 꽉 찼다. 그들은 앉아 있거나 서 있거나 누워 있기도 하면서 모든 의자를 채웠고 계단에까지 자리를 마련했다. 거기엔 유명인, 배우, 스탈린의 전 비서까지 있었다. 강의 중에는 녹음기들이 덜거덕거렸다(강의를 녹음한 카세트 테이프는 은밀한 거래 품목이 되었다).〔역사학자〕피에르 노라와 나도 얌전하게 나란히 앉아 우리가 듣고 있는 내용을 곰곰이 되새겼다.

사람들 맨 앞에는 강단 바로 아래까지 다리를 쭉 뻗은, 아주 잘생기고 날씬하며 호리호리한 젊은 배우가 교수를 향해 우아하게 턱을 괸 머리를 들고 있었다. 푸코의 강의에 인파가 얼마나 몰렸는지 증명하는 이 알레고리적인 인물은 첫 줄에 앉아 교수와 청중 사이를 뚜렷이 갈라놓았다. 강의에 와서 보란 듯이 앉아 있는 그의 모습은 그가 교수의 사상에 동의한다는 의미였고, 그의 자유분방한 자세는 세속의 관례에 따라 청중과 교수를 구분 지으며〔푸코를 둘러싼〕전설을 완성했다. 그들 모두 좋은 편에 속해 있었기에, 자세야 어떻든 뭐라고 할 사람도 없었다.[13]

푸코는〔강의실의 이 모든 상황을〕무시했고, 내버려 두었다. 하지만 그는 사진 촬영만큼은 품위 있는 말로 거부했다.

파리의 푸아르가는 콜레주 드 프랑스와 아주 가까운데, 단테(모든 것에 관심이 있었고 모든 것에 열정을 가졌으며 이제까지 존재한 가장 완전한 인간 모나드인)는〔『신곡』중 하나인〕「천국」편에 시제르 드 브라방Siger de Brabant[†]을 끼워 넣었다. 그는 시제르에 관해서 이렇게 노래했다.[14]

영원한 빛은 시제르의 것

그는 푸아르가에서 했던 강의에서

올바르게 삼단논법을 구사하면서 미움을 샀네.

† 시제르 드 브라방은 13세기 파리 대학 인문학부에 형성된
급진적 아리스토텔레스주의의 중심 인물이었다. 그는 철학의 이성이
신앙의 계시보다 더 중요할 수 있고 설령 신학에서 벗어나더라도
이성을 추구해야 한다며 이성의 자율성과 순수한 지식을 옹호했다.
그는 또 토마스 아퀴나스와 논쟁을 벌이면서 창세는 없었다고
역설하고 영혼의 불멸을 의심했다. 이러한 그의 주장은 당대 학자와
학생 사이에서 큰 반향을 불러일으켰으나, 결국 파리 주교회에 의해
이단으로 유죄를 선고받았다. 단테는 「천국」에서 시제르의 숙적이자
경쟁자였던 아퀴나스로 하여금 벤느가 인용한 대목을 노래하게 했다.

감사의 말

처음에 이 작은 책을 쓰도록 나를 자극한 디디에 에리봉에게 고마움을 표하고 싶다. 또 집필을 격려해 준 다니엘 드페르에게도 감사한다. 물론 내가 저질렀을지도 모르는 오류들은 온전히 내 책임이다. 독자들이 이미 알아차렸겠지만 철학적 열쇠는 장-마리 셰퍼에게 빚지고 있다. 알뱅 미셸 출판사의 엘렌 몽사크레는 20년을 질질 끈 이 책을 결국 세상에 내놓을 수 있도록 이끌어 주었다. 그는 가장 솜씨 좋게 방향을 잡아 주는 편집자이자 가장 유능한 편집자였다.

초판 옮긴이의 말
벤느가 상상한 미셸 푸코
― 열한 개의 노트

1

여기 푸코에 관한 '또 한 권'의 책이 있다. 2008년 프랑스 알
뱅 미셸 출판사에서 출간된 폴 벤느의 『푸코, 사유와 인간』
*Foucault, sa pensée, sa personne*이 그것이다. 푸코에 관해서라면, 그
의 생전에는 물론이거니와 사후 25주년이 되는 지금까지도 다
양한 분야에서 논문과 저작이 끊임없이 쏟아져 나오고 있다.
아마 앞으로도 오랫동안 그럴 것이다. 그러니 벤느의 책을 보
고 누구라도 '또 한 권'이라는 표현을 떠올리지 않을 수 없다.
하지만 푸코 해설서들의 엄청난 더미 위에 얹힌 이 한 권은 저
자의 이름이 지닌 무게 때문에 결코 가볍지 않다. 폴 벤느는
1975년부터 1998년까지 프랑스 학계의 최고 영예로 꼽히는 콜
레주 드 프랑스의 로마사 담당 교수를 지냈으며, 지금은 명예
교수로 있는 고대사 분야의 거장이다. 그는 지금까지 『역사를
어떻게 쓰는가』*Comment on écrit l'histoire: Essai d'épistémologie*, 1971
를 비롯해, 『빵과 서커스』*Le pain et le cirque: Sociologie historique
d'un pluralisme politique*, 1976, 『차이들의 목록』*L'inventaire des
différences*, 1976, 『그리스인들은 신화를 믿었는가?』*Les Grecs ont-
ils cru à leurs mythes?: Essai sur l'imagination constituante*, 1983, 『로마
의 연애 비가』*L'élégie érotique romaine: L'amour, la poésie et l'Occident*,
1983, 『사생활의 역사 1권』*Histoire de la vie privée*, vol. I, 1987(편

저),『로마 사회』*La société romaine*, 1991,『규방의 미스터리』*Les mystères du gynécée*, 1998(공저),『로마의 성과 권력』*Sexe et pouvoir à Rome*, 2005,『그리스-로마 제국』*L'empire gréco-romain*, 2005,『우리 세계가 기독교화되었을 때: 312~394 』*Quand notre monde est devenu chrétien(312~394)*, 2007 등의 역사서를 썼다. 박학다식과 반골 기질, 그리고 거침없는 글쓰기로 무장한 벤느의 저서들은 독창적인 역사 해석과 논쟁적인 주장으로 유명하다. 그런데 이 고대사 전문가의 저작 이력 속에서『푸코, 사유와 인간』은 대체 어떤 자리를 차지하는 것일까? 이 질문에 대답하려면 벤느와 푸코의 개인적인 관계에 대한 언급에서 출발해야 한다. 우선 이렇게 말해 두자. 그들은 오랜 친구였다고.

2

벤느와 푸코는 평생 두 번, 각각 몇 년씩에 걸쳐 교류의 기회를 가졌다. 1951년 파리 고등 사범 학교에 입학한 벤느가 당시 수험 지도 교사였던 푸코와 친분을 쌓으면서 시작된 첫 번째 시기는 1955년 두 사람이 제각기 공부와 경력을 위해 스웨덴과 이탈리아로 떠나면서 끝난다. 두 번째 시기는 1975년 콜레주 드 프랑스 교수로 취임한 벤느가 20년 만에 푸코와 다시 만나면서 시작된다. 이후 두 사람은 푸코가 급작스레 사망하는 1984년까지 긴밀한 지적 협력 관계를 맺는다. 벤느와 푸코 사이의 교분은 이처럼 푸코 생애와 사상의 후반기에 비로소 본격화되었던 셈이다. 이 점에서 벤느가 1971년 발표한『역사를 어떻게 쓰는가』에 푸코의 이름이 단 한 번 등장한다는 사실은 시사적이다. 그는 몽테뉴의 책, 그리고 레비-스트로스의『슬픈 열대』와 함께『광기의 역사』를 역사주의적 매력을 지닌 저작 가운데 하나로 간단히 언급하고는 지나쳐 버린다.[1] 우리의 자연화하는 성향에 맞서 시대별, 국가별 가치의 다양성을 보여 주는 책들이라고 말이다. 이 '몰이해'는, 당시 이미『광기의 역사』,『임상 의학의 탄생』,『말과 사물』,『지식의 고고학』 등이 발간되어 푸코의 명성이 드높았고 그의 철학에 대한 논의가 활발했다는 사실을 고려하면, 사뭇 놀랍다. 이와 관련해 벤느는『푸코, 사유와 인간』출간을 계기로 이루어진 한 대담에서 "나는 푸코의 책들을 읽었지만, 그 중요성을 이해하지 못했다"고 진솔하게 시인한 바 있다. 그의 고백은 다음과 같은 이야기로 이어진다. "〔콜레주에서〕 푸코의 강의 가운데 하나를 들으러 다니면서, 나는 갑자기 그가 열어젖힌 전망을 간파했다. 한 순간에 나는 푸코가 역사에 대해 더 심층적인 분석을 개시했음을 파악했다. 그것은 내가 오랫동안 추구했던 것이었다. 그래서 나는 집으로 돌아가 니체를 읽기 시작했다. 어느 날 저녁, 푸코가 엑상프로방스에 있던 내게 전화했다. 용건은 기억나지 않는다. 나는 그에게 말했다. '너 알아? 나 엄청난 발견을 했어. 니체를 읽기 시작했거든.' 그는 내게 말했다. '네가 관심 있는 것은 들뢰즈의 니체겠지.' '아니야. 왜냐면 들뢰즈의 책에는 한 가지 결점이 있거든. 들뢰즈는 진리의 문제를 제기하지 않아.' 이 한마디에, 푸코는, 말하자면, 내게 한눈에 반했다! 그가 보기에 나는 역사의 가장 큰 문제가 진리라는 점을 알아차린 유일한 역사학자가 되었다. 그렇게 해서 우리는 친구가 되었다."[2]

---

1 폴 벤느,『역사를 어떻게 쓰는가』, 이상길, 김현경 옮김, 새물결, 2004, 25쪽.

3

1978년에 벤느는 푸코와의 깊은 지적 교감의 흔적을 보여 주는 논문 두 편을 발표한다. 하나는 『역사를 어떻게 쓰는가』의 문고본 개정판에 부록으로 실린 「역사학을 혁신한 푸코」이며, 다른 하나는 『아날』지에 실린 「후기 로마 제국에서의 가족과 사랑」이다.[3] 이 두 편의 논문은 두 사람 관심의 공통분모와 이후 전개 방향을 분명히 드러낸 전조와도 같은 글이라는 점에서 매우 중요하다. 앞의 글은 푸코의 철학과 방법론에 대한 탁월한 해설로 잘 알려져 있다. 이 글은 특히 유명론자이자 실증주의자로서 푸코의 면모를 강조하면서, '실천'과 '관계'에 초점을 맞추는 그의 역사 쓰기 방법이 지니는 유용성을 부각시켰다. 철학자 아널드 데이비드슨의 전언에 따르면, "이 전설적인 에세이는 우리에게 푸코의 작업이 역사 쓰기에 미친 폭발적인 효과를 정리해 주는 특별한 안내자다. 그리고 그럴 만한 가치가 있게도, 푸코 자신이 언젠가 내게 그 글이야말로 그의 작업에 관한, 매우 통찰력 있는 단 하나의 에세이라고 말한 바 있다".[4] 뒤의 글은, 비록 널리 알려져 있지는 않지만 역시 1978년에 나온 케네스 도버Kenneth Dover의 책 『그리스 동성애』*Greek Homosexuality*와 더불어 그리스-로마의 성과 사랑을 이전과는 다른 시각에서 재조명했다고 평가받은 논문이다. 거기서 벤

---

2   "Paul Veyne: "Foucault ne rêvait pas à la révolution"", *Le monde des livres*, 21 mars 2008.

3   벤느, 「역사학을 혁신한 푸코」, 『역사를 어떻게 쓰는가』, 453~507쪽; P. Veyne, "La famille et l'amour sous le Haut-Empire romain(1978)", *La société romaine*, Seuil, 1991, pp. 88~130.

느는 고대인들의 성애에 대한 인식을 새롭게 개념화한다. 그에 의하면 "양성애가 일차적으로 주어진 것이고, 이성애는 문화적 선택"이었던 고대의 섹슈얼리티는 대상의 남성/여성 차원이 아닌, 주체의 능동성/수동성 차원을 중시했다. 이러한 사고 틀은 1세기 말 내지 2세기 초에 근본적인 변동을 겪는다. 그 결과 "삽입을 위한 양성애"는 "재생산을 위한 이성애"로 변화하고, 모든 이들을 위한 것이 아니었던 결혼이 전체 사회를 떠받치는 제도로 부상하기에 이른다. 성도덕 또한 "지위와 연계된 행위의 문제"에서 "내면화되고 보편화된 덕성의 문제"로 이행한다. 벤느는 이러한 변동이 기독교와 무관하게 이루어졌으며, 피상적인 인식과는 달리 기독교 전파의 산물이기보다 오히려 그 성공 요인이라고 주장한다. 이 과정에서 그는 『역사를 어떻게 쓰는가』와 「역사학을 혁신한 푸코」에 드러난 자신의 유명론과 다원주의적 방법을 다시 한번 확인한다. 그에 따르면, '종교' 그 자체는 존재하지 않는다. 여러 종교의 존재 방식이 다 달라서가 아니라, 각각의 종교가 "종교라는 말 말고는 다른 통일성이 없는, 이질적인 이해관계, 욕망, 객관성 들의 집합체"이기에 그렇다는 것이다. 집합체를 이루는 이 세부 사항들은 제각기 그 나름의 상이한 이해 관심에 부응하며 특수한 인과 도식을 가진다. 블록으로서의 종교는 그와 같은 결과들의 총합과 교섭의 산물에 지나지 않는다. 결국 벤느가 보기에 마치 종교가 어떤 알맹이를 지닌 실체, 진정한 불변항인 양

<hr>

4   A. I. Davidson, "Structures and Strategies of Discourse: Remarks Towards a History of Foucault's Philosophy of Language", A. I. Davidson Ed., *Foucault and His Interlocutors*, The University of Chicago Press, 1997, p.15.

사회 속에서 그것의 기능 따위를 질문하는 일은 아무런 의미도 없는 것이다. 1991년 그는 「후기 로마 제국에서의 가족과 사랑」을 『로마 사회』에 재수록하면서, 그것이 "때 이르게 나왔다는 것 말고는 거의 장점이 없는 글"이라는 특유의 인색한 자평을 내놓는다. 잊지 말아야 할 것은, 그러면서도 그가 이 논문이 "미셸 푸코의 기억에 대한 오마주"로 읽혔으면 한다는 바람을 서둘러 덧붙였다는 점이다.[5]

4

푸코는 벤느의 작업을 어떻게 받아들였을까? 아주 명시적이지는 않을지라도 그 영향의 정도나 성격을 가늠할 수 있게 해주는 지표들이 없지 않다. 먼저 그 무렵의 푸코가 문제 틀의 수정을 모색하고 있었다는 정황에 주목하자. 『성의 역사 1권: 지식의 의지』가 거둔 일정한 성공에도 불구하고, 푸코는 권력 비판의 계보학이 다른 식으로 확장, 변환되기를 원했다. 그로부터 '규율'discipline과 대비되는 '안전'sécurité, 나아가 '통치성'gouvernementalité이라는 문제 틀이 점차 떠오른다. 강압보다는 자율성을 통해 작동하는, 사람들의 품행에 대한 인도로서의 통치성 개념은 푸코에게 두 가지 새로운 연구 영역을 열어주었다. 하나는 (신)자유주의의 정치적 합리성에 대한 분석이다. 1978년 프랑스 좌파 연합이 선거에 패배하고 다음 해에는 영국 보수당이 정권을 장악하는 국면이 펼쳐진다. 이 기간에 그는 소규모 연구 집단을 이끌며 자유주의적 정치 이성과 통

5   Veyne, *La société romaine*, p.11.

치성에 관한 논의를 심화시켰다. 그 과정에서 푸코는 『역사를 어떻게 쓰는가』의 인식론적 테제들을 동료 연구자들과 공동으로 검토하기도 했고, 『빵과 서커스』를 사목 권력과 통치성 분석의 방법론적 모델로 제시하기도 했다.[6] 통치성 개념이 열어 준 또 하나의 연구 영역은 자기에 대한 자기의 지배, 이른바 '자기의 테크놀로지' 분석이다. 대안적 주체화의 가능성을 탐구하면서 푸코는 그리스-로마 문화의 역사적 경험에 관심을 기울이게 되고, 이는 벤느와의 정례적인 토론으로 이어진다.[7] 이러한 맥락을 고려할 때 푸코가 『성의 역사』의 원래 기획을 변경하고 기독교 이전의 고대까지 거슬러 올라가 그것을 새롭게 문제화하는 데 벤느가 일정하게 기여했다는 추정은 조금도 무리하지 않다. 이제 결정적인 인용이 남아 있다. 1984년 『성의 역사』 2, 3권의 기획을 설명하는 서론에서 푸코는 벤느가 "진정한 역사학자로서 진실을 탐구하는 것이 무엇인지 알고" 있으며 "진리의 역사라는 문제가 지니고 있는 위험과 맞서기를 받아들인, 오늘날엔 아주 드문 사람들 중의 하나"라고 평가한다. 나아가 그는 그 책들의 "한 장 한 장에 끼친 벤느의 영향은 형언하기가 어려울 것"이라고 단언한다.[8] 지적 동료에 대해 이 이상 어떤 찬사가 가능할까.

---

6   M. Foucault, *Sécurité, territoire, population: Cours au Collège de France 1977~1978*, Gallimard/Seuil, 2004, pp. 245, 256; J. Donzelot & C. Gordon, "Comment gouverner les sociétés libérales?: L'effet Foucault dans le monde Anglo-Saxon", *Esprit*, nov. 2007, pp. 82~95.

7   Daniel Defert, "Chronologie", *DE*, I, p. 53.

8   미셸 푸코, 『성의 역사 2』, 문경자, 신은영 옮김, 나남, 1990, 22쪽.

「역사학을 혁신한 푸코」 이후 30년 만에 나온 이 책은 '사유와 인간'이라는 부제를 달고 있다. 그런데 이 부제가 자극할지도 모르는 기대와 달리, 이 책은 본격적인 전기도 주해서도 아니다. 달리 말해 푸코의 삶에 관한 세세하고 체계적인 정보들을 제공하지 않는다. 또한 푸코 철학의 여러 면모를 연대기적 발전에 따라 정확하게 기술하고 해설하는 데 목표를 두지도 않는다. 이 책의 부제는 '저작과 생애'가 아니라 '사유와 인간'인 것이다. 하지만 왜?『푸코, 사유와 인간』의 출간과 함께 이루어진 또 다른 대담에서 벤느는 이 질문에 다음과 같은 대답을 내놓은 바 있다. 자신은 푸코의 전기를 쓸 만큼 그를 잘 알지도 못했고, 그의 저작에 대해 전문적인 연구를 수행하지도 않았다고. 자신은 그저 인간 푸코의 매혹적이고 인상적인 실루엣을 그리고 싶었으며, 무엇이 그 사유의 가장 단순한 요약일지, 무엇이 그 기초이자 근원이었는지를 말하고자 했을 뿐이라고.[9] 이 솔직하고도 겸손한 답변은『푸코, 사유와 인간』의 특징을 잘 드러낸다.『푸코, 사유와 인간』은 철학적인 평가와 전기적인 일화가 유려한 문체 속에 어우러져 있는 책이다. 벤느는 자신이 이해한 푸코(의 글), 그리고 자신이 잘 알고 있었던 푸코(의 삶과 말)를 씨줄과 날줄로 엮어 하나의 특이한 텍스트로 직조해 낸다. 그 위로 푸코의 사상에 대한 과감하고도 직설적인 논평이, 때로 읽는 이들을 당황스럽게 만드는 인간적 면모의

---

9 "Du jour au lendemain: Paul Veyne/Foucault", émission de *France Culture*, 13 juin 2008.

내밀한 단편들과 뒤섞여 떠오른다. 그 전체 형상에 응집성을 부여하는 힘은 무엇보다도 벤느의 우정 어린 시선에 있다. 스스로의 편파성을 감추지 않는 이 편애의 시선은 '주인공' 푸코의 사유에, 그리고 사람에, 어쩔 수 없이 내재하는 모순과 분열과 간극을 시종일관 따뜻하게 감싸 안는다.

6

니체에 기대자면, "위대한 지성인들은 다 회의주의자들이다. 차라투스트라도 회의주의자다. 정신의 활력, 힘, 그리고 뛰어난 힘을 통해 얻어지는 정신의 자유는 회의로써 입증된다. 확신을 가진 사람들은 가치와 무가치에 대한 근본적인 문제를 전혀 고려하지 않는다. 확신이란 감옥이다. 그것은 멀리도 보지 못하고 발아래도 보지 못한다".[10] 벤느의 푸코는 정확히 니체가 말하는 위대한 지성인에 속하는 인물이다. 벤느는 그를 무엇보다 회의주의자로 그려 낸다. 그런데 이러한 규정이 푸코의 사유에 단 하나의 꼬리표를 붙임으로써 풍부한 해석 가능성을 단순화하려는 시도로 오해되어선 곤란하다. 벤느의 의도는 푸코가 다른 어떤 '주의'와도 접속할 수 없는, '그저 회의주의자'라고 명명하는 데 있지 않기 때문이다. 오히려 벤느가 생각하는 푸코는 그 인물과 사상의 복합성과 다면성에도 '불구하고' 회의주의자라는 편이 진실에 가까울 것이다. 그런데 이와 같은 평가는 벤느가 푸코의 친구로서 그에 대해 가지는

10 프리드리히 니체, 『우상의 황혼/반그리스도』, 송무 옮김, 청하, 1984, 180쪽.

'관점'의 특수성과도 긴밀히 맞물려 있다. 친구에 관해 쓸 때, 설령 그의 사상만이 주된 관심사라 할지라도, 우리는 '본의 아닌 전기 작가'의 시각을 벗어날 수 없다. 우리가 알고 있는, 때로 그와 함께 나눈, 말과 경험과 삶으로부터 그의 생각만을 따로 떼어 내 논의하기란 불가능한 것이다. 스스로의 임무에 충실하려면 어떤 식으로든 그의 '사유와 인간'을 모두 아우르는 이해라는 부담을 져야만 한다. 벤느는 그것을 기꺼이 떠맡았으며, 고대 철학의 회의주의는 그 과업의 수행에 하나의 훌륭한 수단을 제공한 것으로 보인다. 회의주의자는 사유에 있어 그 어떤 토대도 인정하지 않는 반면, 삶에 있어서는 세계의 관습을 따르면서 내면의 평화와 영혼의 고요한 안정을 추구한다. 철학적 담론으로 철학적 담론을 제거하고 나면, 존재 양식만이 남는 것이다.[11] 이는 물론 회의주의자로서 푸코가 모든 철학적 담론을 근원적으로 의심하면서도, 일상생활의 규범에는 순응하고 자신의 개인적인 평안만을 지향했다는 의미가 아니다. 핵심은 회의주의가 사유와 일상 사이의 급진적인 단절을 하나의 실천 원칙으로서 받아들인다는 데 있다. 역설적이지만 그 두 차원의 명백한 구분과 분리가 바로 회의주의자의 통일성을 형성한다. 따라서 벤느가 푸코를 회의주의자로 바라볼 때, 그는 두 가지 특징에 주목하는 셈이다. 모든 초험적, 초월적 토대를 거부하고 인식의 틀을 역사화하는 사유의 급진성, 그리고 사유와 삶이라는 두 세계의 서로 다른 논리에 대한 인정과 포용.

---

11 피에르 아도, 『고대 철학이란 무엇인가』, 이세진 옮김, 이레, 2008, 192~196쪽.

7

푸코의 회의주의는 어떤 담론에 대한 역사적 분석을 끝까지 밀고 나가 그 특이성을 드러내는 데서 출발한다. 그런데 벤느는 이 담론이라는 용어가 잘못 선택된 것이라고 단언한다. 이러한 주장은 사실 그가 30년 전부터 일관되게 제기해 온 것이기도 하다. 그의 표현을 빌리자면, 담론이란 "말해진 것"이 아니며 "기호학과 언어학의 크림 파이"와도 아무런 상관이 없다. 그것은 오히려 "개념 이전의 것préconceptuel, 말해지지 않은 것non-dit"을 가리킨다.[12] 그것은 또 "말하지 않고도 당연시되는 것"의 "거대한 반투명의 중핵"이다. 벤느는 문법의 비유를 끌어온다. 우리는 말할 때 자신이 거의 본능적으로 이용하는 문법에 대한 개념을 가지고 있지 않으며, 제한적인 규칙을 이용하고 있다고도 알지 못한다. "발화자들은 스스로 자유롭고 풍부하게 말했다고 믿는다. 하지만 그들은 자기도 모르는 사이에 어떤 부적절한 문법의 제약을 받는 편협한 이야기를 한 것이다."[13] 이 "부적절한 문법"이 바로 벤느가 말하는 담론이다. 이를테면, 어떤 역사적 시기에 섹슈얼리티를 둘러싸고 형성되어 있는 관념과 제도와 실천은 일정한 '시각의 편협성'을 전제한다. 벤느의 해석에 의하면, 푸코가 담론이라는 용어로 가리키고자 했던 것이 바로 이 시각의 편협성이었다. 우리 사유와 행동은 개념 이전의 관습적인 경계들을 가지고 있는데, 그것

12 Veyne, "La famille et l'amour sous le Haut-Empire romain(1978)", *La société romaine*, p.116.
13 벤느, 「역사학을 혁신한 푸코」, 『역사를 어떻게 쓰는가』, 470쪽.

들은 국경선만큼이나 자의적이고 우스꽝스럽다. 따라서 담론 분석은 실제로 말해진 것, 사람들이 했던 것을 있는 그대로 들여다보고 그것들을 포괄하는, 말해지지 않았던 특이성을 끌어내는 작업이다. 벤느는 덧붙인다. "왜 푸코는 '실천'이나 '문서고' 또는 '전제'라는 용어 대신 이 용어를 썼는가? 우리가 그 안에서 희박화raréfaction의 실증적인 유한성을 식별해야만 하는 이것을 가리키기 위해서 말이다. 아마도 그는 당시 프랑스에 불어닥쳤던 언어학적 유행에 민감했을 것이며, 그 이상 아무것도 아니다."[14] 이러한 도발적 해석은 지금껏 푸코식 담론 분석이라는 이름 아래 수행된 작업 대부분이 딛고 있던 지반을 뒤흔들고 균열을 가져온다.

8

'사무라이와 금붕어', 벤느가 원래 『푸코, 사유와 인간』에 붙이려 했던 제목이다. 사무라이는 결단과 용기와 죽음을, 금붕어는 '근본적 의심'doute radical과 관찰자의 인내와 삶을 은유한다. 그런데 벤느에 따르면, 푸코의 회의주의가 모든 것을 의심하지는 않는다는 점에 유의해야 한다. 즉 그것은 자기 파괴적이지 않으며, 잘 구축된 경험적 사실들 역시 회의의 대상으로 삼지 않는다. (실재의 조작과 예측을 가능하게 해 주는 자연 과학의 모델이나 인간 과학의 '준-고유명사'와 같은) 엄밀성의 프

14   Veyne, "Compte rendu des discussions: Sur le concept de discours chez Foucault", *Michel Foucault Philosophe*, Seuil, 1989, pp.135~136.

로그램, 그리고 성공적인 학문 제도가 그것들의 진실성을 보증한다. 푸코의 회의주의가 정조준하는 대상은 다만 온갖 종류의 일반론과 형이상학일 따름이다. 이때, 그것은 흥미롭게도 "말해질 수 있는 것, 그러므로 자연 과학의 명제들—그러므로 철학과는 아무 상관없는 어떤 것—이외에는 아무것도 말하지 말고, 다른 어떤 사람이 형이상학적인 어떤 것을 말하려고 할 때는 언제나, 그가 그의 명제들 속에 있는 어떤 기호들에다 아무런 의미도 부여하지 못하였음을 입증해 주는 것. 이것이 본래 철학의 올바른 방법일 것이다"[15]라고 주장했던 초기 비트겐슈타인의 입장에 가까워진다. 비트겐슈타인에게 비판의 무기가 논리학이었다면, 푸코에게는 역사학이 그랬다. 벤느에 따르면, 푸코의 회의주의는 실증적이고 엄격한 동시에 언제나 잠정적일 수밖에 없는 역사 연구를 통해 일반론과 형이상학의 토대에 대한 해체 작업을 수행한다. 그것은 직접적이고 현실적인 어떤 처방을 생산하지는 않는다. 푸코는 수많은 정치 활동을 벌였지만, 이는 일반적인 정당화의 원리나 행동 프로그램 아래 이루어진 일은 아니었다. 그의 연구 또한 그의 실천을 뒷받침하거나 이끌어 내는 데 쓰일 수 있는 것이 아니었다. 그 개입과 참여는 푸코라는 주체가 자신에게 주어진 자유를 행사하고 스스로를 '미학화'하는 과정에서 불거진 사건일 따름이다. 저항은 개인의 사회적 위치와 경험, 그리고 전문성을 바탕으로 생겨난다. 그 주체에게 중요한 것은 어떤 원리로 스스로를 정당화하는가가 아니라, 과연 권력의 주체화에 맞

15 루트비히 비트겐슈타인, 『논리-철학 논고』, 이영철 옮김, 천야, 1994, 143쪽.

서 자신의 삶을 미학화하려는 의지가 작동하는가 그렇지 않은 가, 이다. 진실 그 자체가 아니라 진실을 말하는 용기가 문제인 것이다. 이처럼 푸코의 철학적 반토대주의와 정치적 결단주의 는, 니체 철학의 영향 속에 서로 느슨하게 이어져 있음에도 불구하고, 근본적으로는 별개의 것이었다. 벤느는 아마도 회의 주의만이 금붕어의 사유와 사무라이의 용기에 일관성을 줄 수 있는 형식이라 보았던 것이리라.

9

푸코를 회의주의자로 규정하는 벤느의 관점은 두 가지 유형의 대립적인 푸코 이해를 동시에 겨냥하며 반박한다. 먼저 푸코의 학문과 정치를 '지행일치', '이론과 실천의 통합'으로 보는 지지자들의 이해. 그것은 적어도 벤느가 아는 푸코 철학의 기본 원리, 그리고 실제 그의 여러 활동에 부합하지 않는다. 모든 가치의 기초와 보편성을 회의하며 일종의 '판단 중지'epokhē를 실행하는 회의주의자는 어떤 식으로든 자신의 정치를 '정당화할 수 없다'. 다음으로 푸코의 학문과 정치에 현격한 간극이 있으며, 규범적인 기초가 결여 또는 은폐되어 있다는 비판자들의 이해. 벤느가 보기에 '사유의 세계'와 '삶의 세계'를 분리시키는 회의주의자라면 자신의 정치를 '정당화할 필요가 없다'. 그렇다면 회의주의자의 정치학은 어떤 것일까? 세상을 떠받치고 있는 모든 관념적 토대를 우화로 만들어 버린다는 점에서 그의 철학은 그 자체 비판적이며, 따라서 정치적이다. 또 현실의 문제에 개입해 특정한 편을 들고 권력에 저항하는 그의 정치학은 자기에 대한 자기의 관계, 존재의 미학화의 실천이다. 이는 고대의 의미에서 철학적이기도 하다. 고대 철학에서 철학은 하나의 "생활 방식"이자 "독립성과 내적 자유autarkeia, 즉 자아가 스스로에만 의존하는 상태를 획득하는 수단"이었기 때문이다.[16] 이 철학의 정치, 정치의 철학을 실행하는 과정에서 회의주의자는 자신의 삶으로서의 작품, 작품으로서의 삶 속에서 아무런 흔적 없이 사라진다. 이렇게 그는 모리스 블랑쇼가 꿈꾼 이상적인 저자에 가까워진다. 이를 (아마도 상징주의자들에게서 빌려 온 용어일) '탈인격화 과정'으로 묘사하면서 벤느는 투사의 그림자 뒤에 가려져 있었던, 예술가로서의 역사학자 혹은 작가, 푸코의 모습을 불러낸다.

10

어디선가 벤느는 자기 자신에게 요구하는 문체의 조건으로 두 가지를 든 적이 있다. 경쾌할 것, 그리고 문제 제기적일 것.『푸코, 사유와 인간』의 문체가 바로 그렇다. 그것은 처음부터 끝까지 가볍게, 질문을 거듭하며 질주한다. 게다가 그것은 벤느의 역사서 아닌 저작들과 어딘지 닮아 있다. 이를테면, 그가『르네 샤르와 그의 시 세계』René Char en ses poèmes, 1990에서 자신의 40년 열정이라고 스스럼없이 고백한 시인의 생애를 좇아가며 그의 시 한 편 한 편의 의미를 꼼꼼히 풀어낼 때,『세네카』Sénèque: Une introduction, 1993에서 (푸코가 마지막 책을 통해 되살리고자 했던) 이 스토아주의 철학자의 삶과 사상을 명징하게 재구성

---

16   P. Hadot, *Philosophy as a Way of Life*, Blackwell Publishing, 1995, pp. 265~266.

할 때, 혹은 자신의 학문 여정을 정리하는 대담『일상과 흥미로운 것』*Le quotidien et l'intéressant*, 1995의 한 부분을 통째로 푸코와의 관계에 할애할 때,『푸코, 사유와 인간』과 그 책들 사이를 동일한 지적 감정선이 가로지른다. 물론 뚜렷한 차이와 분기의 지점 또한 있다.『푸코, 사유와 인간』은 벤느가『역사를 어떻게 쓰는가』이후 단 한 번도 그 관심의 끈을 놓은 적이 없는 역사 인식론과 방법론 탐구의 계보 안에 자리한다. 이 책에서 벤느는 푸코가 어떻게 분석 대상을 구성하고 연구 노동을 수행했는지 구체적으로 되짚는다. 벤느가 1970년대 말 이래 푸코 사상의 강력한 자장 아래 작업해 왔다는 점을 감안하면, 이는 곧 자신의 역사 쓰기에 대한 회고적인 논평이자 주석인 셈이다. 그러니『푸코, 사유와 인간』은 어떤 면에서는 벤느의 역사 연구가 지나온 시간의 잔해 너머로 스스로를 돌아보는, 자기 성찰의 책이기도 하다.

11

"오 친구들이여, 친구란 없다." 모리스 블랑쇼는 그의 명석하고도 단아한 글,『내가 상상한 미셸 푸코』를 아리스토텔레스가 말했다고 전해지는 이 유명한 문장의 인용으로 끝맺는다.[17] 조르조 아감벤은 바로 그 문장을 실마리로 시작하는『우정론』에서 친구란 범주적이기보다는 그 자체로 개념화될 수 없는 실존적인 단어라고 썼다. 그에 따르면 친구란 "또 다른 나"

---

17   M. Blanchot, *Michel Foucault tel que je l'imagine*, Fata Morgana, 1986, p.66.

가 아니라 "동일성 안에 내재적인 타자성, 동일한 것의 또 다른 변전"이며, 우정은 "자기에 대한 가장 내밀한 감각의 한가운데 있는 탈주체화"다.[18] 사실 그리스인들은 영혼이 내 것이 아니라 내 안에 들어온 것이라 믿었으며, 개인 주체가 초자연적인 전체, 우주적 질서 속에 합쳐지기를 열망하지 않았던가. 우리는 그저 우리를 넘어서는 신적 존재daimôn를 우리 안에 나눠 가지고 있을 따름이다.[19] 벤느가 가장 좋아하는 철학자로 꼽는 아리스토텔레스는 그래서 사회의 기초가 우정philia이라고 여겼을 것이다. '탈주체화'로서 우정은 친구들을 동일한 정체성에 내재하는 타자성이자 가능한 변전들로 만든다. 놀랍게도 『푸코, 사유와 인간』의 내용을 한 문단으로 요약하고 있는 다음과 같은 말은, 예컨대, 원래 누구의 것일까. 우리는 이 30년 전 목소리의 주인을 가려낼 수도, 아마 가려낼 필요도 없을 것이다. "고대의 섹슈얼리티와 우리의 그것은 아무런 관계도 없고, 심지어 겹쳐 놓을 수도 없는 두 개의 구조다. 그것들은 너그럽고 합리주의적이며 낙관적인 허구가 말해 주는 식으로 어떤 거대한 억압의 연속체 위에서 정렬되지 않는다. '섹슈얼리티'의 연속적인 담론들은 제각기 다른 시대에서의 세계상을 보여 주는 역사적 지도 위의 경계도면에서 비교될 수 있다. 각 세기의 경계도면은 예기치 않은 기상천외한 것이다. 그것은 억압과 욕망 사이의 영원한 투쟁이라는 심층 논리를 반영하지 않는다. 그런 논리는 지나치게 멋지다. 그렇다고 해서 내가 우리

18   G. Agamben, *L'amitié*, Payot & Rivages, 2007, pp. 34~35.
19   J.-P. Vernant, "L'individu dans la cité", P. Veyne et al., *Sur l'individu*, Seuil, 1987, pp. 33~34.

는 해야 하는 것을 해야만 하며, 우리 시대의 관습이나 '담론'을 순순히 받아들이는 것 말고는 할 일이 없다고 결론지으려는 것은 아니다. 나는 정반대로 스스로 관대하고 도덕적인 체하는 유사-합리주의들에 속아 넘어가선 안 된다는 결론을 내린다. 윤리적인 온정은 언제나 의심스러운 것이다. 왜 권리에 대해 징징거리고 설교하고 요구하는가? 그것을 그저 쟁취하는 편이 더 간단하지 않은가? 과감히 그렇게 하라. 사람들이 당신에 대해 조금이라도 미심쩍게 느끼지 않도록 말이다. 이는 결국 쟁탈전일 것이기에(그런데 의로운 척하는 분개는 언제나 뒤집어 놓은 굴종에 지나지 않는다는 혐의가 있다). 비웃음당할까 봐 아무도 감히 말을 하지 못한다. 하지만 제발 합리화하지도, 요구하지도 말자."[20]

20 Veyne, "La famille et l'amour sous le Haut-Empire romain(1978)", *La société romaine*, p.115.

개정판 옮긴이 후기
푸코를 불태워야 하는가?
— 철학자의 섹슈얼리티, 섹슈얼리티의 철학

만일 뮈질이 내가 첩자나 적처럼 그 모든 것을, 그 모든 비루한 사소한 것들을 일기장에 옮기고 있다는 걸 알았다면 크게 상심했으리라. 내 일기의 목적이 어쩌면, 이 점이 가장 혐오스러운데, 어쩌면 뮈질보다 오래 살아남아서, 그가 자기 속에 단단히 품은 비밀이 전혀 보이지 않도록, 불투명하게 반짝이는 검은 다이아몬드의 매끄러운 면들만을 남겨 둔 채 자신의 삶에서 지워 버리고 싶어 하는 진실을 증언하는 것일 수도 있기 때문이다. 이 일기가, 그의 전기가, 불확실성으로 가득 찬 진정한 애물단지가 될 위험이 있기 때문이다.

에르베 기베르[1]

'푸코 스캔들'

2021년 3월 말 철학자 미셸 푸코가 1960년대 튀니지 체류 시절에 현지 소년을 대상으로 성 착취를 했다는 뉴스가 갑자기 터져 나왔다. 에세이스트 기 소르망이 신간 『나의 개소리 사전』에서 폭로한 내용, 그리고 책 홍보성 언론 인터뷰들에서 언급한 이야기에 기초한 보도였다. 푸코가 아동 성범죄를 저질렀다는 선정적인 주장은 각국의 신문과 방송은 물론 인터넷을 타고 삽시간에 사방으로 퍼져 나갔다. 인문, 사회 과학 분야에서 가장 널리 인용되는 철학자로 꼽힐 만큼 지적 영향력이 막

---

1 에르베 기베르, 『내 삶을 구하지 못한 친구에게』, 장소미 옮김, 알마, 2018, 104쪽.

강한 푸코인 터라 지식인과 연구자 들이 받은 충격은 매우 컸고 SNS에서도 많은 논란이 벌어졌다. 그런데 푸코 책을 모두 불태워 버릴 기세로 순식간에 뜨겁게 타올랐던 이 '스캔들'은 화력을 빠르게 소진해 버렸다. 소르망의 폭로에 대한 검증 보도가 잇따르면서 이미 4월 초에는 그것이 명확한 근거 없이 과장 및 왜곡된 정보였다는 점이 알려졌기 때문이다. 하지만 대개의 스캔들이 그렇듯 '푸코 스캔들' 역시 부정확한 첫 뉴스만 떠들썩하게 보도되었을 뿐, 구체적인 사실관계의 확인과 정정 보도는 프랑스를 제외하면 다른 국가들에서는 제대로 이루어지지 않은 듯하다. 이 점에서는 국내의 사정도 별반 다르지 않다. 그런데 우리가 푸코 철학에 정말 진지한 관심이 있다면, 대체 무엇이 어떤 맥락에서, 누구에 의해 왜 논란거리로 떠올랐던 것인지, 이 사건이 푸코 사유의 이해에 어떤 의미를 갖는 것인지 한 번쯤은 제대로 짚고 넘어가야 하지 않을까?

먼저 스캔들의 출발점이 되었던 『나의 개소리 사전』에서 소르망이 푸코에 관해 쓴 내용을 그대로 옮겨 보자.

가브리엘 마츠네프는 텔레비전에 나와 자신의 아동 성애에 대해 자랑했고, 경험담을 시덥지 않은 책으로 내기도 했다. 1970년대의 스타 지식인이었던 철학자 미셸 푸코가 더 멀리 나아갔다는 것을 사람들이 알까? 그는 모든 법과 규범이 본질적으로 국가와 부르주아지에 의한 억압의 한 형식이라고 간주했다. 1977년 푸코는 자신의 이론들에 부합하게도, 법적 성관계 동의 연령 폐지 청원appel à la supression de toute majorité sexuelle légale에 서명했다. 서명자 가운데 마츠네프가 있다는 것은 놀랍지 않다. 그러나 아동 정신 분석학자인 프랑수아즈 돌토가 있다는 것은 깜짝 놀랄 일이다. 그들은 아동의 동의라는 문제를 제기하지도 않았다. 나는 푸코가 자신에게 적용했던 이 전면적 해방이라는 대의명분 아래 튀니지에서 어린 소년들을 돈으로 사는 모습을 보았다는 사실을 고백한다. 그는 아이들에게도 성적 향락jouissance의 권리가 있다는 평계를 댔다. 그는 달밤에 시디 부 사이드 묘지에서 아이들과 만나기로 약속했고, 무덤 위에 누운 아이들을 강간했다. 푸코는 이 희생자들에게 일어난 일을 미친 듯이 조롱했다. 또는 그들이 나이 든 백인 제국주의자의 피해자라는 점을 모르는 체하고자 했다. 그보다는 작은 노예들의 자유의사에 따른 동의libre consentement라고 믿는 편을 택했다.[2]

인용문에서 중요하게 등장하는 가브리엘 마츠네프는 2013년 에세이 부문 르노도상을 수상한 프랑스의 저명한 작가다. 그는 1970년대 이래 발표한 소설, 일기, 에세이 등 수십 권의 저작을 통해 자신의 아동 성애와 성 편력을 노골적으로 드러냈는데, 68 혁명의 반문화적 에토스를 공유하던 프랑스 엘리트 집단은 그를 도덕적 순응주의에 대한 저항과 위반의 상징으로 떠받들었다. 마츠네프는 언론인, 출판인, 지식인은 물론 정재계의 막강한 실력자들—거기에는 프랑수아 미테랑, 이브 생로랑, 그리고 피에르 베르제 등이 포함된다—과 친분을 유지하면서 문학적 찬사에 둘러싸여 공공연한 비호의 대상이 되었다. 이러한 상황은 2020년 1월 쥘리아르 출판사 대표이자 편집

2 G. Sorman, *Mon dictionnaire du bullshit*, Grasset, 2021, pp. 287~288. 밑줄은 추가.

자인 바네사 스프링고라가 『동의』라는 자전 소설을 출간하면서 급변한다. 자신이 14세의 나이에 50세의 마츠네프와 맺었던 '동의하의 성관계'가 지속적인 그루밍과 가스라이팅의 결과였음을 나중에야 깨달은 스프링고라는 이 책에서 오랜 시간에 걸쳐 이루어진 성적, 감정적, 문학적 착취를 기록하고, '침묵'으로써 공모한 주변 예술가와 지식인의 부도덕성을 고발했다.[3] 프랑스에서는 당시나 지금이나 15세 미만 아동과 성인의 성관계는 불법이다.

푸코가 마츠네프보다 "더 멀리 나아갔다"는 명시적인 진술을 담은 책을 출간하고 난 뒤 소르망은 3월 9일 TV5의 스튜디오에 출연해 다시 한번 이 문제를 언급한다. 푸코가 아동 성애자였다는 말이냐는 진행자의 질문에 다음과 같이 답한 것이다. "그렇다, 세부 사실들을 말하겠다. 그건 정말 완전히 역겨운 짓이었다. 어린아이들이었고, 동의 문제는 제기되지도 않았다. 그 아이들은 백인도 프랑스인도 아니었다. 도덕적으로 지독하게 비열한 짓거리였다."[4] 소르망의 발언은 3월 28일 자 『선데이 타임즈』에 실린 단독 인터뷰를 통해 이어졌다. 그가 폭로를 거듭해 가며 내용에 조금씩 더 살을 붙여 나갔다는 점에 유의하자. 소르망은 1969년 부활절 휴가 중에 다른 친구들과 함께 튀니지 시디 부 사이드에서 지내던 푸코를 방문했을 때 이를 목격했다며 시간과 장소를 특정했다. 기사에 따르면 푸코는 자기 주위를 뛰어다니던 8~10세 소년들에게 동전을 던

3   바네사 스프링고라, 『동의』, 정혜용 옮김, 은행나무, 2021.
4   해당 프로그램('C ce soir')에서의 푸코 관련 발언 부분을 유튜브에서 볼 수 있다. https://www.youtube.com/watch?v=oCuhpjS30C0.

져 주면서 평소처럼 밤 열 시에 마을 묘지에서 만나자고 약속을 정했고, 그곳에서 그들을 범했다. 소르망은 푸코가 "아동 성애 강간범"pedophile rapist이라고 단언하면서, 경찰에 신고하지 않았던 것을 후회한다고 덧붙였다. "이 여행에는 언론인들도 있었고 여러 목격자가 있었다. 하지만 누구도 당시에는 그런 이야기를 하지 않았다. 푸코는 철학자 왕이었다. 프랑스에서 그는 우리의 신과 같았다."[5]

잘 알려지지 않았지만 주목해야 할 사실 한 가지는 푸코에 대한 소르망의 폭로가 『나의 개소리 사전』이 출간되기 1년쯤 전에 그가 선임 편집인을 맡고 있는 월간 잡지 『프랑스-아메리크』에서 먼저 나왔다는 것이다. 2020년 1월 9일 자 사설 「재능은 더 이상 범죄에 대한 변명이 될 수 없다」는 『나의 개소리 사전』 아동 성애 항목의 초안이라고 할 수 있다. 이 사설은 그 무렵 프랑스 사회에 '미투 운동'의 신호탄을 쏘아 올렸던 마츠네프 사건과 폴란스키 사건을 모티브로 엘리트층의 도덕적 위선과 이중 잣대를 비난하는 글이었다.[6] 소르망은 이 사설을

5 M. Campbell, "French Philosopher Michel Foucault 'Abused Boys in Tunisia'", *Sunday Times*, March 28, 2021, https://www.thetimes.co.uk/article/french-philosopher-michel-foucault-abused-boys-in-tunisia-6t5sj7jvw.

6 Sorman, "Talent Is No Longer an Excuse for Crime", *France-Amérique*, January 9, 2020, https://france-amerique.com/talent-is-no-longer-an-excuse-for-crime/. 미성년자 성범죄와 성폭행 등으로 40여 년간 도피 생활 중인 로만 폴란스키 감독은 드레퓌스 사건을 소재로 한 새 영화 「나는 고발한다」로 2020년 1월 세자르 영화제의 열두 개 부문에 후보로 올랐다. 갖은 구설과 논란에도 불구하고 그는 2월에 열린 영화제에서 결국 감독상을 받았고, 이에 동의하지 않는 영화인들의 거센 항의와 함께 많은 시민의 공분을 불러일으켰다. 한편

『나의 개소리 사전』에 실으면서 새로운 내용을 추가했는데, 앞의 인용문에서 밑줄 친 문장들이 바로 그것이다. 월간지에서 단행본으로, 홍보성 TV 프로그램에서 다시 신문 인터뷰로 미디어를 옮겨 가면서 푸코의 아동 성애에 대한 소르망의 주장은 점점 더 구체적으로, 동시에 선정적이고 단정적으로 변화해 간 셈이다.

문제는 그가 자신의 주장을 뒷받침할 명확한 근거나 증인, 혹은 피해자 진술을 전혀 제시하지 못했다는 것이다. 그는 뒤이은 확인 취재 요청에 불응하거나 질문에 제대로 대답하지 않았다. 소르망은 심지어 푸코의 튀니지 체류 시기나 자신이 푸코를 알게 된 시점 등 기초적인 사실관계에서조차 오류를 범했고, 자신의 발언을 번복하기도 했다. 애초에 그는 1969년 시디 부 사이드에서 푸코를 처음 만났고 그때 그의 성범죄 사실을 목격했다고 말했으나, 나중에는 첫 만남이 1970년이었다고 정정했다.[7] 그런데 사회학자 다니엘 드페르가 편집한 생애사적 연대기에 의하면 푸코는 1966년 11월부터 튀니스 대학

『동의』의 출간이 촉발한 마츠네프 사건에 관해서는 다음의 두 기사를 참고할 수 있다. V. Richebois, "Affaire Matzneff: L'assourdissant silence du milieu littéraire", *Les échos*, Janvier 18, 2020, https://www.lesechos.fr/idees-debats/editos-analyses/affaire-matzneff-lassourdissant-silence-du-milieu-litteraire-1164120; N. Onishi, "A Pedophile Writer Is on Trial. So Are the French Elites", *New York Times*, February 11, 2020, https://www.nytimes.com/2020/02/11/world/europe/gabriel-matzneff-pedophilia-france.html.

7 P. Chevalier, "Michel Foucault et la pédophilie: Enquête sur un emballement médiatique", *L'Express*, April 9, 2021, https://www.lexpress.fr/idees-et-debats/michel-foucault-et-la-pedophilie-enquete-sur-un-emballement-mediatique_2148517.html.

의 철학과 교수로 시디 부 사이드에 체류하다가 1968년 10월 파리로 귀환했다. 한편 푸코의 튀니지 생활과 관련해 가장 상세한 정보를 담고 있는 데이비드 메이시의 전기 『미셸 푸코의 삶들』에는 소르망 등의 방문에 관한 언급이 없으며, 1968년 이후 반정부 학생 운동에 대한 지원으로 말미암아 푸코가 튀니지 경찰과 정보원의 염탐에 시달렸던 정황이 자세히 나타난다. 그러한 조건에서 불법적인 아동 성애를 시도하기란 전연 불가능하지는 않았을지 몰라도, 결코 소르망이 묘사하듯이 쉽게 상습적으로 할 수 있는 일은 아니었을 것이다. 1969년에 푸코가 튀니지에 아예 간 적이 없었던 것은 아니다. 그해 1월부터 뱅센 대학의 철학과에서 가르치던 그는 7월 마네에 관한 강연을 명분으로 튀니지를 잠깐 방문한다. 그런데 이 방문의 은밀한 실제 목적은 시위 때문에 수감된 자신의 예전 학생들에 대한 선처를 튀니지 정부 당국에 요청하는 것이었다.[8]

소르망이 제기한 주장의 신빙성을 확인하기 위해 이루어진 몇몇 언론의 후속 취재는 그의 폭로와는 결이 다른 증언을 확보하기도 했다. 『선데이 타임즈』 보도 며칠 뒤인 4월 1일 『쥔 아프리크』는 푸코가 지냈던 마을에서 현장 취재를 하고 당시 일을 기억하는 노인과 인터뷰를 했다. 기사에 따르면 푸코가 매력을 느낀 대상은 20세 안팎의 청년들이었으며, 소르망이 성 착취의 배경으로 묘사한 공동묘지는 성스러운 장소로서 마을의 엄격한 관리 아래 있었기에 그런 일이 일어날 개연성

---

8   D. Defert, "Chronologie", M. Foucault, *Œuvres*, II, Gallimard, 2015, pp. XI~XII; D. Macey, *The Lives of Michel Foucault*, Vintage Books, 1993, 8장.

이 극히 낮았다.[9] 4월 9일 자 『렉스프레스』와 5월 6일 자 『르 누벨 옵세르바퇴르』의 심층 해설 기사는 각각 새로운 조사와 정보를 바탕으로 소르망의 주장에 담긴 허점과 모순점을 낱낱이 지적했다. 『렉스프레스』기사는 앞뒤가 안 맞는 몇 가지 사실관계에 대해 소르망에게 직접 확인을 요청했는데, 이 과정에서 그는 묘지 광경을 직접 보지 못했고, 푸코 주변에 있던 아이들의 나이를 정확히 알 수도 없었다고 실토했다. 이에 더해 소르망은 자신이 푸코에게 그다지 관심이 없고 "300쪽짜리 책에서 그에 관해 단 두 줄을 썼을 뿐"이며, "그 문제에 미디어의 관심이 그렇게 휘몰아치리라고는 예상하지 못했다"고 변명했다.[10] 『르 누벨 옵세르바퇴르』기사는 푸코의 튀니지 체류 시절 그에게 직접 배웠고 현재 지식인으로 활동하고 있는 이들과 그의 집에 드나들었던 관리인 등 다양한 정보원에 대한 취재를 바탕으로 그의 시디 부 사이드 생활을 다음과 같이 정리했다. 즉 푸코는 당시 700~800명 정도의 주민이 살던 마을 공동

9 F. Dahmani, "Tunisie: 'Michel Foucault n'était pas pédophile, mais il était séduit par les jeunes éphèbes'", *Jeune Afrique*, 1 Avril, 2021, https://www.jeuneafrique.com/1147268/politique/tunisie-michel-foucault-netait-pas-pedophile-mais-il-etait-seduit-par-les-jeunes-ephebes/. 실제로 푸코는 1975년 티에리 뵐첼이라는 스무 살의 청년과 우연히 만나 몇 년간 교제한 적이 있다. 그는 다니엘 드페르를 비롯한 주변 사람들에게 이 사실을 알렸으며, 동성애 운동가이자 마오주의자였던 이 청년과 익명으로 가진 장문의 인터뷰를 1978년에 『스무 살과 그 이후』라는 제목의 단행본으로 출간했다. 푸코는 1979년 이란 사태를 취재하기 위한 테헤란 방문에 뵐첼과 동행하기도 했다. T. Voeltzel, "Letzlove, l'anagramme d'une rencontre", *Vingt ans et après*, Gallimard, 2014, pp. 203~211 참조.

10 Chevalier, "Michel Foucault et la pédophilie".

체의 규범을 잘 지켰고, 어떤 작은 문제도 일으킨 적이 없으며, 경찰의 끊임없는 감시 아래 있었기에 아동 강간과 같은 일을 저질렀을 가능성은 조금도 상상하기 어렵다는 것이다. 만일 그런 일이 정말 일어났다면 마을 사람들에게 린치를 당하고 정부에 의해 곧장 추방당할 수도 있는 상황이었기 때문이다.[11]

이러한 검증 보도들로 미루어 볼 때, 우리는 소르망이 시중에 떠돌던 푸코에 관한 루머를 '아동 성범죄'로 부풀렸다고 결론지을 수밖에 없다. 그것도 마치 자신이 실제로 목격한 광경인 듯이 말이다. 2021년 5월 파리의 미셸 푸코 센터는 푸코의 유족, 평생의 동반자였던 다니엘 드페르, 콜레주 드 프랑스 교수 시절 조교였던 프랑수아 에왈드의 공동 명의로 다음과 같은 내용의 성명서를 발표했다.

이 놀라운 주장들을 명확히 밝혀 달라는 언론인들의 질문을 받고 소르망은 점점 애매하게 얼버무리게 되었다. 그는 더 이상 푸코가 어린 소년들을 '사는' 것을 '보았다'고 자신하지 않는다. 그는 더 이상 그들의 나이에 대해 언급하지 못한다. 그

---

11 M. Lemonnier, "Michel Foucault accusé de pédocriminalité: Notre enquête en Tunisie, aux origines de la rumeur", *Le nouvel observateur*, Mai 6, 2021, https://www.nouvelobs.com/idees/20210506.OBS43714/michel-foucault-accuse-de-pedocriminalite-notre-enquete-en-tunisie-aux-origines-de-la-rumeur.html. 당시 튀니지에서 법적 성년의 기준 연령은 20세였고, 동성애 자체는 예나 지금이나 불법 행위에 속한다. 1960년대의 프랑스 법에 따를 때 동성애 관계가 합법적으로 가능한 동의 연령은 21세(이성애 관계는 15세)였다. 동성애 관계의 동의 연령은 1974년에 18세로 조정되었다.

는 그저 소문일 뿐이었던 묘지의 광경을 '보지' 않았다. 애당초 1969년에 있었다던 푸코와의 만남에 대해 이제는 1970년의 일이었다고 주장한다. 푸코는 1968년 가을에 튀니지를 떠났는데 말이다. 소르망은 더 이상 고발에 대한 책임도, 결과도 떠맡을 의향이 없어 보인다. 그는 자신의 고발이 검증 불가능하다는 점을 인정하고, 궁극적으로는 거기에서 발을 뺀 것처럼 보인다. (…) 그러한 심각한 혐의점들을 주장하고 사실인 양 제시하는 행태가, 이제 (고인이 되어) 스스로 방어할 수 없는 개인의 명예와 명성을 더럽힐 의도를 지닌, 타당성 없는 지어낸 이야기들로 마침내 판명될 때, 그것은 다름 아닌 명예훼손을 구성한다.[12]

2021년 봄 전 세계의 지식 사회를 시끄럽게 만든 '푸코 스캔들'은 이렇게 해서 기 소르망의 근거 없는 비방 탓에 불거진 일종의 해프닝으로 일단락된 듯 보인다. 이제 우리는 푸코가 아동 성애자가 아니었으니 다행이라고 안심하며, 아무 일 없었던 것처럼 넘어가면 되는 것일까? 그저 쓸데없는 헛소동에 불과했다고 조용히 넘겨 버리기엔, 이 논란이 현재의 국면에서 제기하는 또 다른 문제들이 여전히 남아 있지 않을까? 이 해프닝이 어떤 정치사회적 맥락에서 벌어졌는지, 저자와 작품의 관계에 어떻게 접근해야 하는지, 푸코는 당대의 섹슈얼리티 문제를 어떻게 바라보았는지, 그러한 입장은 그의 사유를 이

---

12 Centre Michel Foucault, "Press release on Guy Sorman's accusations against Michel Foucault", https://centremichelfoucault. com/wp-content/uploads/2021/05/Communiqu%C3%A9-Foucault_ English-rev-2.pdf.

해하고 또 이용하는 데 어떤 함의를 지니는지와 같은 중요한 문제들 말이다.

'개소리'와 '청산 문화'의 정치학

『나의 개소리 사전』에서 기 소르망은 전 세계에 거짓 정보가 넘쳐 나고, 그것을 대안적 진실이라 믿는 이들이 자기만의 세상에서 살아가는 현실을 개탄한다. 그리하여 그는 영미권에서 '개소리'bullshit라고 일컫는 비합리적 의견과 관념 들이 국경도 없이 SNS를 타고 흘러 다니는 상황을 비판하겠다는 고상한 목표를 표방한다. 출판사에서는 이 책을 다음과 같이 소개하고 있다. "기 소르망은 개소리라는 여과기로 오늘날의 세계를 걸러 내기 위해 플로베르가 『통상 관념 사전』을 통해 자기 시대 프랑스의 범위에서 시도했던 것과 같은 방법을 사용한다. 그의 사전은 철학적인 식물도감처럼 읽힌다. 각 항목은 겉보기에만 그럴듯한 것을 추적하고 지적 순응주의를 축출하며, 정보의 암거래상을 사냥하고 여론 아래 가려진 진실을 복원할 기회를 제공한다."

'개소리'라는 단어를 '진실'이나 '거짓말'과 어깨를 나란히 하는 철학 용어 수준으로 끌어올린 사람은 소르망도 책 「서문」에서 인용하고 있는 미국 철학자 해리 G. 프랭크퍼트. 그는 원래 1986년 학술지에 발표던 논문 「개소리에 대하여」를 2005년 팸플릿으로 출판해 일반 독자들에게서 큰 인기를 끌었다. 온갖 음모론과 허위, 왜곡 정보에 의해 공론장의 혼돈을 경험하고 있는 이른바 '탈진실 시대' 미국의 정치 현실이 그 배경을 제공한 것으로 여겨진다. 이 책에서 프랭크퍼트는 개소리의 특징으로 진실에 대한 관심의 결여를 든다. 거짓말쟁이는 거짓말을 잘하기 위해서라도 진릿값에 주의를 기울이지 않을 수 없다. 진실을 말하는 사람과 거짓말쟁이는 모두 진실에 대한 관심과 존중이라는 공동의 게임을 치르는 맞수다. 하지만 개소리꾼은 거짓말을 정교하게 설계하는 일에 큰 관심이 없다. 그는 '아니면 말고'의 무책임한 태도로 임한다. 개소리꾼은 그저 자기 목적에 맞게 소재를 선택하고 가공할 따름이며, 설령 진실이 밝혀진다 해도 별로 개의치 않는다. 이처럼 진실의 권위에 신경 쓰지 않으므로 개소리는 "거짓말보다 훨씬 더 큰 진리의 적"이라는 것이 프랭크퍼트의 주장이다.[13] 소르망은 '개소리'가 "거짓이지만 그럴싸하고 일반적으로 공유된다"는 점에서 플로베르가 사전의 형식 속에서 조롱한 '통상 관념'과 비슷하다고 말하고, SNS가 그러한 개소리를 중개하고 가속적으로 순환시킨다고 지적한다.[14] 역설적이지만, 그가 신간 홍보를 목적으로 푸코의 아동 성애에 관해 실체가 불분명한 주장을 늘어놓고 다양한 미디어를 통해 널리 유통시킨 결과는 우리 시대에 개소리가 어떤 경로로 (재)생산되면서 공론장에 침투하는지 생생하게 보여 준다.

흥미로운 점은 소르망이 명확한 근거도, 성실한 검증 의지도 없는 허황된 정보—"푸코는 파렴치한 아동 성범죄자다"—에 덧붙여 청산 문화cancel culture를 반대한다는 주장—"그럼에도 우리는 푸코를 읽어야 한다"—을 내세웠다는 것이다. 청

---

13   해리 G. 프랭크퍼트, 『개소리에 대하여』, 이윤 옮김, 필로소픽, 2016, 63쪽.

14   Sorman, *Mon dictionnaire du bullshit*, p.10.

산 문화는 사회정의의 관점에서 일반적으로 용납될 수 없거나 매우 문제적인 말 또는 행동을 했다고 여겨지는 사람들에게 모든 종류의 지지와 지원을 철회하는 현상을 가리킨다. 이때 대개는 성차별, 인종차별, 동성애 혐오, 약자와 소수자에 대한 부당한 폭력 등이 주요 이슈로 작용한다. 예컨대 성범죄를 저지른 작가의 작품을 읽거나 사지 않고, SNS 팔로우를 끊으며, 그 사람이 광고한 상품을 불매하는 식으로 말이다. 이러한 일종의 문화적 보이콧 활동은 그동안 공론장에서 목소리를 내지 못했던 사회적 약자와 소수자 집단이 인터넷과 SNS의 발달에 힘입어 (종종 뒤늦은) 정의의 실현을 시도하는 양태로 읽힐 수 있다.[15] 하지만 때로는 '정치적 올바름'의 경직된 기준에 맞춰 자유로운 토론을 억압하고 과도한 상징적 공격과 기한 없는 명예형을 가한다는 이유로, 사회정의를 명분으로 내건 권위주의적 보복 정치라고 비난받기도 한다.

기 소르망은 부당한 '폭로'로 푸코의 명성에 큰 흠집을 냈으면서도, 정작 책이나 인터뷰에서는 철학자가 "아동 성애 강간범"이라고 해서 문화적 청산의 대상이 되어선 안 된다고 강조한다. 그의 '고발'이 비판적 지식인들을 포함한 수많은 독자에게 앞으로도 우리가 푸코를 읽고 참조할 수 있을지 자문하게 만들었다는 점을 고려하면, 그의 선제적인 '청산 문화 비판'은 새삼 주의를 끌지 않을 수 없다. '아동 성애' 항목의 뒷부분에 그는 다음과 같이 적었다.

15　E. Ng, *Cancel Culture: A Critical Analysis*, Palgrave Macmillan, 2022, 1장.

과거의 작품들로 무엇을 할 것인가? 타히티 소녀들을 범했으니 고갱의 그림을 떼어 내야만 할까? 아동 성애자라고 인정한 앙드레 지드의 책들을 불살라야만 할까? 미셸 푸코의 철학을 더 이상 가르치지 말아야 하는가? 반유대주의자들은 어떻게 해야 할까? 대작가인 루이-페르디낭 셀린은 악명 높은 반유대주의자였지만 그의 저작은 기념비적이다. 〔…〕 저작에 대해 말하자면, 그것을 태워 버리지는 말자. 다만 저자가 어떤 사람이었는지에 대한 정보를 가지고 있자. 이는 우리가 새로운 시선으로 저작을 숙고할 수 있도록 해 줄 것이다. 푸코는 여전히 중요한 저자로 남아 있다. 하지만 우리가 자유에 대한 그의 찬양이, 기묘한 우연의 일치로, 파렴치한 행동에 대한 알리바이였다는 점을 더 잘 알게 된다면 그의 위상은 쪼그라들 것이다.[16]

TV5의 프로그램에서도 소르망은 비슷한 주장을 되풀이하며 좀 더 직접적으로 청산 문화를 비판했다.

나는 저자가 더러운 놈salaud인지 아닌지 아는 것이 중요하다고 생각한다. 만일 우리가 저자가 더러운 놈인 줄 안다 해도, 셀린과 폴 모랑의 경우가 바로 그런데, 우리는 계속해서 그의 저작을 읽을 수 있다. 난 셀린이나 모랑의 책을 불태우길 요구하지 않는다. 〔…〕 미국에서는 청산 문화에 관해 많이 이야기한다. 〔문제가 된〕 문화를 폐기해야 한다고. 하지만 그렇지 않다. 폐기할 일이 아니라 그것을 이중적 시선을 가지고 보아야

---

16 Sorman, *Mon dictionnaire du bullshit*, pp. 288~289.

한다. 〔…〕 나는 푸코를 거듭 읽지만 동시에 푸코가 어떤 사람 인지 안다. 이것이 이중적 시선으로 본다는 것이다.

어떤 작가가 "더러운 놈"이라고 해서 그의 작품까지 쉽게 폐기해 버려선 안 된다는 소르망의 주장은 그 자체로 타당하 다. 작품과 저자, 사유와 인간 사이의 관계는 어느 한쪽의 문제 를 들어 다른 쪽의 청산 여부를 결정하기엔 너무나 복잡하기 때문이다. 푸코를 되풀이해 읽으면서도『나의 개소리 사전』 같은 책을 쓰는 저자가 있을 수도 있고, 노골적인 인종주의에 물든 작가가 인간 조건의 복합성을 그 누구보다 잘 드러내는 저작을 펴낼 수도 있다. 더욱이 작품과 저자가 놓인 역사적 상 황, 논란이 생겨난 다양한 사회정치적 맥락까지 고려하기에 이르면, '청산'은 한층 더 미묘하고 까다로운 문제로 나타난다. 도덕적으로 의심스러운 작가의 작품을 어떻게 대해야 하는가, 과연 저자와 작품을 분리할 수 있는가 하는 질문은 이론적으 로나 사회적으로나 신중히 다루어져야 할 중요한 토론거리가 아닐 수 없다.[17]
이와 관련해 소르망이 나름대로 제시하는 답은 "새로운 시 선", "이중적 시선"이다. 그런데 그것이 전혀 새롭지 않고, '청 산'의 주장에 의미 있는 대안을 제공하지도 않는다는 결함 또 한 명확하다. 그 시선이 줄 수 있는 통찰은 기껏해야 자유에 대 한 푸코의 철학적 예찬이 "파렴치한 행동에 대한 알리바이"였

---

17 이 문제에 관한 깊이 있는 사회학적 성찰과 풍부한 사례 분석은 다음의 책에서 찾아볼 수 있다. G. Sapiro, *Peut-on dissocier l'œuvre de l'auteur?*, Seuil, 2020.

다는 점을 일깨우는 정도일 것이기 때문이다. 달리 말해 소르 망이 강조하는 이른바 "이중적 시선"은 저자의 전기적 정보를 작품에 그대로 대입해 도덕적인 평가를 더하는 단순한 환원론의 틀에서 한 치도 벗어나지 않는다. 즉 어떤 저자가 '더러운 놈'이라는 사실을 알고 나면, 그를 높이 평가했던 사유가 그저 자기 정당화나 합리화에 불과했다는 '진실'을 발견할 수 있다는 식일 따름이다. 애초에 문제가 이렇게 간단하다면, 텍스트를 둘러싼 온갖 비평과 해석학, 사회학과 정신 분석학이 왜 필요하겠는가?

청산 문화에 대한 소르망의 거부가 논리적이기보다 다분히 정치적인 선택으로 읽히는 이유는 이 때문이다. 정치학자 마크 G. E. 켈리는 거기에서 어떤 잔기술, 그러니까 의혹의 제기로 푸코의 평판을 떨어뜨리는 동시에, 그래도 그의 저작을 폐기하지는 말자고 재빨리 덧붙이면서 자신의 관용을 돋보이게 만드는 술책을 본다.[18] 그런데 그 이상으로 비판적 사상가의 사생활, 위선과 도덕성을 문제 삼음으로써 그 사유가 지닌 내적 타당성과 설득력에 타격을 가하는 수법은 우파(혹은 반지성주의자)가 관행적으로 구사해 온 논전의 기술이라는 점 또한 잊지 말아야 한다.[19] '사생아를 내팽개친 냉혈한' 마르크스

---

18 M. G. E. Kelly, "Must We Cancel Foucault?", *Telos*, May 10, 2021, https://www.telospress.com/must-we-cancel-foucault/.

19 하나의 전형적인 사례로 폴 존슨, 『지식인의 두 얼굴』, 윤철희 옮김, 을유문화사, 2020 참조. 이러한 공격술은 좌파가 자기 담론의 설득력을 높이기 위해 지식인을 영웅시하거나 신성화하고 그의 도덕성과 지행일치를 강조하는 전략을 강하게 펼수록 한층 효과적으로 작동할 것이다.

가 이미 오래전부터 고전적인 과녁을 제공해 왔다면, '에이즈로 죽은 동성애자' 푸코는 1980~1990년대 영미권에서 '프랑스 이론'French theory의 유행이 불러온 애증과 더불어 새로운 공격 대상으로 부상한 전력이 있다.

특히 1993년 정치학자 제임스 밀러가 출간한 전기『미셸 푸코의 수난』은 푸코의 사유를 사도마조히즘적 성향과 연결 지어 해석하고, 그가 에이즈에 걸린 사실을 알면서도 익명의 상대들과 의도적으로 성관계를 계속 가졌을 수도 있다는 루머를 내러티브의 축으로 삼아 큰 논란을 불러일으켰다.[20] 진정한 의도야 무엇이었든 밀러의 책은 미국 학계의 보수적 연구자들이 '프랑스 이론'에 공공연한 적대감을 표출하는 계기로 작용했다. 그들은 푸코, 데리다, 들뢰즈, 리오타르, 라캉 등의 이론이 철학적, 도덕적 상대주의와 다문화주의, 정치적 올바름, 정체성 정치를 부추기며 미국의 전통적 가치를 위협한다고 비판했는데, 프랑스 이론가들의 미심쩍은 사생활과 '부도덕성'은 그러한 비판을 뒷받침해 주는 효과적인 논거의 하나로 동원되었다.[21] 이렇게 보자면 소르망의 새로운 폭로를 세계 곳곳에서

---

20 제임스 밀러,『미셸 푸꼬의 수난』1~2권, 김부용 옮김, 인간사랑, 1995. 또 다른 푸코 전기의 저자인 디디에 에리봉은 이 책이 "심리, 파토스, 드라마, 섹스, 소음과 분노에 기초한 거대한 프레스코화 같은 전기들에 대한 미국식 취향에 자발적으로 부응하는 소설이자 난잡한 픽션, 부정적 영웅의 신화론"이라며 신랄하고도 상세한 비판을 개진한 바 있다. D. Eribon, *Michel Foucault et ses contemporains*, Fayard, 1994, 1장(인용문은 p.69).

21 미국의 유명한 정치학자 마크 릴라의 사상서는 밀러의 책이 어떻게 푸코 저작에 대한 편향된 해석과 급진적 사유에 대한 비난의 근거로 활용될 수 있는지 생생하게 보여 준다. 마크 릴라,『분별없는 열정』, 서유경 옮김, 필로소픽, 2018, 5장 참조. 일찍이 에리봉은 밀러의

신자유주의자들이 비판적 사유에 대해 벌이고 있는 '사상 전쟁'이라는 맥락 속에서 이해하려는 몇몇 논자의 지적이 지나친 과장만은 아니라고 할 수 있다.[22]

'사상 전쟁'의 어떤 징후들

소르망의 증언이 갖는 의도와 신빙성을 그의 경력이나 정치적 입장에 비추어 의문시하는 시선은 『선데이 타임즈』보도 직후부터 프랑스에서 강하게 제기된 바 있다. 국내에서 그는 『조선일보』, 『동아일보』, 『한국경제』와 같은 보수 일간지들의 호의적 기사와 잦은 인용, 방한 초청 등에 힘입어 '세계적 석학'으로 알려졌지만[23] 프랑스에서는 통상 '(신)자유주의적 에세이

전기가 미국 사회와 학계의 보수주의적 분위기 아래 어떤 식으로 읽히고 또 환영받았는지 분석했다. Eribon, *Michel Foucault et ses contemporains*, pp.69~73. 사실 프랭크퍼트의 1986년 논문 「개소리에 대하여」도 명시적이진 않지만 '프랑스 이론'이 조장하는 인식론적 상대주의에 대한 비판의 성격을 띠고 있다.

22 정치 철학자 세르주 오디에는 68 혁명으로 대표되는 1960년대의 다양한 사회운동과 비판적 사유의 흐름이 "여러 전통적 틀에 대한 개인적 해방의 요구, 사회적, 정치적 삶에의 참여 추구, 더 많은 평등의 열망, 경제주의와 생산성주의에 대한 문제 제기"를 낳았다고 요약한다. 그런데 이에 반대하는 신자유주의, 자유지상주의, 신보수주의 같은 다양한 반68 사상이 이미 1980년대부터 등장하기 시작했고, 1989년 마르크스주의와 공산주의의 실패 이후 그 세력을 한층 강화해 갔다는 것이다. S. Audier, *La pensée anti-68*, La Découverte, 2008, p.375.

23 국내 인터넷 서점에서는 소르망이 이렇게 소개되고 있다. "1944년 프랑스에서 태어난 소르망은 소르본 대학에서 문학 박사를, 동양어학교에서 일본어를 전공했고, 파리 행정 대학원ENA을 졸업했다. 모교의 경제학 초빙 교수를 역임하면서 『르 피가로』, 『렉스프레스』,

스트'로 불린다. 이를테면 『랭디마탱』의 비판 기사는 그를 대처와 레이건은 물론 피노체트까지 옹호하며 68 혁명의 정신에 반대해 보수 혁명을 기도하는 신자유주의자로 소개한다. "기 소르망은 지난 40여 년 동안 프랑스에서 신자유주의 이데올로 그들에게 유리하도록 마르크스주의와 모든 비판적 사유의 유산을 청산하는 이데올로기적 기획을 구축해 왔다."[24] 그러니 소르망이 푸코에게 덮씌운 아동 성범죄자 혐의가 단순한 홍보성 노이즈 마케팅의 수준을 넘어선다는 의심에도 일리가 있는 셈이다. 마크 켈리는 다음과 같은 진단을 내놓는다.

그런 혐의를 주장하는 것은 그 자체로 사상 전쟁에서 하나의 계책이다. 여기서 문제가 되는 것은 단지 소르망의 터무니없는 고발이 아니라 『선데이 타임즈』가 그것을 비판적 검증 없이, 그리고 지금까지도 〔기사〕 철회 없이 영어권 독자들에게 전달하기로 결정했다는 것이다. 소르망과 『선데이 타임즈』

『월 스트리트 저널』, 『아사히』 등 세계적 언론의 칼럼니스트로 활동하기 시작했다. '세계적 석학이자 21세기의 몇 안 되는 지성'으로 불리는 기 소르망은 문명 비평가이자 문화 충돌 진단 전문가일 뿐만 아니라 행정가이기도 하고, 사업가이기도 하다." 이 장황한 소개는 그가 특정한 분야의 실력 있는 전문가라기보다는 화려한 경력을 내세워 강연과 칼럼 기고 위주로 활동하는 우파 지식인임을 시사한다. 홍세화는 이미 2000년대 초반 국내에서 '해외 석학'으로 난데없이 유명해진 이 인물이 "한국의 수구 언론과 프랑스의 일부 지식인 사이를 잇는 '선택적 연결 구조'"를 드러내는 대표적인 사례라고 정확히 비판한 바 있다. 홍세화, 『악역을 맡은 자의 슬픔』, 한겨레신문사, 2002, 135~146쪽.

24 "Les messes noires de Michel Foucault, le bullshit de Guy Sorman", *Lundimatin*, 282, Avril 16, 2021, https://lundi.am/Les-messes-noires-de-Michel-Foucault-le-bullshit-de-Guy-Sorman.

는 이데올로기적 이유로 푸코를 겨냥했다. 그리고 이는 두 배나 한심하다. 푸코의 사유는 이들이 그것을 가두어 넣었다고 생각하는 이데올로기적 범주들을 빠져나가기 때문이다. 소르망에게 요체는 프랑스 제도권 좌파 지식인 전체를 공격하는 것이었다. 우파의 눈에는 그들이 수십 년, 심지어 수 세기 동안 도덕성 위에 군림하는 일종의 엘리트로 존재해 왔기 때문이다. 『선데이 타임즈』는 기사 첫 문장에서 푸코를 "'깨어 있음'woke 이데올로기"의 "등대"로 제시하면서 소르망의 고발을 이 이데올로기에 맞선 반격으로 자리매김했다.[25]

이러한 분석에 더해, 우리는 소르망의 주장이 어떻게 유통, 확산되었으며 어떤 효과를 발생시켰는지 새삼 복기해 볼 수도 있을 것이다. 소르망은 2020년 자신이 편집하는 보수 성향의 미국 월간지 『프랑스-아메리크』에 푸코의 아동 성애를 들먹이며 프랑스 엘리트의 위선과 도덕적 이중성을 비난하는 기사를 썼고, 2021년 이 글을 보완해 『나의 개소리 사전』에 실었다. 그는 책 홍보를 위해 출연한 TV5의 대담 프로그램에서 푸코 건을 재차 환기했으나, 다른 프랑스 언론이 거의 무시해 버린 이 '뉴스'를 다시 받아 인터뷰 기사화한 것은 영국의 보수 우파 신문 『타임즈』의 일요판인 『선데이 타임즈』였다. 『선데이 타임즈』의 보도는 이미 1년 전에 나왔다가 묻힌 정보를 엄청난 파장을 일으킬 국제 뉴스로 증폭시켰고, 이는 다시 세계 각국의 미디어는 물론 SNS 플랫폼을 타고 빠르게 전해지며 다양한 논쟁과 소란을 몰고 왔다.

25 Kelly, "Must We Cancel Foucault?".

예컨대 "튀니지에서 보수주의자와 이슬람주의자 들은 비판적 사상에 저주를 퍼붓기 위해 즉각 기회를 낚아챘다. 그리하여 런던에 근거지를 둔 아랍어권 신문『알-쿠드스 알-아라비』는 '철학자들을 탈신성화하기'를 요청하면서 '미셸 푸코의 부도덕성'을 표제로 달았다."[26] 미국의 보수 우파지『워싱턴 이그재미너』는 「그들이 결코 푸코를 청산하지 않을 이유」라는 기사에서 푸코가 '깨어 있음' 이데올로기의 중심인물인 만큼, 소르망의 폭로에도 불구하고 청산당할 가능성은 거의 없다고 예상했다. '청산 문화'는 '소수자와 정체성 정치'를 건드리는 '우파'에 대해서만 작동하기 때문이라는 것이다. 기사는 이처럼 청산 문화와 푸코를 싸잡아 비판하면서 다음과 같이 주장한다. "두 세대가 지나자 방탕한 철학자의 이론은 캠퍼스 밖으로 흘러나와 사람들을 감염시켰다. 사실 예술 작품이 작가의 의견은커녕 행동에 의해 오염될 수 있다는 발상은 터무니없다. 푸코의 책은 그의 타락으로 인해 더럽혀지지 않는다. 오히려 그것은 그 내용의 부조리에 근거해 확실하고 신중하게 거부되어야만 한다."[27]

게다가 프랑스에서는 일찌감치 소르망의 주장이 전형적인 '가짜 뉴스', 허위 정보에 지나지 않는다는 사실이 밝혀졌는데도 영미권을 비롯한 다른 지역에서는 기정사실처럼 받아들여지고 있는 듯하다. 예를 들어 2021년 5월『프랑스-아메리크』

---

26 Lemonnier, "Michel Foucault accusé de pédocriminalité".

27 D. Hannan, "Why They Will Never Cancel Foucault", *Washington Examiner*, April 5, 2021, https://www.washingtonexaminer.com/opinion/why-they-will-never-cancel-foucault.

에 실린 『캘리포니아의 푸코』 서평 말미에는 "프랑스계 미국인 에세이스트인 기 소르망은 2020년 1월 『프랑스-아메리크』의 의견 기사와 지난 2월 출간된 『나의 개소리 사전』에서 미셸 푸코의 아동 성애를 비난했다"는 각주가 달렸다. 소르망의 잘못된 이전 기사에 대한 정정이나 철회, 오류에 대한 공식 사과는 아예 없었다.[28] 같은 해 7월 영국의 보수 주간지 『스펙테이터』는 푸코의 유고인 『성의 역사 4: 육욕의 고백』 영어판 서평에 「지식인에 대한 프랑스식 존경이 어떻게 푸코를 스캔들로부터 보호했는가」라는 제목을 붙였다. 소르망의 폭로 내용을 자명한 사실로 전제하면서 기사는 "프랑스의 철학자 왕은 자신의 아동 성애 혐의가 은폐되는 동안 광범위하게 순결에 대한 글을 계속 썼다"는 요약문을 제시하고, 푸코의 저작을 시종일관 조롱 조로 해제한다. "하이에나에게 여분으로 달린 항문처럼, 권력에서 중요한 것은 당신이 무엇을 가지고 있는지가 아니라 그것으로 무엇을 하느냐"와 같은 문장들로 말이다.[29] 이처럼 푸코의 사생활에 관한 부정확한 루머를 들먹이면서 그의 지적 권위를 침식하고 실추시키려는 시도는 쉽게 잦아들지 않을 전망이다.

주목할 것은 제임스 밀러 역시 소르망의 폭로가 나오고 얼

28   S. Joubert, "Michel Foucault in America: In the Heart of Death Valley", *France-Amérique*, May 25, 2021, https://france-amerique.com/michel-foucault-in-america-in-the-heart-of-death-valley/.

29   S. Jeffries, "How Foucault Was Shielded from Scandal by French Reverence for Intellectuals", *The Spectator,* July 31, 2021, https://www.spectator.co.uk/article/france-s-reverence-for-intellectuals-shielded-michel-foucault-from-scandal/.

마 지나지 않아 가진 인터뷰에서 자신의 입장을 밝힌 바 있다
는 것이다. 그는 소르망이 "신뢰할 만한 증인"이라고 말하면
서도, 자신에게는 그의 이야기가 진실인지 아닌지 확인할 길
이 없다고 신중한 태도로 답한다. 그는 푸코의 삶과 저작이 서
로를 비추는 방식으로 밀접하게 얽혀 있다고 지적하면서, 설
령 아동 성애가 사실이라 하더라도 이 철학자의 저작을 청산
해선 안 된다고 주장한다. 구체적으로 밀러는 "솔직히 기 소르
망이 말한 내용이 사실로 밝혀진다 해도 그것이 푸코의 삶과
저작에 대해 우리가 가진 전체적인 상을 근본적으로 변화시킬
것이라고는 생각지 않는다"고 말한다. 그가 보기에는 "푸코가
쓴 거의 모든 것이, 부분적으로는 이론과 실천 양쪽에서 수행
된 '한계 경험'limit experience에 대한 탐구를 통해, 자신이 누구
이고 앞으로 어떤 사람이 될 수 있는지 이해하려는 노력의 일
부"이기 때문이다. 이어지는 인터뷰에서 몇 대목을 그대로 발
췌해 보면 다음과 같다.

> 푸코는 항상 의문을 품지 않을 수 없었다. 과거에 다른 이들이
> 그랬고 오늘날에도 어떤 사람들이 그러듯이, 나 역시 나 자신
> 을 광인, 비정상인, 범죄자, 성도착자로 간주해야 하는가? 내
> 생각에 그러한 질문이 그의 가장 중요한 철학적, 역사학적 탐
> 구의 근원에 있었다.〔…〕
> 난 기 소르망이 『선데이 타임즈』와의 인터뷰에서 했던 말에
> 동의한다. "나는 그의 작업에 대해 큰 존경심을 갖고 있으며,
> 누구에게든 그의 책을 불태우라고 요청하는 것이 아니라 단
> 지 그에 관한 진실을 이해하기를 요청하는 것이다."〔…〕
> 동시에 푸코는 더 커다란 지적 계기와 환경의 핵심적인 일부

분, 즉 새로운 해방 운동, 특히 게이와 여성을 위한 운동에 강력한 영감을 준 일부분이었다. 푸코에게 섹슈얼리티는 적극적인 실험의 장소였고, 그는 어디에 선을 그어야 하는지 미리 알지 못했다. [⋯]

푸코는 문명이 이성과 광기, 정상과 비정상, 선과 악 사이에 그은 선에 곧장 도전했다. 그의 저작 중심에는 그러한 도전이 있다. 그것이 푸코를 진정 급진적인 사상가로 만든다. 그 자신이 의도한 대로 평생에 걸친 그의 작업은 심층적으로 불편한 것으로 남아 있다.[30]

적어도 밀러는 소르망보다는 정교한 방식으로 푸코의 삶과 저작을 연결 지으며, 푸코가 "중요한 저자"라는 말을 의미 없이 그저 반복하는 데서 한 걸음 더 나아가 푸코를 청산하지 말아야 할 나름의 논리적 근거를 댄다. 즉 푸코는 자기 정체성에 대한 질문과 개인적 삶, 특히 이른바 "한계 경험"의 추구가 사유 전체를 규정지은 특이한 철학자라는 것, 또 푸코의 업적은 급진적인 정체성 정치에 기여하고 우리 문명의 가치 규범을 근본적인 의문에 부친 데 있다는 것이다. 이는 결국 푸코가 아동 성애자라면 새로운 정보로서 고려할 만하지만, 밀러가 과거에 파헤친 적 있는 그의 성적 일탈을 감안하면 크게 놀라울 것 없는 사실이라는 함의를 띤다.

한데 우리는 왜 하필 '게이', '마조히스트', '아동 성애자' 같

---

30 J. Miller and A. G. Bravo, "Why We Shouldn't Cancel Foucault", *Public Seminar*, April 8, 2021, https://publicseminar.org/essays/why-we-shouldnt-cancel-foucault/.

은 섹슈얼리티의 차원에만 초점을 맞춰 이 철학자의 고유한 '진실', 즉 정체성의 핵심을 포착하려 하는지, 그러한 발상과 의지에 대한 근본적인 의문부터 제기해야 할 것이다. 푸코는 바로 그와 같은 사고방식에 누구보다도 완강하게 반대한 철학자였기 때문이다. 더구나 '튀니지에서 푸코가 공공연히 자행한 아동 성애'라는 판타지의 이면에는 오리엔탈리즘과 동성애 혐오가 동시에 어른거린다 해도 과언이 아니다. '성도덕에 짓눌린 유럽과 달리 성애에 너그러운 아랍' 그리고 '아동을 탐하는 변태적 게이'라는 타자에 대한 왜곡된 이미지들은 서로 상승 작용을 일으키며 근거 없는 환상을 부추기고, 반발과 배척, 매혹과 공포가 뒤섞인 정동을 낳는다. 그런데 믿을 만한 여러 기록과 증언으로 미루어 보자면, 푸코의 튀니지 시기를 강력히 규정지은 것은 무엇보다도 정치적 체험과 각성이었다.

1967년 6월 아랍-이스라엘 전쟁에서 아랍 측이 패배하자 튀니지 또한 격동에 휩싸인다. 팔레스타인 지지 시위가 반미, 반정부 투쟁으로 이어지고, 다시 반유대주의 폭동을 불러왔다. 튀니지의 청년 학생들은 팔레스타인에 대한 연대와 반시오니즘의 대의명분 아래 튀니스 중심가의 유대인 상점들을 방화하고 약탈하는 등 공공연한 인종적 편견을 드러냈다. 푸코는 이러한 폭동에 공포를 느끼고 시위 학생들에게 항의하기도 했으나, 동시에 그들의 열정에 깊은 인상을 받았던 것으로 보인다. 정치적 소요 사태는 1968년 내내 끊이지 않았고, 특히 3월에서 6월에 걸쳐 정점에 달했다. 나중에 반독재 항거 운동의 상징이 되는 3월의 학생 시위는 수업 거부, 검거, 학생 총파업 등으로 이어졌고, 대학 구내에 진입한 경찰에 의해 학생들이 구타 및 체포당하고 감옥에 끌려가 중형을 선고받는 일이 벌어졌다. 이러한 혼란의 와중에 푸코는 대부분 급진 좌파였던 시위 학생들을 다양한 방법으로 도왔다. 그는 자신의 집에서 반정부 유인물을 작성하고 인쇄할 수 있게 해 주었고, 학생 운동 지도자들을 숨겨 주었다. 수감된 학생들의 변호사 비용을 지원하기도 하고, 프랑스 대사에게 개입을 요청했다가 퇴짜를 맞기도 했다. 이 과정에서 푸코는 경찰의 감시, 전화와 우편물 검열, 경고성 협박, 폭행 등에 시달렸다. 그가 프랑스에 귀국할 무렵 그의 예전 튀니지 학생들은 거의 투옥당한 상태였다.[31]

10년 뒤 푸코는 튀니지 학생들이 유인물을 쓰고 배포하며 파업을 호소하기 위해 그토록 엄청난 위험을 감수한 것에 큰 충격과 함께 감명을 받았다며, 이것이 "진정한 정치적 경험"이 었다고 술회한다. 그는 또 학생들이 정서적으로 격렬하게 빠져든 마르크스주의가 이론적으로 정교하지는 않았을지언정 프랑스의 '학술적 마르크스주의'나 폴란드의 '교리문답식 마르크스주의'와 달리 "일종의 도덕적 힘이자 놀라운 실존적 행위"였다고 표현한다. 푸코가 자신을 정치적으로 변화시킨 계기는 파리에서의 68년 5월이 아니라 제3세계에서의 68년 3월이었다고 말한 것도 이러한 배경에서다.[32] 튀니지 체류 경험은

31 Macey, *The Lives of Michel Foucault*, pp. 203~205; J. Crétois, "Tunisie: Quand Michel Foucault vivait le 'Mai 68' tunisien… en mars", *Jeune Afriques*, 19 mars, 2018, https://www.jeuneafrique. com/541589/culture/tunisie-quand-michel-foucault-vivait-le-mai-68-tunisien-en-mars/; Lemonnier, "Michel Foucault accusé de pédocriminalité".

32 미셸 푸코, 『푸코의 맑스』, 이승철 옮김, 갈무리, 2005, 128~132쪽(인용은 129, 131쪽); 디디에 에리봉, 『미셸 푸코, 1926~1984』, 박정자 옮김, 그린비, 2012, 320~325쪽 참조.

그 이전까지 드골주의자에 가까웠던 푸코를 급진주의자이자 전투적 지식인으로 변모시켰고, 그가 파리로 돌아온 뒤 감옥 정보 그룹을 결성하고 권력의 탐구로 나아가는 도정에 결정적인 동력으로 작용했다고 평가받는다.[33] 그는 또 튀니지에서 발견한 '참을 수 없는 권력'pouvoir intolérable에 저항하는 봉기의 힘과 인민의 '정치적 영성'spiritualité politique을 1979년 이란 혁명에서 다시금 확인했다.

이처럼 우리가 푸코 철학의 맥락화를 위해 그의 삶이 지니는 특이성을 부각하고자 한다 해도, 그것이 반드시 성적인 차원으로 환원되어야 할 이유는 어디에도 없다. 더욱이 지식인의 인격과 사상 간에 직접적이고 단선적인 연관성을 가정하는 관점은 결코 타당하지 않다. 개인적 위치와 경험에서 비롯한 지식인의 문제의식은 그가 받은 교육, 그가 교류하고 경쟁한 동료들, 그가 관계 맺은 미디어, 당대의 지적 조류와 유행, 정치경제적 사건 등 한마디로 지식 장champ intellectuel의 구조와 사회적 맥락에 의해 굴절되고 변형되기 때문이다. 게다가 그의 '지성'은 단순히 자신의 성향과 행동을 정당화하기 위한 방식으로만 작동하지 않는다. 아마도 일상의 삶과는 다른 질서에 속할 '앎의 의지'libido sciendi는 때로 그 주체를 이중 분열, 혹은 자기부정으로 내몰 만큼 강력하다.

하지만 소르망과 밀러는 푸코의 사유와 저작이 개인적 성향(특히 성적 지향)의 직접적인 표출이자 행동의 합리화 혹은

---

33 K. Medien, "Foucault in Tunisia: The Encounter with Intolerable Power", *The Sociological Review*, Vol. 68, No. 3, 2020, pp. 492~507.

자기변호라는 지극히 통속적인 시선에 머무른다. 이는 푸코가 제기하는 철학적 논점들을 사생활의 모래밭 속에 묻어 버리고, 그의 사유에 대한 설명을 전기적 환원론의 좁은 쇠 우리 안에 몰아넣는다. 그저 "중요한 저자"이기 때문에, 혹은 정체성 정치와 급진적 의심에 풍부한 영감을 불어넣었기 때문에 푸코를 청산하지 말아야 한다는 수준의 납작한 주장을 넘어서 마크 켈리는 푸코의 사유가 매우 복합적임을 정당하게 역설한다. 그러니까 그가 동시대의 '깨어 있음' 이데올로기에 시발점을 제공하긴 했지만, 그와 동시에 정체성 정치에 반대하고 이분법적 선악 구분에 저항하는 복잡한 면모를 지닌다는 것이다. 이러한 복합성이 좌파로 하여금 푸코의 입장을 근본적으로 불편히 여기게 만들고, 바로 그런 이유로 켈리는 푸코를 청산하는 데 반대한다고 말한다.[34] 이 정치학자의 주장은 여기서 멈추지만, 우리는 그가 말하는 푸코 사유의 복합성을 특히 섹슈얼리티 문제와 관련해 좀 더 자세히 살펴볼 필요가 있다. 그것이 한편으로는 소르망과 밀러 주장의 허구성을 명확히 입증하기 때문이고, 다른 한편으로는 푸코 철학의 일관성과 잠재력뿐 아니라 곤경과 한계 역시 지시하기 때문이다.

동의, 폭력, 권력

1990년대 이후 '프랑스 이론'의 지적 헤게모니를 둘러싸고 불거진 '사상 전쟁'이라는 거대한 사회문화적 맥락이 '푸코 스캔들'을 감싸고 있다면, 프랑스판 '미투 운동'은 스캔들의 중심

---

34   Kelly, "Must We Cancel Foucault?".

을 가로지르는 또 하나의 중요한 맥락을 구성한다. 당시 소르망의 '고발'을 촉발한 직접적인 계기가 폴란스키 사건과 마츠네프 사건이었기 때문이다. 더욱이 이 두 사건은 모두 미성년자의 섹슈얼리티라는 예민한 이슈를 공론장에 올려놓았다. 그런 상황에서 푸코를 비롯한 일군의 프랑스 좌파 지식인이 과거 무분별하게 아동 성애를 옹호했다는 소르망의 비난이 나왔던 것이다. 일단 『나의 개소리 사전』에 적시된 비난의 두 가지 논거, 즉 1977년 푸코가 "법적 성관계 동의 연령 폐지 청원"에 서명했으며 "아동의 동의라는 문제를 제기하지도 않았다"는 주장은 명백한 허위라는 점을 지적해 두자. 그해 푸코가 지지 서명을 한 문건은 「성인-미성년자 관계의 일부 법령 개정을 위한 형법 개정 위원회에 보내는 공개 서한」Lettre ouverte à la commission de révision du code pénal pour la révision de certains textes régissant les rapports entre adultes et mineurs(이하 「공개 서한」)이고, 이 문서에서나 다른 공적 발언 기회에도 그는 늘 아동의 동의 문제를 가장 중요한 것으로 거론했기 때문이다.

그럼에도 푸코가 아동 성애와 관련해 매우 관용적인 태도를 취한 것은 부인할 수 없는 사실이다. 그는 법적 동의 연령 기준의 하향 조정을 제안했고, 기준 연령 미만의 아동과 합의 아래 가진 성관계에 대해서는 경범죄 처분을 주장했다. 하지만 이러한 그의 견해를 '아동 성애에 대한 찬성'으로 단순화하기보다는, 그 출현 맥락 안에서 논리의 뉘앙스를 되살려 가며 검토하는 편이 적절할 것이다. 그가 이 문제를 매우 까다롭게 여겼고 신중하게 다가갔기에 그렇다. 법적 차원에서 섹슈얼리티를 어떻게 다루어야 할 것인지에 대한 푸코의 시각은 1970년대 당시 프랑스 사회의 형법 개정 논의와 맞물려 나타났다. 그는 형법 개정 위원회에 보내는 「공개 서한」을 통해 그 논의에 개입했는데, 이를 계기로 전문가로서 위원회 자문 역을 맡기에 이른다. 한편 이러한 활동을 전후로 가진 여러 대담에서 푸코는 자신의 견해와 고민을 피력하기도 했다. 따라서 우리에게는 현안에 대한 그의 입장을 이해하는 데 도움을 주는 세 종류의 텍스트가 있는 셈이다. 다른 지식인들과 공동으로 서명한 「공개 서한」, 형법 개정 위원회 자문용 발표 원고, 그리고 관련 대담들이 그것이다. 이 텍스트들은 푸코가 자기 철학의 연장선 위에서 섹슈얼리티 법제화 문제에 접근했으며, 동시에 자기 의견에 확고한 진릿값을 부여하기보다는 더 탐구해야 할 열린 질문으로서의 의미를 강조했음을 보여 준다.

먼저 「공개 서한」이 어떤 정치적, 사회적 배경에서 나오게 되었는지 간단히 살펴보자. 형법 개정 논의는 1974년 11월 발레리 지스카르 데스탱 대통령이 법무부 산하에 형법 개정 위원회를 설치하면서 막이 올랐다. 법관과 법학자 등 아홉 명으로 구성된 위원회는 1976년 7월 형법의 일반 조항들을 검토한 1차 보고서를 제출하고, 같은 해 10월부터는 범법 행위와 처벌 규정을 연구하는 작업을 시작했다. 여기에는 성범죄 관련 법제가 중요한 부분을 차지했다.[35] 이는 '포스트68'이라는 당시의 역사적 맥락과도 관련이 있었던 것으로 보인다. 즉 68 혁명 이후 노동자, 여성, 학생, 아동, 장애인, 동성애자 등 다양한 사회 집단의 해방에 대한 요구가 억압적 권위주의와 자본주

---

35   A. Idier, "Michel Foucault devant la commission de révision du code pénal", *Lundimatin*, 288, Mai 17, 2021, https://lundi.am/Michel-Foucault-devant-la-commission-de-revision-du-code-penal. 이 글은 영역본으로도 참고할 수 있다.

의 체제에 대한 비판과 함께 터져 나왔고, 기존 사회 질서와 기성세대에 저항하는 청년들의 운동이 활발히 벌어졌다. 개인의 자유와 평등, 일상의 민주화, 반전과 평화를 외치는 목소리 또한 높아졌다. 과잉 죄책감과 수치심을 조장하며 성욕을 조절하는 당대의 문명은 주된 거부 대상으로 떠올랐다. 제각기 다른 지향과 목표를 가진 다양한 해방 운동은 서로 갈등을 빚기도 했다. 이를테면 특정 사안을 두고 페미니즘과 동성애 운동, 레즈비언과 아동 성애자 사이에 의견이 충돌하는 경우도 생겨났다. 1975년 프랑스는 간통과 임신 중단을 합법화했는데, 아동의 섹슈얼리티는 여전한 사회적 쟁점으로 남아 있었다.

성적인 차원—이는 특히 은밀하면서도 상당했던 동성애 투쟁이 공론장에서 가시적이고 급진적인 입장의 표명으로 이행하면서 더 두드러졌다—과 가족적, 교육적 권위에 대한 비판의 교차점에서 미성년자의 섹슈얼리티는 1970년대 초반 토론 주제 가운데 하나를 차지했다. 미성년자 약취 유인과 성관계 동의 연령majorité sexuelle 같은 형법 규정들이 의문에 부쳐지지 않았다면 놀라운 일이었을 것이다. 실제로 1968년 직후부터 그렇게 되었는데, 이는 관련 고발 사건들과 연계된 억압 사례를 비난하기 위해서였다. 그와 같은 논쟁은 형법 규정들을 뒤엎고 혁명 프로그램 안에 새로운 성적 자유의 관념을 포함하려는 운동들 안에 자리 잡았다.[36]

36 J. Bérard, "De la libération des enfants à la violence des pédophiles: La sexualité des mineurs dans les discours politiques des années 1970", *Genre, sexualité et société*, vol.11, 2014.

이러한 사회문화적 정세 속에서 1977년 이른바 '베르사유 사건'affaire Versaille에 대한 지식인들의 청원서가 나온다. 「어떤 소송에 대하여」A propos d'un procès라는 제목의 이 청원서는 1973년 가을 13~14세 아동들과의 성적인 접촉을 영상에 담았다가 체포된 40대 중반 남성 세 명이 3년 이상이나 미결 구금 상태에 놓였다가 집행 유예의 징역 5년 형을 선고받은 상황을 비판했다. 또 청원서는 실제 벌어진 일(동의 아래 이루어진 애무와 키스)과 그에 대한 가혹한 법적 낙인(범죄) 사이의 괴리를 지적하는 한편, '아동의 성생활'이라는 일상적 현실에 대한 인정을 요구했다. 마츠네프가 작성하고 다른 이들의 동의를 받은 이 청원서는 1977년 1월 26일 자 『르 몽드』와 27일 자 『리베라시옹』에 실렸는데, 루이 아라공을 위시해 사르트르, 보부아르, 바르트, 들뢰즈, 가타리, 리오타르 등 예순아홉 명의 저명한 지식인이 지지자 명단에 이름을 올렸다. 그런데 마츠네프에 따르면 푸코는 마르그리트 뒤라스, 엘렌 식수 등과 함께 서명을 거부한 지식인 가운데 한 명이었다.[37]

형법 개정 논의가 계속 이루어지던 와중에 푸코는 변호사 알렉상드르 로지에가 1976년 형법 개정 위원회에 제출하기 위해 준비한 「동성애 범죄」Le délit d'homosexualité라는 텍스트를 공개 서한 형식으로 새롭게 정리해 발표하도록 독려했다. 그렇게 해서 나온 「성인-미성년자 관계의 일부 법령 개정을 위한 형법 개정 위원회에 보내는 공개 서한」에는 푸코, 사르트르, 보부아르, 알튀세르, 바르트, 들뢰즈, 데리다 등을 포함한 지식인, 작가, 예술가, 법률가, 정신 의학자 등 총 80명이 지지 의

---

37 https://www.1sur5.org/definition/petition_1977.

사를 표했다. 이 가운데는 기독교인이자 아동 정신 분석학자인 프랑수아즈 돌토도 있었다.[38] 그 주요 내용과 서명자 명단은 1977년 5월 23일 자 『르 몽드』에 「성인–미성년자 관계에 관한 형법 개정을 위한 요청」Un appel pour la révision du code pénal à propos des relations mineurs-adultes이라는 제목 아래 게재되었다. 세간의 오해와 달리 「공개 서한」은 미성년자에 대한 성폭력이나 아동 성애를 옹호하는 내용을 담고 있지 않으며, "성관계 당사자들의 온전한 자유가 이 관계의 적법성의 필요충분조건"이라는 전제 아래 다음의 두 가지 주장에 방점을 찍었다. 하나는 형법상 성관계의 동의 연령이 이성애 관계는 15세 이상, 동성애 관계는 18세 이상으로 정해져 있는 차별을 시정해야 한다는 것이다.[39] 다른 하나는 섹슈얼리티 관련 법제의 핵심 기준이 '도덕'이나 '풍속'이 아닌 '동의'가 되어야 한다는 것이다. 서한은 아동과 청소년에 대한 '보호' 명목의 법 조항들이 사회의 발전 속도에 부합하지 못하고, 규제 간 충돌 소지—예를 들면 합법적 이성애 관계는 15세 이상만 가능한 상황에서 15세 미만 아동에 대한 피임약 판매의 공식적인 허용—까지 생겨나고 있으므로 개인의 자유를 존중하는 개선이 필요하다고 주장했다. "아동과 청소년이 자신이 선택한 사람들과 관계를 맺을

---

38 「공개 서한」의 원문은 다음의 아카이브에서 확인할 수 있다. https://www.dolto.fr/fd-code-penal-crp.html; https://www.lemonde.fr/archives/article/1977/05/23/un-appel-pour-la-revision-du-code-penal-a-propos-des-relations-mineurs-adultes_2873736_1819218.html.

39 1970년대 초반 프랑스에 엄존했던 동성애에 대한 법적, 사회적 억압의 현실에 관해서는 기 오켕젬, 『동성애 욕망』, 윤수종 옮김, 중원문화, 2013, 2장 참조.

수 있는 권리를 인정하는 방향으로" 근본적인 형법 개정이 이루어져야 한다는 것이다. 서한은 미성년자의 동의 여부를 중요하게 고려하고, 15세 미만과의 합의된 성관계를 비범죄화하는 방안을 제시했다.

한편 푸코는 형법 개정 위원회에서 자문을 요청받고 발표를 준비하던 즈음 반정신 의학 운동가 데이비드 쿠퍼 등과 대담을 가진다. 이 자리에서 그는 '강간'과 '아동'이야말로 법제상 가장 어려운 문제라고 토로하면서 논쟁적인 의견을 개진했다. 즉 강간을 '성적인 위해'나 '섹슈얼리티의 범죄적 표현'이 아닌 '순수한 신체적 공격'의 한 유형으로 간주해 일반 폭행처럼 처벌할 필요성을 제안한 것이다. 그에 따르면 강간 범죄의 별도 규정은 섹슈얼리티가 마치 신체의 특정 부분(성기)에만 존재하는 것인 양 가정하면서 그에 대한 국가 권력의 개입을 열어놓기에 문제적이다. 푸코는 이처럼 섹슈얼리티가 법제의 근거가 될 수 없다는 견지에서 성범죄의 특수성을 부인하는데, 이러한 견해는 이후 페미니스트들로부터 많은 비판을 받는다.[40]

1977년 5월 27일 푸코는 형법 개정 위원회에 참석해 전문가 의견을 제시했다.[41] 그가 준비한 장문의 원고는 1부 섹슈얼

---

40 "Enfermement, psychiatrie, prison"(1977), *DE*, III, pp.351~357; E. Fassin, "La somnolence de Foucault: Violences sexuelles, consentement et pouvoir", *ProChoix*, n°21, 2002, pp.106~119.

41 형법 개정 위원회 자문용 발표 원고는 현재 원문이 남아 있지 않다. 우리는 정치학자 앙투안 이디에가 프랑스 법무부 아카이브에 소장된 노트와 위원회 보고서를 바탕으로 재구성한 내용을 참조했다. Idier, "Michel Foucault devant la commission de révision du code pénal".

리티 관련 법의 역사, 2부 생명 정치, 3부와 4부 형법 개정 관련 제안들로 구성되었는데, 이전 「공개 서한」의 주요 주장을 역사적, 정치적 변화 속에서 맥락화하면서 그 타당성을 강조하는 방향으로 작성되었다. 정치학자 앙투안 이디에의 보고에 따르면, 발표문에서 푸코는 18세기 말 여러 이유로 법적 처벌 범주에서 벗어나 있었던 성적 행동이 19세기 초 법제화 대상이 되었다는 사실을 환기한다. 사생활에 속했던 성적 행동이 공공질서를 저해하거나 타인의 자유를 침해해선 안 되는 법적 의무와 통제의 대상으로 변화했다는 것이다. 그가 보기에 이는 현 사회를 특징짓는 두 가지 복잡한 과정과 얽혀 있었다. 하나는 치안을 위한 감시의 발전이다. 성적 행동에 대한 법의 개입은 일탈 행위를 통제하는 치안의 자의성 또한 작동할 여지를 조성했고, 성매매와 남색 등은 치안을 위한 분할 경계, 염탐과 밀고, 문서화 체계 등의 발전을 촉진했다. 또 하나 훨씬 근본적인 과정은 18세기 이후 생명 정치의 전개다. 국가는 개개인과 인구의 생명과 건강을 관리하는 권력의 축으로 부상하고, 그와 함께 취약성의 가장 가시적인 발현 지점인 '아동기'와 '섹슈얼리티'(인구학, 성병, 유전)가 생명 정치의 중심으로 등장한다. 사적인 영역에 머물렀던 섹슈얼리티가 인간 존재의 발전과 변화, 건강 같은 관념을 둘러싸고서 법적인 영역으로 이행했다는 것이다.

배경 설명에 뒤이어 푸코는 오늘날 사회에서 섹슈얼리티에 대한 법의 개입이 정당화될 수 있는 토대가 더 이상 공공질서나 사회 도덕, 미풍양속의 유지라는 차원에 있지 않다고 주장했다. 그가 보기에 새로운 형법은 금지, 폭력, 피해를 겪지 않아야 할 개인의 기본 권리에 따른 섹슈얼리티 보장에 중점을 두어야 하며, 특정한 성적 표현들이 인구의 신체적, 정신적 건강에 위해를 가할 위험에 대응해야 한다. 이와 관련해 그는 특히 두 가지 이슈를 제기했다. 하나는 시민 전체를 보호하기 위해 제재해야 하는 성적 행동의 문제다. 그는 다양한 섹슈얼리티 표현을 인정하는 사회적 경향에 보조를 맞추어 공공 음란 행위를 처벌 대상에서 제외할 것을 제안한다. 그러한 행동이 의도적으로 저질러지고, 아동과 같은 집단에 피해를 주는 경우에만 고발할 수 있게 해야 한다는 것이다. 또 다른 이슈는 여성, 장애인, 아동 같은 특정한 사회적 범주의 보호 방식이다. 푸코는 여성과 관련해서는 강간을 다른 신체적 공격이나 폭행에 준해 처벌해야 하고, 장애인의 섹슈얼리티는 모든 구속이나 강제, 폭력으로부터 보호받아야 한다고 주장한다. 그는 아동의 경우 특별한 보호가 필요한 집단이지만 섹슈얼리티의 대상만이 아닌 주체이기도 하므로, 학교에서의 성교육, 미디어와 소비 문화의 발달 등에 의한 성적 개방성의 증가를 감안하지 않는 과잉 보호 체제가 부적절하다고 보았다. 또한 무엇보다도 폭력이나 겁박에 의해 이루어진 행동과 합의 아래 이루어진 행동을 구별해야 한다고 지적하며, 성적인 관계의 동의 연령을 하향 조정할 것을 제안했다. 법령에 의거한 절대적인 보호는 스칸디나비아 국가들처럼 13세 미만의 미성년자에 한정하고, 그 이상 연령대의 아동과 청소년의 경우에는 판사의 판단에 맡기자는 것이다.

1978년 4월 4일 푸코는 혁명 행동 동성애 전선FHAR의 창립자인 작가 기 오켕겜, 변호사 장 다네와 함께 라디오 방송 프랑스 퀼튀르에 출연해 섹슈얼리티의 법적, 사회적 구조와 시사 문제를 주제로 토론했다. 이들은 자유주의적인 형법 개정을 지지하는 한편, 그러한 전반적 추세를 거스르는 반동, 저지, 회귀 조짐에 경계심을 드러냈다. 이 대담에서도 푸코는 섹슈얼리티 차원에서 동의 연령의 법적 규정이 핵심 쟁점일 수 없다고 주장했다.[42] 그가 보기에 가장 중요한 것은 강제와 폭력의 제거, 즉 동의에 기초한 비폭력적 관계 양식이다. 성인끼리라 해도 상대방의 강압이나 폭력으로 맺는 성관계라면 용인할 수 없다는 것이다. 또한 푸코는 아동의 자율성과 성적 자기 결정권, 표현 역량을 믿고 그들의 말에 귀를 기울인다면 성인–아동 간 성적인 관계에서 동의 혹은 강제 여부에 관해 충분히 소통할 수 있다고 보았다. 동시에 그는 아동이 과연 자신의 감정과 판단, 그리고 성인과의 관계 유형에 대해 제대로 확신하고 설명할 수 있는지에 대해서는 여전히 고민할 부분이 남아 있다고 시인한다.[43]

종합하자면 푸코가 1970년대 말 형법 개정 논의에 대한 개입을 계기로 표명한 섹슈얼리티 관련 입장을 크게 세 가지 제

---

42 법적 연령 기준이 절대적이지 않으며 시대와 사회에 따라 계속 변화해 왔다고 새삼 강조할 필요가 있을까? 제임스 밀러에 따르면 지금도 미국의 여러 주에서는 17세와의 성관계가 아동 성애로 여겨지는 데 반해, 동의 연령이 15세 미만인 국가 또한 적지 않다. 필리핀과 앙골라는 12세이고, 부르키나파소, 코모로, 니제르, 일본은 13세라는 것이다. Miller and Bravo, "Why We Shouldn't Cancel Foucault". 한편 2023년 3월 유엔 산하 국제 사법 재판소가 공개한 문서는 성, 생식, 약물 사용, HIV, 노숙자 및 빈곤과 관련해 '인권 기반 접근'을 위한 형법 개정을 제안했다. 문서는 성관계의 최소 동의 연령이 차별 없이 적용되어야 하고, 그보다 어린 아동이 참여하는 성행위도 (법적으로는 아니더라도) '사실상의' 합의에 이를 수 있다고 지적했다. https://www.icj.org/icj-publishes-a-new-set-of-legal-principles-to-address-the-harmful-human-rights-impact-of-unjustified-criminalization-of-individuals-and-entire-communities/.

안으로 정리해 볼 수 있다. 첫째, 사회 변화의 흐름에 맞추어 섹슈얼리티 표현의 다양성을 최대한 허용하고 동성애자 같은 소수자 집단에 대한 법적 차별을 폐지하자는 것이다. 둘째, 절대적 보호가 요구되는 아주 예외적인 경우(예컨대 신체적, 정신적 장애인, 13세 미만 아동)를 제외하고는 섹슈얼리티에 대한 국가 권력의 개입을 최소화하자는 것이다. 셋째, 성인-미성년자를 포함해 당사자들 간의 '자유로운 동의'를 성적인 관계의 가장 중요한 정당화 근거로 삼자는 것이다. 그런데 이 모든 제안이 표상하는 관념, 즉 자율성을 지니는 개인들 사이의 자유로운 합의에 기초한 성적 쾌락의 추구라는 이상은 그 자체로 급진적 자유주의의 상상력 안에서만 맴도는 것 아닐까? 이는 강간이나 아동 성애에 대한 그의 입장이 여러 현실적 난점을 간과하거나 무시한 채, 그저 이론적 원리를 확인하는 수준에 머물게 만드는 것으로 보인다.

물론 푸코가 섹슈얼리티 문제와 관련해 자신의 의견을 확고한 정답으로 내세우기보다는 거기서 모종의 '딜레마'를 보았다는 점을 강조해야 한다. 실제로 형법 개정 위원회 발표 이후 위원들과 가진 토론에서 푸코는 아동의 동의를 둘러싼 문제들(자유의사의 판단 기준, 주관적 평가와 표현의 적절성 등)이 매우 복잡 미묘하다는 점을 시인하면서도, 그러한 불확실성이 법에 의해 미리 자의적으로 규정되기보다는 판사의 재량권에 따라 결정되는 편을 선호한다고 말했다.[44] 위원회 참석 전

---

43 이 대담은 이듬해 잡지 『르셰르쉬』*Recherches*에 「정숙성의 법」이라는 제목으로 게재되었다. "La loi de la pudeur"(1979), *DE*, III, pp.775~776.

후의 이런저런 대담에서도 그는 단언하기보다 질문하고, 자신하기보다 머뭇거린다. 현실적 이슈로서 강간이나 아동 성애가 모두 동의의 철학적 문제—전자에선 '동의의 부재'가, 후자에선 '동의의 존재'가 핵심 쟁점이 된다—를 전면적으로 제기한다면, 사회학자 에릭 파생이 정확히 지적했듯 푸코는 때로 '폭력'과 '동의'의 이분법적 구도 안에서 '권력'이라는 제3항을 어떻게 작동시켜야 할지 잘 모르는 것처럼 반응한다. 새로운 권력 개념의 철학자라는 명성이 무색하게도 말이다.[45] 푸코가 거듭 강조한 대로 (남성-여성, 성인-아동 간) 권력 관계는 이론적으로 언제나 열려 있고 뒤집힐 가능성을 지닌다. 그런데 강간, 아동 성애 같은 현실의 구체적인 사안이나 상황을 다루는 경우, 실제 '역전 가능성'에 대한 냉정한 평가가 뒤따라야만 한다. 그렇게 하지 않으면서 단지 원칙적 논리만 역설한다면, 실질적인 불평등 상태에서 타자의 자유와 자율성을 과장하고 구조적 제약을 소홀히 하는 이데올로기적 낭만화로 쉽게 빠져들 터이기 때문이다. 후기 푸코의 주장처럼 권력이 자유 속에서, 그것을 통해서만 작동한다면, 이는 결국 자유가 언제나 권력에 의해 가로질러지는 실천이라는 말과도 다르지 않다.

따라서 권력과 자유 사이에 배제 관계—권력이 행사되는 모든 곳에서 자유가 사라지는 식의—와 함께 일대일 맞대면이 있는 것이 아니라 훨씬 더 복잡한 게임이 있는 것이다. 이 게

44   Idier, "Michel Foucault devant la commission de révision du code pénal".

45   Fassin, "La somnolence de Foucault", pp. 107~109.

임 안에서 자유는 권력의 존재 조건으로―즉 자유가 있어야만 권력이 행사될 수 있기에 권력의 전제 조건인 동시에, 자유가 그에 대해 행사되는 권력에서 완전히 없어져 버린다면 그 사실 자체로 권력도 사라져 버리고 폭력의 전면적인 강제가 그것을 대체할 터이기에,〔자유는 권력의〕영원한 지지체이기도 하다―나타날 것이다. 자유는 또한 그것을 종국에는 완전히 결정지으려 드는 권력 행사에 대립할 수밖에 없는 무언가로 나타날 것이다.[46]

주체의 자유가 전면적으로 제약받고 구속당하는 극단적인 상태를 '폭력'으로 규정하면서, 푸코는 권력이 언제나 자유와 얽혀 있다는 점을 부각한다. 권력에 대한 이러한 정의는 동의-강제의 이분법을 훨씬 더 복잡하게 사유해야 한다는 요청으로 이어질 수밖에 없다. 동의는 권력의 작용에 대한 자의식 없이 자유의 환상 속에서 이루어질 수 있다. 그것은 또 구조적 권력에 의해 자유의 외양 아래 유도될 수도, 그럼으로써 권력을 정당화할 수도 있다. 어떤 권력 작용은 자유 그 자체를 자기변호와 타인 설득의 동력으로 삼는다. 예를 들어 가난한 청소년이 자발적으로 동의한 성매매에서 과연 '자발성'과 '동의'는 무엇을 의미하는가? 그의 빈곤이 제국주의적 착취에 시달리는 제 3세계 국가의 저발전 상태에서 비롯한 경험이라면, 우리는 그의 동의를 '식민 권력에 의해 구조적으로 강제된 자유의사'로 볼 수도 있지 않을까? 스프링고라의 회고에서 드러난 마츠네프와의 관계가 생생하게 예증하듯이, 아동의 정서적 결핍과

46 "Le sujet et le pouvoir"(1982), *DE*, IV, p.238.

심리적 취약성, 수동적 침묵을 발판으로 이루어진 '동의'는 차라리 '착취'라고 불러야 마땅하지 않을까?[47]

이처럼 푸코 권력론의 관점에서 보자면 권력-자유, 강제-동의, 복종-저항에 대한 이항 대립적 인식은 부적절하고 무의미하며, 원래 이중적 과정으로 뒤틀리고 엮인 현실을 직시하지 못하도록 방해할 따름이다. 그렇기에 그가 아동의 자유로운 동의 가능성을 이론적으로 지나치게 단순화하고 그 법적인 적용을 주장한 것은 그의 권력 이해에 부합하지 않는 자기모순처럼 느껴진다. 그것은 또 언제나 미시적인 차원에서 담론과 쾌락을 생산하며 작동하는 권력에 주의를 기울였던 그의 태도와도 한참 어긋나 있는 것처럼 보인다. 이러한 불일치는 과연 어디에서 기인한 것일까? 그 기원을 찾으려면 어차피 확인할 수도 없는 '의식의 심층'을 들여다보려 애쓰기보다는, '역사의 표면'을 있는 그대로 짚어 가는 편이 훨씬 생산적일 테다. 달리 말해 푸코 개인의 충동, 욕망, 성향을 제멋대로 추정하지 말고, 그의 사유가 시간 속에서 어떻게 진화하며 말과 글로 질서 지어졌는지를 파악하는 편이 더 나을 것이라는 뜻이다.

섹슈얼리티의 위험

에릭 파생은 '법적 동의 연령 설정의 무용성'이나 '아동과의 동

---

47 스프링고라, 『동의』, 2부 참조. 당연히 이는 어떤 경우라도 실질적인 동의나 애정 관계가 아예 불가능하다는 의미가 아니다. 그러니 우리는 신중하게 이렇게 질문해 볼 수도 있다. '사회적 차이와 불평등한 권력 관계를 뛰어넘는 힘으로서의 사랑은 과연 어떤 조건들 위에서 가능한가'라고 말이다.

의에 의한 자유로운 관계'와 같은 푸코의 논리가 순전히 성 해방 지지자들의 양식bon sens에만 의존한다는 점에서 논쟁적이며, 그 당시 새롭게 대두하던 보수주의적 분위기에 대한 일종의 반작용으로서 자유주의적 관점에 불과하다고 비판한다. 그는 또 『지식의 의지』에서 이른바 '억압 가설'을 토대로 삼는 성 해방 담론에 근본적인 비판을 가했던 푸코가 여러 대담에서는 자가당착적으로 그런 논리에 동조한 이유를 대화 현장의 급진주의적 분위기 탓이었을 것으로 추정한다.[48] 그의 말이 맞을 수도 있겠지만, 다른 관점에서의 해석도 충분히 가능할 것이다. 즉 푸코가 마치 성 해방론자들의 의견에 동의하는 태도를 취한 것처럼 보여도, 이는 외견상의 일치일 뿐 실제로는 자기 고유의 이론적 입장을 현안에 적용한 것으로 이해할 수 있다고 말이다. 섹슈얼리티 관련 의제를 둘러싼 그의 구체적인 견해들이 어떤 논리에서 출현했고 또 어떤 함의를 띠는지 파악하려면 1970년대 중반 이후 몇 년간 푸코 사유가 진화한 양상을 살펴보아야 한다. 그것은 대략 '성의 역사' 연작의 기획, '근대 형법의 변화'에 대한 탐구, 그리고 '통치성' 연구라는 세 가지 흐름으로 구분할 수 있다. 이 흐름들은 따로따로 동떨어진 채 생겨난 것이 아니라, 일정한 논리적 연관성 속에서 서로 지지하며 발전한 것이다. 바로 이러한 이론적 논의 맥락에 1977년 형법 개정안 준비에 대한 개입이라는 국면적 계기가 더해지면서, 아동 성애에 관한 푸코의 관용적 입장이 선명해졌던 것으로 보인다. 그렇다면 푸코의 세 가지 연구 흐름이 어떻게 섹슈얼리티 관련 법 개정이라는 현안을 둘러싸고 특정한 입장으로

48 Fassin, "La somnolence de Foucault", pp.106~107.

짜이게 되었는지 짚어 보자.

우선 푸코가 그즈음 '성의 역사'라는 방대한 기획에 착수했다는 점을 고려할 필요가 있다. 그는 1975년 말 『성의 역사』 연작의 집필을 본격적으로 시작한다. 나중에 변경되긴 했지만, 애초에 이 연작은 모두 여섯 권으로 계획되었다. 푸코는 1976년 전체 기획의 방법론적 서문 격으로 1권 『지식의 의지』를 출간했고, 2권 『육욕과 신체』 *La chair et le corps*와 3권 『아이들의 십자군』 *La croisade des enfants* 작업 또한 어느 정도 진척시켰던 것으로 전해진다. 이 책 원고들은 콜레주 드 프랑스에서의 1975년 강의 『비정상인들』과 1976년 강의 『"사회를 보호해야 한다"』, 그리고 상파울루 강연 등을 기초로 작성되었다. 특히 1975년 강의에서 푸코는 가정 내 아동의 섹슈얼리티(예컨대 자위의 쾌락)에 대해 부모, 의사, 교육자 등이 행사한 감시와 규율 권력을 세밀하게 분석하는데, 이는 3권의 내용과도 맞닿아 있었을 것으로 보인다. 이러한 정황은 아동의 섹슈얼리티 문제에 대한 푸코의 관심이 당대의 사회적 사건들 때문에 갑자기 불거진 것이기보다, 탐구의 내적 논리와 밀접히 연결되어 있었다는 점을 알려 준다.

더욱이 유념해야 할 것은 『지식의 의지』는 물론, 이후 나온 여러 논문과 인터뷰를 통해 푸코가 섹슈얼리티에 대한 급진적 구성주의 관점을 드러냈다는 것이다. 근대 이래 섹슈얼리티는 불변의 욕망과 연계되며, 개인의 내밀한 진실과 정체성을 규정하는 중핵으로 간주된다. 그런데 푸코에 따르면 그것은 18세기 이후 서양 사회에서 발전한 생명 권력, 그리고 이에 연계된 고백 실천과 담론, 지식(특히 의학과 정신 분석)의 효과이자, 개인에 대한 규율과 전체 인구에 대한 조절이라는 이중 작용이 일어나는 매트릭스다.[49] 이러한 관점에서 푸코는 "섹슈얼리티가 정말 법의 소관인가? 실상 섹슈얼리티와 관련된 모든 것을 법과 분리시켜야délégaliser 하지 않는가?" 하는 근본적인 질문들을 제기한다.[50] 섹슈얼리티를 법적 규제나 관리의 대상으로 고정하면 그것을 지식-권력의 틀에서 벗어날 수 없게 만들어 정체성 규정의 꼭짓점으로 끊임없이 재생산할 것이기에 그렇다.

푸코는 우리가 동일시해야 하고 정체화의 근거로 삼아야 하는 '본성' 혹은 '실체'로서 섹슈얼리티라는 관념을 적극적으로 거부한다. 자신에게 "섹슈얼리티는 생활 양식mode de vie의 문제이자 자기 기술technique de soi의 영역"이고, 이는 "근원적인 선택"이라는 것이다.[51] 동시에 그는 '성적 선택'choix sexuel의 자유를 '성적 행동'acte sexuel의 자유와 구분하는데, "왜냐하면 강간과 같은 어떤 행동들은 허용되어선 안 되기 때문"이다. 따라서 성적인 영역에서 행동의 완전하고 절대적인 자유는 동성애 운동의 정치적 목표일 수 없다. 오히려 타협의 여지 없는 목표는 '성적 선택'─이를테면 게이, 마조히스트, 아동 성애자가될 수 있는─의 자유, 그리고 그러한 선택을 표명하거나 표명하지 않을 자유여야 한다는 것이다.[52]

다음으로 근대 형법의 변화에 대한 탐구가 1970년대 푸코

---

49 이상길, 「푸코와 정신 분석: 섹슈얼리티를 넘어서」, 신인섭 엮음, 『프랑스 철학과 정신 분석』, 그린비, 2022, 401~442쪽 참조.

50 "Entretien de Michel Foucault avec Jean-François et John de Wit 22 mai 1981", M. Foucault, *Mal faire, dire vrai: Fonction de l'aveu en justice*, UCL Presses, 2012, p. 256.

51 Ibid., p. 255.

의 주요 주제 가운데 하나였다는 점 역시 주목을 요한다. 그는 특히 형법 제도와 진실 발화 간의 관계라는 차원에서 이 문제에 특별한 관심을 보였는데, 1970년대 초의 콜레주 드 프랑스 강의들에서부터 1974년의 리우 강연인 「진리와 법적 형태」, 그리고 1981년 루뱅 대학 강의 『잘못을 범하기, 진실을 말하기』에서 자기 시각을 체계적으로 드러냈다. 이 과정에서 푸코는 '인간'에 관한 모종의 진실을 생산한다고 자처하는 전문 지식들이 형법 제도에 틈입하고 그와 결합하는 현상의 동시대적 발전에 특히 주의를 기울인다. 이 문제의식은 그가 1977년 10월 발표한 논문 「19세기 법 정신 의학에서 '위험한 개인' 개념의 진화」에서 명확히 나타난다.[53] 이 텍스트에 따르면 19세기 초 '개인 영혼'의 의학이기보다 훨씬 더 '사회체'의 의학이었던

---

52 "Choix sexuel, acte sexuel"(1982), *DE*, IV, p. 322. 이러한 '선택'은 푸코에게 어떤 욕망과 정체성의 확고한 지정을 뜻하지 않는다. 게이, 마조히스트, 아동 성애자 등이 된다는 것은 그것을 통해 어떤 관계, 어떤 삶의 양식이 가능한지 묻는 일이(어야 하)기 때문이다. 푸코는 자신의 섹슈얼리티를 결코 숨기지 않았지만 그것의 '공표'proclamation가 필수 불가결한 원칙이라고 보지는 않았다. 그는 『지식의 의지』를 통해 페미니즘과 동성애 운동 같은 정체성 정치에 큰 영감을 주었으면서도 특정한 운동에 직접 참여하거나 지속적으로 연계하지는 않았고, 다만 자신의 경험과 주관성에 접속하는 어떤 사안들—예컨대 임신 중단의 합법화나 동성애 차별 철폐—에 그때그때 개입하는 전략을 취했다. 그는 자신의 책이나 투쟁이 모두 "경험의 단편들, 자서전의 단편들"이며, 거기에 어떤 일관성이 있다면 그것은 아마도 삶의 일관성에서 비롯할 것이라고 말했다. "Entretien de Michel Foucault avec Jean-François et John de Wit 22 mai 1981", *Mal faire, dire vrai*, pp. 254, 259.

53 "L'évolution de la notion d'"individu dangereux" dans la psychiatrie légale du XIXᵉ siècle"(1978), *DE*, III, pp. 443~464.

정신 의학은 '살인 편집광'monomanie homicide 개념을 통해 사법 체계에 개입하기 시작했다. 그것은 정신 질환의 치료술을 정립하면서 공공 보건을 보장하는 치안 수단으로서 특별한 중요성을 띠기에 이른다. 이렇게 해서 대두한 '범죄의 정신 의학화'는 사법 체계가 구체적인 범죄 행위보다 특정한 유형의 범죄자가 사회에 가할 수 있는 잠재적 위협에 무게를 싣도록 만들었다. 이는 범죄자 개인의 정체성(신분, '본성', 성격적 특징, 병리학적 변수 등)에 따른 위험을 가늠하고 그에 대한 방어책을 수립하는 데 도움을 주는 지식을 요구한다. 그리하여 '주체의 진실'에 대한 새로운 발화 양식이 대두하고, 이제 범죄는 수사와 자백의 방법에만 기초해서가 아니라 심리학, 범죄학, 정신 의학, 범죄 인류학 등의 지식을 통해 다루어지게 되었다. 판사 이외에도 의사와 사회 과학자가 전문가로서 사법에 관여했다. 결과적으로 패러다임 자체가 '범죄'에서 '범죄자'로, '실제 저질러진 행위'에서 '개인 안에 잠재하는 위험'으로, '죄인에 대한 적절한 처벌'에서 '타자에 대한 절대적인 보호', 혹은 이른바 '사회 보호'defense sociale로 이행한 것이다. 그런데 푸코가 보기에 이 모든 현상은 매우 우려할 만한 것이다. 근대 형법 제도는 법에 의해 사전에 명시적으로 규정된 위반 행위들에 대해서만, 절대적으로 평등하게 제재와 처벌이 가해져야 한다고 전제했다. 실상과는 동떨어진 유토피아적 이상에 불과하다고 해도, 이것이 최소한 "근대 형법 체계를 지배한 지도 원리, 사법적-도덕적 원리"였다는 점은 부인할 수 없다. 그런데 19세기 후반 이래 '위험한 개인' 개념, 그리고 "우리가 누구인지에 대해 행사되는 정의"가 근대 형법 원리를 점차 잠식하고 있는 형편이라는 것이다.[54]

홍미로운 점은 1978년의 라디오 대담에서 푸코가 '위험한 개인'의 문제를 당시의 새로운 섹슈얼리티 관리 체제의 등장과 연결해 비판했다는 것이다. 푸코에 의하면 다양한 수준의 사회 변화로 인해 섹슈얼리티 관련 법의 바탕에 있는 가치와 담론 체계가 더 이상 유효하지 않은 상황이 되었다. 그 결과 법의 기본 전제는 인간 보편의 성적 수치심, 정숙성, 순결을 방어해야 한다는 것으로부터, 섹슈얼리티 측면에서 '위험한 개인들'에 맞서 모종의 '취약한' 인구 집단을 보호해야 한다는 것으로 변화해 왔다. 여기에서 아동이 새삼 중요해지고, 그 집단 고유의 섹슈얼리티와 트라우마를 규정하기 위해 정신 의학자, 심리학자, 정신 분석학자, 교육학자 등이 개입할 여지가 생겨났다. 푸코에 따르면 이제 한편에는 그 본질상 위험에 처해 있는 아동기가 있고, 맞은편에는 '위험을 불러올 수 있는' '성인 일반'이 있다. 사법 권력과 의학 권력은 특정한 (범죄적) 행동이 아니라, 잠재적 공격을 가할 수 있는 어떤 (범죄적) 인간형을 구성하고 거기에 법적 책임을 부여하려 드는 것이다.[55] 푸코는 이처럼 특정한 정체성을 이유로 개인에게 개입할 권리를 사회에 허용한다면 끔찍한 일이 될 것이라고 경고한다. 게다가 그러한 정체성 규정의 핵심에 섹슈얼리티가 놓이고, 그 '비

---

54 Ibid., p.463. 푸코는 한 세기도 전부터 '형법적인 것'과 '의학적인 것' 사이의 끊임없는 상호 참조가 위험 개념을 작동시켜 왔다고 말한다. "Enfermement, psychiatrie, prison"(1977), *DE*, III, p.343. 1981년 루뱅 대학 강의에서도 푸코는 근대 형법이 '구체적인 행위에 대한 처벌'에서 '잠재적으로 위험한 개인으로부터 사회의 보호'로 이행하는 현상에 대한 자신의 문제의식을 재차 확인한다. *Mal faire, dire vrai*, pp.218~228.

55 "La loi de la pudeur"(1979), *DE*, III, pp.767~769.

정상성' 혹은 위험성을 근거로 개인을 어떤 식으로든 제재할 수 있는 상황은 섹슈얼리티 그 자체를 위험시하도록 이끌지 모른다. 동성애자, 성전환자, 성도착자, 아동 성애자에서 더 나아가 결국 성인 일반, 남성 일반이 아동이나 여성 같은 취약한 집단을 잠재적으로 위협하는 '위험한 개인'의 모호한 형상을 덮어쓰게 될 터이기 때문이다. 이러한 관점에서 푸코는 다음과 같이 주장한다.

> 섹슈얼리티는 더 이상 모종의 구체적인 금지 항목들을 지니는 행동이 아니라, 어디에서나 돌아다니는 일종의 위험, 어디에나 있는 유령, 남성과 여성, 아동과 성인, 그리고 궁극적으로는 성인과 성인 등의 사이에서 작동할 유령이 될 것이다. 섹슈얼리티는 모든 사회 관계, 모든 세대 관계, 모든 개인 관계 속에서 이러한 위협이 될 것이다. 권력이 겉보기에 포용적인, 어쨌거나 일반적인 입법에 의해 포획하고자 애쓰는 것이 바로 이 그늘, 이 유령, 이 공포다. 그리고 이는 어김없는 일련의 개입, 필시 의료 기관의 지원을 받는 사법 기관의 개입 덕분에 이루어진다. 거기서 우리는 새로운 섹슈얼리티 관리 체제를 갖는다. 섹슈얼리티는 20세기 후반에 확실히 범죄에서 벗어났지만, 위험, 보편적 위험의 형태 아래 나타나며 바로 이 점에서 상당한 변화가 있다.[56]

'성의 역사' 기획의 토대 위에서 푸코는 생명 권력의 효과인 섹슈얼리티가 개인 정체성의 비밀처럼 다루어지는 현상을

56   Ibid., pp. 772~773.

비판적으로 파악하는 한편, 근대 형법 원리의 변화를 관찰하면서 이른바 '비정상적' 섹슈얼리티를 가진 개인들을 사회에 대한 잠재적 위협으로 여기는 통치 체제의 성립에 강한 경계심을 드러낸다. 그러한 체제는 '위험한 섹슈얼리티'라는 관념을 일반화하고, 마침내 '위험 사회'société de dangers 혹은 '안전 사회'société de sécurité로 귀결할 것이기 때문이다.[57] 하지만 동성애자건 아동 성애자건 그들의 폭력이나 위법 행위에 대해서가 아니라면, 그 존재 자체로 위험 인자처럼 취급당하며 탄압받아선 안 된다. 우리는 개인들에게 더 많은 자유를 주어야 하고, 쾌락과 사생활의 자율성을 보장해야 한다.

> 법과 치안police은 개인의 성생활과 아무런 관련이 없다. 성적 쾌락은 치안과 사법 질서 내에서 결정력 있는 범주가 아니다. 하지만 섹슈얼리티는 공권력이 개입하지 말아야 할 개인적 보물처럼 보호받아야 하는 것이 아니라, 문화의 대상이 되어야 한다. 문화 창조의 근원으로서 성적 쾌락은 매우 중요한 무엇이다. 바로 거기에 노력을 기울여야만 한다.[58]

이러한 푸코의 발상은 자유주의 통치성에 대한 철학적 관심과도 궤를 같이했던 것으로 보인다. 1970년대 중반 이후 푸코는 사회당이 사회적 규제와 조절 수단으로 판사와 사법 권력의 역할을 강화하려 한 계획을 비판했으며, 중앙 집중을 배격하고 지방 분권과 지역주의를 강조하는 이른바 '제2의 좌

---

57 Ibid.; *Mal faire, dire vrai*, p. 223.
58 "Foucault: Non aux compromis"(1982), *DE*, IV, p. 337.

개정판 옮긴이 후기   274

파'deuxième gauche에 호의적인 태도를 드러냈다.[59] 1978년 콜레주 드 프랑스 강의『안전, 영토, 인구』와 이듬해의『생명 정치의 탄생』을 진행하며 (신)자유주의에 대한 분석과 매혹을 함께 발전시킨 푸코는 '너무 많은 통치'에 대한 부정적 시각을 드러내면서, 억압적이고 개입적이기보다는 포용적이고 방임적인 통치술이 효율성과 합리성 면에서 더 뛰어나다는 입장을 취했다. 예컨대 그는 1978년 7월에 가진 인터뷰에서 동성애를 둘러싼 법적 관용도의 증가에 관해 언급하며, 억압적 권력의 경제적, 정치적 비용을 우리가 계산할 수 있게 되었기 때문에 이런 변화가 일어났다고 지적한다. 관료와 통치자는 매독 퇴치를 위해 동성애자와 같은 특정한 인구 집단을 분리하고 억압하기보다는 정보 캠페인을 벌이는 편이 더 효과적이라는 사실을 알고 있다는 것이다.

권력 행사의 합리화가 반드시 억압의 증대를 통해 일어나지는 않으며, 오히려 그 반대다. 억압은 정치적으로 너무 비용이 많이 든다. 그리고 그것은 사회를 가로지르는 갖가지 [해방] 운동이 벌어지는 현재의 분위기에서는 더 큰 비용을 요구할 위험이 있다.[60]

이러한 맥락에서 정치학자 미첼 딘과 대니얼 자모라는 1970년대 후반의 통치성 연구가 섹슈얼리티 문제에 대한 그의

---

59 Defert, "Chronologie", Foucault, *Œuvres*, II, p. 51.
60 Foucault, "The Gay Science"(1978), *Critical Inquiry*, No. 37, 2011, pp. 402~403.

자유주의적 관점에 영향을 미쳤을 수 있다는 해석을 제시한다. 그들에 의하면 푸코는 당시 프랑스의 지스카르 데스탱 정부 아래서 심화한 (신)자유주의가 '더 관용적이고 덜 규범적인 통치성'이며, 복지 국가 내부에서 발생한 사목 권력과 규율 권력의 위기에 대응하는 의미 있는 대안이라고 인식했다.[61] 이렇게 보자면 섹슈얼리티 관련 법제화에 대한 푸코의 입장 또한 법의 과도한 개입으로 인한 사회적 비용을 절감하고 개인의 자유를 확장하는 방향의 합리성을 지향했다고 볼 수 있다. 그것은 68 혁명의 급진적 에토스보다는 (혹은 그 못지않게) 자유주의 통치성에 대한 선호에서 발원했던 셈이다. 설령 푸코의 궁극적인 의도가 자유주의 통치술의 탐구에 기반한 좌파 통치성의 새로운 발명에 있었다고 하더라도 말이다.

1970년대 후반 푸코의 철학적 탐구를 전체적으로 고려할 때, 섹슈얼리티에 대한 그의 급진적 자유주의 입장은 '성 해방'의 논리에 동조하는 대담 상황의 즉흥적 의견이었다기보다 이론적 관심과 문제의식의 교차점에서 나온 논리적 결과에 가깝다고 할 수 있다. 그는 당대의 권력 체제가 이른바 '비정상적' 섹슈얼리티의 소유자들을 '사회 보호'에 잠재적으로 해로운 대상으로 구성하는 과정을 비판적인 시선으로 바라보았다. 인간의 '진실'을 발화한다고 자처하는 지식이 섹슈얼리티를 지렛대 삼아 규율 권력과 결합하는 이러한 양상은, 푸코가 보기

---

61   M. Dean and D. Zamora, *The Last Man Takes LSD: Foucault and the End of Revolution*, Verso, 2021, p.65. 신자유주의 통치성에 대한 푸코의 양가적 태도와 그 영향에 관해서는 다음의 책을 참조할 수 있다. D. Zamora and M. C. Behrent Eds., *Foucault and Neoliberalism*, Polity, 2016.

에 근대 형법의 합리성을 잠식하며 사회 관계에 또 다른 치안의 분할선들을 긋는다. 여기서 그는 19세기 말 출현해 나치즘으로 극점에 이른 '전쟁의 인종주의'의 새로운 그림자를 간과한 듯하다. '전쟁의 인종주의'는 민족들 간의 전통적 인종주의와 달리 생명 권력의 발흥과 더불어 등장한 것이다. 푸코에 따르면 그것은 단순히 적대적인 상대편의 제거를 위해서만이 아니라 우리 '종족'의 쇄신과 강화를 위해 준생물학적이고 진화론적인 발상 아래 광인, 범죄자, 다양한 '비정상인들'을 타자화하고 그들에 대한 생살여탈권을 쥔다.[62] 이러한 시각에서 그는 섹슈얼리티를 둘러싼 과도한 법제화가 초래할 사회적 부작용을 우려하면서, 권력 개입의 최소화와 개인 자율성의 확대를 현실적 대안으로 상상했던 것으로 보인다.

하지만 푸코가 최대한 밀어붙인 자유주의적 관점은 '성범죄의 탈성애화désexualisation'라든지 '동의에 기반한 성인-아동 간 자유로운 관계의 용인'과 같은 급진적인 주장들로 귀결하고 만다. 그것들이 어느 정도 타당한 전략으로 받아들여질 수도 있겠으나, 그가 언제나 미시 권력에 대한 주의 깊은 분석가였다는 점을 상기하면, 현실의 권력 관계를 다소 안이하게 인식하고 있지 않았나 하는 의구심이 생기기도 한다. 예를 들어 섹슈얼리티를 법(과 국가 권력)의 지배로부터 분리하려는 발상은 그것을 마치 권력과 무관한 것처럼 자연화하는 부정적 효과를 가져올 수 있다. 대개의 성범죄가 남성과 여성 간 성차에 기반해 저질러지며 두 집단을 대립시키는 상황에서, 이는

---

62 푸코, 『"사회를 보호해야 한다": 콜레주 드 프랑스 강의 1975~76년』, 김상운 옮김, 난장, 2015, 308~310쪽.

궁극적으로 남성 범죄자들에게 유리하게 작용할 터이다. 아동의 동의 능력과 주체성에 대한 강조 또한 자유와 얽혀 있는 권력의 순환이 연령 차에 기초한 사회 집단들 사이에서 차등적이고 비대칭적으로 일어나는 실상을 무시하고 나아가 은폐할 가능성이 있다. 이는 통치성의 이론적 프리즘을 통해 권력-자유의 문제를 다시 사유하고자 한 푸코의 기획이 개인의 자유에 대한 관념론적 기대와 무분별한 예찬으로 표류해 버릴 위험 또한 적지 않다는 말이기도 하다. 만일 그렇다면 이 '자유주의적 일탈'이 권력 비판의 강력한 의지로 인해 빚어졌다는 사실은 그야말로 의미심장한 역설이 아닐 수 없을 것이다.

푸코와 더불어, 푸코에 맞서서

만일 소르망의 폭로대로 푸코가 정말로 아동 성애자였다면, 우리는 그의 저작을 거부해야 할까? 이는 작가와 작품 사이의 복잡한 이론적, 사회학적 관계를 고려할 때 원칙적으로 수용할 수 없는 주장이다. 그래도 푸코가 어느 누구보다 삶과 저작이 밀접히 얽혀 있는 저자인 만큼, 섹슈얼리티 문제를 둘러싼 그의 입장이 자신의 성향이나 행동을 합리화하는 술책일 가능성을 따져 보아야 하지 않을까? 하지만 어쭙잖은 넘겨짚기식 속단과 달리, 우리가 푸코의 공적인 발언과 텍스트 들에서 발견할 수 있는 것은 성폭력이나 아동 성애에 대한 무조건적 옹호 따위가 아니다. 그것은 오히려 당대 프랑스 현실의 동성애 차별, 아동 억압, 섹슈얼리티 법제화 등에 대한 급진적 비판이자 그 비판의 기반을 이론적으로 정합성 있게 재구성해 보려한, 반드시 성공적이지는 않았던 사유의 시도에 가깝다.

프랑스에서는 1982년 비로소 형법 개정이 완전히 이루어져 이성애 관계와 동성애 관계의 동의 연령 차별이 철폐되었고, 미성년자 강간은 여전히 범죄crime이지만 합의에 따른 15세 미만 청소년과의 성관계는 경범죄délit 처분 대상이 되었다.[63] 푸코의 제안 가운데 일부가 당시 사회당 정부 아래 뒤늦게나마 실현된 것이다. 소르망의 '개소리'를 신랄하게 반박한 『랭디마탱』의 기사는 푸코의 섹슈얼리티 관련 입장을 자세히 검토하면서 동시대 사유에서 나타나는 급진성의 퇴조를 개탄한다. 오늘날 좌파는 1970년대에 푸코가 그랬던 것과 달리 더 이상 학교, 감옥, 가족, 정신 의학과 같은 제도에 발본적으로 문제를 제기하고 거부할 역량을 발휘하지 못하고 있다는 것이다. 기사에 따르면 오히려 좌파 역시 '위험한 개인'의 생산에 공모하고 있으며, 그리하여 '사회를 보호해야 한다'는 이데올로기적 담론이 사회운동 진영에서조차 득세하는 실정이다.

최근 몇 년 동안 다양한 페미니스트 조류는 '폭력에 맞선 투쟁'이라는 틀로 가해자 개인의 책임에 초점을 맞춰 감시와 처벌의 필요성을 주장하고, 억압 기구를 강화하라고 요구해 왔다. […] 따라서 살짝 위장한 채 커뮤니케이션 대중 안에 섞여든 적의 용어들을 거부하고 반동적인 성격의 이데올로기적 목표를 간파하는 법을 배우는 일이 시급해 보인다. 그 유명한 신자유주의적 반동, 개인주의, 치안 담론과 실천은 우리 앞에 쉽게 구획 가능한 거대한 블록으로서만 존재하지 않는다. 그

63 Idier, "Michel Foucault devant la commission de révision du code pénal".

것들은 또한 깨부수기 어려운 미시 파시즘이 뿌리내리는 수 많은 공간 속에서 솟아난다.[64]

이 기사가 시사하듯이, 과연 우리의 현재성을 푸코가 말한 '위험 사회'(또는 '안전 사회')에 비추어 적절히 이해할 수 있는 지, '다양한 페미니스트 조류의 요구'가 그러한 보수적 분위기 의 강화에 공조하고 있는지 판단하려면 별도의 논의가 필요할 것이다. 사실 모든 것을 역사화하는 동시에 언제나 현재를 조 준하는 철학이기를 자처했던 푸코의 사유에 충실하자면, 그의 사유 또한 역사화해야 한다. 게다가 그것이 과녁으로 삼았던 현재가 벌써 수십 년 전의 과거라는 점을 잊지 말아야 한다. 이 는 그 사유를 매개로 오늘날의 정치적 쟁점들에 대한 답을 구 하는 일이 단순히 철학자의 지적 권위만 빌려 오는 안일한 제 스처에 머물지 않으려면, 푸코 논리의 내적 균열과 공백, 역사 적 제약점을 짚어 내려는 노력이 필수적으로 병행되어야 한다 는 의미이기도 하다. 이러한 시각에서 푸코의 개념들에 기대 현재를 진단하거나 시각의 급진성을 회복하는 것 못지않게,

64 "Les messes noires de Michel Foucault, le bullshit de Guy Sorman", *Lundimatin*, 282, Avril 16, 2021. 영역본으로도 읽을 수 있는 이 무기명 기사는 원래 4월 5일에 『랭디마탱』 블로그에 올라왔고, 편집을 거쳐 282호(4월 16일 자)에 최종 게재되었다. 덧붙여 디디에 에리봉이 이 기사를 추천했다는 사실을 적어 두자. 소르망의 폭로가 나온 뒤에도 별다른 언급이나 논평 없이 침묵을 지키던 에리봉은 이 기사의 게시 직후 자신의 트위터에 링크를 걸고 다음과 같은 추천의 말을 올렸다. "튀니지에서 게이로서 푸코의 삶, 그리고 동시대 섹슈얼리티 정치와 관련된 좀 더 일반적인 몇 가지 문제에 관해 『랭디마탱』에 실린 탁월한 해명을 읽어 볼 것"(@didiereribon, 2021년 4월 6일).

아니 어쩌면 그 이전에 현실의 사안들을 다루는 과정에서 푸코가 봉착했던 한계, 곤경, 혹은 자기모순이 어떤 이론 내적 연원을 지니는지 살펴보는 일이 절실하다.

이와 관련해 자유가 푸코 말년의 중요한 탐구 대상이었던 동시에 일정한 철학적 여백으로 남아 있는 문제라는 데 주목할 만하다. 그것은 푸코의 권력 이해가 다다른 어떤 막다른 지점, 또는 새로운 출발점을 표상한다. 권력/자유에 관한 성찰을 깊이 있게 발전시키기엔, 아마도 그가 그 문제를 너무 늦게 발견했거나 혹은 너무 일찍 세상을 떠났다고 말할 수 있을 법하다. 1980년대에 그는 권력 행사와 관련해 우리가 가질 수 있는 윤리는 결국 "타자의 자유"라고, 또한 "자유는 윤리의 존재론적 조건"이고 "윤리는 자유의 성찰적 형식"이며 "윤리적 문제는 자유의 실천 문제"라고 주장한 바 있다.[65] 한마디로 자유는 그의 정치학과 윤리학을 잇는 가장 핵심적인 연결 고리였던 셈이다. 푸코가 보기에 그것은 권력 관계에 유동성을 부여함으로써 영원한 긴장과 불확실성의 원천으로 기능한다. 자유는 권력이 최대한 덜 나쁜 것이 될 수 있도록 조정하거나 새로운 방향의 실천들이 생겨나도록 유도함으로써 권력 관계를 게임의 공간으로 구성한다.

이러한 자유는 푸코에게 무엇보다도 '창조' 또는 '발명'을 위해 중요했던 것으로 여겨진다. 지배의 불가역적인 전복, 억압으로부터의 완전한 해방이 환상이라고 보았던 푸코는 권력

---

65 푸코, 「미셸 푸코와의 대담(1980년 11월 3일)」, 『자기 해석학의 기원』, 오트르망 옮김, 동녘, 2022, 155쪽; "L'éthique du souci de soi comme pratique de la liberté"(1984), DE, IV, pp. 712, 711.

의 끊임없는 기능 작용에도 불구하고 주체들에게서 발현 가
능한 창조성의 의의를 중시했고, 새로운 관계 양식들의 발명
을 기대했다. 이를 위해 그는 "우리가 우리 자신에 대해 맺는
관계는 정체성[동일성]의 관계가 아니라 분화différenciation, 창
조, 혁신의 관계여야 한다"고 역설하면서, "창조적 힘"으로서
자신을 긍정하고 지속적으로 변형시킬 것을 요청했다.[66] '미학
적 주체화' 개념은 바로 이러한 주장을 함축한다. 푸코는 구체
적인 저항이나 해방의 프로그램을 제시하지는 않았지만, 관계
속에서 부상하는 혁신적 실천들을 간파하고 또 상상했다. 따
라서 '동성 결혼'이나 '친구의 입양' 등 우정에 기초한 가족의
재정의와 재구성은 그 자체로 대단히 저항적이거나 완전무결
한 방안은 아닐지 몰라도, 지배적인 사회 규범과 제도의 작동
방식을 문제 삼고 창조적 대안들을 실험한다는 측면에서 의의
가 매우 크다고 보았다.[67] 이러한 모색들에 푸코는 "자유의 실

66 "Michel Foucault, une interview: sexe, pouvoir et la politique
de l'identité"(1984), *DE*, IV, p.739.

67 E. Fassin, "Lieux d'invention: L'amitié, le mariage et la
famille", *Vacarme*, n°29, 2004, pp.120~123. 푸코는 2차 세계대전
이후 우리가 정치 프로그램이 말하는 대로 일이 이루어지지 않으며,
그것이 거의 언제나 관료, 정치가 또는 다른 블록에 의한 권력 남용이나
지배로 이어진다는 점을 깨달았다고 지적한다. 그렇게 보자면
1960~1970년대의 중요한 성과는 정당이나 정치 기구 바깥에서
다양한 사회운동에 바탕을 둔 정치적 혁신과 창조, 실험이 이루어졌고,
그 결과로 사람들의 삶, 태도, 사고방식, 태도가 실제로 변했다는 데
있다는 것이다. 푸코에 따르면 우리는 프로그램 없이도 유용하고
창의적인 변화를 일구어 나갈 수 있다. "프로그램이 없다는 것은
맹목적으로 사유하는 것을 의미하지 않는다." "Michel Foucault, une
interview: sexe, pouvoir et la politique de l'identité"(1984), *DE*, IV,
p.746.

천"이라는 이름을 붙인 바 있다. 같은 맥락에서 그는 동성애 역시 특정한 정체성으로서가 아니라, 대안적인 생활 양식의 시도와 창조, '되기'라는 차원에서 의미를 지닐 수 있다고 강조한다. 새로운 우정과 정서적 관계를 발명하는 다원적 잠재성으로 기능할 수 있다는 것이다.[68]

물론 거대한 해방libération이 종종 개인들의 자기 주도적 실천을 위한 역사적, 정치적 조건이 된다는 것은 부인하기 어려운 일이다. 하지만 푸코에 의하면 해방 그 자체보다 자유의 실천들이 더 중요하다. 현실 사회주의 국가들의 실패는 그러한 명제를 뒷받침하는 단적인 실례일 것이다. 생산 양식과 정치 체제의 혁명적 변동이 일상적인 삶에서 작동하는 권력과 억압까지 제거하지는 못했기 때문이다. 그러므로 예컨대 욕망의 해방, 제도적 변혁이 새로운 권력 관계의 장을 열어젖힌다 해도, 관건은 다양한 미시적 실천들을 통해 그 장을 지속적으로 통제하고 재구조화하는 데 있다. 이러한 맥락에서 섹슈얼리티와 관련해서도 '쾌락의 창조'가 진정한 문제로 부상한다. 성 해방은 우리가 타인들과 맺는 쾌락의 관계 속에서 어떻게 윤리적으로 행동할 수 있을 것인지 질문하게 만들고, 성적인 쾌락, 사랑과 연애, 타자에 대한 열정적, 에로스적 관계 등을 정의하는 자유의 실천들이 무엇일지 고민하게 만든다.[69] 푸코가 보기에 해방은 자유를 위한 공간을 정초하는 하나의 계기일 따름인 것이다.

68　"De l'amtié comme mode de vie"(1981), Ibid., pp.163~167.
69　"L'éthique du souci de soi comme pratique de la liberté"(1984), Ibid., p.710.

1970년대 말 이후 푸코에게 자유는 몇몇 핵심 개념과 의미론적 관계망을 구성한 것으로 보인다. 즉 그것은 윤리 외에도 저항, 창조, 발명, 혁신, 쾌락, 자기soi, 새로움, 심미성esthétisme 등의 개념군과 결합하는데,[70] 이때 자유의 초점은 (개인의 주체화 과정이 수반하는) 권력에 대한 예속assujettissement으로부터 탈피하는 문제에 맞추어진다. 구체적인 사례를 들어 이야기해 보자. 19세기 이전까지 개인은 성적 욕망이나 성적 행동으로써 정의되지 않았다. 섹슈얼리티 장치의 발전과 더불어 개인은 섹슈얼리티를 둘러싸고 작동하는 다양한 규율과 훈육, 인구 조절의 과정 안에서 비로소 '진짜 성별', '불변의 성욕'을 지닌 어떤 유형의 개인성을 부여받는다. 이는 그의 '진실'이자 인간에 관한 참된 지식을 구축하는 근간으로 나타나며, 어떤 경우 일종의 인종주의적 분류 기준으로도 쓰임새를 갖는다.

그런데 자유의 실천을 통해 우리는 '성적 주체'로서 우리를 주체화하는 권력 메커니즘으로부터 조금이나마 벗어날 수 있다. 이를테면 S/M 하위문화는 쾌락의 잠재력을 특정한 신체 부위에 국지화하지 않고 몸 전체로 확장하며, 유동적인 전략 게임을 연출함으로써 권력을 에로스화한다. 이는 쾌락을 총체화, 탈성애화하고, 개인이 섹슈얼리티 담론과 코드에서 탈피해 쾌락에 기초한 정체성을 실험할 수 있게 해 준다. 이런 S/M 하위문화가 다시 경직된 정체성의 거점으로 정착하고, 그 내부에서 배제의 절차를 작동시키며 게토화할 개연성 또한 엄연

---

70 푸코는 '자기에 대한 자기의 작업', '자기에 의한 자기의 변형'을 가리키기 위해 '심미주의'라는 용어를 쓰며, 이는 '존재의 미학'이라는 개념과도 일맥상통한다. "Une interview de Michel Foucault par Stephen Riggins"(1983), Ibid., p.535.

히 존재한다. 쾌락의 자극이 새로운 통제 수단으로 변화할 수도, 권력과 자본에 의해 착취당할 수도 있을 것이다. 푸코는 이모든 가능성을 부정하지 않는다. 다만 그는 삶, 투쟁, 역사 속에 서라면 언제든 출현할 수 있는 이러한 현상들은 변증법적으로 발전하지 않으며, 더욱이 새로운 창의적 시도가 불필요하다는 주장의 논거는 될 수 없다고 지적한다.[71]

주체의 탈예속—혹은 '다른 식으로 통치당하기'—을 향해 나아가는 이 푸코식 자유의 도정은 정체성/동일성 대신 차이를, 진정성 대신 창조성을, 의존 대신 자율성을, 규칙 대신 스타일을, 필연성 대신 우발성을 강조한다. 문제는 그 도정에 잠복한 여러 장애물을 푸코가 충분히 감안하고 있지 않다는 것이다. 자유에 대한 그의 예찬이 때로 일면적이고 순진하게만 느껴지는 것은 바로 그런 연유에서다. 자유는 모든 개인에게 동등하게 주어지지 않으며, 반드시 자율성의 발현을 보장하는 것도 아니다. 그것은 개인들 간 구조적 불평등에 의해 조건 지어질 수밖에 없고, 어떤 개인이나 집단(예컨대 아동이나 장애인)에는 취약성을 촉발하는 계기로 작용할 수 있다.[72] 더욱이

71 "Michel Foucault, une interview: sexe, pouvoir et la politique de l'identité"(1984), Ibid., pp.742~743. 푸코는 쾌락을 성과 섹슈얼리티에서 벗어나게 만들어야 한다고 강조한다. 우리는 단순히 '함께 있기', '시선을 주고받기' 등으로도 쾌락을 느낄 수 있으며, 신체 전체를 전면적인 쾌락의 장소로 재구성할 수 있다. Voeltzel, *Vingt ans et après*, pp.108~113.

72 푸코는 사회 보장sécurité sociale 제도의 '의도되지 않은 효과'effets pervers에 관해 논하면서 그것이 개인의 통합 또는 주변화를 통해 주체의 자율성을 위축시키고 국가에 대한 의존을 생산한다고 언급한 바 있다. 그렇다면 우리는 반대로 자유주의 통치성의 '더 적은 권력', '더 많은 자유'가 주체의 취약성을 증폭시키고 시장에

285

새로운 생활 양식이나 쾌락의 추구에서 드러나듯, 푸코가 말하는 자유는 개인의 자기표현적 수준에 초점이 맞추어진다. 그것은 개인화의 동력으로 기능하는 반면, 타자와의 소통이나 연대를 적극적으로 도모하지도 보증하지도 않는다. 자유의 공간은 개인들이 각자 알아서 자기 역량을 펼치고 새로운 관계 양식을 모색하는 무한히 열린 지평으로 나타날 따름이다. 푸코는 이처럼 비규범적인 힘의 전개를 바탕으로 하는 실천들('존재의 미학', '자기의 기술')의 결과가 어떻게든 이전과 다르거나 새로운 미래를 이끈다는 이유만으로 그것을 긍정하고자 했던 것으로 보인다. 자유가 어떤 경우에는 자기 권능에 대한 개인의 환상이자 기존 권력을 정당화하는 이데올로기로 작용하면서 권력 구조를 재생산—'동일자의 회귀'보다는 '차이 속의 반복'에 가까운—할 가능성을 도외시하면서 말이다.

오늘날 푸코를 이용할 때 우리는 더 이상 안전한 피난처 안에 들어갔다든지, 그의 이름이 분석상의 헛발질이나 정치적 열광에 맞서는 지적인 보험증서를 불러낸다고 생각하지 않는다. 분명히 강간이나 동의 연령에 관한 그의 공언은 우리에겐 순진하고 경솔한 것처럼 보인다. 구조적 수준에서나 개인 간 도덕성의 측면에서 그가 불평등 문제에 관심이 부족했다는 사실은 우리의 현재에 대해〔그의 사유가〕지니는 적합성을 감소시킬 것이다.[73]

대한 종속성을 강화하는 부작용을 초래할 수 있지는 않은지 마땅히 질문해야 할 것이다. 신자유주의 체제에서 일반화된 것처럼, 자유는 공공성과 책임의 회피를 위한 수사학적 용도 역시 지닌다. "Un système fini face à une demande infinie"(1983), *DE*, IV, pp. 367~383.

딘과 자모라는 1970~1980년대 푸코가 복지 국가의 규범화 권력을 비판하면서 신자유주의를 새로운 정치적 실험과 개인적 자유를 위한 하나의 흥미로운 대안으로 인식했다고 지적한다. 그러므로 신자유주의 체제의 온갖 폐해와 부작용을 경험하고 있는 현재, 푸코 철학의 활용은 우리의 현실 맥락에 대한 적절성을 고려해 가며 이루어질 필요가 있다는 것이다. 푸코를 단순히 '권위 있는 이름'으로서가 아니라 '철학적 도구'로서 써먹고자 한다면, 그의 사유를 일종의 '분장용 파우치'가 아니라 진정한 '이론적 연장통'으로 이용하고자 한다면, 누구도 이들의 주장을 무시할 수 없을 터이다. 섹슈얼리티 현안들에 대한 푸코의 견해가 그저 "순진하고 경솔한" 것이었다고 치부할 수는 없지만, 그의 자유주의적 전망에 내재하는 어떤 약점과 결함 들을 시사한다는 사실 또한 명백하다. 그러니 푸코에 대한 소르망의 무고가 그저 철학자의 '상상적' 섹슈얼리티를 둘러싼 루머와 논란을 확대재생산하는 기회로 소비되어선 안 된다. 우리는 오히려 그것을 현 국면에서 섹슈얼리티의 철학을 재고하고 자유 개념에 대한 비판적 논의를 촉발하는 계기로 삼아야 한다. 만일 그럴 수 있다면, 부질없었던 '푸코 스캔들'조차 영 무익한 헛소동으로 남지만은 않을 것이다.

추신:『푸코』 이후의 벤느

『푸코, 사유와 인간』(2009)의 전면 개역판인 『푸코: 그의 사유, 그의 인격』(이하『푸코』)에 덧붙인 이 글에서 나는 2021년 불

---

73 Dean and Zamora, *The Last Man Takes LSD*, p.233.

거진 '푸코 스캔들'의 전말을 정리하고, 그 사회문화적, 철학적 함의를 상세히 논해 보고자 했다. 이러한 작업은 인간 푸코와 그의 사유를 아울러 바라보는 폴 벤느의 저작에 내 나름대로 하고 싶은 말을 보태는 방식이기도 했다. 벤느는 1978년 『역사를 어떻게 쓰는가』의 문고판에 논문 「역사학을 혁신한 푸코」를 부록으로 실은 이래, 푸코 사후에도 그에 관한 글을 몇 차례 발표한 바 있다. 시기순으로 나열해 보자면 『르 몽드』에 게재한 조사 「형이상학 2,500년의 종언」을 비롯해, 논문 「푸코의 마지막과 그의 도덕」, 「푸코와 허무주의의 지양(혹은 완성)」, 「회의주의적 고고학자」 등이다.[74] 이러한 흐름의 끄트머리에 있는 『푸코』는 78세의 벤느가 58세의 너무 이른 나이에 세상을 떠난 친구 푸코에게 바친 마지막 헌사이자 애틋한 우정의 기록이다. 동시에 이 책은 평생을 고대사 연구에 쏟아부은 고고학자-역사학자가 철학자-역사학자였던 동료의 작업에 대한 해설 형식을 빌려 쓴 나름의 인식론적 결산서라고도 할 만하다.

『푸코』를 출간한 이후 벤느는 고령에도 불구하고 몇 권의 책을 더 출간했고 뒤늦은 대중적 명성과 인기 그리고 상복을 누렸다.[75] 2010년 그는 젊은 시절부터 매료되었던 16세기 이탈리아 회화 작품선을 간단한 해설과 함께 편집한 『내 상상의 미

---

74 "La fin de vingt-cinq siècles de métaphysique…", *Le monde*, Juin 27, 1984; "Le dernier Foucault et sa morale", *Critique*, n° 471/472, 1986, pp.933~941; "Foucault et le dépassement (ou achèvement) du nihilisme", *Michel Foucault philosophe*, Seuil, 1989, pp.399~404; "Un archéologue sceptique", D. Eribon Dir., *L'infréquentable Michel Foucault*, EPEL, 2001, pp.19~59.

술관: 이탈리아 회화의 걸작들』을 출간해, 시인 르네 샤르에 대한 묵직한 연구서를 출간한 딜레탕트로서의 면모를 다시 한 번 유감없이 발휘했다.[76] 이 책의 저술 동기에 관해 그는 철저하게 '무교양'의 집안에서 성장한 자신이 어렸을 때 거장들의 그림을 보고 받은 미적 감동을 비슷한 처지의 독자들, 특히 청소년들에게 전해 주고 싶었다고 말했다. 2012년 벤느는 라틴 문학에서 가장 중요한 작품으로 꼽히는 베르길리우스의 미완성 장편 서사시『아이네이스』를 역간했다. 프랑스어 판본만 해도 이미 여러 종이 나와 있는 이 고전을 그가 다시 번역한 것은 새로운 시선으로 다르게 해석할 가능성을 파악했기 때문일 것이다. 벤느가 보기에『아이네이스』는 라틴 시인 가운데 가장 모차르트적인 인물이 트로이 멸망에서 로마 건국까지 약 300년에 달하는 역사를 담아낸 일종의 '모험 소설'이다. 위대하다기보다 멋진 이 작품은 독자를 즐겁게 해 주는 다채롭고 감동적인 장면들로 가득 차 있다는 것이다.[77] 벤느는 두 권짜리 라틴어-프랑스어 대역본으로 구성한『아이네이스』를『르네 샤르와 그의 시 세계』와 더불어 집필하면서 가장 큰 기쁨을 느꼈던 책이자 가장 탄탄한 책으로 꼽았다.[78]

2014년 벤느가 내놓은 회고록『그리고 영원 속에서 나는 지

75 『푸코』발간 이전 벤느의 경력과 저작에 관해서는 이상길, 「폴 벤느 연보」, 폴 벤느,『역사를 어떻게 쓰는가』, 이상길, 김현경 옮김, 새물결, 2004, 509~522쪽 참조.

76 P. Veyne, *Mon musée imaginaire, ou les chefs-d'œuvre de la peinture italienne*, Albin Michel, 2010.

77 Virgile, *L'Énéide* (trad. par Paul Veyne), Albin Michel/Les Belles Lettres, 2012.

루해하지 않을 것이다』는 충격적인 고백으로 파리 독서계를 떠들썩하게 만들면서 베스트셀러 반열에 올랐고, 에세이 부문 페미나상을 수상했다. 이 책에서 그는 자신의 어둡고 내밀한 삶을 솔직하고 담담하게 털어놓는다. 골성 사자면증이라는 선천성 안면 기형에 평생 시달리며 생겨난 콤플렉스부터 (그의 표현을 그대로 따오자면) "키케로, 카이사르, 오비디우스처럼" 세 번 결혼한 이력, 목숨이 위태로울 지경까지 이르렀던 광적인 알피니즘 애호, 친아들의 권총 자살, 동성애자 의붓아들의 에이즈로 인한 사망, 이에 말미암은 두 번째 부인의 신경증, 알코올중독, 자살 시도 같은 사건들, 30여 년의 두 번째 결혼 생활 대부분의 시간을 쏟아야 했던 부인의 병 수발, 그리고 부인의 암묵적 동의 아래 이루어진 부인 친구와의 애정 관계 및 3자 생활 등, 벤느가 겪은 인생의 시련과 굴곡은 결코 녹록지 않았다. 그는 이처럼 극적인 만큼이나 고통스러웠던 사생활에 관해서까지 특유의 유머를 잃지 않고 진솔하게 기술함으로써 자기 성찰적인 지성의 힘을 드러냈다.[79]

2015년 『팔미라: 대체 불가능한 문화유산』을 펴낸 벤느는 이 책 역시 베스트셀러 목록에 올리며, 자신이 동시대인들에게 말하고 싶은 바를 여전히 유려하게 전할 줄 아는 역사학자

78 "L'historien Paul Veyne est mort: Il nous avait parlé de l'Antiquité et de l'amour", *Le nouvel observateur*, Septembre 29, 2022, https://www.nouvelobs.com/idees/20220929.OBS63841/l-historien-paul-veyne-est-mort-il-nous-avait-parle-de-l-antiquite-de-son-metier-de-la-mort-et-de-l-amour.html.

79 Veyne, *Et dans l'éternité je ne m'ennuierai pas*, Albin Michel, 2014(인용은 p.9).

라는 점을 확인시킨다. 대중적인 역사학자-작가로서 그의 역량은 『그리스인들은 신화를 믿었는가?』와 『우리 세계가 기독교화되었을 때』가 꾸준한 인기를 끌고 있는 데서도 명확히 드러난다. 『팔미라』는 2014년 IS(이슬람국가)가 서방에 힘을 과시할 목적으로 시리아 사막 지역의 팔미라 유적을 무분별하게 파괴하는 만행을 벌인 직후 시의성 있게 나온 저작이다. 이 책에서 벤느는 로마 제국 시대의 중요한 중계 무역 도시이자 자신의 학문적 여정에서 빼놓을 수 없는 답사 장소이기도 했던 '사막의 베니스' 팔미라의 역사를 향수 어린 어조로 애도하고, 글과 사진을 통해 고대 도시의 잔해가 어떤 의미에서 '대체 불가능한 보물'일 수 있는지 역설한다.[80] 이듬해 그는 『폼페이의 빌라 데이 미스테리』를 출간했다. 1998년 공저서 『규방의 미스터리』에 실렸던 텍스트의 확대 개정판인 이 책에서 벤느는 폼페이 유적의 주인 미상 대저택인 빌라 데이 미스테리에 남아 있는 20미터 길이의 벽화가 바쿠스 신 숭배 의례와 관련 있는 종교화라는 통설을 반박하고, 신혼 첫날밤 준비와 같은 일상생활의 묘사라는 논쟁적인 해석을 발전시켰다.[81] 2020년에는 약 스무 권에 달하는 그의 저작에서 중요한 부분들을 발췌해 한 권에 수록한 선집 『엉뚱한 호기심』이 나왔다. 고대 그리스 연구자인 엘렌 몽사크레가 편집한 1,100쪽 분량의 이 책이 벤느 생전에 나온 마지막 신간이다.[82] 학문적 업적과 문화적 기여를 인정받아 로제 카유와상Prix Roger Caillois(2009), 프랑스

80　Veyne, *Palmyre: L'irremplaçable trésor*, Albin Michel, 2015.

81　Veyne, *La Villa des Mystères à Pompéi*, Gallimard, 2016.

82　Veyne, *Une insolite curiosité*, Robert Laffont, 2020.

국립 도서관상Prix Bibliothèque nationale de France(2017), 프랑스 상원 메달Médaille du Sénat(2021)을 받은 벤느는 2022년 9월 29일 92세를 일기로 타계했다.

자신의 성장과 경력이 "여성, 유대인, 동성애자 덕분"이라고 회고한 바 있는 벤느는 집안에서 처음 고등교육을 받은 사람이었고, 그렇게 해서 계층 상승을 이룬 "학교의 산물"이었다. 자서전에서 그는 스스로를 "외톨이", "책벌레", "낭만에 끌린 가짜 보헤미안" 같은 단어로 묘사한다. 선천적 기형 탓인지 그는 '주변인들'과 '비정상인들' 틈에서 편안해했고, 가까운 이들의 사망, (실패로 돌아간) 조력사에의 참여, 자살에 대한 오랜 고민 등으로 평생 죽음의 그림자에 둘러싸여 있었다. "고고학의 독립 연구자나 고대사 연구의 프리랜서"가 되고 싶었다는 그는 제도권 학계의 최고 권위에 오른 뒤에도 언제나 "죽음을 잊기 위해" 일해 왔다고 고백한다.[83] 벤느에 따르면 우리는 역사학자가 되기 위해 철학, 사회학, 경제학 등 다양한 지식을 쌓아야 하고 가족, 환경, 시대로부터 온 편견들에 맞서야 한다. 물리학자는 그럴 필요가 없지만 역사학자는 그래야만 한다. 한마디로 "역사학자의 중요한 작업은 자신에 맞서서 생각하는 일"이라는 것이다.[84] 그의 사유와 인격에서 우리가 무엇보다도 '차이와 타자성에 대한 무한한 호기심과 존중'을 발견한다면, 이는 그가 결국 자신이 바란 진정한 역사학자가 될 수 있었다는 뜻일 것이다. 그는 인간의 위대한 업적들을 통해 모

---

83 이상길, 「폴 벤느 연보」, 『역사를 어떻게 쓰는가』, 512쪽;
Veyne, *Et dans l'éternité je ne m'ennuierai pas*, pp.15, 48, 155, 148, 75.
84 "L'historien Paul Veyne est mort".

든 편견으로부터 자유로워지고자 했고, 올바르게 사유하면서 죽기를 희망했다.[85] 이제 영면에 든 그가 모쪼록 특유의 엉뚱한 호기심을 마음껏 발휘해 가며 영원 속에서도 지루해하지 않기를 빈다.

*

내가 개인적으로 좋아하는 역사학자가, 그 못지않게 좋아하는 철학자에 관해 쓴 책이었기에 2008년에 나온 벤느의 『푸코』를 곧장 우리말로 옮겨 이듬해에 출간했고, 독자들로부터도 좋은 반응을 얻을 수 있었다. 한데 『푸코』는 출판사 사정으로 예상보다 일찍 절판되는 상황을 맞았다. 나로서는 단명해 버린 이 책이 오랫동안 적지 않은 아쉬움으로 남을 수밖에 없었다. 그 아쉬움이 10여 년 만에 가시게 된 것은 순전히 『푸코』를 다시 내고 싶다는 리시올 출판사의 제안 덕분이었다. 상업성을 기대하기 어려운 책을 뜻하지 않게 되살려 준 출판사 측에 이 자리를 빌려 먼저 감사를 표하고 싶다. 순진하고 이기적이었던 내 상상과 달리 재출간은 기존의 번역 원고를 표지와 체제, 출판사만 바꾸어 내는 간단한 작업이 아니었다. 모든 문장을 하나하나 재검토하며 다시 번역하다시피 수정해야 했기 때문이다. 약간의 과장을 보태자면 이는 첫 번역만큼이나 번거롭고 고생스러운 일이었다. 이 지난한 작업 과정을 성심껏 도와준 채웅준, 배세진, 그리고 김효진 선생님께 고마움을 전한다. 이분들 덕분에 기존 번역본의 여러 오류와 결점을 바로잡을 수 있었다. 김재훈 선생님과 황재민 선생님은 원주와 참고 문헌

85 이상길, 「폴 벤느 연보」, 『역사를 어떻게 쓰는가』, 521~522쪽.

에서 우리말 번역본의 해당 쪽수를 일일이 찾아 표기하는 수고를 기꺼이 감당해 주셨고, 푸코의 번역 텍스트 목록을 유용한 서지로 구성해 주셨다. 또 남기호 선생님은 몇몇 철학 용어의 우리말 번역 문제에 대해 조언해 주셨다. 세 분께 진심으로 감사드린다. 초판에 관한 서평을 써 주신 김동규 선생님, 블로그에 긴 논평을 적어 주신 이우창 선생님께도 인사를 전한다. 두 분의 비평과 제안을 최대한 개정 작업에 반영하고자 했는데, 결과가 마음에 드셨으면 좋겠다. 「개정판 옮긴이 후기」작성에 도움을 준 김현경, 원은영, 임동현에게도 고마움을 표한다. 끝으로 초판을 정성껏 편집, 출간해 주셨던 김수한 선생님께 뒤늦은 감사의 말을 전하고 싶다. 그 책이 없었더라면, 이번책 또한 없었을 것이다.

후주

들어가며

1 J. Rajchman, *Michel Foucault: La liberté de savoir*, trad. Durastanti, PUF, 1987, p.8〔『미셸 푸코, 철학의 자유』, 심세광 옮김, 그린비, 2020, 7쪽〕. "푸코는 우리 시대의 위대한 회의주의자다. 그는 우리의 독단과 철학적 인간학을 의심했다. 그는 분산과 특이성의 사상가다."

2 "Préface", *Dits et écrits 1954~1988*(이하 *DE*로 표기), éd. Defert et Ewald, Gallimard, 1994, 4 vol., III, p.135〔「서문」, 질 들뢰즈, 펠릭스 과타리, 『안티 오이디푸스: 자본주의와 분열증』, 김재인 옮김, 민음사, 2014, 9쪽〕.

3 푸코는 하이데거가 자기에게 얼마나 중요한 저자였는지, 하이데거를 읽으며 어떤 영향을 받았는지 환기한 바 있다. "Le retour de la morale", *DE*, IV, p.703〔「도덕의 회귀」, 정일준 편역, 『자유를 향한 참을 수 없는 열망: 푸코-하버마스 논쟁 재론』, 새물결, 1999, 113쪽〕. 하지만 내 소박한 의견으로 푸코는 『진리의 본질에 관하여』, 그리고 니체에 관한 위대한 책〔『니체』를 가리킨다〕 말고는 하이데거를 거의 읽지 않았다. 푸코에게 『니체』는 그를 하이데거주의자가 아니라 니체주의자로 만드는 역설적인 효과를 발휘했다는 점에서 중요하다.

4 Montaigne, *Essais*, II, 12, *Apologie de Raymond Sebond*〔「레몽 스봉을 위한 변호」, 『에세』 2권, 심민화, 최권행 옮김, 민음사, 2022, 454쪽〕.

1장 세계사 안의 모든 것은 특이하다: '담론'

1 R. Rorty, *Philosophy and the Mirror of Nature*, Princeton, 1979; trad. Marchaisse, *L'homme spéculaire*, Seuil, 1990〔『철학 그리고 자연의 거울』, 박지수 옮김, 까치, 1998〕.

2 "L'éthique du souci de soi comme pratique de la liberté", *DE*, IV,

p.726〔「자유의 실천으로서 자아에의 배려: 미셸 푸코와의 대담」, 정일준 편역, 『미셸 푸코의 권력 이론』, 새물결, 1994, 121쪽〕: "사람들은 내가 광기는 존재하지 않는다고 말한 것으로 만들었다. 문제는 완전히 그 반대였는데 말이다." 다음의 책도 볼 것. *Naissance de la biopolitique: Cours au Collège de France 1978~1979*, éd. Ewald, Fontana, Senellart, coll. Hautes Études, Gallimard/Seuil, 2004, p.5〔『생명 관리 정치의 탄생: 콜레주 드 프랑스 강의 1978~79년』, 오트르망 옮김, 난장, 2012, 22~23쪽〕.

3 *Sécurité, territoire, population: Cours au Collège de France 1977~1978*, éd. Ewald, Fontana, Senellart, coll. Hautes Études, Gallimard/Seuil, 2004, p.122〔『안전, 영토, 인구: 콜레주드프랑스 강의 1977~78년』, 오트르망 옮김, 난장, 2011, 172쪽〕: "아마도 우리는 광기가 존재하지 않는다고 말할 수 있을 것이다. 하지만 그렇다고 해서 그것이 아무것도 아니라는 의미는 아니다."

4 바로 여기 하나의 예가 있다. 모지스 I. 핀리는 다음과 같이 썼다. 그리스-로마 시대 내내 호메로스에게 "여자는 자연적으로 열등한 존재로 여겨졌고, 그에 따라 여자의 역할은 출산과 가사 업무의 수행에 한정되었다." M. I. Finley, *Le monde d'Ulysse*, trad. Vernant-Blanc et Alexandre, Maspero, 1983, p.159. 엘렌 몽사크레는 사정을 더 섬세하게 드러내면서 이렇게 썼다. "여성의 심층적인 타자성은 바로 남성적인 것의 일부분을 진정으로 통합할 수 없다는 데 있다." H. Monsacré, *Les larmes d'Achille: Le héros, la femme et la souffrance dans la poésie d'Homère*, Albin Michel, 1984, p.200.

5 다니엘 드페르가 지적했듯 푸코는 자기 철학의 큰 주제들을 명료하게 밝히는 일이 드물었다. D. Defert, "La violence entre pouvoirs et interprétations chez Foucault", *De la violence, Séminaire de Françoise Héritier*, Odile Jacob, 2005, vol. I, p.105.

6 "Le vrai sexe", *DE*, IV, p.116.

7 나는 『감시와 처벌』에서 푸코가 수행했던 더욱 면밀한 분석을 단순화하고 있다. *Surveiller et punir: Naissance de la prison*, Gallimard, 1975, pp.133~134〔『감시와 처벌: 감옥의 탄생』, 번역 개정 2판, 오생근 옮김, 나남, 2020, 245~247쪽〕.

8 다음 글을 참조하라. "Foucault", *DE*, IV, p.635: "실천pratiques을 분석 영역으로 호출할 것, 사람들이 했던 것에 초점을 맞추어 연구에

들어갈 것."

9 "Chronologie", *DE*, I, p. 56.

10 이론의 여지 없이 난해한 푸코의 책들은 전통적인 훈련을 받은 역사학자를 불편하게 만들 수 있었다. 그들은 위험을 무릅쓰고 그것들을 비판했다(예를 들어 나는 아르테미도르 드 달디스Artémidore de Daldis의『해몽의 열쇠』*Clé des songes*에 대한 푸코의 해석을 조롱한, 초점이 어긋난 비평들을 떠올린다).

11 다음을 참고하라. "Le jeu de Michel Foucault", *DE*, III, pp. 311~312〔「육체의 고백」, 콜린 고든 편,『권력과 지식: 미셸 푸코와의 대담』, 홍성민 옮김, 나남, 1991, 253~254쪽〕; A. I. Davidson, *The Emergence of Sexuality*, Havard, 2001; trad. Dauzat, *L'émergence de la sexualité: Épistémologie historique et formation des concepts*, Albin Michel, 2005, pp. 79~80.

12 장치라는 이 용어는 푸코에게 구조라는 용어를 쓰지 않아도 되게끔 해 주었다. 그것은 또 당시에 유행했으며 매우 혼란스러웠던 구조라는 아이디어와의 혼동을 피할 수 있게 해 주었다.

13 *L'archéologie du savoir*, Gallimard, 1969, p. 157〔『지식의 고고학』, 이정우 옮김, 민음사, 2000, 174쪽〕.

14 "Nietzsche, la généalogie, l'histoire", *DE*, II, p. 136〔「니이체, 계보학, 역사」, 이광래,『미셸 푸코: 광기의 역사에서 성의 역사까지』, 민음사, 1989, 330쪽〕.

15 나는 뤼크 볼탕스키와 로랑 테브노, 혹은 피에르 로장발롱이 그렇다고 생각한다. 다음의 책을 참고하라. L. Boltanski et L. Thévenot, *De la justification*, Gallimard, 1991. 로장발롱은 자신의 방법론을 특징짓기 위해 2001년에 다음과 같이 썼다. 즉 자신이 역사 쓰기의 대상으로 삼는 '사상'을 "사유 가능한 것의 장에 의해 가능성의 장을 획정하는 **능동적 표상들**"로 이해한다는 것이다. 이는 "일반적으로 받아들여지는, 사실의 질서와 표상의 질서 사이의 분할을 넘어서기" 위해서다. 그는 정치적인 것의 역사가 "위대한 저작들의 분석과 주석에만 한정될 수는 없다"고 덧붙였다. 우리는 마찬가지 확신을 푸코에게서 다시 발견하게 될 것이다.『야만인들의 계보학』에서 로제-폴 드루아는 야만인과 그렇지 않은 사람을 분리하는 담론이라는 '역사적 경계'의 지속적인 자리 이동을 보여 준다. R.-P. Droit,

Généalogie des Barbares, Odile Jacob, 2007. 물론 나는 이 저자들이 모두 푸코에 준거를 두고 있다고 주장하는 것은 아니다. 하지만 보편소에 도움을 청하지 않고 실재에 깊숙이 파고드는 그들 분석의 섬세한 정확성은 푸코의 방식을 떠올리게 만든다.

16　한 인간 정신과―살아 있는 혹은 죽은―다른 정신 간의 관계는 발의initiative와 수용réception으로 이루어진다(이 정신은 발화나 행위로, 또는 그 실천들의 의미 작용과 더불어 관습, 제도, 주의주장, 관행 등 '객관적 정신'으로도 표출된다). 맞든 틀리든 이 이해의 관계는 이전의 무엇으로도 환원될 수 없는 인간 조건의 일차적 사실이다. 바로 이러한 사실이 역사 인식을 가능하게 만든다. 반면 우리는 자연 현상이, 특히 대단히 놀라운 자연 현상일 경우, 정기Esprit의 소산이거나 정기 그 자체라고 믿음으로써만 그것을 '이해한다'(혹은 이해했다고 여긴다).

17　그렇다, 우리는 각자의 개인적인 변덕에 따라 텍스트를 해석할 수 있을 것이다. 하지만 누군가의 고유한 해석이 아닌 텍스트 그 자체는 여전히 남는다. 언어적 전환과 한스-게오르크 가다머에 반대하는 다음의 글들을 보라. R. Chartier, *Au bord de la falaise: L'histoire entre certitude et inquiétude*, Albin Michel, 1998, pp.87~125; R. Koselleck, *Zeitschichten: Studien zur Historik*, Suhrkamp, 2000, pp.99~118; E. Flaig, "Kinderkrankheiten der neuen Kulturgeschichte", *Rechtshistorisches Journal*, 18, 1999, pp.458~476.

18　"Préface à l'"Histoire de la sexualité"", *DE*, IV, p.580. 다음의 글도 참고하라. "Nietzsche, Freud, Marx", *DE*, I, p.571〔「니체, 프로이트, 맑스」, 『자유를 향한 참을 수 없는 열망』, 40쪽〕: "마르크스는 생산관계의 역사를 해석하지 않는다. 그는 이미 하나의 해석으로 주어진 관계를 해석한다. 그 관계가 자연처럼 제시되기 때문이다."

19　*Naissance de la biopolitique*, p.5〔『생명 관리 정치의 탄생』, 22쪽〕.

20　Ibid., p.5, 그와 함께 주 4, p.26〔같은 책, 23쪽 및 23쪽 주 4〕. 푸코는 여기서 아마도 내가 1978년에 썼던 내용〔『역사를 어떻게 쓰는가』의 문고본에 실은 논문인 「역사학을 혁신한 푸코」〕을 교정하고 있는 것이리라. 또한 다음도 보라. "Foucault", *DE*, IV, p.634: "광기, 범죄 혹은 섹슈얼리티라는 보편소를 거부한다 해서 이 관념들이 지시하는 대상이 아무것도 아니"라거나 그것들이 이해관계에 얽혀 있고

기만적인 이데올로기에 지나지 않는다는 뜻은 아니다.

21　*Naissance de la biopolitique*, pp.4~5〔『생명 관리 정치의 탄생』, 21~23쪽〕.

22　"Foucault répond à Sartre", *DE*, I, p.665.

23　"Sur l'archéologie des sciences: Réponse au Cercle d'épistémologie", Ibid., pp.707~708.

24　"Préface à l'édition anglaise", *DE*, II, pp.9~10.

25　Droit, *Michel Foucault, entretiens*, Odile Jacob, 2004, p.34.

26　*L'archéologie du savoir*, p.145〔『지식의 고고학』, 161쪽〕.

27　*Le souci de soi*, Gallimard, 1984, p.56〔『성의 역사 3: 자기 배려』, 3판, 이혜숙, 이영목 옮김, 나남, 2020, 76쪽〕. 게다가 개인주의는 다음과 같은 것 모두를 의미한다. 인간 조건을 예중하는, 개인이 자기 인격에 가지는 관심. 집합체나 국가에 대한 개인의 존재론적 우선성 또는 윤리적 우위. 공통의 규범에 대한 비순응주의와 경멸. 설령 도덕과 상충할지라도 개인적 잠재력의 구현을 인간의 위대함으로 인식하는 것. 자기 위치에 그대로 남아 있는 대신 자신을 실현하려는 의지. 자신을 타인과 다르게 느끼고 사회적 모델을 무시하는 것. (찰스 테일러에 따르면 18세기에 그랬듯이) 권력에 맞서 사적인 자유 지대를 소유하기를 원하는 것. 사람들이 자기 선택을 공적으로 확인하는 것. (역시 찰스 테일러에 따르면 종교 개혁기처럼) 권력이나 어떤 집단의 매개 없이 종교적 절대자나 윤리와 개인적인 관계를 맺는 것. 많은 경험을 쌓고 그것을 의식으로 변화시키면서 자기 인성을 풍부하게 만드는 것.

28　정체성이라는 모호한 단어는 다원적인 현실을 포괄한다. 이슬람교도가 된다는 것은 신도 공동체, 성스러운 대의에 속한다는 것이다. 그것은 다인종적이며 정치적으로 분열되어 있고 자주 갈등을 일으킨다. 그런데도 모든 국적의 신도들은 이교도에 맞서 굳게 결속된 집단을 형성하고 있거나 또는 형성해야만 한다. 구성원들은 서로에게 도움을 주어야만 한다. 정체성의 감정은 복합적이다. 우리는 개인적인 자격으로, 또는 신도 공동체의 일원으로, 아랍인(아니면 무어인, 이란인 등등)으로, 모로코 국적으로, 혹은 모로코 술탄의 충실한 신민으로 이슬람교도를 자처할 수 있다. 따라서 정체성의 감정은 종교적이거나 국가적인 측면에서 표현된다. 이는 이슬람이 정치에 대한 '이데올로기적 가면'으로 이용된다고 믿게 할 우려가 있는데, 역시나

종교가 전투적인 광신주의의 원천이라는 비난이 자주 쏟아진다. 사실 어떤 갈등이 종교적 또는 이단적 급진파 안에서 구현될 때, 종교는 그 원천도 이데올로기적 가면도 아니며 갈등의 엄숙한 표현이다. 서양이라면 그것은 정치-사회 이론을 통해 표출될 것이다. B. Lewis, *Les Arabes dans l'historie*, trad. Canal, Flammarion, 1996, pp. 108, 125~126, 212를 참고하라. 종교의 시대와 교리의 시대가 있다. 니체는 앞으로 철학 전쟁의 시대가 올 것이라고 말했다.

29　막스 베버의 탈주술화Entzauberung는 유일신도 여러 신도 없는 세상의 '탈주술화'désenchantement가 아니라, 기술 영역의 '탈마법화'démagification다. 마법은 (공상적인) 위험을 피하거나 어떤 결정(신명 재판, 신의 심판)을 정당화하려 애쓴다. 그것은 실용적 결과를 찾는 기술주의의 합리성, 그리고 모종의 법률적 합리성에 대립한다. 이 문제와 관련해 베버는 사례로서 중국에서는 마술과 점, 점성술 등이 기술적 사유에 장애물이 되었음을 짚는다. (베버의 탈주술화 개념에서) 문제는 종교성 따위가 아니다. 신 없는 세상이 슬프고 실망스러운지, 21세기가 종교적인 시대가 될 것인지 아는 일 따위가 문제는 아닌 것이다.

30　너무 일반적인 합리화 개념에 대한 반대는 다음을 볼 것. "Table ronde du 20 mai 1978", *DE*, IV, p. 26(「방법에 관한 질문들」, 콜린 고든 외 엮음, 『푸코 효과: 통치성에 관한 연구』, 심성보 외 옮김, 난장, 2014, 121쪽): "나는 우리가 한편으로는 이성에 절대적인 가치를 전제하지 않고서는, 또 다른 한편으로는 합리성들의 항목에 거의 모든 것을 집어넣는 위험을 무릅쓰지 않고서는 합리화 그 자체에 관해 말할 수 없다고 생각한다."

31　"Foucault", Ibid., p. 634.

32　*L'archéologie du savoir*, pp. 193~194, 207, 261(『지식의 고고학』, 208~209, 222, 275~276쪽); "Réponse à une question", *DE*, I, p. 676 (「정치와 담론 연구」, 『푸코 효과』, 88쪽).

33　미성숙한 공산주의자였던 우리는 1954년에 유럽 방위 공동체Communauté europénne de la défense 계획을 놓고 대기업 경영자들의 의견이 분열되었던 사실에 놀랐다.

34　"Préface à l'"Histoire de la sexualité"", *DE*, IV, p. 580.

35　*Les mots et les choses*, Gallimard, 1966, pp. 381~382(『말과

사물』, 이규현 옮김, 민음사, 2012, 503~504쪽): 19세기에 쓰인 것과 같은 역사를 개성 있게 만드는 점은 생성의 법칙을 찾는 것이 아니라, 반대로 "모든 것을 역사화하려는 관심"을 추구하는 것이었다.

36 다음을 보라. F. Nietzsche, *Œuvres philosophiques complètes*, vol. XI, *Fragments posthumes*, vol. 2, trad. Haar et de Launay, Gallimard, 1982, pp. 345~346, n. 38〔14〕= Mp 16, Ia(『유고(1884년 가을~1885년 가을)』, 김정현 옮김, 책세상, 2004, 439쪽): "우리는 더 이상 영원한 개념, 영원한 형식을 믿지 않는다. 철학은 우리에게 역사 개념의 가장 넓은 확장에 지나지 않는다." 언어의 역사와 어원은 우리에게 모든 개념을 생성된 것으로 간주하게끔 가르쳤다. 사람들은 동일한 대상 내 변별적 성질들의 복합성을 지극히 천천히 알아차릴 따름이다(우리의 예를 다시 들어 보자: 쾌락, 육욕, 섹스 그리고 젠더의 구분).

2장 역사적 아프리오리만이 있을 따름이다

1 "Non au sexe roi", *DE*, III, pp. 257~258(「권력과 성」, 황정미 편역, 『미셸 푸코, 섹슈얼리티의 정치와 페미니즘』, 새물결, 1995, 19쪽).

2 "Table ronde du 20 mai 1978", *DE*, IV, pp. 20~35(「방법에 관한 질문들」, 『푸코 효과』, 113~132쪽).

3 "La philosophie structuraliste permet de diagnostiquer ce qu'est "aujourd'hui"", *DE*, I, p. 583.

4 ""Qui êtes-vous, professeur Foucault?"", Ibid., p. 607.

5 "Linguistique et sciences sociales", Ibid., p. 824.

6 나는 푸코가 간단히 언급하고 넘어간 이 주제를 다음 책에서 발전시키려 시도했다. *Quand notre monde est devenu chrétien*, Albin Michel, 2007, pp. 59~60, n. 1과 Append., pp. 317~318.

7 "La poussière et le nuage", *DE*, IV, p. 15; "Table ronde du 20 mai 1978", Ibid., p. 33(「방법에 관한 질문들」, 『푸코 효과』, 130~131쪽); "Le style de l'histoire", Ibid., p. 651(*L'impossible prison: Recherches sur le système pénitentiaire au XIXᵉ siècle réunies par Michelle Perrot*, Seuil, 1980, pp. 34~55에 재수록).

8 푸코의 속내 이야기. Droit, *Michel Foucault, entretiens*, p. 82. 예술 또는 문학은 자동사적이다intransitif. "우리는 문학이 모든 환승의

장소, 총체성의 표현이라는 아이디어를 떨쳐 버릴 수 있었다." 이런
의미로는 흔하게 쓰이지 않는 "자동사적인"이라는 단어를 푸코는
자신의 글에서 자주 사용하는데, 이는 〔시인〕 르네 샤르를 암묵적으로
인용하는 것이다. R. Char, *Partage formel*, LIV. 시인은 자동사와 같다.
시인은 문법학자들의 말과 달리 자신을 보충해 주는 목적어〔대상〕를
갖지 않는다. 그는 예술을 위한 예술을 한다.

    9 "Le style de l'histoire", *DE*, IV, p.651을 보라.

    10 A. Farge et M. Foucault, *Le désordre des familles: Lettres de cachet de la Bastille*, Gallimard, 1982.

    11 다음을 참조하라. *L'archéologie du savoir*, p.213〔『지식의 고고학』, 227~229쪽〕.

    12 "Usage des plaisirs et techniques de soi", *DE*, IV, p.543〔「서론」, 『성의 역사 2: 쾌락의 활용』, 3판, 문경자, 신은영 옮김, 나남, 2018, 24쪽〕.
〔옮긴이〕 1983년 발표된 이 글은 원래 『성의 역사』 2~4권 전체의 서문
격으로 쓰였으나, 1984년 약간의 수정을 거쳐 『성의 역사』 2권 서문으로
수록되었다.

    13 여기 아주 간단한 비교 요소가 있다. 푸코는 고대의 사랑에
관해 작업하기 시작했을 때 내가 조르주 뒤비의 세미나에서 이
주제로 발표하는 내용을 들으러 왔다. 이 발표문은 나의 다음 책에
재수록되었다. *La société romaine*, Seuil, 1991, pp.88~130. 누구나
거기에서 그가 내게 무엇을 빚졌는지, 그리고 특히 무엇을 빚지지
않았는지를 볼 수 있을 것이다. 〔옮긴이〕 여기서 벤느가 말하는
발표문은 1991년 그의 저서 『로마 사회』 *La société romaine*에 재수록되기
이전인 1978년에 「후기 로마 제국에서의 가족과 사랑」 La famille et
l'amour sous le Haut-Empire Romain이라는 제목으로 출간되었다. 이
논문에서 벤느는 고대에 성애의 분류가 남성/여성과 같은 대상의
차원과는 무관하게 삽입과 쾌락의 능동성/수동성이라는 차원에서
이루어졌다고 주장함으로써 통설을 전환하는 계기를 마련했다. 이는
벤느가 1982년 발간한 논문 「로마의 동성애」 L'homosexualité à Rome에서
다시 한번 논의되었다. 푸코의 『성의 역사 2: 쾌락의 활용』은 이 주제를
철학적으로 깊이 있게 변주하고 있다.

    14 "Table ronde du 20 mai 1978", *DE*, IV, p.23〔「방법에 관한 질문들」, 『푸코 효과』, 118~119쪽〕.

15   *Naissance de la clinique*, PUF, 1963, pp. 173~174〔『임상 의학의 탄생: 의학적 시선의 고고학』, 홍성민 옮김, 이매진, 2006, 274~276쪽〕.

16   *L'archéologie du savoir*, p. 61 그리고 p. 156 참고〔『지식의 고고학』, 76쪽과 172~173쪽. 푸코의 정확한 표현은 "우리는 아무 시대에나 아무것에 관해서나 말할 수 있는 것이 아니다"이다〕.

17   *Naissance de la clinique*, pp. 169, 171〔『임상 의학의 탄생』, 269, 271~272쪽〕.

18   푸코가 유행시킨 (그러나 유행은 틀리게 사용했던) 일차적 의미에서 이 형용사는 시대와 더불어 살기를 원한다면 반드시 보았거나 읽었어야만 하는 것을 가리킨다. 반면 푸코에게서 그것은 우리에게 또 다른 시야를 가로막는 것, 다른 곳으로 갈 수 없게 만드는 것을 가리킨다. 피해 갈 수 없는 것은 바로 담론이다. 그것은 우리가 우리 시대를 살도록 강제한다. 〔이 형용사의 의미에 대한〕 오해는 상식이 얼마나 분별없는지 폭로한다.

19   예를 들어 기독교와 이슬람, 이 종교적 창조물들은 알다시피 엄청난 성공을 거두었고, 나로선 설명할 엄두도 나지 않는 그 각각의 담론은 그리스-로마의 이교 문명, 밀교나 비교, 그리고 아라비아의 이슬람 이전 종교들과는 확연히 다르다.

20   "Foucault", *DE*, IV, p. 632.

21   *L'archéologie du savoir*, pp. 167~169, 269〔『지식의 고고학』, 183~186, 284~285쪽〕.

22   헤로도토스 같은 이가 일찌감치 보여 준 무상한 호기심의 존재를 확실히 믿는 정신이 내놓은 오리엔탈리즘, 그리고 사이드 비판에 관해서는 다음 책을 보라. Lewis, *Islam*, Gallimard, coll. Quatro, 2007, pp. 1054~1073.

23   "Entretien avec Michel Foucault", *DE*, III, p. 160〔「진실과 권력」, 콜린 고든 편, 『권력과 지식』, 홍성민 옮김, 나남, 1991, 167쪽〕.

24   "La technologie politique des individus", *DE*, IV, p. 828 〔「개인에 관한 정치의 테크놀로지」, 『자기의 테크놀로지』, 이희원 옮김, 동문선, 1997, 269~270쪽〕.

25   담론으로부터 형성될 수 있는 이데올로기적 가면에 관해서는 다음 책을 볼 것. *"Il faut défendre la société"*: *Cours au Collège de France 1975~1976*, éd. Ewald, Fontana, Bertani, coll. Hautes Études,

Gallimard/Seuil, 1997, pp. 29~30〔『"사회를 보호해야 한다": 콜레주 드 프랑스 강의 1975~76년』, 김상운 옮김, 난장, 2015, 52~53쪽〕.

26 이데올로기 개념의 비판과 관련해서는 내 책을 참고할 수 있을 것이다. *Quand notre monde est devenu chrétien*, pp. 225~248.

27 다음의 책에 그런 지적이 있다. U. J. Schneider, *Michel Foucault*, Darmstadt, 2004, p. 145.

28 우리는 니체를 인용했음을 알아차릴 수 있다. 다음을 참조하라. "La fonction politique de l'intellectuel", *DE*, III, p. 111~112 : "위대한 보편적 지식인들은 우리가 세계에 대한 전망을 필요로 한다고 말한다"(강조는 추가).

29 J.-M. Schaeffer, *Adieu à l'esthétique*, Collège internationale de philosophie, PUF, 2000, p. 4〔『미학에 고하는 작별』, 손지민 옮김, 세창출판사, 2023, 20쪽〕.

30 "Le jeu de Michel Foucault", *DE*, III, p. 299〔「육체의 고백」, 『권력과 지식』, 235~236쪽〕.

31 "La scène de la philosophie", Ibid., p. 583〔「철학의 무대」, 미셸 푸코, 와타나베 모리아키, 『철학의 무대』, 오석철 옮김, 기담문고, 2016, 37쪽〕.

32 그 예를 다음의 책들에서 찾아볼 수 있다. *"Il faut défendre la société"*, pp. 28~30〔『"사회를 보호해야 한다"』, 49~53쪽〕 또는 *Sécurité, territoire, population*, p. 244〔『안전, 영토, 인구』, 329~330쪽〕.

33 "La "gouvernementalité"", *DE*, III, pp. 636~642〔「통치성」, 『푸코 효과』, 134~141쪽〕.

34 "Entretien avec Michel Foucault", Ibid., p. 158〔「진실과 권력」, 『권력과 지식』, 165쪽〕.

35 다음을 참조하라. "Non au sexe roi", Ibid., pp. 257~258 〔「권력과 성」, 『미셸 푸코, 섹슈얼리티의 정치와 페미니즘』, 19쪽〕. 사실 진리는 장치의 구성요소 가운데 하나다. 그것은 상이한 시대가 섹스에 대해, 권력에 대해, 법에 대해, 그 밖의 모든 것에 대해 가질 수 있었던 개념화의 진리 그 이상이 아니다(이 점에 있어서 회의주의자는, 우리가 알고 있듯, 하나의 일반론이 다른 일반론에 비해 더 참이 아니며, 그것들이 모두 매한가지라고 가르칠 따름이다). 이제 우리는 각 시대가 이런저런 영역에서 가졌던 진리 개념을 떠올린다. 예를 들어 구약에서

이민족들의 신은 '기만적인 허위의' 신이다. 그런데 과연 누가 기만하는가? 실제 존재하지 않는 (더 정확하게는 '아무것도 아닌') 그 신도, 그렇다고 그 숭배자들도 아니다. 기만의 문제는 단지 사람들이 진리〔야훼〕를 정의할 때 거짓〔이민족들의 신〕의 반대자로 제시한다는 데서 생겨난다. 그런데 내 의견으론 사람들은 '그것은 참이야'라고 특별히 생각하지 않으면서도 어떤 것들을 믿을 수 있고, 그러니 타인들이 떠받드는 진리에서 구태여 거짓을 보려고 하지 않아도 된다.

36 이 주제에 관해서는 푸코의 유명한 친구인 〔고대사가〕 피터 브라운을 참고하라. P. Brown, *Society and the Holy in Late Antiquity*, University of California Press, 1982, pp. 306~317; trad. Rousselle, *La société et le sacré dans l'Antiquité tardive*, Seuil, coll. Des Travaux, 1985, pp. 248~255.

37 "La vérité et les formes juridiques", *DE*, II, p. 541.

38 Ibid., pp. 538~553.

39 *L'archéologie du savoir*, p. 214 〔『지식의 고고학』, 228~229쪽〕. 사회적 사실과 정신적 사실 간의 인과관계에 관해서는 "Entretien avec Michel Foucault", *DE*, II, p. 161(표현으로 개념화된 마르크스주의적 인과성에 대한 비판: 다윈주의는 부르주아지의 이해관계를 '표현할 것이다').

40 *L'ordre du discours*, Gallimard, 1971, p. 60 〔『담론의 질서』, 허경 옮김, 세창출판사, 2020, 77쪽〕. 언표énoncé는 그것을 활성화하는 초험적 주체의 소산이 아니다. 그것은 인식하는 주체에게 날것으로, 또 그 기묘하고 부조리한 분할의 양식으로 모종의 우연처럼 부과된다. 분명히 그것은 시간을 초월한 자아나 진리의 드러남을 볼 하이데거식 자유의 소산이 아니다. 또한 다음도 보라. "반복 가능한 물질성." *L'archéologie du savoir*, p. 134 〔『지식의 고고학』, 150쪽〕.

41 예컨대 멜랑콜리 담론의 분석은 멜랑콜리라는 단어의 의미에 대한 어휘론적 연구가 아니다. *L'archéologie du savoir*, pp. 65~66 〔『지식의 고고학』, 81~82쪽〕. 그렇다면 왜 하필 담론이라는 용어인가? 두세 가지 설명이 동시에 타당하다. 하나는 발견적인 것이다. 푸코는 우선적으로, 무엇보다도 텍스트를 놓고 작업했다(광기에 관한 의학 개론서들). 그는 처음에 어디로 가야 할지 몰랐다. 자신의 문제가 일단 언어학적인 것이라고 믿었음에 틀림없다. 그는 사실들을 될 수 있는 한

가까이서 포착하기를 원했고, 그 사실들은 바로 글로 쓰인 것이었다. 더욱이 그는 자신의 작업이 공인된 거대한 철학적 문제 가운데 하나로 귀결되기를 바라지 않았다. 겉멋에서가 아니라 깊은 실증주의로 인해 형이상학적으로 보일 수 있는 모든 것을 싫어했기 때문이다. 따라서 그는 철학의 기술적인 전문 용어가 아닌 자기만의 용어를 이용했다. 또 다른 설명은 그가 남들에게 이해받고 인정받기 위해서 당대의 문제, 즉 언어학적 문제 속에 자리 잡고자 애썼다는 것이다(너무 빨리 쓰인 책인 『지식의 고고학』이 그 점을 잘 보여 준다). 이는 많은 독자를 착각하게 만들었다. 유감스러운 제목인『말과 사물』이 혼란을 더했다. 사람들은 푸코의 문제가 단어와 그 지시 대상의 관계라고 믿었다. 푸코는 결국 그러한 혼란을 불식시키기 위한 노력을 다음의 글들에서 기울였다. *L'archéologie du savoir*, p.66〔『지식의 고고학』, 82쪽〕그리고 "Michel Foucault explique son dernier livre", *DE*, I, p.776. 그는 이렇게 썼다. 17세기에 자연주의자들과 더불어 식물과 동물에 대한 서술이 증가했다. 전통적으로 "이 서술들에 대한 역사는 두 가지 방식으로 이루어진다. 먼저 사물들로부터 출발하면서 다음과 같이 말하는 것이다. 있는 그대로의 동물, 우리가 보는 대로의 식물을 17세기의 사람들은 어떻게 보았고 또 기술했는가? 그들은 무엇을 관찰했으며 무엇을 누락했는가? 그들은 무엇을 보았고 무엇을 보지 않았는가? 다음으로 반대 방향의 분석이 있다. 이는 당시 과학이 어떤 단어, 어떤 개념을 이용했는지 알아내고, 그로부터 식물과 동물 전체에 어떤 틀이 설정되었는지 파악하는 것이다." 푸코는 자연주의자들이 자각하지 못한 채로 하나의 '담론'을 통해 사유했음을 감지했다. 담론은 실제 대상도, 개념들로 이루어진 의미론적 장도 아니다. 말하자면 그것은 그 너머에 위치하며, 한편으로는 대상의 형성, 다른 한편으로는 개념의 형성을 상관관계 속에서 조절한다. 담론은 제3의 요소, 제3항 tertium quid이다. 그것은 이해당사자들 모르게 "어떤 사물이 보이거나 간과되는 것, 어떤 사물이 특정한 측면에서 검토되고 특정한 수준에서 분석되는 것, 어떤 단어가 특정한 의미를 가지고 쓰이는 것"을 설명한다.

42 "Une histoire restée muette", Ibid., p.548; 그리고 다음도 참조하라. "Michel Foucault, "Les mots et les choses"", Ibid., p.499; "Réponse à Derrida", *DE*, II, pp.282~284. 예를 들어 다음을 보라. *Histoire de la folie à l'âge classique*, Gallimard, coll. Tel, 1976, p.471

〔『광기의 역사』, 개정판, 이규현 옮김, 나남, 2020, 720쪽〕.

43 이런 고담준론은 자기 수준을 훨씬 뛰어넘는다고 푸코는
아이러니를 섞어 말했다. "내가 다루는 아주 시시한 자료들은 그렇게
장엄한 가공을 허용하지 않는다." 예컨대 한 시대의 권력 효과, 그리고
종종 중앙 권력의 담론까지 고려하지 않고서 어떤 역사적 구성물의
역사를 쓰기란 어려울 것이다. "De l'archéologie à la dynastique", *DE*, II,
pp. 409~410.

44 *Sécurité, territoire, population*, pp. 48~50〔『안전, 영토, 인구』,
85~88쪽〕.

45 "Table ronde du 20 mai 1978", *DE*, IV, pp. 26~30〔「방법에 관한
질문들」, 『푸코 효과』, 121~126쪽〕.

46 푸코는 베버의 중심 아이디어가 시대를 관통하는 합리화이며,
이념형은 "일반적 원리들"로부터 출발해 "본질을 포착하고"
"이해하게" 해 주는 구성물이라고 믿은 듯하다. Ibid., pp. 26~27〔같은 책,
121~123쪽〕.

47 "Foucault répond à Sartre", *DE*, I, pp. 665~666. 여기서 푸코는
"개인의 무의식이 나름의 규칙과 결정 요인들을 가지는 것처럼, 고유한
규칙을 가지고 있을 어떤 무의식"에 관해서도 이야기한다.

48 Droit, *Michel Foucault, entretiens*, pp. 22, 135. 이것은 니체의
아이디어다.

3장 푸코의 회의주의

1 "Foucault", *DE*, IV, p. 632.

2 *L'archéologie du savoir*, p. 265〔『지식의 고고학』, 280쪽〕.

3 귀스타브 플로베르의 1859년 2월 18일 자, 1860년 7월 3일
자 편지. 에르네스트 르낭은 1858년『르뷔 데 두 몽드』*Revue des deux
mondes*에 다음과 같은 프로그램 성격의 글을 썼다. "내가 보기에 역사
과학은 오늘날 인간 정신을 가장 심각하게 사로잡고 있는 문제들을
해결하는 데 있어 교육 제도 안의 추상적 철학을 대체하게 된 듯하다.
인간이 실험 지식의 장을 자기 직관으로 뛰어넘는 능력을 지닌다는
점을 거부하지 않으면서도, 우리는 실제로 인간에게는 두 부류의
과학만이 있을 따름이라고 인정할 수 있다. 자연 과학과 인문학이

그것이다. 그 너머에 있는 모든 것은 느껴지고 언뜻 보이고 드러나지만, 전혀 증명되지 않는다. 역사는, 그러니까 인간 정신의 역사는, 이러한 의미에서 우리 시대의 진정한 철학이다. 오늘날 모든 질문은 반드시 역사 논쟁으로 변질된다. 원리들의 진술은 역사 강의가 된다."

4 소크라테스가 도피하기를 거부하고 스스로를 죽음에 내맡긴 것은 도시 국가의 통치인 자격에 충실했기 때문이다. 그는 불법적이고 전제적인 정부의 단순하고 유순한 시민이 아니라 법의 준수에 기초하는 도시 국가의 일부였다. 그는 불복종의 사례가 되고 싶어 하지 않았다. 반면 1940년에서 1944년 사이의 어느 레지스탕스는 자신이 불법적인 또는 정당성 없는 정부에 굴복했다고 여겼다.

5 군주에게 자기 공국에서 어떻게 권력을 유지할지 가르쳐 주는 것이 마키아벨리 『군주론』의 진짜 주제, 좁은 주제이기에 그렇다. 〔옮긴이〕 벤느는 1980년에 『군주론』의 프랑스어판 서문을 쓴 바 있다. N. Machiavel, *Le prince et autres textes(Préface de Paul Veyne)*, Folio classique, Gallimard.

6 푸코가 어느 날 저녁에 해 준 이야기. "이 학살들이 놀라워? 그런데 그거 알아? 바그람 전투 전날 사람들이 나폴레옹에게 말했어. '폐하, 이 전투는 아무 의미도 없습니다. 쓸데없이 10만 명을 죽여 무엇 하겠습니까?' 나폴레옹의 대답. '나 같은 사람은 10만 명쯤 죽는다 해도 신경 쓰지 않아.'"

7 "Le retour de la morale", *DE*, IV, pp.706~707〔「도덕의 회귀」, 『자유를 향한 참을 수 없는 열망』, 118쪽〕. 〔옮긴이〕 원래 질문은 다음과 같다. "어떤 보편적 진리도 확언하지 않는다는 점에서, 사상 안에서 역설들을 제기한다는 점에서, 철학을 영원한 질문으로 만든다는 점에서 당신은 회의주의 사상가가 아닌가?"

8 스피노자 사상에서 보편소의 부정에 관해서는 M. Gueroult, *Spinoza*, Aubier, 1968과 1974, I, pp.156, 413, 443; II, p.339; 그리고 다음 책에 드러난 뉘앙스를 참조하라. G. Deleuze, *Spinoza et le problème de l'expression*, Minuit, 1968, pp.256~257〔『스피노자와 표현 문제』, 현영종, 권순모 옮김, 그린비, 2019, 339~341쪽〕.

9 그리하여 모든 것이 가능하다. 어쩌면 하이데거가 맞았을지도 모른다! 아마도 아리스토텔레스가 말한 지성이라는 작용인intellect agent이 존재하는지도 모른다. 영혼이 실체가 아니라 완전히 다른

현실 조건들 속에서도 동일하게 남아 있는 기능이라는 게오르크 짐멜의 가정이 옳은지도 모른다. G. Simmel, "Lebensanschauung", *Gesamtausgabe*, vol. XVI, Suhrkamp, 1999, pp. 209~425. 그러나 진짜 문제는 우리가 그런 주장들에 관해 아무것도 알 수 없다는 점이다. 하지만 '자연'은, 그러니까 나무 한 그루, 곤충 한 마리의 상은 우리가 그 사실 같지 않은 내부 구조를 생각할 때마다 일종의 경외감을 준다…. '자연'은 물리학과 화학에 관한 모든 것을 안다. 그래서 이후에 다윈주의가 온다….

10　 "La volonté de savoir", *DE*, II, p. 242 (「강의 요지」, 『지식의 의지에 관한 강의: 콜레주 드 프랑스 강의 1970~71』, 양창렬 옮김, 난장, 2017, 309쪽).

11　 "Croître et multiplier", Ibid., p. 103. "인식의 역사를 분석하기 위해서 주체를, 주체로서의 인간을 통과해야 할 필요는 없다"("Michel Foucault explique son dernier livre", *DE*, I, p. 775).

12　 Schneider, *Michel Foucault*, p. 79.

13　 ""Qui êtes-vous, professeur Foucault?"", *DE*, I, p. 608.

14　 *L'archéologie du savoir*, p. 172 (『지식의 고고학』, 189~190쪽); "Entretien avec Michel Foucault", *DE*, IV, p. 75 (『푸코의 맑스: 미셸 푸코, 둣치오 뜨롬바도리와의 대담』, 이승철 옮김, 갈무리, 2004, 119~120쪽); "Dialogue sur le pouvoir", *DE*, III, p. 469: "우리는 다만 말해진 것일 따름이다." 다음도 참조하라. "Michel Foucault, "Les mots et les choses"", *DE*, I, p. 503과 *L'archéologie du savoir*, p. 275 (『지식의 고고학』, 290쪽): 말과 글은 인간 본성으로부터가 아니라, 장치로부터 태어난다. 그래서 "기호가 있는 곳에 사람이 있을 수는 없다. 기호로 하여금 말하게 하는 곳에서 인간은 침묵해야만 한다."

15　 "Entretien avec Michel Foucault", *DE*, IV, p. 75 (『푸코의 맑스』, 120쪽).

16　 내 반박에 대한 푸코의 대답.

17　 Gueroult, *Spinoza*, I, pp. 413~419와 비교해 볼 것.

18　 P. Janet, *De l'angoisse à l'extase*, Alcan, 1926 (1976).

19　 스탈린주의에 협조적인 옹호자들에 맞서 "우리는 사실들의 분노에 사로잡혀 있다"("La grande colère des faits", *DE*, III, p. 277)고 그는 썼다. 이 에피소드에 관해서는 D. Eribon, *Michel Foucault et ses contemporains*, Fayard, 1994, p.344를 보라.

20 Diogène Laërce, *Vie et doctrine des philosophes illustres*, IX, 66.
다음의 판본을 참조했다. Édition Goulet-Cazé, Le Livre de Poche, 1999.

21 다음의 책에 나오는 분석과 비교할 것. J. Laporte, *Le problème de l'abstraction*, Alcan, 1940. 초식 동물이 식물에 대해 가지는 지식, 그와 관련해 만드는 추상적이고 일반적인 관념은 식물을 섭취하려는 그의 '경향성'(라포르트의 용어)에 의거한다.

22 (이해상으로는) 특이한 대상이 (확장의 면에서는) 일반적이고 반복될 수 있기에 그렇다. 예컨대 원이나 숫자 37은 데카르트적 관점에서 '특이한 자연들'이다(37은 36이나 38과 다르다). 그런데 우리는 어디서나 그것들을 발견할 수 있다. 이 방에는 37명이 있다. 누군가 37리브르를 가지고 있다. 앙리 베르그손은 "초식 동물을 매혹하는 것은 식물 일반"이라고 썼다.

23 *L'archéologie du savoir*, p.64 (『지식의 고고학』, 80쪽).

24 푸코의 한 문장이 날 당혹스럽게 만든다. "아마도 지시 대상의 그러한 역사는 가능할 것이다. 우리는 텍스트로부터 담론 이전의 경험들을 끌어내고 해방시키기 위한 노력을 미리부터 배제하지 않는다." Ibid., pp.64~65 (같은 책, 80쪽). 푸코는 여기서 단정적이고 독단적으로 보이지 않도록 애쓰고 있지 않은가? 어떻게 담론 이전의 지시 대상에 접근할 수 있을지, 어떻게 하나의 서술이 중립적일 수 있을지 난 잘 모르겠다. 대상의 단순한 확정은 이미 어떤 입장 선택, 하나의 담론을 전제한다. 예를 들어 섹슈얼리티는 어디까지일까? 예술적인 나체상은 정숙한가? 종교적 무아지경은 광기의 폭발인가?

25 *Naissance de la clinique*, préf., p.XV (『임상 의학의 탄생』, 27쪽): "사람들에 의해 말해진 것들 속에서 (담론 속에서—벤느) 중요한 것은 사람들이 그 안쪽에서 혹은 그 너머에서 생각할 것이라는 데 있지 않다. 중요한 것은 우선 말해진 것들을 체계화하는 일, 그리고 그 밖에는 새로운 담론들에 영원히 접근할 수 있게 해 주고 그것들을 변형시키는 과업에 열려 있게 만들어 주는 일이다."

26 *L'archéologie du savoir*, p.64 (『지식의 고고학』, 80쪽).

27 다음을 참조하라. Nietzsche, *Œuvres philosophiques complètes*, vol. XII, *Fragments posthumes*, vol. 3, trad. Harvier, Gallimard, 1979, p.143 = *Cahiers* W I 8, 2 (154) (『유고(1885년 가을~1887년 가을)』, 이진우

옮김, 책세상, 2005, 173쪽).

28 의심의 여지 없이 이 핵은 존재한다. 예를 하나 들면, 세계사를 가로질러 변함없는 몇몇 인간적 특성의 불균등한 통계적 빈도들은 담론을 넘어서는 실재의 핵이 있음을 보여 준다. 그런데 이 실재는 무엇일까? 예컨대 우리는 어느 시대에나 동성애 문화가 이성애에 비해 빈번하지 않았다는 점을 확인한다. 하지만 이는 담론이 거기 의미를 부여하지 않는 한 어떤 의미도 결여한 날것의 사실이다. 그리고 이는 담론적이지 않은, 그러니까 자의적이지 않은 어떤 결론도 허용하지 않는다.

29 *L'archéologie du savoir*, p.265〔『지식의 고고학』, 280쪽). 여기서 문제가 되는 것은 칸트적 의미의 초월성이지 초험성이 아니다.

30 왜냐하면 푸코 자신이 『차이와 반복』에서 들뢰즈가 제시한 입장에 슬쩍 들어가길 즐겼기 때문이다. "Theatrum philosophicum", *DE*, II, p.97〔「철학 극장」, 질 들뢰즈, 『들뢰즈의 푸코』, 권영숙, 조형근 옮김, 새길, 1995, 242쪽). 다음을 참고하라. Deleuze, *Différence et répétition*, PUF, 1968〔『차이와 반복』, 김상환 옮김, 민음사, 2004). 동일자 아닌 비물질적 사건과 차이의 영원 회귀와 더불어 '완전한 우연', '주사위 던지기'의 형이상학을 가장하기 위해서 말이다(다음도 보라. "Croître et multiplier", *DE*, II, p.100: "주사위가 우리를 지배한다"). 하지만 문헌학적 차원에서 그는 들뢰즈가 『차라투스트라는 이렇게 말했다』로부터 동일자 아닌 차이의 영원 회귀라는 원리를 발견했다고 여기는 데 대해 (더 미묘하고 예의 바른 용어로) 회의적이었다. 그래도 결국 들뢰즈의 의도는 훌륭한 것이었다…. 푸코 자신도 '사건의 철학'을 설파했다. *L'ordre du discours*, p.60〔『담론의 질서』, 77쪽).

31 Fr. Wahl, *Le perçu*, Fayard, 2007, p.523, n.1.

32 B. Williams, *Vérité et véracité: Essai de généalogie*, trad. Lelaidier, Gallimard, coll. Essai, 2006.

33 신이나 신화를 거의 믿지 않던 키케로는 불경스럽게도 다음과 같이 질문했다. 옛날엔 신들이 아이를 가졌는데 오늘날에는 어째서 더 이상 그렇지 않은지, 신의 핏줄을 이어받아 태어난 아이의 소식은 왜 없는지 말이다.

34 "Foucault", *DE*, IV, p.635.

35 *L'archéologie du savoir*, p.66〔『지식의 고고학』, 81~82쪽).

4장 고고학

1 이와 관련해서는 프레데리크 그로의 소중한 주석을 볼 것.
L'herméneutique du sujet: Cours au Collège de France, 1981~1982, éd.
Ewald, Fontana, Gros, coll. Hautes Études, Gallimard/Seuil, 2001,
pp.23~24, n.32(『주체의 해석학: 1981~1982, 콜레주 드 프랑스에서의
강의』, 심세광 옮김, 동문선, 2007, 51쪽).〔옮긴이〕원문에는 프레데리크
그로Frédéric Gros가 프랑수아 그로François Gros로 잘못 표기되어 있다.

2 "Table ronde du 20 mai 1978", *DE*, IV, p.34(「방법에 관한
질문들」,『푸코 효과』, 132쪽).

3 "Foucault", Ibid., p.634.

4 *Sécurité, territoire, population*, p.244(『안전, 영토, 인구』,
329~330쪽): 인간 실재의 "단일한 원천을 드러내는" 대신, "상호적인
응결, 지지, 강화 현상들"에 의해 결집된 "엄청나게 다양한 과정의
복합성"을 보아야만 한다.

5 "Espace, savoir et pouvoir", *DE*, IV, pp.277, 283(「공간,
지식, 권력: 폴 래비나우와의 인터뷰」,『헤테로토피아』, 이상길 옮김,
문학과지성사, 2014, 76~77, 88~89쪽): 토대가 되는 현상, 다른 요인보다
우위에 있는 요인은 결코 존재하지 않으며, 상호적인 관계들과 그것들
간의 끝없는 괴리가 있을 뿐이다.

6 *Naissance de la clinique*, p.139(『임상 의학의 탄생』, 230쪽).

7 Rorty, *Philosophy and the Mirror of Nature*, p.266; trad.
Marchaisse, *L'homme spéculaire*, p.297(『철학 그리고 자연의 거울』,
288쪽).

8 "Foucault", *DE*, IV, p.632.

9 다음을 참조하라. "La vérité et les formes juridiques", *DE*, II,
p.539.

10 어떤 시대에든 일반적으로 상투 어구들에는 우열이 없음을
보여 주는 사례 하나만 들어도 충분할 것이다. "〔옛날에〕사람들은
왕이 비를 내리게 할 수 있다고 판단했다. 오늘날 우리는 라디오가 여러
민족 간의 친교 수단이라고 판단한다"(2차 세계대전 직전에 집필된
Wittgenstein, *De la certitude*, Gallimard, coll. Tel, 1987, n°132(『확실성에
관하여』, 개정판, 이영철 옮김, 책세상, 2020, 45쪽)). 비트겐슈타인은

여기서 비를 내리게 하는 왕과 그 권력의 마술적 토대에 관한 제임스 프레이저 경의 추론을 조롱한다. 원시적 심성, 신화적 사유 등등을 찾아다녀 무엇 하겠는가? 미개인도 우리처럼 생각한다. 아니, 차라리 우리의 사유는 그들보다 낫지 않다.

11 마찬가지로 어떤 환자의 몸에서 오스트레일리아 주술사가 뽑아낸 '조약돌‒병'이 길거리의 조약돌과 갖는 공통점은 이름뿐이다. 또 초자연적 목소리를 듣는 것은 실제 목소리를 듣는 것과 다르다. 전자의 경우에는 당연하게도 수신자만 듣게 되고, 함께 있는 다른 사람들은 듣지 못한다. Wittgenstein, *Fiches*, Gallimard, 1971, n°717(『쪽지』, 개정판, 이영철 옮김, 책세상, 2022, 205쪽).

12 "Foucault", *DE*, IV, p.632 그리고 p.634. 다음도 보라. "L'éthique du souci de soi comme pratique de la liberté", Ibid., pp.709, 713, 718(「자유의 실천으로서 자아에의 배려」, 『미셸 푸코의 권력 이론』, 100, 105, 111쪽). 영어 단어 game이 가진 의미에서의 '게임': '게임의 규칙에 대한 게임', 그로부터 '절차', '생산 규칙들'이 나온다. 권력 게임과 진리 게임 간의 관계(이 관계는 가변적이고 우연적이며 총괄적일 뿐 분석적이지 않기에, "지식, 그것이 곧 권력"이라고 말해선 안 된다)에 관해서는 다음을 참조하라. "Le souci de la vérité", Ibid., p.676; "L'éthique du souci de soi comme pratique de la liberté", Ibid., pp.724~726(「자유의 실천으로서 자아에의 배려」, 『미셸 푸코의 권력 이론』, 119~122쪽).

13 "Foucault", Ibid., p.632.

14 "Sur l'archéologie des sciences: Réponse au Cercle d'épistémologie", *DE*, I, p.711; *L'archéologie du savoir*, p.166(『지식의 고고학』, 182~183쪽).

15 *L'ordre du discours*, p.61(『담론의 질서』, 78쪽).

16 청각적 질료(소리)를 고려하지 않는 만큼, 어원론은 『크라튈로스』가 그랬듯이 동음이의어 맞추기를 제쳐 두고, 단어들을 그 의미에 따라 서로 연결한다. 이를테면 프랑스어 단어가 라틴어 단어로부터 유래했으며 둘이 같은 의미를 가졌음을 음운론적 이행에 대한 정당화 없이 주장하는 것이다. 볼테르는 (동물 '말'이라는 뜻의) 프랑스어 cheval이 라틴어 equus에서 나왔는데, e가 che가 되었고 quus가 val이 되었기에 그렇다는 식으로 말하면서 자기 시대의

어원론자들을 모방했다.

17 "Foucault", *DE*, IV, p. 632.

18 "La naissance d'un monde", *DE*, I, p. 787.

19 *L'ordre du discours*, p. 54〔『담론의 질서』, 72쪽〕.

20 처음에 푸코가 생각했듯이 말이다.『광기의 역사』초판 서문을 보라. *Histoire de la folie*, Plon, 1961, p. III: "한 문화가 아마도 그것의 외부일 무언가를 거부하는 이 어두침침한 몸짓들." 그래서 푸코는 갈리마르 출판사에서 개정판을 낼 때 이 서문을 삭제했다. 만일 공허가 공허가 아니라면, 내쳐진 존재와 사물이 문을 두드린다면, 원초적인 전체, 이상적인 목적지, 총체성이 존재할 것이다. 이는 사실이 아니다. 부정적인négatif 것은 존재하지 않는다. 모든 것은 긍정적positif이다. 어떤 것도 모자라지 않다. 프랑스는 자연적 경계를 채우기 위해 커져야 할 필요가 없다.

21 정확히 두 세기 동안 헤겔 변증법은 신이라는 관념이 멀어진 세계에서 더 나은 세계에 대한 희망과 오늘날 진리와 선이 지배하지 않는다는 확인된 사실을 화해시키는 중요한 수단이었을 것이다. 〔헤겔 변증법에 의하면〕비록 추방되고 부정되긴 했으나 진리와 선은 끊임없이 압력을 가할 것이며, 노력과 고통 속에서 마침내 우리 세계의 해피엔드를 위해 개입할 것이다. 1807년에 헤겔이 쓴 유명한 문장에 따르면 신이라는 관념은 "거기서 진지함, 번민, 참을성, 그리고 부정성의 작업이 결여될 때 단순한 교화, 심지어 역겨운 소리의 차원으로 떨어져 버린다". *Phänomenologie*, Leipzig, 1949, p. 20; *Phénoménologie de l'esprit*, trad, Hyppolite, Aubier, 1949, vol. I, p. 18〔『정신 현상학』1권, 김준수 옮김, 아카넷, 2022, 16쪽〕.

5장 보편주의, 보편소, 사후 형성: 기독교의 초창기

1 마가 복음 10장 45절은 마태 복음 20장 28절을 따라 예수의 말이라고 전해지는 이 독백을 관계없는 맥락에 연결했다. 예수가 자비를 구하는, 또는 속죄하는 희생자로서 죽었으며, 그럼으로써 자신을 믿는 이들을 사탄으로부터 구해 냈다고 이해해야만 할까? 자기 신도들을 대속하기 위해 그가 죽음으로 사탄에게 몸값을 치렀다고? 그리스도는 그다음 세기에 와서야 비로소, 더 이상 "많은 이"가 아니라

인류 전체를 대속하게 된다. 구세주의 정확한 역할은 1,000년이 지나서야 신학적 성찰의 대상이 된다(초창기의 신학적 사변은 무엇보다도 교부이며 목자였던 예수 안의 인성과 신성의 관계에 초점을 맞추었다). 십자가에 못 박힌 예수 그리스도의 형상은 400년이 되어서야 조형 예술 속에 나타난다.

2 미래의 삶과 관련된 진실 양식('층위')의 다원성. 예수는 열두 제자를 이스라엘로만 보냈다. 반면 그는 "많은 이를 위해 자신의 생명을 몸값으로 내놓으려고 왔고"(마태 복음 20장 28절, 마가 복음 10장 45절), 이 "많은 이"는 이교도, 이방인, 이민족을 포함해야 했다. 그들, 또는 그 가운데 (여러 민족이 아직 갈라지기 이전 시기, 언약 이전의 정의의 차원에서) 정의로운 자들은 천국 최후의 성찬식 때 구원을 얻을 것이다. 다음을 참조하라. J. P. Meier, *Jesus, a Marginal Jew: Rethinking the Historical Jesus*, 2001; trad. Degorce, Ehlinger & Lucas, *Un certain Juif, Jésus: Les données de l'histoire*, Le Cert, 2005, 여기서는 vol. 2, p. 264. 이는 분명히 보편주의다. 하지만 어떤 보편주의, 아니 차라리 어떤 보편주의들인가? 예수가 열두 제자를 이스라엘로만 보냈을 때 그가 생각한 신은 시나이의 신, (선민인) 이스라엘 민족과 함께하는 언약의 신이다. 열두 제자의 파견은 지금 여기서 hic et nunc 일어나며, 시나이의 질투 많은 신과 관련된다. 반면 천국은 우리의 것이 아닌 초자연적인 시간성 속에서 이루어질 것이며, 이는 그리스-로마 문명의 신들이 아직 아이들을 가지고 있었던 시간성과 비견할 만하다. 그런데 공통된 정체성 아래서 이 두 가지 시간성의 두 신은 동일하지 않다. 열두 제자에게 임무를 부여하고 이스라엘로 보낸 신은 지금 여기의 이스라엘의 신이며, 질투 많은 언약의 신이다. 반대로 초자연적 왕국의 신은 우주적인 신일 것이며, 옛날에 in illo tempore 천지를 창조했던 신, (미래의) 민족들을 구별하지 않으며 인간 Homme, 그러니까 모든 인간을 창조했던 신이다. 달리 말하면 여기에는 비트겐슈타인이 말한 다프네의 월계수와 농부들의 월계수 같은 양태상의 구분이 있다. 이스라엘에서 숭배의 대상이었던 신의 두 양식, 천지 만물의 창조자와 이스라엘만의 질투 많은 신 사이의 암묵적인 구분에 관해서는 잘 알려진 이원론을 지적한 내 작은 책을 참고하라. *Quand notre monde est devenu chrétien*, pp. 269~271.

3 마태 복음 15장 24~26절. 이어지는 내용은 모두 다음을 참조.

Meier, *Jesus, a Marginal Jew*, vol. 2와 3 여러 곳, 예컨대 vol. 3, pp. 123, 164~165, 190, 553.

4　Nietzsche, *Œuvres philosophiques complètes*, vol. XIII, p. 197 〔『유고(1887년 가을~1888년 3월)』, 백승영 옮김, 책세상, 2000, 274쪽〕.

5　800년 동안 예언자와 시편 들은 하늘나라에서 다른 신들이 〔자기들보다〕 이스라엘의 신이 우위에 있다고 인정하게 될 것이며, 언젠가 이민족들이 예루살렘에 와 이스라엘의 신 앞에 머리를 조아리게 될 것이라고 가르쳤다.

6　이스라엘 아이들의 빵을 이교도라는 개에게 주지 않겠다고 말한 예수에게 가나안의 여인이 대답했다. "개는 주인 식탁에서 떨어진 부스러기를 잘 먹지요"(마태 복음 15장 27절). 이 에피소드가 실제로 일어난 일이며 역사에서 실재한 예수로부터 기원했다고는 여겨지지 않는다. Meier, *Jesus, a Marginal Jew*, vol. 3, p. 374. 그것은 이교도에 대한 교회의 개방성을 정당화할 필요에서 만들어진 것이다.

7　바탕에서는 결연하면서도 표현과 대담성 면에서는 유동적인 성 바울 교리의 복잡한 세부 사항에 관해서는 E. P. Sanders, *Paul*, Oxford University Press, 1991, pp. 84~100과 122~128〔『사도 바오로: 그리스도교의 설계자』, 전경훈 옮김, 뿌리와이파리, 2016, 6장과 9장〕.

8　J. Ratzinger, *Offenbarung und Überlieferung*, Quaestiones disputatae, Fribourg-Bâle-Vienne, 1965; trad. *Révélation et tradition*, Desclée de Brouwer, 1972, p. 64: "〔천상의—벤느〕 왕국 대신에 교회를 건립하도록 이끈 요인은 일련의 역사적 장애물들일 따름이다— 그중에서도 특히 스데반과 야고보의 처형, 그리고 무엇보다도 베드로의 투옥과 탈주를 언급해야만 한다."

9　마태 복음 22장 1~10절; 누가 복음 14장 15~24절(여기에 유명한 강제권compelle intrare이 나온다).

6장　하이데거가 뭐라고 했든, 인간은 지성적인 동물이다

1　여기서 나는 젊은 시절에 쓴 작은 책을 암시했다. *Les Grecs ont-ils cru à leurs mythes?: Essai sur l'imagination constituante*, Seuil, coll. Des Travaux, 1983〔『그리스인들은 신화를 믿었는가?: 구성적 상상력에 대한 에세이』, 김현경 옮김, 필로소픽, 2023〕. 나무 한 그루 한

그루는 괜찮지만 숲 자체로는 신통치 않은 작품이다. 이제 나는 이 책에 관한 버나드 윌리엄스의 의견에 동의한다. 그는 "진실에 대한 기묘한 상대주의 혹은 그보다 더 못한 어떤 것"이라고 평가한 뒤 이렇게 자비롭게 덧붙인다. "이 책의 수많은 흥미로운 아이디어는 그러한 수사학과는 무관하다." Williams, *Vérité et véracité*, p.354, n.25. 우리는 역사학자가 자기 직업 활동 속에서 불가피하게 철학적 차원을 가지는 신화와 같은 문제, 그러니까 아주 추상적인 문제를 만났을 때, 충분한 철학적 교양이 부족한 탓으로 어떤 곤경에 빠지는지를 본다. 사실 나는 두 가지 질문을 뒤섞었다. (레몽 아롱이 내게 가르쳐 주었던) '믿음 양태'modalités de croyance의 다원성이라는 질문과 (푸코가 내게 말해 주었던) 시간 속의 진실이라는 질문. 그리고 난 이 둘째 질문에 대해 많은 노력을 기울였음에도 불구하고 썩 좋은 결과를 얻지 못했다. 내가 비트겐슈타인을 읽었더라면, 혹은 푸코를 좀 더 잘 이해했더라면 그 어려운 작업을 그나마 덜 나쁘게 해냈을지도 모른다.

2 사실 흄은 선험적인a priori 종합 판단을 형성하는 칸트적 능력을 자신의 경험주의의 이름으로 (소급하여…) 믿지 않았을 것이다. 푸코도 그러지 않았으며, 거기서 "경험적-초월적 이중체"doublet empirico-transcendantal라고 불렀던 것을 보았다(우리는 이 문제로 되돌아올 것이다).

3 Nietzsche, *Philosophenbuch, Vérité et mensonge d'un point de vue extra-moral*[「비도덕적 의미에서의 진리와 거짓에 관하여」, 『유고(1870년~1873년)』, 이진우 옮김, 책세상, 2001]의 앞부분.

4 자연/문화 이분법에 대한 비판과 생물학적 종으로서의 인류에 관해서는 다음의 책을 보라. Schaeffer, *La fin de l'exception humaine*, Gallimard, 2007. 내가 보기에 이 책은 철학과 동물 행동학 분야에 매우 정통하고 깊이가 있으며, 성찰적이고 독창적이다.

5 D. Janicaud, *L'ombre de cette pensée: Heidegger et la question politique*, Jérôme Millon, 1990, p.152. 나치즘과 결국 회개하지 않은 하이데거의 태도라는 소란스러운 문제에 관해서는 다음의 책을 보라. E. Faye, *Heidegger: L'introduction du nazisme dans la philosophie*, Albin Michel, 2005.

6 Janicaud, *L'ombre de cette pensée*, pp.97~108. 내가 [개인적으로] 약간 알았던 고상한 품성의 자니코 자신이 정신에 향수를 가지고

있었고 마음속 깊이 하이데거를 존경했다는 점을 고려하면 이 비판은
더욱 흥미롭다.

7   M. Heidegger, *Identité et différence*, dans *Questions I*, trad.
Préau, p. 266〔『동일성과 차이』, 신상희 옮김, 민음사, 2000, 22쪽〕; *Temps
et être*, dans *Questions IV*, trad. Fédier. 『말과 사물』 343쪽〔한국어판
455쪽〕은 역사적-원초적 '이중체'와 관련해 이름은 언급하지 않으나
하이데거를 겨냥하고 있다.

8   여기서 문제가 되는 것은 그리스 사유나 게르만 철학 같은
사건들이다. 그것들은 하나의 문화를 야기하는데, 철학이 모든 역사적
시대의 열쇠(또는 환유…)이기에 그렇다. 1945년 이전에 하이데거는
일상적이고 역사적인 인간에 개의치 않으면서, 현존재〔하이데거에
따르면 인간은 자신을 비롯한 모든 존재자(인식 대상)의 고유한
존재에 대한 이해를 가진다. 현존재는 인간이 일상적인 삶에서도 이미
막연하게나마 존재에 대한 이해를 가진다는 의미의 개념이다〕 덕분에
진실을 엿볼 수 있는 특권을 아리안족 또는 독일 인민에게까지
확장했다. 1945년 이후 하이데거는 그 문제에 관해선 더 이상 아무 말도
하지 않고, 자신의 나치 경력에 대한 한마디 고해성사도 없이 일종의
정치적 무관심과 기다림 안으로 침잠했다. (하이데거가 니체에 관한
멋진 책에서 쓴 대로) "진리의 본질을 변화시키는" 사건은 "갑자기
예기치 않게" jäh und unversehens 나타난다. *Holzwege*, p. 311〔『숲길』,
2판, 신상희 옮김, 나남, 2020, 456쪽〕. 이 신비는 여러 시대를 가로질러
우리에게 그것의 비가시적인 가시성을 '송부한다'. 그리스의 퓌지스와
로고스, 플라톤의 이데아, 신플라톤주의의 일자, 스피노자의 실체,
쇼펜하우어의 의지, 그리고 끝으로 니체의 권력 의지의 연속적인 출현
아래서 말이다. 하이데거는 이 신비가 진정 무엇인지 말할 줄 알았다.
즉 그것은 모든 것과 달라서 차이 자체인 본질이다. 그리하여 차이를
인식하지 못하고 존재 혹은 신을 추구했던 형이상학은 하이데거와 함께
종말을 맞았다.

9   이는 장 보프레의 표현이며, 프랑수아즈 다스튀르가 플레이아드
총서 『철학사』 *Histoire de la philosophie* 3권 중 하이데거에 관한 명석한
해제에서 인용한 바 있다.

10   후기 하이데거가 말하는 존재는 철학자들 혹은
종교에서의 존재와 더 이상 아무런 공통점을 가지지 않는다. 그것은

부르짖다가 물러나 숨는 사람과도 같다. 그것은 몇몇 "미래에 올
사람"Zukünftige에게는 "마지막 신"이 될 것이다. L. Oeing-Hanhoff,
Historisches Wörterbuch der Philophie, vol. V, "Metaphysik", col. 1272;
R. Malter, vol. IX, "Sein, Seiendes", col. 219. 하이데거의 사유는 다른
수단들을 이용해 종교적인(다양한 이교가 비견할 만한 것을 제공하지
않기에 심지어 기독교적인) 감수성을 지속시키려는 절망적인 노력이다.

11   인간은 헛된 호기심, 형이상학, 기술 속에서 자신을 잃지
않도록(*Sein und Zeit*, p. 170〔『존재와 시간』, 이기상 옮김, 까치, 1998,
236쪽〕) 존재 앞에서 자기 상황에 걸맞도록 본래성 있게 스스로를
드러내야만 하며, 사물의 과학, 존재자의 과학이 모든 것의 결정적인
발언이라고 믿어야만 한다. "나의 목자는 영원하도다"라고 구약은
이야기한다. 반대로 하이데거의 말에 따르면 인간이야말로 존재의
목자이며 사물 속에서나 단순한 '존재자들'의 직감 속에서 마음을
흐트러뜨리지 않을 의무, 존재를 잊지 않을 의무를 가진다.

12   Ibid., p. 226〔같은 책, 298쪽〕. 기원과 본질을 분명하게 구분하지
않는 하이데거식 사고에 대해서는 책의 뒷부분까지 참고하라.

13   나는 여기서 진리의 본질에 관한 하이데거의 세미나
75~78쪽을 해설하고 있다. *Gesamtausgabe, II. Abteilung:
Vorlesungen*. Band 34: *Vom Wesen der Wahrheit*, Klostermann, 1988,
pp. 75~78〔『진리의 본질에 관하여』, 이기상 옮김, 까치, 2004, 100~103쪽〕.

14   A. Koyré, "L'évolution de Heidegger", dans *Études d'histoire
de la pensée philosophique*, Gallimard, 1971, p. 288.

15   Janicaud, *La puissance du rationnel*, Gallimard, 1985, p. 281.

16   Janicaud, *L'ombre de cette pensée*, pp. 102~134; S. Critchley,
dans *Dominique Janicaud, l'intelligence du partage*, Textes réunis par
Françoise Dastur, Belin, 2006, p. 168.

17   Janicaud, *La puissance du rationnel*을 전반적으로 참고하라.

18   "Le retour de la morale", *DE*, IV, p. 703〔「도덕의 회귀」,『자유를
향한 참을 수 없는 열망』, 113쪽〕.

19   "La vie: l'expérience et la science", Ibid., p. 774. 강조는 푸코.

20   Heidegger, *Vom Wesen der Wahrheit*, par. 7〔『진리의 본질에
관하여』, 132~139쪽〕: "방황으로서의 비진리."

21   Heidegger, *Holzwege*, p. 310〔『숲길』, 456쪽〕.

22 "Entretien avec Michel Foucault", *DE*, III, p.159〔「진실과
권력」,『권력과 지식』, 166쪽〕.

23 *L'archéologie du savoir*, pp.83~84〔『지식의 고고학』, 99쪽〕.

24 Deleuze, *Spinoza et le problème de l'expression*, p.306
〔『스피노자와 표현 문제』, 406~407쪽〕. 한편 라이프니츠에 따르면
스피노자에게서는 "신을 제외한〔즉 자연 그 자체만 제외한—옮긴이〕모든
것이 일시적이며 단순한 우연적 사건과 변이 속에서 사라진다".

25 예를 들어 "Entretien avec Michel Foucault", *DE*, III, p.154
〔「진실과 권력」,『권력과 지식』, 160쪽〕; "Non au sexe roi", Ibid.,
pp.268~269〔「권력과 성」,『미셸 푸코, 섹슈얼리티의 정치와 페미니즘』,
37~38쪽〕; "La scène de la philosophie", Ibid., p.594〔「철학의 무대」,
54~55쪽〕; "Sexualité et politique", Ibid., pp.528~531: "졸라는 전형적인
경우다. 그는『제르미날』을 광부로서 쓰지 않았다." 푸코는〔아주
전문적인 영역에 대한〕지식을 쌓았고, 이를 위해서 철학 교수들이 아닌,
간호사들의 토론회에 참석하기도 했다.

7장 자연 과학과 인간 과학: 푸코의 프로그램

1 다음의 책에서 '경험적 회의주의'에 대한 옹호와 예시를
보라. V. Brochard, *Les sceptiques grecs*, 1887; réimp. Le Livre de
poche, 2002, pp.344~391. 할아버지, 아버지가 모두 의사였던 푸코는
회의주의 철학 분파에 속하는 그리스 의사 섹스투스 엠피리쿠스를
먼 조상으로 두었다. 그는 가려진 것들에 접근할 수 없다고 믿었으나
경험주의자였고 '일정한 방법을 따르는' 의술 분파의 의사였다.

2 "Qu'est-ce que les Lumières?", *DE*, IV, p.577〔「계몽이란
무엇인가?」,『자유를 향한 참을 수 없는 열망』, 199~200쪽〕. 푸코가 인간
과학의 문제들에 별로 관심이 없었기에 이에 관한 아이디어는 거의
심화되지 않았다.

3 J.-Cl. Passeron, *Le raisonnement sociologique: Un espace
non poppérien de l'argumentation*, nouvelle édition revue et
augmentée, Albin Michel, 2006, pp.361~384. 장-클로드 파스롱은
양식화stylisation라는 베버의 개념에 (퍼스의) 지표화indexation라는
개념을 대체시킨다. 그의 분석으로부터 다음과 같은 결과가 나온다.

즉 모든 사회학적 개념은 '준-고유명사'이며, 모든 역사적 추론은 지시소들déictiques을 동반한다. 따라서 사람들이 일반적으로 논평하듯이 이념형은 연성 과학의 어림짐작용 도구, 혹은 빈약한 추론 형식이 아니다. 그것은 그 의미Sinn가 언제나 부분적 서술에 의해 규정되는 준-고유명사다. 부분적 서술은 몇몇 총칭 속성을 열거하는데, 그 속성들의 외연Bedeutung은 열려 있는 일련의 지시 대상에 대한 '지표화'에 의해 이루어진다. 이 지시 대상들은 그만큼의 특이한 사례들(서양의 중세 사회, 도쿠가와 막부 이전의 일본, 심지어 에블린 파틀라장Évelyne Patlagean의 주장에 따르면 봉건적인 비잔틴 제국)이며, 이 총칭 속성들을 제시한다는 공통의 유사성을 가진다. 정의는 일련의 특성(봉건제는 두 가지 특성을 결합한다: 토지의 소유, 인간의 통치)으로 제한되는데, 지시 대상들에 대한 완전한 기술은 확정적일 수 없다. 또한 완전하면서도 최종적인 서술이 없기에 역사적 정의는 그 지시 대상들로부터 분리될 수 없다. 우리는 그것들을 소홀히 할 수 없다. 왜냐하면 그것들만이 무엇이 문제인지, 우리가 무엇에 관해 말하고 있는지, 그리하여 그것들에 관해 어떻게 추론하는지 알 수 있게 해 주기 때문이다. 이는 하나의 방법론적 선택이 아니며, 역사 인식과 역사성의 인식론에 바탕을 두고 있다. 지표화된 사례들의 목록은 열려 있다. 특이성들만이 존재하기 때문이다. 정의는 부분적이다. 검토된 사례들이 제시하는 유사성에 한정되기 때문이다. 자연 과학과는 다르지만 그래도 여기엔에는 어쨌든 엄밀성이 있다. 아무 말이나 할 수는 없는 것이다. 그러한 이념형은 시공간의 좌표를 동반하는 사례들 위에서 지표화되지 않는 초역사적 모델이라는 과학주의적 망상에 대립한다. 역사학자의 언어는 보편소를 이용하지 않는다. 그의 추론 또한 마찬가지다. 심지어 부사('언제나')와 인과성의 증거들조차 일련의 한정된 사례 위에서 지표화된 채로 남아 있다. 봉건제 사회의 사례들에서 '언제나'와 '왜냐하면'은 행정 규제를 따르는 사회의 사례들과 동일한 사정거리를 가지지 않는다.

4 Passeron, *Le raisonnement sociologique*, p. 349.

5 내게 금방 예가 하나 떠오른다. 미레유 코르비에는 몸젠이 『로마 공법』*Droit public romain*에서 했던 것보다 더 훌륭하게 로마의 제정이 무엇이었는지 기술했다. 이 제정은 아주 특수해서, 어떤 면에서는 세습적이었고 또 다른 면에서는 그렇지 않았다. 코르비에는 이를

묘사하기 위해 정체성 차원의 여러 차이와 설득력 있는 세부 사실을 다수 제시했다. M. Corbier, "Parenté et pouvoir à Rome", dans *Rome et l'État moderne européen*(J.-Ph. Genet éd.), École française de Rome, 2007, pp.173~192.

6 알렉상드르 쿠아레는 르네상스 시대의 아주 모호한 철학적 사변들이 실험적이고 계량화된 물리학의 기원에 이바지했다는 점을 보여 준 바 있다. 〔옮긴이〕 여기서 벤느는 다음 책을 암시하고 있다. A. Koyré, *Études d'histoire de la pensée scientifique*, Gallimard, 1973.

7 유한성이 있기에 우리 지성의 한계라는 문제, 그리고 이 지성이 그 고유한 한계를 스스로 감지할 수 있느냐는 재미있는 문제가 제기된다. 자족감으로 충만한 내 고양이는 날 몰입시키는 책을 질투심으로 긁어 놓는다. 그는 내가 충분히 자기 생각을 하지 않는다는 것을 안다. 하지만 책이라는 것이 대체 어떤 것일지에 대해서는 짐작도 하지 못한다. 콜린 맥긴은 엄밀한 추론에서의 한계라는 질문을 던진다. 거기서 그는 익살스럽게 아마 "재능 있는 화성인들은 너무도 자연스럽게 우리 문제들에 대한 해결책을 가지고 있을 것"이라고 가정한다. C. McGinn, *Problems in Philosophy: The Limits of Inquiry*, Blackwell, 1993, 특히 p.154. 또 티에리 마르셰스Thierry Marchaisse는 내게 칸트가 『순수 이성 비판』의 중심인 「초월적 감성학」Esthétique transcendantale의 3절과 8절에서 그 문제를 제기했다고 알려 주었다. "우리가 다른 사유하는 존재들이 가질 수 있는 직관을 판단하기란 불가능하다. 또 그것이 우리 직관을 제한하는, 그리고 우리에게는 보편적으로 유효한 〔공간과 시간의—벤느〕 동일한 조건에 연관되는지 아는 것도 불가능하다. 〔…〕 우리는 우리가 그것들을 지각하는 양식만을 알 따름이다. 그 양식은 우리에게 특수한 것이지만, 모든 사람에게는 필연적일지라도 모든 존재에게 반드시 그렇지는 않을 수 있는 것이다"〔『순수 이성 비판』 1권, 백종현 옮김, 아카넷, 2006, 246, 262쪽〕.

8 I. Lakatos, *Histoire et méthodologie des sciences*, trad. Malamoud & Spitz, PUF, 1994.

9 이언 해킹은 『콜레주 드 프랑스 연보』에서 자신의 학설을 제시한 바 있다. *Annuaire du Collège de France*, 2003, pp.544~546. 또한 그는 푸코의 에피스테메를 동일한 유형의 사유 틀로서 인용한다.

10 "Entretien avec Michel Foucault", *DE*, II, p.165 또는 "Réponse

à une question", *DE*, I, p.675〔「정치와 담론 연구」, 『푸코 효과』, 87~88쪽〕.

11 "La vie: l'expérience et la science", *DE*, IV, p.769.

12 "Le retour de la morale", Ibid., p.703〔「도덕의 회귀」, 『자유를 향한 참을 수 없는 열망』, 113쪽〕.

13 *Les mots et les choses*, p.382. 다음도 보라. p.383〔『말과 사물』, 505~507쪽〕: "시간의 법칙을 인간 과학의 외적 한계로서 발견하면서, 대문자 역사는 사유된 모든 것이 아직 태어나지 않은 사유에 의해 여전히 사유될 것임을 보여 준다."

14 ""Qui êtes-vous, professeur Foucault?"", *DE*, I, p.611.

15 Ibid., p.620.

16 *L'archéologie du savoir*, p.160 이하〔『지식의 고고학』, 177쪽〕.

17 이 표현과 관련해서는 다음 책을 보라. *L'ordre du discours*, p.36 〔『담론의 질서』, 47쪽〕.

18 *L'archéologie du savoir*, p.160 이하〔『지식의 고고학』, 177쪽〕.

19 Ibid., p.269〔같은 책, 284쪽〕.

20 "Qu'est-ce que les Lumières?", *DE*, IV, p.575〔「계몽이란 무엇인가?」, 『자유를 향한 참을 수 없는 열망』, 196~197쪽〕.

21 ""Qui êtes-vous, professeur Foucault?"", *DE*, I, p.611.

22 Ibid.

23 Ibid., pp.611~612.

24 Ibid., p.612.

25 Ibid.

26 *Les mots et les choses*, p.383〔『말과 사물』, 506~507쪽〕.

27 Ibid., p.384〔같은 책, 507~508쪽〕.

28 "Sur l'archéologie des sciences: Réponse au Cercle d'épistémologie", *DE*, I, p.710.

29 *L'archéologie du savoir*, p.267〔『지식의 고고학』, 282쪽〕.

30 "Entretien avec Madeleine Chapsal", *DE*, I, p.515.

31 "Sur l'archéologie des sciences: Réponse au Cercle d'épistémologie", Ibid., p.710.

32 이러한 "무한성 없는 유한성"에 관해서는 다음을 참조. *Les mots et les choses*, pp.327~329〔『말과 사물』, 434~437쪽〕.

33 다음을 참조하라. Ibid., p.384〔같은 책, 506쪽〕. 내 생각에

역사주의는 역사학자들의 자발적인 에포케épochè[(현상학적) 판단
중지], 그들의 가치론적 중립성을 철학적 태도로까지 올려놓았다.
그것은 과거의 믿음들을 아무런 판단 없이 이야기한다. 그 입장에
가까운 게오르크 짐멜의 예를 들어 보자. 그의 관심을 끄는 것은
삶vie이다. 그것의 풍요로움과 다양성은 개념들의 편협성 밖으로
넘쳐흐른다(사랑은 [플라톤의]『향연』에서의 협소한 정의를 훨씬
넘어선다). 그리스인들이 신화를 믿었다고 나무라기에 삶은 너무도
광대한 것이다. 그렇게나 관대한 사유를 가지고 세세한 부분에서
엄청난 풍부함을 갖췄던 짐멜에게도 철학은 여전히 진리의
추구였을까? 철학, 아니 차라리 철학자는 생기에 찬 진실, 또는 풍부함을
가진다. 이 인간 유형 안에서 짐멜은 경험주의적 과학자와는 다른
감수성, 다른 인간적 차원, 총체성의 감각을 찬양했다. 그는 또한
"실험 과학의 결과들을 판단하는 것처럼 철학적 결론들을 판단하는
것은 순진한 일"이라고 썼다. 어떤 철학에 대해 그저 참인지 거짓인지
묻기만 하면 그만일까? 짐멜에 따르면 우리는 다양한 주의주장이
서로 충돌하고 모순된다는 점을 인정하지 않을 수 없다. 이는 그것들
각각(최소한 그 가운데 가장 완성도 높은 것들)이 하나의 가능한 인간적
관점을 구현하기 때문이다. 자연이 동등하게 존속할 수 있는 엄청난
수의 다양한 존재를 포함하듯이 말이다.

34　데카르트의 1630년 4월 15일 자 편지. 아우구스티누스도
비슷한 문제에 부딪혔다. 신의 율법은 변화했다. 그러니까 신이
모세에게 주었던 율법은 일부다처제를 허용했으나 새로운 율법은
그것을 금지한다. 매 시대 인간이 도달한 교육 수준의 정도에 따라 신이
요구 사항들을 적절히 조정하기 때문이다.

35　"Entretien avec Michel Foucault", *DE*, III, p.158[「진실과
권력」,『권력과 지식』, 165쪽].

36　Ibid., pp.143~144[같은 책, 144~146쪽]. 다음도 참조하라.
"Pouvoir et savoir", Ibid., p.402: "어떤 시대에 우리가 생명에 관해,
자연사에 관해, 정치 경제학에 관해 과학적인 담론을 주장하고자 할 때,
우리는 어떤 규칙에 따라야만 하는가?"

37　"Foucault", *DE*, IV, p.632.

38　"Espace, savoir et pouvoir", Ibid., p.277[「공간, 지식, 권력」,
『헤테로토피아』, 76~77쪽]

39 "Foucault", Ibid., p.634.

40 Ibid., p.635.

41 "Entretien avec Michel Foucault", Ibid., pp.54~55〔『푸코의 맑스』, 64~68쪽〕.

42 "Une esthétique de l'existence", Ibid., p.733; 다음도 참조하라. "L'éthique du souci de soi comme pratique de la liberté", Ibid., p.718〔「자유의 실천으로서 자아에의 배려」, 『미셸 푸코의 권력 이론』, 111~112쪽〕.

43 다음 책에 실린 발레리오 마르케티와 안토넬라 살로모니의 논평을 보라. Les anormaux: Cours au Collège de France 1974~1945, coll. Hautes Études, Gallimard/Seuil, 1999, p.316〔『비정상인들: 1974~1975, 콜레주 드 프랑스에서의 강의』, 박정자 옮김, 동문선, 2001, 398쪽〕.

44 L'impossible prison, p.51 = "Table ronde du 20 mai 1978", DE, IV, pp.30〔「방법에 관한 질문들」, 『푸코 효과』, 125~126쪽〕.

45 이 문단의 인용은 모두 다음 인터뷰에서 가져왔다. "Entretien avec Michel Foucault", DE, III, p.158〔「진실과 권력」, 『권력과 지식』, 165쪽〕.

46 Ibid., p.160〔같은 책, 167쪽〕.

47 Ibid.〔같은 책, 167쪽〕.

48 "Table ronde du 20 mai 1978", DE, IV, p.30〔「방법에 관한 질문들」, 『푸코 효과』, 125~126쪽〕과 "Non au sexe roi", DE, III, p.258〔「권력과 성」, 『미셸 푸코, 섹슈얼리티의 정치와 페미니즘』, 19쪽〕.

49 마지막으로 마녀들이 산 채로 화형당한 것은 스페인에서는 1799년, 스위스의 우리Uri주에서는 1801년이었다.

50 L'archéologie du savoir, p.172〔『지식의 고고학』, 190쪽〕.

8장 진실의 사회학적 역사: 지식, 권력, 장치

1 "L'éthique du souci de soi comme pratique de la liberté", DE, IV, p.726〔「자유의 실천으로서 자아에의 배려」, 『미셸 푸코의 권력 이론』, 121쪽〕.

2 Naissance de la biopolitique, pp.21~22〔『생명 관리 정치의 탄생』, 46쪽〕.

3　푸코는 이 표현을 1984년에도 쓴다. "Foucault", *DE*, IV, p.632.

4　Ibid., p.634. 이것을 푸코는 문제화problématisation라고 이름 붙일 것이다.

5　"Structuralisme et poststructuralisme", Ibid., p.445(「비판 이론과 지성사: 푸코와의 대담」, 『자유를 향한 참을 수 없는 열망』, 73쪽).

6　*L'ordre du discours*, p.16(『담론의 질서』, 26쪽).

7　사람들이 뭐라 하든, 니체는 결코 아무런 진실도 존재하지 않는다고 주장한 적이 없다. 자니코의 다음 글들을 보라. Janicaud, "Rationalité, puissance et pouvoir", dans *Michel Foucault philosophe: Rencontre internationale*, Seuil, 1989, pp.331~353과 p.346 그리고 *À nouveau la philosophie*, p.75.

8　*Naissance de la biopolitique*, p.22(『생명 관리 정치의 탄생』, 45쪽).

9　"L'éthique du souci de soi comme pratique de la liberté", *DE*, IV, p.727(「자유의 실천으로서 자아에의 배려」, 『미셸 푸코의 권력 이론』, 122~123쪽)과 "Michel Foucault, une interview: sexe, pouvoir et la politique de l'identité", Ibid., p.740.

10　"L'éthique du souci de soi comme pratique de la liberté", Ibid., p.720(「자유의 실천으로서 자아에의 배려」, 『미셸 푸코의 권력 이론』, 114쪽).

11　푸코와 로제-폴 드루아의 인터뷰. Droit, *Michel Foucault, entretiens*, p.129.

12　"Structuralisme et poststructuralisme", *DE*, IV, p.450(「비판 이론과 지성사」, 『자유를 향한 참을 수 없는 열망』, 80~81쪽). 그리고 『말과 글』 찾아보기의 '권력' 항목을 보라. 여러 다른 텍스트에 나오는 권력 개념이 상세하게 제시되어 있다.

13　"Le sujet et le pouvoir", Ibid., pp.225~226(「주체와 권력」, 허버트 L. 드레이퍼스, 폴 라비노우, 『미셸 푸코: 구조주의와 해석학을 넘어서』, 서우석 옮김, 나남, 1989, 301~302쪽)과 "Michel Foucault, une interview: sexe, pouvoir et la politique de l'identité", Ibid., p.740 그리고 그 밖에 다른 곳들도 참조(『말과 글』 찾아보기의 '저항' 항목을 보라).

14　"La vérité et les formes juridiques", *DE*, II, p.636.

15　"Sur la sellette", Ibid., p.723.

16 "L'éthique du souci de soi comme pratique de la liberté", *DE*, IV, pp.724~725〔「자유의 실천으로서 자아에의 배려」, 『미셸 푸코의 권력 이론』, 119~120쪽〕와 "Le souci de la vérité", Ibid., p.676. 또한 다음도 참조하라. Ibid., p.726〔「자유의 실천으로서 자아에의 배려」, 『미셸 푸코의 권력 이론』, 121쪽〕.

17 푸코와 로제-폴 드루아의 인터뷰. Droit, *Michel Foucault, entretiens*, p.128.

18 "Vérité, pouvoir et soi", *DE*, IV, p.782〔「진리, 권력, 자기: 미셸 푸코와의 대담」, 『자기의 테크놀로지』, 28쪽〕.

19 "Entretien avec Michel Foucault", *DE*, III, p.143〔「진실과 권력」, 『권력과 지식』, 145쪽〕. 또한 다음도 참조하라. "Pouvoir et savoir", Ibid., p.402: "어떤 시대에 우리가 생명에 관해, 자연사에 관해, 정치 경제학에 관해 과학적인 담론을 주장하고자 할 때, 우리는 어떤 규칙에 따라야만 하는가?"

20 *L'archéologie du savoir*, p.272〔『지식의 고고학』, 287~288쪽〕.

21 내가 가지고 있는 옛날 판본을 인용한다. Nietzsche, *Umwertung aller Werte*, édition Würzbach(1977), p.268, n° 85, p.302, n° 190; *La Volonté de puissance*, trad. Bianquis(1995), p.249, n° 91, p.290, n° 196〔『권력에의 의지: 모든 가치의 가치전도 시도』, 이진우 옮김, 휴머니스트, 2023, 536쪽〕.

22 다음을 참조하라. Nietzsche, *Œuvres philosophiques complètes*, vol. XII, p.302, fr.7〔53〕〔『유고(1885년 가을~1887년 가을)』, 379~380쪽〕.

23 "Interview de Michel Foucault", *DE*, IV, p.693.

24 예를 들어 "Le grand enfermement", *DE*, II, p.305와 "La vérité et les formes juridiques", Ibid., pp.632, 638.

25 특히 "Polémique, politique et problématisations", *DE*, IV, p.597〔「논쟁, 정치, 문제 제기: 미셸 푸코와의 대담」, 『미셸 푸코의 권력 이론』, 136쪽〕을 보라.

26 Ibid., p.597〔같은 책, 136쪽〕. 또한 다음도 참조하라. "Est-il donc important de penser?", Ibid., p.180.

27 Ibid., p.180.

28 푸코와 로제-폴 드루아의 1975년 6월 인터뷰. 2004년 9월 19/20일 자 『르 몽드』의 푸코 특집에 수록.

29 예컨대 "Interview de Michel Foucault", *DE*, IV, p.693.

30 *L'archéologie du savoir*, p.271〔『지식의 고고학』, 287쪽〕.

31 나는 다음의 내용을 자유롭게 해석한다. "Lacan, le "libérateur" de la psychanalyse", Ibid., p.205. 또한 다음도 참조하라. ""Qui êtes-vous, professeur Foucault?"", *DE*, I, p.608 그리고 *Les mots et les choses*, p.333 이하〔『말과 사물』, 442쪽 이하〕. 푸코의 것은 아니었으나 그의 시대 것이었던 철학들에서 인간이라는 경험적-초월적 이중체는 경험적인 인식 대상인 동시에 이 인식의 가능성을 정초하는 주체, 그러니까 자기 역사의 대상인 동시에 저자였다.

32 "Qu'est-ce qu'un auteur?", *DE*, I, pp.816~817〔「저자란 무엇인가?」, 장진영 옮김, 김현 엮음, 『미셸 푸코의 문학 비평』, 문학과지성사, 1989, 270~271쪽〕. 이 격렬한 반응을 변호하기 위해 다음과 같은 사실을 말해 두어야만 하겠다. 그의 대화 상대는 오늘날에는 웃음이 나올 정도로 거칠고 편협하게 독단적인 마르크스주의자였다. 구조주의자라는 명칭이 푸코에 대한 칭찬이라고 믿었던 젊은 숭배자들에게 푸코가 입맛에 맞는 하찮은 미끼를 던져 주었다는 소문이 전해진다. 콜레주 드 프랑스 취임 강연의 맨 마지막에 그가 청중에게 이렇게 건방진 말을 내뱉었다는 것이다. "만일 내 강연이 그것이 담고 있는 의미 이상으로 여러분 마음에 든다면, 구조주의와의 관련성 덕분일 것입니다." 이 문장은 강연의 출간본에는 나오지 않는다.

33 "La psychologie de 1850 à 1950", *DE*, I, pp.126~127과 "Philosophie et psychologie", Ibid., p.446.

34 이는 사람들이 셰퍼(1930)〔하인리히 셰퍼Heinrich Schäfer의 『이집트 미술』*Von ägyptischer Kunst: Eine Grundlage*을 가리키는 것으로 보인다〕 이후로 인간 신체의 '개념적 이미지'라고 부른 것이다. 이집트에서는 사람 얼굴이 그림이나 부조의 정면으로 혹은 전체의 4분의 3 이상이 재현되는 경우가 아주 드물다. 인간 이하의 존재들(전쟁 포로, 노예 무용수)은 예외였다.

35 H. Wölfflin, *Réflexions sur l'histoire de l'art*, trad. Rochlitz, 1982(1997), p.43.

36 Ibid., pp.43~44. 이어지는 인용은 pp.29, 35, 79, 198.

37 Wölfflin, *Principes fondamentaux de l'histoire de l'art*, trad. Raymond, 1929, p.215〔『미술사의 기초 개념』, 박지형 옮김, 시공사, 1994,

264쪽〕.

38 Wölfflin, *Réflexions sur l'histoire de l'art*, pp.43~44.

39 *L'archéologie du savoir*, p.272〔『지식의 고고학』, 288쪽〕; "La naissance d'un monde", *DE*, I, p.788.

40 그는 이 점을 여러 번 이야기했다. 예컨대 다음을 보라. "À propos de la généalogie de l'éthique: un aperçu du travail en cours", *DE*, IV, p.393〔「윤리학의 계보에 대하여」, 『미셸 푸코: 구조주의와 해석학을 넘어서』, 333쪽〕. 1970년에 그 문제는 명료하지 않게 예감되었을 따름이다. "Préface à l'édition anglaise", *DE*, II, p.12.

41 『말과 사물』의 너무도 유명한 마지막 문장을 보라.〔옮긴이〕 다음의 문장이다. "사유의 고고학이 분명히 보여 주듯이 인간은 최근의 시대에 발견된 형상이다. 그리고 아마 종말이 가까운 발견물일 것이다. 만약 그 배치가 출현했듯이 사라지기에 이른다면, 18세기의 전환점에서 고전주의적 사유의 밑바탕이 그랬듯이 만약 우리가 기껏해야 가능하다고만 예감할 수 있을 뿐이고 지금으로서는 형태가 무엇일지도, 무엇을 약속하는지도 알지 못하는 어떤 사건에 의해 그 배치가 뒤흔들리게 된다면, 장담할 수 있건대 인간은 바닷가 모래사장에 그려 놓은 얼굴처럼 사라질지 모른다." 『말과 사물』, 526쪽.

42 "Entretien avec Michel Foucault", *DE*, IV, p.75〔『푸코의 맑스』, 120쪽〕.

43 "Une interview de Michel Foucault par Stephen Riggins", Ibid., p.535: "나는 미학주의esthétisme라는 용어로 자기의 변환을 가리킨다."

44 "Sexualité et solitude", Ibid., p.171〔「성과 고독」, 이득재 옮김, 『현대시사상』6권 1호, 고려원, 1994, 129쪽〕; "Subjectivité et vérité", Ibid., p.213; "Qu'est-ce que les Lumières?", Ibid., p.576〔「계몽이란 무엇인가?」, 『자유를 향한 참을 수 없는 열망』, 198쪽〕; "Le retour de la morale", Ibid., p.706〔「도덕의 회귀」, 같은 책, 117~118쪽〕; "L'éthique du souci de soi comme pratique de la liberté", Ibid., pp.719, 729〔「자유의 실천으로서 자아에의 배려」, 『미셸 푸코의 권력 이론』, 113, 125쪽〕; "Une esthétique de l'existence", Ibid., p.731; 그리고 특히 "Les techniques de soi", Ibid., p.785〔「자기의 테크놀로지」, 『자기의 테크놀로지』, 36~38쪽〕.

45 P. Pasquino, "Moderne Subjekt und der Wille zum Wissen",

Anschlüsse: Versuche nach Michel Foucault(G. Dane éd.), Tübingen, 1985, p. 39; W. Essbach, "Durkheim, Weber, Foucault: Religion, Ethos und Lebensführung", dans *L'éthique protestante de Max Weber et l'esprit de la modernité, Max Webers protestantische Ethik und der Geist der Moderne*, Maison des Sciences de l'Homme, 1997, p. 261.

46 M. Weber, *Gesammelte Aufsätze zur Religionssoziologie*, Tübingen, Mohr, 1920(1963), vol. I, p. 524 : "정말로 그의 의지에 반하여"durchaus gegen seinen Willen.

47 Ibid., vol. I, pp. 203, 408 그리고 p. 485도 참조하라(여기서 생활 태도가 에토스를 이어받는다).

48 "L'éthique du souci de soi comme pratique de la liberté", *DE*, IV, p. 719(「자유의 실천으로서 자아에의 배려」, 『미셸 푸코의 권력 이론』, 113쪽).

49 *L'usage des plaisirs*, pp. 17~18(『성의 역사 2』, 26~27쪽).

50 "Structuralisme et poststructuralisme", *DE*, IV, p. 449(「비판 이론과 지성사」, 『자유를 향한 참을 수 없는 열망』, 78~79쪽).

51 "Qu'est-ce que les Lumières?", Ibid., p. 574(「계몽이란 무엇인가?」, 『자유를 향한 참을 수 없는 열망』, 195쪽).

52 *L'archéologie du savoir*, p. 264(『지식의 고고학』, 279쪽).

53 "Structuralisme et poststructuralisme", *DE*, IV, p. 436(「비판 이론과 지성사」, 『자유를 향한 참을 수 없는 열망』, 60~61쪽).

54 *L'archéologie du savoir*, p. 265(『지식의 고고학』, 280쪽); "Michel Foucault explique son dernier livre", *DE*, I, pp. 774~775. 만일 누군가가 이 역사적 비판은 초월적인 차원이나 초경험적인 기원에 맹목적인 실증주의라고 반박한다면(*L'archéologie du savoir*, p. 267(『지식의 고고학』, 282쪽)), 푸코는 "역사적-초월적 이중체"(Ibid., p. 159(같은 책, 176쪽) 참조), "동어반복"(Ibid., p. 268(같은 책, 283쪽); "Réponse à une question", *DE*, I, p. 675(「정치와 담론 연구」, 『푸코 효과』, 88쪽)) 또는 "인간 자신의 고유한 유한성의 토대로서"(*Les mots et les choses*, p. 352(『말과 사물』, 467쪽)) "토대적인 것 내에서 실증적인 것의 반복"(Ibid., p. 326(같은 책, 433쪽))에 의해 경제의 인간, 과학의 인간, 언어의 인간 등에 가치를 부여하려고 시도하는 "오류 추리"("Philosophie et vérité", *DE*, I, p. 452)에 대한 비판으로 논박할

것이다. 한 시대 안에 한정 지어진 역사적 실증성들은 인간을 유한한
존재로 만드는 한편, 유한성이 역사성을 그 선험적 가능성의 조건으로
삼을 수 있다고 우리가 받아들이게 만든다(*Les mots et les choses*, p.383〔『말과
사물』, 506쪽〕).

55　다시 『말과 사물』 2부를 참조하자. 또 후설의 비판자로서
푸코에 관한 르브룅의 연구를 볼 것. G. Lebrun, *Michel Foucault
philosophe: Rencontre internationale*, Seuil, 1989, pp.33~53. 이어지는
내용과 관련해서는 다음을 보라. E. Renan, *Essai de morale et de critique*,
1860, pp.82~83; *Œuvres complètes,* édition définitive, Calmann-Lévy,
vol.II, pp.73~74에 재수록.

56　*L'archéologie du savoir*, p.264〔『지식의 고고학』, 279쪽〕.

57　"L'éthique du souci de soi comme pratique de la liberté", *DE*,
IV, p.718〔「자유의 실천으로서 자아에의 배려」, 『미셸 푸코의 권력 이론』,
111~112쪽〕.

58　*L'archéologie du savoir*, p.262〔『지식의 고고학』, 276~277쪽〕.

59　"Entretien avec Michel Foucault", *DE*, IV, p.74〔『푸코의
맑스』, 118쪽〕. 거시적이든 미시적이든 권력 관계 속에 능동적으로
혹은 수동적으로 편입되어 있는 이라면 누구나, 즉 모든 사람은〔그
관계를〕 감수할 수도, 〔거기〕 반항할 수도 있다. Ibid., p.93〔같은 책,
164~165쪽〕. 하지만 이 반항은 억압된 것의 귀환, 또는 원초적 자유나
소외된 인간의 진정한 본성으로의 회귀가 아닐 것이다. Ibid., p.74〔같은
책, 118쪽〕 혹은 "L'éthique du souci de soi comme pratique de la liberté",
Ibid., p.710〔「자유의 실천으로서 자아에의 배려」, 『미셸 푸코의 권력
이론』, 101~102쪽〕. 우리의 한계 넘어서기는 그 자체로 한계 지어져
있다. 우리는 거기서 총체적인 인식을 펼칠 수 없으며, 어디에 한계가
있는지 완전하고 확고하게 알 수 없다. "Qu'est-ce que les Lumières?",
Ibid., p.575〔「계몽이란 무엇인가?」, 『자유를 향한 참을 수 없는 열망』,
196~197쪽〕.

60　*Les mots et les choses*, p.331〔『말과 사물』, 439쪽〕.

61　"Qu'est-ce que les Lumières?", *DE*, IV, p.574〔「계몽이란
무엇인가?」, 『자유를 향한 참을 수 없는 열망』, 195쪽〕.

62　나는 푸코가 주름에서 주체를 다시 발견했으리라고는 믿지
않는다. 고상한 인물이자 독창적인 사상가인 들뢰즈는 그 대목에서

자신의 예전 모습이었던 위대한 철학사가로서가 아니라 개성적인
사상가로서 말한다. 개성적인 사상가는 타자의 바깥에서 자기만의
사유를 꿈꾸며(그는 그것이 자발적이었다고 고백했다), [그러면서도]
그 사유를 타자에게로 돌린다. 다음을 참조하라. "Structuralisme et
poststructuralisme", Ibid., p. 445[「비판 이론과 지성사」, 『자유를 향한
참을 수 없는 열망』, 72~73쪽].

63 Ibid., p. 449[같은 책, 78쪽] 참조: 진단 작업의 목적은 오늘날
취약한 선들을 좇아가는 데 있다. 이는 현재 상태가 어디서 어떻게
더 이상 유지되지 않을 수 있는지 포착하기 위해서다. 이 잠재적인
균열선은 "구체적인 자유의 공간", 즉 담론의 "가능한 변환 공간으로
이해되는 자유의 공간"을 열어 놓는다.

64 A. Thibaudet, *Réflexion sur la littérature*, éd. Compagnon et
Pradeau, Gallimard, coll. Quatro, 2007, p. 1416.

65 다음의 책도 참조. Malebranche, *Recherche de la vérité*, II, 3,
chap. 5: "우리가 여론에 따라 사는 것은 다른 사람들과의 연합 관계 속에
있기 때문이다."

66 Nietzsche, *Œuvres philosophiques complètes*, vol. XI(trad.
Haar et de Launay), p. 198 = Cahiers n°VII 1.34[147][『유고(1884년
가을~1885년 가을)』, 253쪽].

9장 푸코는 젊은이들을 타락시키는가?
노동 계급을 좌절시키는가?

1 다른 사람의 가치와 목적을 그토록 솜씨 좋게 해독해 냈던
니체가 자기 것들의 자의성을 간파하지 못했다는 사실은 흥미롭다.
그의 가치와 목적은 "더 우월한 인간 유형을 생산하기 위한 자연의
노력"(그는 다른 곳에서 생물학이라는 단어를 말한다)을 돕는 데 있었다.
Œuvres philosophiques complètes, vol. XII, p. 325[『유고(1885년
가을~1887년 가을)』, 408쪽]; XIII, pp. 19, 55[『유고(1887년 가을~1888년
3월)』, 9, 63~64쪽] 등. 이 의심의 대가는 "인류의 운명이 그 가장
고귀한 본보기의 성공과 관계가 있다"는 점을 결코 의심하지 않았다.
X, p. 192[『유고(1884년 초~가을)』, 정동호 옮김, 책세상, 2004, 222쪽].
또 그는 다른 이들이 자신을 역사의 진행 방향 속에 놓고자 하듯이

스스로를 자연적인 진화의 방향, 권력 의지의 방향 속에 두어야만 한다는 점을 의심하지 않았다. 그리고 그는 곳곳에서 평등주의 혹은 동정과 같은 "인류의 근원적 본능으로부터의 일탈"을 개탄한다. XIII, pp.277, 336(『유고(1887년 가을~1888년 3월)』, 395, 480~481쪽). 그는 "인간 유형을 가장 위대한 광휘와 힘에 이르게 하기" 위한 철학적 혁명을 예언의 형태로 시도했다. XII, p.224(『유고(1885년 가을~1887년 가을)』, 280쪽). 이는 또 "몇몇 우월한 인간"의 등장을 가능하게 만들기 위해서였는데, 이들은 "다른 인간들의 주인"(X, p.314(『유고(1884년 초~가을)』, 375쪽))이 될 것이며, 그렇게 된다 해도 아무 문제 없을 것이었다. XIII, p.86(『유고(1887년 가을~1888년 3월)』, 110쪽). "대지의 주인, 새로운 지배 카스트, 그들로부터 여기저기에 초인이 태어난다." XI, p.270(『유고(1884년 가을~1885년 가을)』, 344쪽). "인간보다 우월한 종이 존재하게끔 허용하기 위해" 노예제로 환원되어 "인류의 발전을 희생시키기를" 무릅쓰고서 말이다. XII, p.274(『유고(1885년 가을~1887년 가을)』, 343~344쪽). 하지만 결국 우리는 이렇게 반박할 것이다. 만일 권력 의지가 어디에서나 주인이고 다른 어떤 개입 없이 권력 의지만으로 그 과업에 충분하다면, 우리가 무엇 때문에 거기에 끼어들 의무를 가질 것인가? 마찬가지로 우리가 만유인력에 무엇을 보탤 수 있을 것이며, 또 무엇 때문에 그러겠는가? 〔자기 주장을 펴면서〕 니체가 경멸감만을 느꼈던 독일을 염두에 두고 있진 않았다는 점을 재빨리 덧붙이자(XI, p.444(『유고(1884년 가을~1885년 가을)』, 562~563쪽) 등; 그는 유대인과 슬라브인을 선호했다). 그 경멸감을 능가하는 것은 "반유대주의적 깡패 집단"(XI, pp.225, 228〔같은 책, 288, 291쪽〕); XII, p.310(『유고(1885년 가을~1887년 가을)』, 390쪽); XIII, pp.65, 73(『유고(1887년 가을~1888년 3월)』, 78, 90쪽〕 등; *Par-delà le bien et le mal*, §251(「선악의 저편」,『선악의 저편, 도덕의 계보』, 김정현 옮김, 책세상, 2002, 252쪽)), "인종적 사기"(XII, p.205(『유고(1885년 가을~1887년 가을)』, 255쪽))에 대한 그의 멸시였다. 왜냐하면 "인종 간의 혼합"이 자신의 위대한 예언적 희망에 더 유리했기 때문이다(XII, p.55〔같은 책, 54쪽〕).

2 Nietzsche, *Par-delà le bien et le mal*, §39(「선악의 저편」,『선악의 저편, 도덕의 계보』, 68~69쪽): "누구도 행복이나 미덕을 가져다준다는 단순한 이유로 경박하게 어떤 학설을 진리라고 여기지는 않을 것이다.

〔…〕어떤 것은 극도로 해롭고 위험할지언정 진리일 수 있을 것이다. 존재의 근본적인 속성은 심지어 온전한 진리를 알기에 파멸한다는 것을 함축할 수 있다."

3　인간에 대해 너무 도식적인 아이디어를 만들지 말자. 인간은 스스로에게 근거를 주거나 믿고 매달릴 꿈을 가지길 좋아한다. 종교적이거나 시민적인 이상의 설파는 그에게 정신적인 만족을 주며, 이 꿈만으로도 충분할 수 있다. 다만 우리는 이처럼 설파된 도덕과 실천된 도덕을 구분해야만 한다. 솔직히 이 양자는 상당히 다를 수 있다. 차이는 심지어 인지되지 않기도 한다. 어디선가 짐멜은 기독교가 역사상 처음으로 대중에게 존재의 완성된 의미를 제공했다고 적었다. 그럴지도 모른다. 하지만 그래서 그들 행동에는 어떤 결과를 가져왔을까? 기독교 교리는 유럽 사회의 근원으로 여겨질 가치가 있을 만큼 그 사회를 충분히 광범위하고 일상적으로 틀 지었을까? 죽음에 대한 사람들의 태도를 어떤 식으로든 변화시켰을까? 거듭 말해 두자. 우리의 사유가 이루어지는 세계는 삶이 이루어지는 세계가 아니다.

4　철학자 쥘 비유맹은 푸코와 매우 친분이 깊었고, 그를 콜레주 드 프랑스에 추천했으며 선출 과정에서도 지지를 보냈다. 1984년 콜레주에서 낭독한〔푸코를 기리는〕조사에서 비유맹은 고인의 철학이 우리가 언제나 믿어 왔던 진리, 정상성, 도덕에 대한 부정으로 이루어져 있었다고 설명했다.

5　A. Diemer, *Edmund Husserl, Versuch einer systematischen Darstellung der Phänomenologie*, Meisenheim, 1965, p. 101. 호기심의 대상인 흥미로운 것intéressant은 사람들이 너무나 드물게 떠올리는 동기다. 그런데 그것은 하나의 특수한 동기이며, 다른 동기들과 마찬가지로 중요하다. 그것은 다른 어떤 것과도 혼동되지 않으며, 역사 안에서 큰 역할을 맡아 왔다(유베날리스가 말했듯 로마 인민은 원형 경기장의 게임에 너무도 흥미를 느낀 나머지 고상한 정치는 잊어버릴 지경이었다). 철학, 원형 경기장, 축구, 그리고 문화 일반은 흥미를 끄는 것이다(이런저런 측면 때문에 미술 또한 흥미롭지만, 음악이나 시가 주는 즐거움은 다른 것이다). 럭비에 대비되는 축구의 맛을 상세히 설명하는 일은 당신 자유다. 하지만 그 각각을 아우르는 흥미로운 것의 특수성은 여전히 잔존한다. 종교가 그런 것처럼 축구 역시 그 자체로 남아 환원론을 피하면서 정치적 정열에 봉사할 수 있다면 열정적이며

존중할 만하고 고결하기 때문, 즉 흥미롭기 때문이다. 댄디즘의 발로가 아니라면, 우리는 전쟁이나 사랑이 흥미롭다거나 돈벌이나 인민의 통치가 흥미롭다고 주장할 수 없다. 그것들은 또 다른 종류의 열정이다. 또한 미사에 참석하는 일도 '흥미롭다'고 말할 수 없다. 게임은 또 다른 문제인 것처럼 보인다. 소설가의 감정이 독자의 그것과 같지 않듯, 축구 선수의 감정은 경기 관중의 그것과 같지 않다. 사람들이 항해나 등반에서 목표로 삼는 위업의 추구, 모험 취미, '극기'에 대한 애착은 또 다른 문제다. 흥미로운 것의 특수성은 온전하게 남아 있다.

6 우리는 자주 다음과 같은 사실을 알아차렸다. 즉 자기 시대의 스캔들(노예제, 식민주의)에 맞서는 윤리적 십자군 전쟁은 그것이 곧 철폐될 예정이거나 피억압자들이 반역을 일으키기 시작할 때 개시되거나 증가한다는 것이다. 십자군 병사들은 승리를 도우러 날아가지 않는다. 그들은 희미하게 자기 탓에 스캔들이 존재한다고 느끼며, 야만적인 과거의 유산인 이 스캔들이 역사에 의해 유죄 선고를 받았고 '우리 시대'에 어울리지 않는다고 느낀다.

7 "Entretien avec Michel Foucault", *DE*, IV, p.79[『푸코의 맑스』, 132쪽].

8 Ibid., p.79[같은 책, 132쪽].

9 "Manières de justice", *DE*, III, p.756.

10 "Préface", Ibid., p.135[「서문」, 『안티 오이디푸스』, 9쪽].

11 Passeron, *Itinéraire d'un sociologue: Trames, bifurcations, rencontres*, La Découverte, 2008.

12 정치인들, 특히 푸코가 1982년경 내게 말했던 대로 사회주의자들에게 종종 무시되듯이 말이다(생략된 말: "비록 그와 같은 비판적 사상가는 당연히 보수주의자보다는 좌파에 더 가깝게 나타날 수 있음에도 불구하고").

13 "Préface à l'"Histoire de la sexualité"", *DE*, IV, p.580.

14 *L'archéologie du savoir*, pp.171~172[『지식의 고고학』, 188~189쪽]: 우리의 고유한 전제들은 우리에게 인식할 수도, 회피할 수도 없는 것으로 남아 있다는 점을 일깨우면서 푸코는 주저한다. 그러니까 결과적으로 고고학은 가장 멀리 떨어진 과거를 우선적으로 연구해야만 할까? 하지만 고고학이 스스로에 대해 약간이라도 알려는 작업, 즉 우리와 가장 가까운 것과의 차이를 통해 우리를 규정하기

위해서 바로 직전 과거를 연구하는 작업을 포기할 수 있을까?

15 "Qu'est-ce que les Lumières?", *DE*, IV, p. 564〔「계몽이란 무엇인가?」,『자유를 향한 참을 수 없는 열망』, 180쪽〕와 "Qu'est-ce que les Lumières?", Ibid., pp. 680~681〔「혁명이란 무엇인가?」,『자유를 향한 참을 수 없는 열망』, 165쪽〕. 그리고 이 글들에 앞서 푸코는 다음 글에서 같은 문제를 다룬 적이 있다. "Pour une morale de l'inconfort", *DE*, III, p. 783.

16 특히 "Foucault répond à Sartre", *DE*, I, p. 665와 "Qu'est-ce que les Lumières?", *DE*, IV, p. 568〔「계몽이란 무엇인가?」,『자유를 향한 참을 수 없는 열망』, 186~187쪽〕; 그리고 다음도 참조하라. "La philosophie structuraliste permet de diagnostiquer ce qu'est "aujourd'hui"", *DE*, I, p. 580과 ""Qui êtes-vous, professeur Foucault?"", Ibid., p. 613; "Non au sexe roi", *DE*, III, p. 266〔「권력과 성」,『미셸 푸코, 섹슈얼리티의 정치와 페미니즘』, 33쪽〕.

17 "Usage des plaisirs et techniques de soi", *DE*, IV, p. 543〔「서론」,『성의 역사 2』, 24쪽〕.

18 "Sur l'archéologie des sciences: Réponse au Cercle d'épistémologie", *DE*, I, p. 710.

19 *L'archéologie du savoir*, p. 172〔『지식의 고고학』, 190쪽〕.

20 "Structuralisme et poststructuralisme", *DE*, IV, p. 449〔「비판 이론과 지성사」,『자유를 향한 참을 수 없는 열망』, 78쪽〕.

21 "Non au sexe roi", *DE*, III, p. 266〔「권력과 성」,『미셸 푸코, 섹슈얼리티의 정치와 페미니즘』, 33쪽〕.

22 문제화 개념에 관해서는 "Le souci de la vérité", *DE*, IV, p. 670; "À propos de la généalogie de l'éthique: un aperçu du travail en cours", Ibid., p. 612〔이 글은 "À propos de la généalogie de l'éthique: un aperçu du travail en cours"(1983), *DE*, IV, pp. 383~411를 푸코 자신이 몇 군데 수정한 판본이다〕.

23 "Polémique, politique et problématisations", Ibid., p. 597〔「논쟁, 정치, 문제 제기」,『미셸 푸코의 권력 이론』, 136쪽〕.

24 "Qu'est-ce que les Lumières?", Ibid., pp. 575, 577〔「계몽이란 무엇인가?」,『자유를 향한 참을 수 없는 열망』, 196, 200쪽〕.

25 *L'usage des plaisirs*, p. 15〔『성의 역사 2』, 24쪽〕.

26 ""Omnes et singulatim": vers une critique de la raison

politique", *DE*, IV, p.160〔「옴네스 에트 싱굴라팀: 정치적 이성 비판을 향하여」, 노엄 촘스키, 미셸 푸코, 『촘스키와 푸코, 인간의 본성을 말하다』, 이종인 옮김, 시대의 창, 2015, 255~256쪽〕. 다음도 참조하라. "Vérité, pouvoir et soi", Ibid., p.779〔「진리, 권력, 자기」, 『자기의 테크놀로지』, 22쪽〕: "내 분석들은 모두 인간 존재 내의 보편적 필연성이라는 관념에 맞선다. 그것들은 제도의 자의적 성격을 강조한다.〔그것들은 우리가 여전히 누릴 수 있는 자유의 공간은 무엇이며, 어떤 변화가 아직도 일어날 수 있는지 보여 준다.〕"

27 "Table ronde du 20 mai 1978", Ibid., p.30〔「방법에 관한 질문들」, 『푸코 효과』, 126~127쪽〕과 "Structuralisme et poststructuralisme", Ibid., p.449〔「비판 이론과 지성사」, 『자유를 향한 참을 수 없는 열망』, 78~79쪽〕.

28 "Qu'est-ce que les Lumières?", Ibid., pp.571, 574〔「계몽이란 무엇인가?」, 『자유를 향한 참을 수 없는 열망』, 191, 195쪽〕, "Qu'est-ce que les Lumières?", Ibid., p.680〔「혁명이란 무엇인가?」, 『자유를 향한 참을 수 없는 열망』, 165쪽〕.

29 "Structuralisme et poststructuralisme", Ibid., p.449〔「비판 이론과 지성사」, 『자유를 향한 참을 수 없는 열망』, 78쪽〕.

30 "Le souci de la vérité", Ibid., p.676.

31 *L'usage des plaisirs*, p.15〔『성의 역사 2』, 24쪽〕.

32 "Précisions sur le pouvoir: Réponses à certaines critiques", *DE*, III, p.634〔「권력 문제에 대한 해명: 미셸 푸코와의 대담」, 『미셸 푸코의 권력 이론』, 300~301쪽〕.〔옮긴이〕 벤느는 여기에서 푸코의 말을 대략적으로 인용하고 있다. 원문의 정확한 내용은 다음과 같다. "확실한 것은 내가―책을 쓸 때―예언자적 입장을 거부한다는 점이다. 그러한 입장은 사람들에게 이렇게 말한다. '이것이 바로 당신이 해야만 하는 일이다' 혹은 '이것은 좋고 저것은 그렇지 않다'라고. 그런데 나는 사람들에게 다음과 같이 말한다. '내가 보기에는 대체로 사태가 이렇게 전개되었다. 나는 그것을 가능한 공격 경로들이 그려질 수 있는 방식으로 서술한다.' 하지만 이와 관련해 나는 누구에게도 공격을 강요하거나 압박하지 않는다. 내가 감옥이나 정신병자 수용소, 또는 이런저런 사안을 둘러싼 일련의 행동을 개시하려고 결심하는 것은 개인적인 문제일 뿐이다. 정치적 행동은 글이나 책을 통한 개입과는

완전히 상이한 개입의 한 유형에 속한다. 그것은 집단의 문제고, 개인적이며 신체적인 참여engagement의 문제다. 우리가 급진적이라면, 어떤 정식들을 발화하기 때문이 아니다. 아니, 급진성은 신체적인 것이다. 급진성은 실존에 관련된 것이다."

33 "L'éthique du souci de soi comme pratique de la liberté", *DE*, IV, p.724〔「자유의 실천으로서 자아에의 배려」,『미셸 푸코의 권력 이론』, 119쪽〕.

34 *Sécurité, territoire, population*, p.5〔『안전, 영토, 인구』, 19~20쪽〕.

35 "Interview de Michel Foucault", *DE*, IV, p.667.

36 2007년 현재 많은 사람이 미국, GMO(또는 핵에너지), 투우(또는 사냥)에 반대한다. 니체의 유고를 읽으면서는 1885년 당시 사람들이 리하르트 바그너를 칭찬했다는 재밌는 사실을 알게 될 수도 있다. 그는 "오늘날 좋은 것을 모두 겸비하고 있다: 반유대주의자에 채식주의자이며 생체 해부를 혐오한다". Nietzsche, *Œuvres philosophiques complètes*, vol. XI, p.414〔『유고(1884년 가을~1885년 가을)』, 524쪽〕.

37 Augustinus, *Confessions*, X, 23〔『고백록』, 박문재 옮김, CH북스, 336쪽〕.

38 ""Qui êtes-vous, professeur Foucault?"", *DE*, I, p.619.

39 Spinoza, *Éthique*, III, 9, scholie〔『에티카』, 강영계 옮김, 서광사, 1990, 164~165쪽〕.

40 "타르튀프를 봐. 그는 통통하고 못생겼지만 세 치 혀만으로 온 가족을 유혹하지. 이 희곡의 제목은『타르튀프 또는 정신 분석가』가 될 수도 있었을 거야." 푸코는 이렇게 말했다. 그는『타르튀프』에 열광했고 그것이 무대에 새롭게 오를 때마다 보러 갔다.〔옮긴이〕『타르튀프』는 17세기 프랑스의 희곡 작가인 몰리에르의 대표 희극이다. 1664년 초연된 이 작품은 타르튀프라는 사기꾼을 주인공으로 당시 고위 성직자들의 타락과 부패상을 신랄하게 풍자했다.

41 Platon, *République*, 440b 이하〔『국가·정체』, 박종현 옮김, 서광사, 2005, 301쪽 이하〕.

42 "Le souci de la vérité", *DE*, IV, p.673. 피터 브라운이 말하듯 자기에 대한 배려는 기독교인들과 더불어 말의 첫째 의미에서

호의synkatabasis에 의해 다른 이들을 위한 배려가 된다. Brown, *L'essor du christianisme occidental*, trad. Chemla, Seuil, 1997, p.174(『기독교 세계의 등장』, 이종경 옮김, 새물결, 2004, 215쪽).

43 "Précisions sur le pouvoir: Réponses à certaines critiques", *DE*, III, p.634(「권력 문제에 대한 해명」, 『미셸 푸코의 권력 이론』, 301쪽). 그리고 다음도 보라. "Interview de Michel Foucault", *DE*, IV, p.667.

44 "Une interview de Michel Foucault par Stephen Riggins", Ibid., p.536.

45 "Notes sur ce qu'on lit et entend", Ibid., pp.211~213; "Le premier pas de la colonisation de l'Occident", Ibid., pp.261~269; "Michel Foucault: "Il n'y a pas de neutralité possible"", Ibid., pp.338~341; "Michel Foucault: "L'expérience morale et sociale des Polonais ne peut plus être effacée"", Ibid., pp.344~346.

46 『광기의 역사』 초판본의 표지에 적혀 있었듯이 말이다(나는 기억에 의존해 인용한다).

47 Passeron, *Itinéraire d'un sociologue*. 이 책에서 우리는 피에르 부르디외 같은 '총칭적 지식인'intellectuel générique의 반명제인 '특수한 지식인'이자 투사로서 푸코를 되살려 낸 재기발랄한 묘사를 읽을 수 있다.

48 "Convoqués à la P.J.", *DE*, II, p.446.

49 이를 위해 우리는 다음의 기록을 참조할 수 있다. "Chronologie", *DE*, I, pp.13~64.

10장 푸코와 정치

1 Wilhelm Schmid, *Auf der Suche nach einer neuen Lebenskunst: Die Frage nach dem Grund und die Neubegründung der Ethik bei Foucault*, Suhrkamp, 1991.

2 예를 들어 "Sexualité et pouvoir", *DE*, III, p.570을 보라. 〔옮긴이〕 이 글은 1978년 4월 20일에 있었던 도쿄 대학 강연을 전사한 것이다. 강연은 「'성'과 권력」이라는 제목으로 『철학의 무대』에 번역되었다. 다만 벤느가 언급하는 페이지는 강연에 이어진 토론 부분인데, 이 토론은 『철학의 무대』에 수록되어 있지 않다.

3 한마디만 해 두자. 자기에 대한 배려는 나르시시즘이나 댄디즘과는 한참 거리가 멀다. 그것은 자유 속에 스스로를 정초하고자 자기 절제를 통해 자기 자신에게 관심을 기울이는 활동을 말한다. "L'éthique du souci de soi comme pratique de la liberté", *DE*, IV, p.729〔「자유의 실천으로서 자아에의 배려」, 『미셸 푸코의 권력 이론』, 115쪽〕.

4 "La scène de la philosophie", *DE*, III, p.594〔「철학의 무대」, 『철학의 무대』, 54쪽〕: 지식인의 역할은 "미래에 대한 예언자적 진실을 말하는" 데 있는 것이 아니라, "지식인이 전문적인 능력을 갖추고 있는 영역 안에서 현재 일어나고 있는 일을 다른 사람들도 파악할 수 있도록 해 주는" 데 있다.

5 "Une esthétique de l'existence", *DE*, IV, pp.731~732. 또 다신교와 기독교를 가로지르는 자기에 대한 배려의 역사적 개관을 보라. "À propos de la généalogie de l'éthique: un aperçu du travail en cours", Ibid., pp.409~410〔「윤리학의 계보에 대하여」, 『미셸 푸코: 구조주의와 해석학을 넘어서』, 351~352쪽〕. 여기서 푸코는 야코프 부르크하르트가 말하는 르네상스의 영웅을 암시한다.

6 새로운 것에 대한 푸코의 열린 태도에 관해서는 호메이니가 승리하기 전인 1978년 10월 그가 『르 누벨 옵세르바퇴르』에 실었던 글을 보라. 이슬람 통치라는 아이디어는 "현재의 문제들에 대응해 사회적인 동시에 종교적인 구조들을 정치화하려는 노력이라는 점에서 내게 깊은 인상을 주었다". 이 글은 다음에 재수록되었다. "À quoi rêvent les Iraniens?", *DE*, III, p.688 = *Histoire de l'islam et des musulmans en France du Moyen Âge à nos jours*(M. Arkoun éd.), Albin Michel, 2006, p.972.

7 그래도 니체는 계속해서 삶을 원하고, 있는 그대로의 삶을 원하며, 심지어 그것의 동일한 영원 회귀를 원한다.

8 Alfred de Vigny, "La maison du berger", *Les destinées*.

9 "Réponse à une question", *DE*, I, p.695〔「정치와 담론 연구」, 『푸코 효과』, 111쪽〕.

10 Vigny, "Le mont des oliviers", *Les destinées*.

11 40여 년 전 이 문제에 관해 로제 카유와와 클로드 레비-스트로스가 토론으로 맞섰다. 카유와는 민족학자 자신이 민족학자가

될 수 있게 해 준 문화를 더 중시해야 한다고 말했다. 알다시피 문제는 '서양의' 사상, 그 합리주의, 다른 이들의 사유에 대한 그 호기심이 하나의 역사적 에피소드이자 우연한 사건일 따름인지, 아니면 모든 인류의 운명 또는 바람직한 목적지인지를 아는 것이다. 후설은 2차 세계대전 전야에 쓴 『유럽 학문의 위기와 선험적 현상학』에서 이 질문을 놓고 고심했다.

12 푸코는 1926년생이었고 우리는 1930년생이었다. 우리는 아직 학생이었고 푸코는 윌므가의 선생님 가운데 한 명이었다. 그는 알튀세르처럼 '카이망'caïman이었다. 〔옮긴이〕 카이망은 원래 중남미산 악어를 뜻하는 말이지만, 고등 사범 학교의 수험 지도 교사를 가리키는 학생 속어이기도 하다.

13 반대로 (라캉이건 바르트건) '누군가를 대학 제도상의 위치로 평가하는 것'은 푸코의 말버릇으로는 칭찬이 아니었다. 그것은 대학과 에세이스트 간에 이어져 온 작은 전쟁과 관련된다. 그 전쟁은 빅토르 쿠쟁의 계승자들에 맞선 이폴리트 텐과 더불어 시작되었고, 페르디낭 브뤼느티에르와 귀스타브 랑송에 대항한 『르뷔 블랑슈』Revue Blanche와 샤를 페기에 의해 계속되었으며, 1900년경 보들레르를 둘러싼 전쟁에서 정점에 달했다. 마찬가지로 우리는 바르트를 둘러싸고 벌어진 전투를 겪었다. 푸코는 대학에서는 깐깐한 캉길렘으로부터, 콜레주 드 프랑스에서는 매서운 비유맹으로부터 받은 존중과 지지 덕분에 대학 제도상으로도 인정을 받았다. 캉길렘과 비유맹은 보편적인 것, 합리적인 것, 정상적인 것에 대한 푸코의 거부를 누구보다도 승인하지 않았지만, 그의 지성을 존경했다. 어쨌거나 캉길렘은 푸코가 역사학자 또는 철학자이기보다 시인이라고 말했다. 1961년 소르본에서 열린 푸코의 박사 학위 논문 심사에 관해 윌리엄 클라크William Clark가 전하는 이야기는 하나의 예시다. *Lieux de savoir: Espaces et communautés*, I(Chr. Jacob éd.), Albin Michel, 2007, pp. 91~92, 95~97. 게다가 기질상의 친화력도 작용했다. 캉길렘과 비유맹은 레지스탕스 활동에서 이름을 빛냈다. 다니엘 드페르의 증언에 따르면 푸코는 사망 직전 병상에서 이렇게 말했다. "캉길렘 선생님께 오시라고 해. 그분은 어떻게 죽어야 하는지 아는 분이야." 용기는 그들 공통의 조국이었다.

14 내가 아는 한 푸코는 어떤 동성애 운동 단체와도 연계되어 있지 않았다. 사람들은 그가 같은 동성애자라는 연대감 때문에 롤랑

바르트가 콜레주 드 프랑스에 임용되게 해 주었다고 잊지 않고
쑥덕거렸으나, 이는 그저 험담일 따름이다. 푸코가 바르트를 추천하고
지지한 이유는 그런 데 있지 않았다. 나는 그것이 무엇인지 알았고 또
동의하지 않았지만 말이다.

15 생전에 그는 심대한 영향력을 갖지는 못했으나 대단한 성공을
거두었다. 그 성공은 그의 스타일이 지닌 독창성에서 비롯했는데,
덕분에『말과 사물』처럼 어려운 저작이 베스트셀러가 되기도 했다.
고등학교에서 철학을 가르치는 내 여자 친구 한 명은 학기 초에
학생들에게 사르트르 한 페이지, 레비-스트로스 한 페이지, 그리고 푸코
한 페이지를 읽어 준다. 그런데 푸코의 페이지를 들을 때만 학생들은
난해한 내용보다는 글쓰기 때문에 깜짝 놀라 침묵 속에 빠져든다는
것이다. 콜레주 드 프랑스에서 거둔 성공(강의실이 꽉 차서 청중은
바닥이나 통로에 앉기도 했고, 일부는 강의실에 설치된 화면으로 강의를
들어야 했다) 또한 그 가사의 내용보다는 음악적인 스타일에 힘입은
면이 더 컸다.

16 그는 일간지『리베라시옹』과 긴밀한 관계를 맺고 있었으며,
〔사회당 성향의 노조〕CFDT(노동자 민주 동맹) 및 그 총서기 에드몽
메르와도 관계를 가지고 있었다. 또 소련의 내정에 대한 반대자였던
〔배우〕시몬 시뇨레, 이브 몽탕과도 연계되어 있었다. 1981년 그는
〔미테랑을 중심으로 한〕사회주의자들의 집권에 대한 노여움을
가라앉히지 못했다. 확실치 않지만, 나는 그가〔사회민주주의자 가운데〕
프랑수아 미테랑보다는 미셸 로카르를 선호했다고 생각한다. 사망할
무렵 푸코는 프랑스 사회주의에 대한 비판서를 준비하고 있었다(그의
침대 머리맡에 이 문제에 관한 저서가 한 더미 있었다). 그는 사회당이
제대로 된 의미의 정책을 가진 적이 결코 없었다고 보았다.

17 "Le grand enfermement", *DE*, II, p.304; "Nietzsche, Freud,
Marx", *DE*, I, p.574〔「니체, 프로이트, 맑스」,『자유를 향한 참을 수 없는
열망』, 43쪽〕.

18 "Une interview de Michel Foucault par Stephen Riggins", *DE*,
IV, p.535.

19 *L'archéologie du savoir*, p.28〔『지식의 고고학』, 41쪽〕.

20 "Le souci de la vérité", *DE*, IV, p.675.

21 그가 소설『감정 교육』에서 그린 것이 바로 이런 것이다. 가장

형이상학적인 리얼리즘은 끊임없이 해체되는 삶에 대한 리얼리즘이다. 알베르 티보데에 따르면『감정 교육』은 마치 의지가 존재하지 않는 듯한 세계의 소설이다. 프루스트가 아주 잘 묘사한 대로 "페이지들의 단조롭고 음울하며 불확실하고 계속되는 행렬"을 이 작품에서 만날 수 있다(이 "끝나지 않는 묘사의 편집증"을 이유로 바르베 도르빌리는 플로베르를 책망했다).〔주인공인〕프레데리크 모로가 의지 결핍증이기 때문에 소설과 주인공은 서로 "거울을 비추는" 관계에 있다. 어떤 이들은 매가리 없다고 느끼고 또 어떤 이들은 너무 격렬하다고 느끼는 이 걸작의 열쇠가 바로 거기에 있다. 이 소설은 바로 여러 종교가 실천한 바 있는 세상사에 대한 경멸contemptus mundi의 선언문이다. 세상을 떠난다는 것은 스스로 인격에서 벗어나는 것이다. 플로베르의 종교는 예술이 아닌 '객관성'의 종교다. 예술은 하나의 수단일 뿐이다(푸코에게 수단은 박인방증이었고 르네 샤르에게 그것은 시였다). 그로부터 불필요한 '자료 수집'(오세르행 기차의 정확한 시간!)에 대한 플로베르의 편집증적 배려 또한 나온다. 나는 이 여담을 장 보리의 멋진 책을 소개하며 맺고자 한다. J. Borie, *Frédéric et les amis des hommes: Présentation de* L'Education sentimentale, Grasset, 1995.

22 『담론의 질서』의 첫 페이지를 보라.〔옮긴이〕『담론의 질서』의 첫 문단은 다음과 같다. "저는 오늘 여기서 풀어놓아야 할 담론 속으로, 그리고 제가 아마 몇 년 동안 여기서 맡아야 할 담론 속으로 슬며시 미끄러져 들어갈 수 있기를 바랐을지도 모릅니다. 제가 말을 하기보다는 그것에 의해 감싸이기를, 그리고 모든 가능한 시작 너머로 이끌리기를 바랐을지도 모릅니다. 제가 말하는 순간에, 이름 없는 목소리가 오래전부터 저를 앞지르고 있었음을 알아채고 싶었을지도 모릅니다. 그랬더라면 저는 그저 문장을 이어 가고 쫓아가고, 사람들의 주의를 끌지도 않으면서, 그 틈들 안에 머물기만 해도 충분했을 것입니다. 마치 그 문장이 잠시 머뭇거리며 있다가 제게 신호라도 보낸 것처럼 말이지요. 시작은, 그렇다면, 없었을 것입니다. 그리고 저는 그로부터 담론이 나오는 사람이기보다는 그것이 펼쳐지는 대로, 하나의 하찮은 공백, 담론이 사라질 수 있는 지점이 되었을 것입니다"(15쪽).

23 시「안도」Allégeance와 여러 곳에서: 시인(그 자신은 그를 잠시 둘러싼 인간 존재와 다른데)은 자기의 시 속에서 "운 좋은 잔해처럼" 사라진다. 이 시구를 푸코는 정확히 *L'ordre du discours*, p.9〔『담론의

질서』, 17쪽)에서 샤르의 이름을 들지 않고 인용한다(푸코는 모든 사람이 샤르를 알고 있다고 추정함으로써 그에게 경의를 표했다). 그는 샤르를 이름 없이 책 곳곳에서 많이 인용한다. "옛날에 풀은 광인에게 잘 들었고, 형리에게 해가 되었다." *Histoire de la folie*, p. 320 (『광기의 역사』, 496쪽); 또 다른 인용들: "Préface", *DE*, I, pp. 164, 167(페이지의 위쪽과 아래쪽); "Le "non" du père", Ibid., p. 197 (「아버지의 '부정'」, 최민 옮김, 『미셸 푸코의 문학 비평』, 66쪽); *Les mots et les choses*, p. 35 (『말과 사물』, 49쪽)("풀의 명징성"); *Histoire de la folie*, p. 95 (『광기의 역사』, 164쪽)(아주 드물게 쓰이는 단어인 '엷게 하다'allégir), pp. 320, 549(496, 834쪽), 그리고 p. 546(830쪽)(샤르는 반대로 썼다: "그것은 외로운 신빙성"). 또한 "Introduction", *DE*, I, p. 65의 제사와 『성의 역사』 뒤표지에 나오는 샤르의 인용문. 우리는 앞에서 푸코가 기술적 용어로 쓴 "자동사적인"intransitif이라는 단어가 (샤르의 시) 「엄격한 분할」Partage formel로부터 빌려 온 것임을 보았다. (옮긴이) 샤르와 푸코의 친연성에 관해 벤느는 1990년 펴낸 『르네 샤르와 그의 시 세계』René Char en ses poèmes라는 책에서 상세히 논의한 바 있다. 거기서 벤느가 『성의 역사』 2~3권의 뒤표지에 인용된 샤르의 아포리즘("인간의 역사는 같은 단어의 동의어들의 오랜 연속이다. 거기에 반박하는 일은 일종의 의무다")에 두 사람이 어떻게 다른 의미를 부여했는지 말하는 부분은 특히 주의를 끈다. 그에 따르면 샤르는 이 문장을 인간 문명의 모험이 사실상 별반 다르지 않은 실패의 되풀이일 따름이며 시는 그 예외가 되어야 한다는 뜻으로 썼다. 반면 푸코는 우리가 어떤 환상 때문에 역사 속의 불연속적인 차이들을 유사성의 연속인 양 인식하며 그러한 이해를 거부해야 한다는 뜻으로 이 아포리즘을 끌어왔다는 것이다.

24 "Une interview de Michel Foucault par Stephen Riggins", *DE*, IV, p. 536. 다음도 참조하라. "Le souci de la vérité", Ibid., p. 675와 "Entretien avec Michel Foucault", Ibid., p. 42 (『푸코의 맑스』, 31~32쪽).

11장 사무라이의 초상

1 Weber, *Sociologie des religions*, éd. Grossein-Passeron, Gallimard, coll. Tel, 2006, p. 228.

2   나는 시사 문제에 관한 베버의 정치적 텍스트들이 아니라 그의
이론적 논문들을 생각한다.

3   C. Andler, *Nietzsche, sa vie, sa pensée*, Gallimard, 1958, vol.II,
p.612; vol.III, p.486.

4   그는 내게 학생 중 한 명만이 과묵하게 비밀을 지켰다고
털어놓았다. 과학을 전공했던 그 학생은 뜨겁게 타오르는 이성애와
여자들 사이에서의 인기로 정평이 나 있었다. 욕망, 아니 차라리 쾌락은
이 돈 주앙과 푸코에게 분할 불가능한 공동의 조국이 되었다.

5   작곡가 장 바라케와의 애정 관계에 관해서는 Eribon, *Michel
Foucault*, Flammarion, 1989, pp.86~90 참조(『미셸 푸코, 1926~1984』,
박정자 옮김, 그린비, 2012, 118~124쪽).

6   디디에 에리봉의 푸코 전기 속 마담 푸코의 증언에 따른
것이다. (옮긴이) 벤느의 이 서술에는 착오가 있다. 푸코에 관한
이 일화는 에리봉의 전기가 아니라 에르베 기베르의 책에 나오는
내용이기 때문이다. 푸코처럼 에이즈로 투병하다 1991년 사망한 작가
기베르는 1990년 일종의 에세이에 가까운 소설 『내 삶을 구하지 못한
친구에게』를 발표했다. 이 책에서 그는 푸코를 형상화한 인물인 뮈질을
등장시켜 푸코의 마지막 나날을 생생하게 증언한다. 기베르의 소설 속
묘사에 따르면, 푸코가 사망한 직후 푸코의 모친은 언론 인터뷰에서
다음과 같이 회고했다. "뮈질이 어렸을 때 빨간색 금붕어가 되고
싶다기에 내가 말했죠. 아가, 그건 불가능하단다. 넌 찬물을 싫어하잖니.
내 말에 아이가 깊은 혼란에 빠지는 것 같더니 이렇게 대답하더군요.
그럼 아주아주 잠깐 동안만요. 금붕어는 대체 무슨 생각을 하는지
너무나 알고 싶거든요." 에르베 기베르, 『내 삶을 구하지 못한
친구에게』, 장소미 옮김, 알마, 2018, 120~121쪽.

7   자살의 권리에 관해서는 "Un plaisir si simple", *DE*, III, p.777을
볼 것. 또한 다음도 보라. Nietzsche, *Œuvres philosophiques complètes*,
vol.X, p.87(『유고(1884년 초~가을)』, 94쪽): "죽음. 이 유감스러운
생리학적 사실을 도덕적 필연성으로 되돌려야 한다. 적절한 순간에
죽음 의지 또한 가질 수 있는 방식으로 살기."

8   가까운 이 가운데 그 누구도 이상한 낌새를 눈치채지 못했다.
우리는 그가 죽은 다음 날에야 알았다. 다니엘 드페르의 증언에 따르면
푸코 자신은 비망록에 이렇게 적어 두었다. "나는 내가 에이즈에

걸렸음을 안다. 하지만 히스테리와 더불어, 난 그것을 잊어버린다."

9   에리봉이 푸코 전기에 담은 이야기를 그의 친절한 허락 아래 여기에 다시 싣는다. Eribon, *Michel Foucault*, p.34〔『미셸 푸코, 1926~1984』, 569~571쪽〕.

10   푸코의 마지막 소식은 좋지 않았다. 그가 죽기 얼마 전 내 아내는 살페트리에르 병원의 의사들이 더 이상 할 수 있는 일이 없다는 사실을 알게 되었다. 한편 나는 파리를 떠나 고속도로 위에 있었다. 그때, 후부가 특이한 직각 모양인 초록색의 둔중하고 강력한 자동차가 전속력으로 나를 추월했다. 그 순간 나는 운전석에 앉아 있는 푸코를 알아보았다. 그는 내게 날카로운 옆얼굴을 활기차게 돌리고는 얇은 입술로 미소 지었다. 나는 그를 따라잡기 위해 액셀러레이터를 세게 밟았다가, 내가 본 것이 환영이었음을 깨닫고는 곧 다시 발을 뗐다. 환영은 진짜 지각과 헷갈리지 않는 고유한 지표index sui이기 때문이다. 나는 또한 그 알레고리를 이해했다. 푸코는 우리 모두가 가는 길을 갔다. 그는 지성 면에서 가볍게 나를 넘어섰다. 차는 저 멀리 사라졌거나 혹은 더 이상 존재하지 않았다. 이 모든 일은 기껏해야 30초 동안 일어났다. 내가 파스롱에게 이 이야기를 했을 때, 그는 내가 이해하지 못했던 것을 깨닫게 해 주었다. 자동차의 특이한 뒷모양이 영구차와 같다는 것이었다. 환영이었을까 아니면 백일몽이었을까? 그 환상에는 이미 반쯤 정신이 들어서 막 깨어날 무렵의 꿈에 나타나는 기발한 알레고리가 있었다.

11   예를 들면 그가 주변의 이런저런 사람에게 갑자기 혐오감을 느끼고 신랄하게 못된 말을 퍼붓는 경우가 그랬다. 그는 그런 일에 아주 능했다.

12   "It's a strange courage / You give me, ancient star: / Shine alone in the sunrise / Toward which you lend no part"〔「남자」, 『꽃의 연약함이 공간을 관통한다』, 정은귀 옮김, 민음사, 2021, 64쪽〕.

13   〔콜레주 드 프랑스의 고대 그리스사 담당 교수였던〕장-피에르 베르낭의 강의 중에 한번은 마를레네 디트리히가 다리를 꼬고 첫째 줄에 앉아 있던 적도 있다.

14   "Essa è la luce eterna di Sigieri, / che leggendo nel vico de li strami, / sillogizò invidiosi veri", "그가 미움을 사도록 만든 진실들." *Paradiso*, X, 136〔『신곡: 천국편』, 박상진 옮김, 민음사, 2007, 90쪽〕.

미셸 푸코 연보[*]

1926 프랑스 푸아티에에서 출생.

1946 파리 고등 사범 학교에 입학.

1948 소르본 대학에서 철학 학사 학위 취득.

1950 교수 자격 시험에 낙방. 철학자 루이 알튀세르의 영향과
      인도차이나 전쟁의 충격 아래 공산당에 가입.

1951 교수 자격 시험에 합격.

1951~1954 파리 고등 사범 학교의 심리학과 철학 지도 교사
      담당.

1952 파리 심리학 연구소에서 정신 병리학 자격증 취득.

1953 소련의 반유대주의를 드러낸 '의사들의 음모' 사건으로
      공산당에서 탈당.

1954 첫 저작인 『정신병과 인격』 출간.

1955 스웨덴 웁살라 대학에서 강의하면서 웁살라의 프랑스
      문화원장 직을 수행.

1956 웁살라에서 비교 신화학자 조르주 뒤메질과의 오랜 교
      분 관계 시작.

1958 폴란드 바르샤바 대학의 프랑스 문화원장 직을 수행.

1959 독일 함부르크에 있는 프랑스 문화원장 직을 수행.

---

[*] D. Defert, "Chronologie", *DE*, I, pp.13~64를 참조해 옮긴이가
작성했다.

1960 과학사가 조르주 캉길렘의 추천과 철학자 쥘 비유맹의
후원으로 클레르몽-페랑 대학 심리학과의 전임 강사로 부
임.

1961 『광기와 비이성: 고전주의 시대 광기의 역사』를 주논문
으로, 칸트의 『실용적 관점에서 본 인간학』 번역과 해설을
부논문으로 제출해 소르본 대학에서 문학 박사 학위 취득.
주논문 지도 교수는 조르주 캉길렘, 부논문 지도 교수는 철
학자 장 이폴리트가 담당. 박사 학위 논문을 책으로 출간.
몇 년 후 재편집을 거쳐 갈리마르 출판사에서 『광기의 역
사』로 간행.

1962 클레르몽-페랑 대학 철학과 학과장 직을 담당.

1963 『임상 의학의 탄생』과 문학 비평서 『레몽 루셀』 출간. 사
회학자 다니엘 드페르를 만나 평생의 동반자 관계 시작.

1965 브라질 상파울루 대학 초빙 교수.

1966 『말과 사물』 출간. 철학자 질 들뢰즈와 함께 니체 전집의
프랑스어판 편집. 튀니지 튀니스 대학 철학과 교수로 부임.

1968 프랑스로 돌아와 뱅센 실험 대학의 설립에 참여, 철학과
학과장 직을 담당.

1969 『지식의 고고학』 출간. 쥘 비유맹, 조르주 뒤메질의 후원
으로 콜레주 드 프랑스의 '사유 체계의 역사' 담당 교수로
선임.

1970 미국과 일본의 여러 지역에서 초빙 강연.

1971 콜레주 드 프랑스 취임 강연인 『담론의 질서』 출간. 감옥
정보 그룹GIP 창설.

1972 새로운 좌파 일간지 『리베라시옹』 창간 준비에 참여.

1975 『감시와 처벌』 출간. 첫 캘리포니아 여행. 스페인 프랑코

정권의 인권 탄압에 대한 항의 운동.

1976 『성의 역사 1: 지식의 의지』출간.

1978 일본에서 초빙 강연. 이탈리아 일간지 『코리에레 델라 세라』의 청탁으로 이란 혁명에 관한 르포 연재. 그리스, 로마에 관한 관심과 더불어 고대사가 폴 벤느와 정기적인 교류 시작.

1980 UC 버클리를 비롯한 미국 여러 대학에서 강연.

1981 사회학자 피에르 부르디외와 더불어 폴란드의 솔리다르노시치 노조를 지지하는 연대 활동.

1983 폴 벤느가 콜레주 드 프랑스에 초청한 철학자 위르겐 하버마스와 대화.

1984 『성의 역사 2: 쾌락의 활용』과 『성의 역사 3: 자기 배려』출간. 파리 살페트리에르 병원에서 에이즈로 사망.

미셸 푸코 저작 목록

1. 주요 저서(단행본)

1954 *Maladie mentale et personnalité*, PUF.

1961 *Folie et déraison: Histoire de la folie à l'âge classique*, Plon.

1962 *Maladie mentale et psychologie*, PUF(1954, *Maladie mentale et personnalité*의 개정판). 〔『정신병과 심리학』, 박혜영 옮김, 문학동네, 2002.〕

1963 *Naissance de la clinique*, PUF.* 〔『임상 의학의 탄생: 의학적 시선의 고고학』, 홍성민 옮김, 이매진, 2006.〕

   Raymond Roussel, Gallimard.*

1966 *Les mots et les choses*, Gallimard.* 〔『말과 사물』, 이규현 옮김, 민음사, 2012.〕

1969 *L'archéologie du savoir*, Gallimard.* 〔『지식의 고고학』, 이정우 옮김, 민음사, 2000.〕

1971 *L'ordre du discours*, Gallimard.* 〔『담론의 질서』, 허경 옮김, 세창출판사, 2020.〕

1972 *Histoire de la folie à l'âge classique*, Gallimard(1961, *Folie et déraison: Histoire de la folie à l'âge classique*의 개정판).* 〔『광기의 역사』, 개정판, 이규현 옮김, 나남, 2020.〕

1973 *Ceci n'est pas une pipe*, Fata Morgana. 〔『이것은 파이프가 아니다』, 개정판, 김현 옮김, 고려대학교출판문화원, 2010.〕

1975 *Surveiller et punir: Naissance de la prison*, Gallimard.* 〔『감시와 처벌: 감옥의 탄생』, 번역 개정 2판, 오생근 옮김, 나남, 2020.〕

1976 *Histoire de la sexualité 1: La volonté de savoir*, Gallimard.*

〔『성의 역사 1: 지식의 의지』, 4판, 이규현 옮김, 나남, 2020.〕

1984 *Histoire de la sexualité 2: L'usage des plaisirs*, Gallimard.[*]

〔『성의 역사 2: 쾌락의 활용』, 3판, 문경자, 신은영 옮김, 나남, 2018.〕

1984 *Histoire de la sexualité 3: Le souci de soi*, Gallimard.[*] 〔『성의
역사 3: 자기 배려』, 3판, 이혜숙, 이영목 옮김, 나남, 2020.〕

[*] 표시한 저작들은 '플레이아드 총서'Bibliothèque de la Pléiade에 속한
다음의 저작 선집 두 권으로 묶였다.

2015 *Œuvres*, vol. I~II, Gallimard.

2. 자료집

1973 *Moi, Pierre Rivière, ayant égorgé ma mère, ma sœur et mon
frère: Un cas de parricide au XIXe siècle*, Gallimard/Juilliard.
〔『나, 피에르 리비에르: 내 어머니와 남동생…을 죽인』, 심세광 옮김,
앨피, 2008.〕

1978 *Herculine Barbin dite Alexina B.*, Gallimard.

1979 *Les machines à guérir: Aux origines de l'hôpital moderne*,
Mardaga.

1982 *Le désordre des familles: Lettres de cachet des archives de la
Bastille au XVIIIe siècle*, Gallimard/Juilliard.

3. 푸코 생전의 단행본을 제외하고 잡지 등에 실린 대담 및
기타 소품을 망라해 묶은 『말과 글』

1994 *Dits et écrits 1954~1988*, vol. I~II, Édition établie sous la
direction de Daniel Defert et François Ewald; vol. III~IV, Édition
établie sous la direction de Daniel Defert et François Ewald avec
la collaboration de Jacques Lagrange, Gallimard.

4. 콜레주 드 프랑스 강의록

1970~1971: *Leçons sur la volonté de savoir*, Édition établie sous la direction de François Ewald et Alessandro Fontana, par Daniel Defert, coll. Hautes Études, Gallimard/Seuil, 2011. 〔『지식의 의지에 관한 강의: 콜레주 드 프랑스 강의 1970~71년』, 양창렬 옮김, 난장, 2017.〕

1971~1972: *Théories et institutions pénales*, Édition établie sous la direction de François Ewald et Alessandro Fontana, par Bernard E. Harcourt, coll. Hautes Études, EHESS/Gallimard/Seuil, 2015.

1972~1973: *La société punitive*, Édition établie sous la direction de François Ewald et Alessandro Fontana, par Bernard E. Harcourt, coll. Hautes Études, EHESS/Gallimard/Seuil, 2013.

1973~1974: *Le pouvoir psychiatrique*, Édition établie sous la direction de François Ewald et Alessandro Fontana, par Jacques Lagrange, coll. Hautes Études, Gallimard/Seuil, 2003. 〔『정신의학의 권력: 콜레주 드 프랑스 강의 1973~74년』, 오트르망(심세광, 전혜리) 옮김, 난장, 2014.〕

1974~1975: *Les anormaux*, Édition établie sous la direction de François Ewald et Alessandro Fontana, par Valerio Marchetti et Antonella Salomoni, coll. Hautes Études, Gallimard/Seuil, 1999. 〔『비정상인들: 1974~1975, 콜레주 드 프랑스에서의 강의』, 박정자 옮김, 동문선, 2001.〕

1975~1976: *"Il faut défendre la société"*, Edition établie sous la direction de François Ewald et Alessandro Fontana, par Mauro Bertani et Alessandro Fontana, coll. Hautes Études, Gallimard/Seuil, 1997. 〔『"사회를 보호해야 한다": 콜레주 드 프랑스 강의 1975~76년』, 김상운 옮김, 난장, 2015.〕

1977~1978: *Sécurité, territoire, population*, Édition établie sous la direction de François Ewald et Alessandro Fontana, par Michel Senellart, coll. Hautes Études, Gallimard/Seuil, 2004. 〔『안전, 영토, 인구: 콜레주 드 프랑스 강의 1977~78년』, 오트르망(심세광, 전혜리, 조성은) 옮김, 난장, 2011.〕

1978~1979: *Naissance de la biopolitique*, Édition établie sous la direction de François Ewald et Alessandro Fontana, par Michel Senellart, coll. Hautes Études, Gallimard/Seuil, 2004. 〔『생명 관리 정치의 탄생: 콜레주 드 프랑스 강의 1978~79년』, 오트르망(심세광, 전혜리, 조성은) 옮김, 난장, 2012.〕

1979~1980: *Du gouvernement des vivants*, Édition établie sous la direction de François Ewald et Alessandro Fontana, par Michel Senellart, coll. Hautes Études, EHESS/Gallimard/Seuil, 2012.

1980~1981: *Subjectivité et vérité*, Édition établie sous la direction de François Ewald et Alessandro Fontana, par Frédéric Gros, coll. Hautes Études, EHESS/Gallimard/Seuil, 2014.

1981~1982: *L'herméneutique du sujet*, Édition établie sous la direction de François Ewald et Alessandro Fontana, par Frédéric Gros, coll. Hautes Études, Gallimard/Seuil, 2001. 〔『주체의 해석학: 1981~1982, 콜레주 드 프랑스에서의 강의』, 심세광 옮김, 동문선, 2007.〕

1982~1983: *Le gouvernement de soi et des autres*, Édition établie sous la direction de François Ewald et Alessandro Fontana, par Frédéric Gros, coll. Hautes Études, Gallimard/Seuil, 2008.

1983~1984: *Le courage de la vérité: Le gouvernement de soi et des autres II*, Édition établie sous la direction de François Ewald et Alessandro Fontana, par Frédéric Gros, coll. Hautes Études, Gallimard/Seuil, 2009.

5. 그 외 사후 출간물

1) 브랭 출판사에서 간행되고 있는 '푸코 미공개 작품'Foucault inédit 시리즈

2013 *L'origine de l'herméneutique de soi: Conférences prononcées à Dartmouth College, 1980*, Vrin. 〔『자기 해석학의 기원』, 오트르망(심세광, 전혜리) 옮김, 동녘, 2022.〕

2015 *Qu'est-ce-que la critique? Suivi de La culture de soi*, Vrin. 〔『비판이란 무엇인가? / 자기 수양』, 오트르망(심세광, 전혜리) 옮김, 동녘, 2016.〕

2016 *Discours et vérité: Précédé de La parrêsia*, Vrin. 〔『담론과 진실』, 오트르망(심세광, 전혜리) 옮김, 동녘, 2017.〕

2017 *Dire vrai sur soi-même: Conférences prononcées à l'Université Victoria de Toronto, 1982*, Vrin.

2019 *Folie, langage, littérature*, Vrin.

2) 쇠이유 출판사와 갈리마르 출판사에서 공동 간행 중인 '콜레주 드 프랑스 이전의 강의 및 저술'Cours et travaux de Michel Foucault avant le Collège de France 시리즈

2018 *La sexualité: Cours donné à l'Université de Clermont-Ferrand(1964) suivi de Le discours de la sexualité: Cours donné à l'Université de Vincennes(1969)*, EHESS/Seuil/Gallimard.

2021 *Binswanger et l'analyse existentielle*, EHESS/Seuil/Gallimard.

2021 *Phénoménologie et psychologie: 1953~1954*, EHESS/Seuil/Gallimard.

2022 *La question anthropologique: Cours, 1954~1955*, EHESS/Seuil/Gallimard.

2023 *Le discours philosophique*, EHESS/Seuil/Gallimard.

3) 기타

1989 *Résumé des cours 1970~1982*, Julliard.

2004 *La peinture de Manet suivi de Michel Foucault, un regard*, Seuil. 〔미셸 푸코 외, 『마네의 회화』, 오트르망(심세광, 전혜리) 옮김, 그린비, 2016.〕

2008 *Michel Foucault: Introduction à l'anthropologie de Kant(Genèse et structure de l'Anthropologie de Kant)*, Vrin. 〔『칸트의 인간학에 관하여』, 김광철 옮김, 문학과지성사, 2012.〕

2007 *Dialogue*, entre Michel Foucault et Raymond Aron, Analyse de Jean-François Bert, Nouvelles Éditions Lignes. 〔「대화」, 김현경 옮김, 『문학과 사회』, 27권 1호, 2014.〕

2011 *Le beau danger: Entretien avec Claude Bonnefoy*, EHESS. 〔『상당한 위험: 글쓰기에 대하여』, 허경 옮김, 그린비, 2021.〕

2012 *Le corps utopique, Les heterotopies*, Nouvelles Editions Lignes. 〔『헤테로토피아』, 이상길 옮김, 문학과지성사, 2014.〕

2012 *Mal faire, dire vrai: Fonctions de l'aveu en justice*, UCL Presses.

2013 *La grande étrangère: À propos de littérature*, EHESS. 〔『문학의 고고학: 미셸 푸코 문학 강의』, 허경 옮김, 인간사랑, 2015.〕

2018 *Histoire de la sexualité 4: Les aveux de la chair*, Gallimard. 〔『성의 역사 4: 육체의 고백』, 오생근 옮김, 나남, 2019.〕

2021 *Alternatives à la prison: Une entrevue avec Jean-Paul Brodeur*, Divergences. 〔『감옥의 대안』, 이진희 옮김, 시공사, 2023.〕

6. 이 책에서 언급된 『말과 글』 수록 글

"Chronologie", *DE*, I, p.13~64.

"Introduction"(1954), *DE*, I, pp.65~119.

"La psychologie de 1850 à 1950"(1957), *DE*, I, pp.120~137.

"Préface"(1961), *DE*, I, pp.159~167. 〔(부분 번역) 「서문」, 김부용 옮김,

미셸 푸코, 『광기의 역사』, 인간사랑, 1999, 11~16쪽.〕

"Le "non" du père"(1962), *DE*, I, pp.189~203.〔「아버지의 '부정'」, 최민 옮김, 김현 엮음, 『미셸 푸코의 문학 비평』, 문학과지성사, 1989, 55~74쪽.〕

"Philosophie et psychologie"(1965), *DE*, I, pp.438~448.

"Philosophie et vérité"(1965), *DE*, I, pp.448~464.

"Michel Foucault, "Les mots et les choses""(1966), *DE*, I, pp.498~504.

"Entretien avec Madeleine Chapsal"(1966), *DE*, I, pp.513~518.

"Une histoire restée muette"(1966), *DE*, I, pp.545~549.

"Nietzsche, Freud, Marx"(1967), *DE*, I, pp.564~579.〔「니체, 프로이트, 맑스」, 정일준 편역, 『자유를 향한 참을 수 없는 열망: 푸코-하버마스 논쟁 재론』, 새물결, 1999, 31~51쪽.〕

"La philosophie structuraliste permet de diagnostiquer ce qu'est "aujourd'hui""(1967), *DE*, I, pp.580~584.

""Qui êtes-vous, professeur Foucault?""(1967), *DE*, I, pp.601~620.

"Foucault répond à Sartre"(1968), *DE*, I, pp.662~668.

"Réponse à une question"(1968), *DE*, I, pp.673~695.〔「정치와 담론 연구」, 콜린 고든 외 엮음, 『푸코 효과: 통치성에 관한 연구』, 심성보 외 옮김, 난장, 2014, 85~112쪽.〕

"Sur l'archéologie des sciences: Réponse au Cercle d'épistémologie"(1968), *DE*, I, pp.696~731.

"Michel Foucault explique son dernier livre"(1969), *DE*, I, pp.771~779.

"La naissance d'un monde"(1969), *DE*, I, pp.786~789.

"Qu'est-ce qu'un auteur?"(1969), *DE*, I, pp.789~821.〔「저자란 무엇인가?」, 장진영 옮김, 김현 엮음, 『미셸 푸코의 문학 비평』, 문학과지성사, 1989, 238~275쪽.〕

"Préface à l'édition anglaise"(1970), *DE*, II, pp.7~13.

"Theatrum philosophicum"(1970), *DE*, II, pp.75~99.〔「철학 극장」,

질 들뢰즈,『들뢰즈의 푸코』, 권영숙, 조형근 옮김, 새길, 1995,
205~245쪽.〕

"Croître et multiplier"(1970), *DE*, II, pp.99~104.

"Nietzsche, la généalogie, l'histoire"(1971), *DE*, II, pp.136~156.
〔「니이체, 계보학, 역사」, 이광래,『미셸 푸코: 광기의 역사에서 성의
역사까지』, 민음사, 1989, 329~359쪽.〕

"Entretien avec Michel Foucault"(1971), *DE*, II, pp.157~174.

"La volonté de savoir"(1971), *DE*, II, pp.240~244. 〔「강의 요지」,
『지식의 의지에 관한 강의: 콜레주 드 프랑스 강의 1970~71』, 양창렬
옮김, 난장, 2017, 307~312쪽.〕

"Réponse à Derrida"(1972), *DE*, II, pp.281~295.

"Le grand enfermement"(1972), *DE*, II, pp.296~306.

"De l'archéologie à la dynastique"(1973), *DE*, II, pp.405~416.

"Convoqués à la P.J."(1973), *DE*, II, pp.445~447.

"La vérité et les formes juridiques"(1974), *DE*, II, pp.538~646.

"Sur la sellette"(1975), *DE*, II, pp.720~725.

"La fonction politique de l'intellectuel"(1976), *DE*, III, pp.109~114.

"Préface"(1977), *DE*, III, pp.133~136. 〔「서문」, 질 들뢰즈, 펠릭스
과타리,『안티 오이디푸스: 자본주의와 분열증』, 김재인 옮김,
민음사, 2014, 5~10쪽.〕

"Entretien avec Michel Foucault"(1977), *DE*, III, pp.140~160.
〔「진실과 권력」, 콜린 고든 편,『권력과 지식: 미셸 푸코와의 대담』,
홍성민 옮김, 나남, 1991, 141~167쪽.〕

"Non au sexe roi"(1977), *DE*, III, pp.256~269. 〔「권력과 성」, 황정미
편역,『미셸 푸코, 섹슈얼리티의 정치와 페미니즘』, 새물결, 1995,
15~38쪽.〕

"La grande colère des faits"(1977), *DE*, III, pp.277~281.

"Le jeu de Michel Foucault"(1977), *DE*, III, pp.298~329. 〔「육체의
고백」, 콜린 고든 편,『권력과 지식: 미셸 푸코와의 대담』, 홍성민

옮김, 나남, 1991, 235~281쪽.〕

"Pouvoir et savoir"(1977), *DE*, III, pp.399~414.

"Dialogue sur le pouvoir"(1978), *DE*, III, pp.464~477.

"Sexualité et politique"(1978), *DE*, III, pp.522~531.

"Sexualité et pouvoir"(1978), *DE*, III, pp.552~570.〔「'성'과 권력」, 미셸
푸코, 와타나베 모리아키,『철학의 무대』, 오석철 옮김, 기담문고,
2016, 103~127쪽.〕

"La scène de la philosophie"(1978), *DE*, III, pp.571~595.〔「철학의
무대」, 미셸 푸코, 와타나베 모리아키,『철학의 무대』, 오석철 옮김,
기담문고, 2016, 11~55쪽.〕

"Précisions sur le pouvoir: Réponses à certaines critiques"(1978), *DE*,
III, pp.625~635.〔「권력 문제에 대한 해명: 미셸 푸코와의 대담」,
정일준 편역,『미셸 푸코의 권력 이론』, 새물결, 1994, 289~302쪽.〕

"La "gouvernementalité""(1978), *DE*, III, pp.635~657.〔「통치성」,
콜린 고든 외 엮음,『푸코 효과: 통치성에 관한 연구』, 심성보 외 옮김,
난장, 2014, 133~156쪽.〕

"À quoi rêvent les Iraniens?"(1978), *DE*, III, pp.688~694.

"Manières de justice"(1979), *DE*, III, pp.755~759.

"Un plaisir si simple"(1979), *DE*, III, pp.777~779.

"Pour une morale de l'inconfort"(1979), *DE*, III, pp.783~787.

"La poussière et le nuage"(1980), *DE*, IV, pp.10~19.

"Table ronde du 20 mai 1978"(1980), *DE*, IV, pp.20~34.〔「방법에
관한 질문들」, 콜린 고든 외 엮음,『푸코 효과: 통치성에 관한 연구』,
심성보 외 옮김, 난장, 2014, 113~132쪽.〕

"Entretien avec Michel Foucault"(1980), *DE*, IV, pp.41~95.〔『푸코의
맑스: 미셸 푸코, 둣치오 뜨롬바도리와의 대담』, 이승철 옮김, 갈무리,
2004, 29~171쪽.〕

"Le vrai sexe"(1980), *DE*, IV, pp.115~123.

""Omnes et singulatim": vers une critique de la raison

politique"(1981), *DE*, IV, pp.134~161. 〔「옴네스 에트 싱굴라팀: 정치적 이성 비판을 향하여」, 노엄 촘스키, 미셸 푸코, 『촘스키와 푸코, 인간의 본성을 말하다』, 이종인 옮김, 시대의 창, 2015, 217~258쪽.〕

"Sexualité et solitude"(1981), *DE*, IV, pp.168~178. 〔「성과 고독」, 이득재 옮김, 『현대시사상』, 6권 1호, 고려원, 1994, 126~135쪽.〕

"Est-il donc important de penser?"(1981), *DE*, IV, pp.178~182.

"Lacan, le "libérateur" de la psychanalyse"(1981), *DE*, IV, pp.204~205.

"Notes sur ce qu'on lit et entend"(1981), *DE*, IV, pp.211~212.

"Subjectivité et vérité"(1981), *DE*, IV, pp.213~218.

"Le sujet et le pouvoir"(1982), *DE*, IV, pp.222~243. 〔「주체와 권력」, 허버트 L. 드레이퍼스, 폴 라비노우, 『미셸 푸코: 구조주의와 해석학을 넘어서』, 서우석 옮김, 나남, 1989, 297~319쪽; 「주체와 권력」, 이광주, 『정념으로서의 역사』, 문학과지성사, 1987, 300~322쪽.〕

"Le premier pas de la colonisation de l'Occident"(1982), *DE*, IV, pp.261~269.

"Espace, savoir et pouvoir"(1982), *DE*, IV, pp.270~285. 〔「공간, 지식, 권력: 폴 래비나우와의 인터뷰」, 『헤테로토피아』, 이상길 옮김, 문학과지성사, 2014, 61~93쪽.〕

"Michel Foucault: "Il n'y a pas de neutralité possible""(1982), *DE*, IV, pp.338~340.

"Michel Foucault: "L'expérience morale et sociale des Polonais ne peut plus être effacée""(1982), *DE*, IV, pp.343~350.

"À propos de la généalogie de l'éthique: un aperçu du travail en cours"(1983), *DE*, IV, pp.383~411. 〔「윤리학의 계보에 대하여」, 허버트 L. 드레이퍼스, 폴 라비노우, 『미셸 푸코: 구조주의와 해석학을 넘어서』, 서우석 옮김, 나남, 1989, 321~354쪽.〕

"Structuralisme et poststructuralisme"(1983), *DE*, IV, pp.431~457.
〔「비판 이론과 지성사: 푸코와의 대담」, 정일준 편역, 『자유를
향한 참을 수 없는 열망: 푸코-하버마스 논쟁 재론』, 새물결, 1999,
53~90쪽.〕

"Une interview de Michel Foucault par Stephen Riggins"(1983), *DE*,
IV, pp.525~538.

"Usage des plaisirs et techniques de soi"(1983), *DE*, IV, pp.539~561.
〔「서론」, 『성의 역사 2: 쾌락의 활용』, 3판, 문경자, 신은영 옮김, 나남,
2018, 17~51쪽.〕

"Qu'est-ce que les Lumières?"(1984), *DE*, IV, pp.562~578. 〔「계몽이란
무엇인가?」, 정일준 편역, 『자유를 향한 참을 수 없는 열망: 푸코-
하버마스 논쟁 재론』, 새물결, 1999, 177~200쪽.〕

"Préface à l'"Histoire de la sexualité""(1984), *DE*, IV, pp.578~584.

"Polémique, politique et problématisations"(1984), *DE*, IV,
pp.591~598. 〔「논쟁, 정치, 문제 제기: 미셸 푸코와의 대담」, 정일준
편역, 『미셸 푸코의 권력 이론』, 새물결, 1994, 127~138쪽.〕

"À propos de la généalogie de l'éthique: un aperçu du travail en
cours"(1984), *DE*, IV, pp.609~631.

"Foucault"(1984), *DE*, IV, pp.631~636.

"Le style de l'histoire"(1984), *DE*, IV, pp.649~655.

"Interview de Michel Foucault"(1984), *DE*, IV, pp.656~667.

"Le souci de la vérité"(1984), *DE*, IV, pp.668~678.

"Qu'est-ce que les Lumières?"(1984), *DE*, IV, pp.679~688. 〔「혁명이란
무엇인가?」, 정일준 편역, 『자유를 향한 참을 수 없는 열망: 푸코-
하버마스 논쟁 재론』, 새물결, 1999, 163~175쪽.〕

"Le retour de la morale"(1984), *DE*, IV, pp.696~707. 〔「도덕의 회귀」,
정일준 편역, 『자유를 향한 참을 수 없는 열망: 푸코-하버마스 논쟁
재론』, 새물결, 1999, 103~119쪽.〕

"L'éthique du souci de soi comme pratique de la liberté"(1984),

DE, IV, pp.708~729. 〔「자유의 실천으로서 자아에의 배려: 미셸 푸코와의 대담」, 정일준 편역, 『미셸 푸코의 권력 이론』, 새물결, 1994, 99~125쪽.〕

"Une esthétique de l'existence"(1984), *DE*, IV, pp.730~735.

"Michel Foucault, une interview: sexe, pouvoir et la politique de l'identité"(1984), *DE*, IV, pp.735~746.

"La vie: l'expérience et la science"(1985), *DE*, IV, pp.763~776.

"Vérité, pouvoir et soi"(1988), *DE*, IV, pp.777~783〔「진리, 권력, 자기: 미셸 푸코와의 대담」, 『자기의 테크놀로지』, 이희원 옮김, 동문선, 1997, 17~30쪽.〕

"Les techniques de soi"(1988), *DE*, IV, pp.783~813. 〔「자기의 테크놀로지」, 『자기의 테크놀로지』, 이희원 옮김, 동문선, 1997, 31~86쪽.〕

"La technologie politique des individus"(1988), *DE*, IV, pp.813~828. 〔「개인에 관한 정치의 테크놀로지」, 『자기의 테크놀로지』, 이희원 옮김, 동문선, 1997, 243~270쪽.〕

찾아보기

푸코
그의 사유, 그의 인격

1판 1쇄 2023년 10월 15일 펴냄

지은이 폴 벤느. 옮긴이 이상길.
펴낸곳 리시올. 펴낸이 김효진. 제작 상지사.

리시올. 출판등록 2016년 10월 4일 제2016-000050호.
주소 경기도 고양시 화신로 298, 802-1401.
전화 02-6085-1604. 팩스 02-6455-1604.
이메일 luciole.book@gmail.com. 블로그 playtime.blog.

ISBN 979-11-90292-19-1 93160